Höflichkeit im E₁
Deutschen, Russischen

Ein interkultureller Vergleich am Beispiel von
Ablehnungen und Komplimenterwiderungen

von

Nina Nixdorf

Tectum Verlag
Marburg 2002

Die Deutsche Bibliothek - CIP-Einheitsaufnahme

Nixdorf, Nina:
Höflichkeit im Englischen, Deutschen, Russischen.
Ein interkultureller Vergleich am Beispiel von Ablehnungen und
Komplimenterwiderungen.
/ von Nina Nixdorf
- Marburg : Tectum Verlag, 2002
Zugl.: Marburg, Univ. Diss. 2002
ISBN 3-8288-8402-4

Tectum Verlag
Marburg 2002

Danksagung

Die vorliegende Arbeit wurde in den Jahren 2000 und 2001 für das Institut für Anglistik und Amerikanistik der Philipps-Universität Marburg bei Herrn Professor Dr. Rüdiger Zimmermann angefertigt.

Ihm möchte ich an dieser Stelle für das interessante Thema sowie für die freundliche Betreuung und für die Unterstützung bei der Organisation der Befragung in Großbritannien herzlich danken.

Der Konrad-Adenauer-Stiftung, durch deren umfassende Förderung diese Arbeit ermöglicht wurde, möchte ich an dieser Stelle mein Dank aussprechen.

Desweiteren bedanke ich mich bei Herrn Prof. Dr. W. Gladrow und Dr. R. Hammel (Fachbereich Slawistik, Humboldt-Universität zu Berlin, Deutschland), Mike Pushkin (Department of Russian Language, University of Birmingham, Großbritannien), Dr. R. Aizlewood (Department of Russian, University College London, Großbritannien), Dr. Ch. Schäffner (School of Languages and European Studies, Aston University, Großbritannien), Remnëva M. L. und Kosikov G. K. (Philologische Fakultät, Moskauer Staatliche Lomonossov-Universität, Russland) für ihre Bereitschaft, mir eine Befragung von Studenten zu ermöglichen. Dr. L. Beyer und U. Gauger (Fachbereich für Psychologie, Humboldt Universität zu Berlin, Deutschland) danke ich für die Einblicke in die Statistik. Natürlich gilt mein Dank auch all den „untersuchten" Sprechern, die sich auch außerhalb der Unterrichtsstunden Zeit genommen haben, meine Fragebögen auszufüllen und zu besprechen.

Meinem Mann Friedemann Nixdorf möchte ich für seine liebevolle Unterstützung während meiner Promotionszeit danken. Meinen Eltern danke ich besonders dafür, dass sie mir das Studium in Deutschland und somit erst diese Arbeit ermöglicht haben.

Inhalt

Liste der Abkürzungen

A	der Gesprächsteilnehmer, der zuerst spricht / Sprecher
B	der antwortende Gesprächsteilnehmer / Hörer
DE	Diskursergänzung
DL1	deutsche Sprecher der Muttersprache
DL2-E	deutsche Sprecher des Englischen
DL2-R	deutsche Sprecher des Russischen
EL1	englische Sprecher der Muttersprache
EL2-D	englische Sprecher des Deutschen
EL2-R	englische Sprecher des Russischen
FTA	gesichtsbedrohender Sprechakt (face-threatening act)
IL	Interlanguage / Lernersprache
K	Kompliment
KE	Komplimenterwiderung
L1	Muttersprache (first language)
L2	Lernersprache, Fremdsprache (second language)
L3	jede weitere Fremdsprache (third language)
m	männliche Probanden
N	Anzahl
NNS	Nichtmuttersprachler (non-native speaker)
NS	Muttersprachler (native speaker)
RL1	russische Sprecher der Muttersprache
RL2-D	russische Sprecher des Deutschen
RL2-D*	russische Sprecher des Deutschen, die bereits über zwei Jahre in Deutschland leben
RL2-E	russische Sprecher des Englischen
RS	Ratingskala (rating scale)
s. F.	semantische Formel
Vpn	Versuchsperson/Proband
w	weibliche Probanden

FORSCHUNGSANLIEGEN

Die vorliegende Arbeit behandelt am Beispiel von zwei simulierten Alltagskonversationen (face-to-face interaction) Kommunikationsstrategien deutscher,
englischer und russischer Sprecher. Dabei dienen sowohl die Muttersprachen als
auch die Fremdsprachen/Lernersprachen als Gegenstand der Analyse. Die
Konversationen erfassen Erwiderungen auf ein Kompliment und Ablehnungen
eines Angebots. Material wurde durch drei schriftliche Methoden von je 50
Probanden pro Sprache erhoben. Die Analyse erfolgt im Rahmen der
linguistischen Pragmatik (linguistic pragmatics) unter Einbeziehung der
Sprechakttheorie (speech act theory) und der theoretischen Ansätze zum
Phänomen der Höflichkeit (politeness theories). Dabei können die Bereiche der
interkulturellen (intercultural) sowie der Interlanguage-Pragmatik (interlanguage
pragmatics) und insbesondere der Prozess der pragmatischen Übertragung aus
der Muttersprache (transfer) durch die Ergebnisse dieser Studie erneut empirisch
bereichert werden.

Die höfliche Art und Weise eine Konversation zu führen stellt, einen äußerst
wichtigen Aspekt der menschlichen Kommunikation dar. Sie ist für den Kom-
munikationserfolg und die daraus entstehenden sozialen Beziehungen ausschlaggebend. Wird dieser Aspekt von den Kommunikationsteilnehmern
unzureichend berücksichtigt, kommt ein Kommunikationsmangel (miscommunication or incomplete understanding) zustande. Dieser führt zu einem
Abbruch der Kommunikation (communication breakdown) oder, wenn die
Kommunikation fortgesetzt wird, zu einem gestörten Vertrauensverhältnis
zwischen den Beziehungspartnern, das im nachhinein schwierig wiederher-
zustellen ist.

Kommen die Kommunikationspartner aus unterschiedlichen Kulturkreisen oder
Sprachgemeinschaften und bringen ihre eigenen, in der Sprache wider-
gespiegelten Werte mit, so ist die Gefahr, dass die Vorstellungen von der
Angemessenheit der Äußerungen nicht übereinstimmen, besonders hoch. Ein

7

daraus entstehender Kommunikationsmisserfolg hat eine Generalisierung der nicht verstandenen oder nicht akzeptierten Werte des Konversationspartners zur Folge und führt direkt zur Stereotypenbildung. Da mit Höflichkeit Toleranz gegenüber anderen Wertemodellen verbunden wird, soll mit dieser Arbeit ein kleiner Beitrag zum Verstehen des Phänomens „Höflichkeit" geleistet werden.

Für diese Zwecke bietet ein Teil der Sprachwissenschaft, die linguistische Pragmatik, welche ihren theoretischen Ursprung in der Philosophie hat, einen guten Rahmen. In der Sprechakttheorie, einer zentralen Erscheinung der linguistischen Pragmatik (s. Levinson 1983: 226), wird die Konversation in minimale Einheiten, sogenannte Sprechakte, zerlegt und vor allem in Bezug auf die kommunikative Funktion jeder Äußerung analysiert. Auf diese Weise bekommt man Informationen über Kommunikationsstrategien, die zur Ausführung der Gesprächsziele von Kommunikationsteilnehmern eingesetzt werden (sprachliche Realisierung der Sprechakte). Diese Kommunikationsstrategien, auch semantische Formeln genannt, werden vom Sprecher aufgrund seiner Interpretation der gegebenen Situation ausgewählt. Die Beurteilungen der Hörer, die eine Äußerung als mehr oder weniger höflich einstufen können, sind Belege für die Existenz der Höflichkeitsunterschiede. Höflichkeit kann dementsprechend als strategisch betrachtet werden, man spricht sogar von Höflichkeitsstrategien.

Sprechakte sind für die Analyse verschiedener Sprachen geeignet, da man sie in jeder Sprache unter eingehaltenen Kontextvariablen identifizieren kann. Ein kontrastiver Vergleich (contrastive analysis) der Realisierung von Sprechakten bei mehreren Sprachen erlaubt es, die Unterschiede und Ähnlichkeiten im sprachlichen Verhalten aufzudecken und auf die dahinter stehenden unterschiedlichen kulturellen Normen und Konzepte zurückzuführen. Interkulturelle Pragmatik hat sich auf Diskursebene – ähnlich wie Vergleiche auf anderen sprachlichen Ebenen der Phonologie, der Morphologie und der Syntax – aus Interesse an der Universalität der sprachlichen Varianz entwickelt. Dass Kulturen in ihren Interaktionsstilen differieren und die kulturelle Definition des Selbstimages (face) das entscheidende Kriterium für das Verstehen einer Kultur darstellt, steht als Folge mehrerer Studien der Ethnologie, Kulturanthropologie und Soziologie fest (vor allem Hymes 1972,

1974; Gumperz 1982). Im Bereich der linguistischen Pragmatik zeigten die ersten Studien (z. B. House 1978, 1982; House/Kasper 1981; Faerch/Kasper 1983), dass Kulturen sowohl Ähnlichkeiten als auch Unterschiede in der Auswahl, Distribution und Realisierung verschiedener pragmatischer und diskursiver Funktionen aufweisen. Es wurde klar, dass sich die Differenzen in kulturspezifischen Systemen der Interpretation (basierend auf Erwartungen und Vorstellungen) sowie in verschiedenen Kontextualisierungshinweisen manifestieren. Der Forschung eröffneten sich dadurch neue Felder und damit verbunden Hoffnungen auf neue Ergebnisse.

Gerade auf der pragmatischen Ebene der Sprache, die sich aus direkt oder indirekt übermittelten Intentionen des Sprechers und Inferenzen des Hörers zusammensetzt, ist eine weitere Vergleichsebene besonders wichtig, da sich die pragmatische als die schwierigste der Sprachkompetenzen erwiesen hat. Dank empirischer Studien wird seit den achtziger Jahren die Bedeutung der pragmatischen Kompetenz für didaktische Zwecke im Fremdsprachenunterricht hervorgehoben. Man hat erkannt, dass die sprachliche Kompetenz eines Sprechers nicht nur aus einem grammatischen, sondern auch aus einem pragmatischen Aspekt besteht – dass Sprachverhalten auch sozial angemessen sein muss.

Der beste Weg, sich mit der pragmatischen Kompetenz, heute auch kom-munikative Kompetenz genannt, auseinanderzusetzen, ist die Analyse der Interaktion zwischen einem Muttersprachler und einem Sprachlerner (z. B. Fraser/Nolen 1981, Olshtain/Cohen 1983). In diesem Zusammenhang inte-ressiert man sich im Bereich der Interlanguage-Pragmatik für eine mögliche Übertragung aus der Muttersprache in die Zielsprache,[1] die zu falschen oder unangemessenen Äußerungen führen kann (pragmatic failure).

---

[1] Der Ausdruck „pragmatic interference" wurde von Coulmas (1978) eingeführt und bezieht sich auf den Einfluss der Muttersprache und des kulturellen Hintergrundes eines Lerners auf dessen Sprechaktperformanz in der Zweitsprache.

In früheren Studien (z. B. House/Kasper 1981, Blum-Kulka 1987) ist bereits gezeigt worden, dass eine vergleichende Untersuchung der Produktion und Perzeption gleicher Sprechakte in mehreren Sprachen es ermöglicht, mehr über das Phänomen der Höflichkeit zu erfahren, weil es durch sprachliche Formen zum Vorschein kommt. Das heißt, die Realisierungen eines Kommunikationsziels bei einer gegebenen Konversation sollen vor allem auf empirischer Basis betrachtet werden.

Dies wurde schnell nach der Veröffentlichung der theoretischen Arbeiten zum Thema „Höflichkeit" (Lakoff 1973, Brown/Levinson 1978, 1987, Leech 1983) erkannt und in Untersuchungen zu Varietäten des Englischen, zum Italienischen, Französischen, Deutschen, Dänischen, Hebräischen, Japanischen, Chinesischen, Russischen, Polnischen etc. bewiesen (vor allem allerdings zum Englischen, wie auch die ganze theoretische Forschung sich aus Beobachtungen zum Englischen ergab, vgl. dazu Wierzbicka 1985a, 1991). Die Ansprüche der ersten Theorien zur Höflichkeit auf klare Universalität der pragmatischen Aspekte mussten aufgrund der Ergebnisse empirischer Studien aufgegeben werden. Es erfolgte eine Besinnung auf Regularitäten oder Prinzipien (wie auch Regularitäten bei kulturellen Normen und Werten). Hinsichtlich der Performanz der Sprechakte ist die Debatte zur Universalität vs. Kulturspezifität von Fraser (1985) vs. Wierzbicka (1985a) typisch.

Jede neue Studie zu Sprechakten wird methodisch und theoretisch variiert. Der Grund dafür liegt darin, dass es nicht möglich ist, alle in der Sprache aktiv eingesetzten Sprechakte unter gleichen Aspekten und mit gleichem methodisch-theoretischen Instrumentarium im Hinblick auf Höflichkeit zu analysieren (vgl. Kasper 1981). Dies ist unter anderem bei den sogenannten gesichtsbedrohenden Sprechakten (face-threatening acts) der Fall, die eine potentielle Gefahr für die Beziehung zum Gesprächspartner beinhalten. Da sie im Normalfall ohne eine Anwendung von Höflichkeitsstrategien nicht realisiert werden können, bilden sie den Fokus derartiger Untersuchungen. Da jeder Sprechakt seine eigenen Gelingensbedingungen (felicity conditions) in die Analyse mit einbringt, setzt man zum Teil unterschiedliche theoretische Akzente, um den Funktionsmechanismus einer „Bitte" gegenüber einer „Beschwerde" zu erklären. Andere Sprechakte wie beispielsweise „Komplimente", die auf

„Solidarität" ausgerichtet sind,[2] können dagegen gut im Rahmen des „Maxime-Ansatzes" (Leech 1983) diskutiert werden, ohne Einbeziehung der gesichtsbedrohenden Aspekte.

Insgesamt erscheint es schwer, das Phänomen der Höflichkeit in einem einzigen theoretischen Rahmen zu untersuchen oder, wie Kasper (1981: 85) betont, „ein konsistentes pragmatisches Deskriptionsverfahren zu übernehmen" und konkret zu definieren. Die Autorin schlägt vor (Kasper 1981: 84), zur Untersuchung der Realisierungen pragmatischer Aspekte, insbesondere in der Lernerperformanz, Ansätze aus der linguistischen Pragmatik, der Diskursanalyse, der Ethnomethodologie sowie der „face-to-face communication" heranzuziehen. Weitere Studien (die sich nach Methode, Sprechakt, Sprachstruktur, Zielgruppe etc. unterscheiden) können somit immer neue Aspekte erschließen und damit eine Bereicherung darstellen.

Wichtig ist weniger, das Phänomen, welches in der Gesellschaft zur Beziehungspflege entstanden ist, zu definieren, als seine Funktionsweise zu verstehen und zu akzeptieren. Mit der Erforschung pragmatischer Aspekte im interkulturellen Vergleich verbindet sich indes die Hoffnung, interkulturellen Missverständnissen vorzubeugen. Dies ist vielleicht eine idealistische Antwort auf die Frage „Why study speech acts?". Deswegen ist auch der Fokus auf die pragmatische Kompetenz im Fremdsprachenunterricht sehr wichtig. Eine hundertprozentige Übereinstimmung der Vorstellungsmuster einer fremden Kultur bei gleichzeitiger Beibehaltung von Vorstellungsmustern der eigenen Kultur ist allerdings meiner Meinung nach dabei unerreichbar.

In der vorliegenden Arbeit wird an einer Auswahl von Sprechakten versucht, das Phänomen der Höflichkeit im Rahmen der linguistischen Pragmatik näher zu betrachten. Die Arbeit hat nicht den Anspruch, einen neuen Ansatz auszuarbeiten, und will auch keine quantitativen Bestimmungen des Höflichkeitsgrades in den untersuchten Sprachen Englisch, Deutsch und Russisch vornehmen.

---

[2] Der Frage nach der Ehrlichkeit der Komplimente und ihrer anderen Funktionen, wie z. B. Schmeicheln mit dem Ziel, etwas zu erreichen, wird hier nicht nachgegangen.

Die Analyse versteht sich als eine deskriptive. Quantitative Auswertungen (Signifikanztests) sind zur Orientierung gedacht, um Regularitäten, die in diesen Sprachen zum Teil unterschiedlich sind, besser vergleichen zu können. Ein Anspruch auf eine Generalisierung der Ergebnisse über die Zielgruppe (Studenten) hinaus besteht ebensowenig wie eine Definition der kulturellen Werte bzw. Normen.[3] Gezeigt wird, was sich aus einem interkulturellen und interlingualen Vergleich eines Sprechaktes zum Verstehen des Phänomens der Höflichkeit auf sprachlicher Ebene ergeben kann. Dennoch werden die Frage der Universalität der pragmatischen Funktionen sowie der Begriff der Höflichkeit diskutiert.

Die konkreten Fragestellungen werden in den jeweiligen Kapiteln aufgegriffen. Die deutschen Ausdrücke werden beschreibend für die gängigen englischen Termini benutzt. Die englischen Termini sind jeweils in Klammern hinzugesetzt.[4] Der englische Terminus *face* wird als terminuns technici verwendet. Diese Vorgehensweise erschien sinnvoll, da sich die englischsprachige Terminologie auf dem Gebiet der linguistischen Pragmatik durchgesetzt hat. Und es ist nicht das Ziel dieser Arbeit, neue Begrifflichkeiten in diesem Bereich, der sich ohnehin durch unscharfe und überschneidende Termini auszeichnet, zu entwickeln. Die Verwendung allgemeinsprachlicher Wendungen neben fachsprachlichen Ausdrücken im Rahmen dieser Arbeit ist dem Thema (Alltagskonversationen) geschuldet und dient der besseren Lesbarkeit des Textes. Die Bezeichnung „Lerner" steht für weibliche wie männliche Probanden.

Zur Einordnung dieser Arbeit können folgende Charakteristika vorgeschlagen werden:

• Sprachwissenschaftlicher Bereich: linguistische Pragmatik

---

[3] S. hierzu drei Annahmen über nichtmuttersprachliche Normen bei Kasper (1995: 71), vgl. Schneider (1999: 170) – „macrosociological reductionism". Eine gewisse Generalisierung des Sprachverhaltens ist allerdings notwendig, da man sich sonst mit idiosynkratischen Redeweisen eines Sprechers befassen muss.
[4] Bei den Übersetzungen wird meistens Bezug auf die englische (1983) und deutsche (2000) Ausgabe von Levinsons *Pragmatics* genommen.

- Art der Arbeit: empirische Untersuchung vor einem theoretischen Hintergrund

- Theorien: Sprechakte, Höflichkeit, Transfer

- Vergleichsebenen: interkulturell, interlingual, geschlechtsspezifisch

- Sprechakte: Ablehnung und Erwiderung auf Kompliment, beide respondierend

- Sprachmodus: Produktion und metapragmatische Urteile (judgement)

- Sprachebenen: gesprochene Sprache, schriftlich erhoben

- Kommunikation: NS-NS (L1-L1), NS-NNS (L1-L2)

- Gegenstand der Untersuchung: Kommunikationsstrategien

- Andere Variablen im Fokus: Realisierungsfehler, Lernkontext

- Datenerhebungsverfahren: Diskursergänzung, Ratingskala, Auswahlantworten

- Auswertungsmethoden: deskriptive und Inferenzstatistik

- Bevölkerungsgruppe: Studenten

- Sprachen: Deutsch, Englisch, Russisch

Mit diesen Charakteristika wird dem Anspruch eines adäquaten Modells für interkulturelle Studien von Blum-Kulka/House/Kasper (1989) Rechnung getragen:

> ... comparable observed data, emic assessment, production and perception, outlined structure/repertoire of a speech act, consideration of interrelations between the factors, explanation what is found as to universality (Blum-Kulka/House/Kasper 1989: 152).

Im ersten Kapitel der Arbeit werden die Entstehungsgeschichte der Sprechakttheorie dargestellt und die ersten Versuche zur Abgrenzung der Sprechakte sowie damit verbundene Schwierigkeiten beschrieben. Die Abgrenzung der Pragmatik von anderen linguistischen Bereichen wird betont.

Im zweiten Kapitel wird das Ziel der interkulturellen Pragmatik, die Unterschiede und Ähnlichkeiten bei der Realisierung der Sprechakte in verschiedenen

Kulturen zu entdecken, erläutert. Die damit verbundene Frage nach der Universalität der pragmatischen Phänomene und das Problem der emischen vs. etischen Standpunkte wird dargestellt. Die Auswahl der Sprechakte für die vorliegende Studie wird begründet.

Im dritten Kapitel ist der Fokus auf die bisher durchgeführten Studien und deren Befunde zu Komplimenten und Komplimenterwiderungen gerichtet. Das Funktionsprinzip des Sprechaktes „Komplimenterwiderung" (Pomerantz 1978) wird erklärt. Das in dieser Studie angewandte Klassifizierungssystem der Kommunikationsstrategien zur Erwiderung auf Komplimente (Chen 1993) wird dargestellt.

Das vierte Kapitel befasst sich mit den Studien zum Sprechakt „Ablehnung". Es wird das angewandte Klassifizierungssystem (Beebe et al. 1990) mit eigenen Modifizierungen vorgestellt.

Kapitel fünf dient der Darstellung und Besprechung der gängigen Theorien zur Höflichkeit im linguistischen Bereich. Der „Maxime-Ansatz" (Leech 1983) wird anhand der zu untersuchenden Sprechakte diskutiert.

Im Kapitel sechs erfolgt eine Einführung in den Bereich der Interlanguage-Pragmatik und im Kapitel sieben die Erläuterung des Transfer-Konzeptes anhand einiger Modelle.

Die Bedeutung der Methodenwahl sowie die hier angewandten Methoden werden im Kapitel acht diskutiert. Dort wird der Prozess der Datenerhebung detailliert dargestellt.

Die Analyse beginnt mit dem interkulturellen Vergleich. Es wird zunächst auf die Unterschiede und Ähnlichkeiten in der Distribution der Höflichkeits-strategien in den Komplimenterwiderungen eingegangen. Dabei werden sowohl Produktion als auch Evaluierung der Angemessenheit zur Situation herangezogen. Es folgt eine Analyse in Bezug auf die Geschlechtsvariable. Die Analyse der Anordnung, Distribution und Realisierung der semantischen Formeln bei der Produktion des Sprechaktes „Ablehnung" im Englischen, Deutschen und Russischen setzt die Studie fort. Auch hier werden die kulturspezifischen Evaluierungsmuster sowie die geschlechtsspezifischen

Unterschiede besprochen. Die Befunde dienen als Ausgangspunkt der Hypothesenbildung für den zweiten – interlingualen – Teil der Analyse.

In der interlingualen Analyse werden die von den Lernern der untersuchten Fremdsprachen gewonnenen Daten im Hinblick auf einen möglichen Transfer betrachtet. Es wird außerdem darauf geachtet, ob bestimmte, nur für Sprachlerner charakteristische Kommunikationsstrategien im Datenmaterial identifizierbar sind. Die Ergebnisse der interkulturellen und der interlingualen Analyse werden in den jeweiligen Zusammenfassungen festgehalten.

In der abschließenden Diskussion werden die Ergebnisse der Analyse im Hinblick auf ihren Nutzen für das Verständnis des Phänomens „Höflichkeit" betrachtet. Zu der zentralen Frage der kontrastiven Pragmatik, die der Universalität pragmatischer Aspekte, wird ebenso anhand der Daten Bezug genommen. Es wird auf die Einschränkungen derartiger Untersuchungen eingegangen. Mögliche Bereiche der weiteren Forschung werden kurz skizziert. Der Ausblick dient der Einbindung des Forschungsfeldes in einen breiteren Kontext.

Der Anhang umfasst Muster der zur Datenerhebung verwendeten Fragebögen, zusammengefasste Korpora der Antworten (Beispiele) in jeder untersuchten Sprache sowie einige Tabellen. Eine Liste der verwendeten Abkürzungen findet sich am Anfang der Arbeit.

THEORETISCHER TEIL

1. Sprechakttheorie

Anfang des vorigen Jahrhunderts beschäftigte man sich mit Sprache aus Interesse an Imperfektionen in der Bedeutungs- und Referenzzuweisung sowie an den Möglichkeiten zur Schöpfung einer idealen Sprache. In linguistischen Kreisen wurde die sogenannte wahrheitsfunktionale Analyse der Satzbedeutung vertreten, die eine Übernahme des philosophischen Ansatzes des logischen Positivismus darstellte. Zentral war die Annahme der Bedeutungslosigkeit solcher Äußerungen, die nicht auf wahr bzw. falsch überprüft werden konnten. Übersehen wurde dabei, dass die sprachlichen Äußerungen außer von der Semantik auch von der Situation abhängig sind und nur im Kontext dieser beiden Aspekte hinreichend beschrieben werden können.

Deswegen erschien Austins (1962) Ansatz als eine praktische Lösung für die Sprachanalyse (vgl. Sprachspiele bei Wittgenstein 1958).[5] Der Ansatz war darauf ausgerichtet, zu verstehen, wie die Menschen trotz Schwierigkeiten wie die der Ambiguität von der Sprache Gebrauch machen können. Austin ging einfach davon aus, dass Sprache keine Unterschiede aufweisen würde, wenn diese für den Sprecher nicht relevant wären. Ihre Präsenz hat eine Bedeutung, die aus mehr als nur dem Beschreibungscharakter der Wörter resultiert, die den Handlungscharakter der Worte zur Ursache hat. Das heißt, wir *sprechen* nicht nur, wir *tun* damit zugleich etwas (vgl. Thomas 1995: 28ff.). Zum Gegenstand der Bemühungen wurden Sprechakte erklärt.

---

[5] In der Literatur wird immer auf Parallelen zwischen den Theorien Wittgensteins und Austins hingewiesen und betont, dass beide Philosophen unabhängig voneinander arbeiteten. Wittgenstein arbeitete in Cambridge, Austin in Oxford, wo er seine Gedanken bereits 1955 in einer Vorlesung öffentlich machte. Ebenso aus Oxford kommen Grice und Searle, beide Schüler von Austin, die mit ihm an der Spitze „ordinary language philosophers" genannt wurden (vgl. Thomas 1995: 29). Ihre Gedanken legten den Grundstein für die Entwicklung der Pragmatik im linguistischen Bereich und stellten neues Forschungsmaterial für Wissenschaften wie Philosophie (Habermas 1970), Linguistik (Sadock 1974), Kulturanthropologie (Hymes 1974) dar. Der Terminus „pragmatics" wurde zuerst von Morris (1938: 83) zur Lehre von der „relations of signs to interpreters" verwendet.

Die ersten Versuche, Sprechakte, das heißt, Handlungen oder Akte durch das Sprechen abzugrenzen, sind unter der **performativen Hypothese** bekannt (Austin 1962). Diese besagt, dass es a) Verben (Performativa) gibt, die immer wahr, selbst-verifizierbar sind (*„John is a liar"* vs. *„I say John is a liar"*). Der erste Satz stimmt nur, wenn er mit der Realität übereinstimmt, aber der zweite Satz ist immer wahr. Hinzu kommt noch, dass bestimmte Voraussetzungen, Gelingensbedingungen genannt (Austin 1962: 14-15), erfüllt werden müssen, um die Sätze des zweiten Typus realistisch zu machen (z. B. Anwesenheit des Standesbeamten bei einer Hochzeit). Austin beschreibt die notwendigen grammatikalischen Eigenschaften der Performativa und setzt in seiner Analyse einen „hiermit"-Test ein, um zu überprüfen, ob eine Äußerung[6] sinnvoll bleibt: *„I hereby say John is a liar."* Da er annimmt, dass jede Äußerung in Form eines expliziten Performativs transformiert sein kann, schlägt er eine systematische Erforschung performativer Verben vor.

Als Gegensatz zu performativen Verben stellt Austin b) Verben (Konstativa), die nur zur Feststellung von etwas da seien und nicht zur Ausführung einer Handlung. Die Fehlannahme, dass wenn wir vermeintlich nur etwas feststellen, keine Handlung vollzogen wird (s. Linke/Nussbaumer/Portmann 1991: 183ff.), wurde allerdings bald – auch von Austin selber – erkannt. Thomas (1995) fasst die Gründe für das Aufgeben der performativen Hypothese folgendermaßen zusammen:

- There is no formal (grammatical) way of distinguishing performative verbs from other sorts of verbs.
- The presence of a performative verb does not guarantee that the specified action is performed.
- There are ways of „doing things with words" which do not involve using performative verbs (Thomas 1995: 44).

Der nächste Abgrenzungsversuch ging vom Hauptunterschied zwischen der Bedeutung einer Äußerung und der Handlung, die damit ausgeführt wird, aus.

---

[6] Austin (1962) unterscheidet nicht zwischen den Termini „Äußerung" und „Satz" (s. Levinson 2000: 252).

Dieser **illokutionäre Akt**[7] wird von Austin (1962: 108) zusammen mit zwei weiteren Aspekten zur Beschreibung eines Sprechaktes eingeführt (vgl. folgende Definitionen von Linke/Nussbaumer/Portmann 1991: 186):

    a) Äußerungsakt: das Bewegen der Stimmwerkzeuge und die Realisierung abstrakter Muster eines Sprachsystems;

    b) propositionaler Akt: die Aussage über den Wahrheitscharakter der Welt;

    c) illokutionärer Akt: der Sprechakt im Hinblick auf seine kommunikative Funktion;

    d) perlokutionärer Akt: der Sprechakt im Hinblick auf die Konsequenzen der Aussage bzw. die beabsichtigte Reaktion der angesprochenen Personen.

Eine Lösung für die Klassifizierung der Sprechakte konnte allerdings auch mit diesem Ansatz nicht gefunden werden. Bei kontrastiven Analysen der pragmatischen Aspekte, bei denen illokutionäre Verben als tertium comparationis dienten, wurde klar, dass einige Sprachen lexikalische Leerstellen aufweisen und eine solche Klassifikation demzufolge die Realität nicht abzubilden vermag.

Searle (1969) greift Austins Gedanken auf und schlägt zuerst eine Klassifizierung auf der Grundlage der vier Bedingungsarten seiner modifizierten **Gelingensbedingungen** vor. Sie sind für die Ausführung eines Sprechaktes notwendig und umfassen die korrekte sprachliche Form einer Äußerung sowie die äußeren Umstände, die Teilnehmer sowie deren Überzeugungen und Einstellungen (s. Traugott/Pratt 1980: 232). Wenn diese Bedingungen richtig erfüllt sind und der Sprechakt in Bezug auf den Kontext angemessen realisiert ist – das heißt, den Konventionen entspricht, die für eine bestimmte Äußerungssituation gelten, – ist der Sprechakt erfolgreich ausgeführt. Das Einbeziehen soziokultureller Faktoren steht somit stets im Zusammenhang mit einem erfolgreichen Sprechakt (s. Trosborg 1995: 8).

Zur Perfektionierung seiner Klassifizierung nimmt Searle (1976) eine weitere unter folgenden Hauptkriterien vor: die kommunikative Absicht eines Sprechers (die sich im illokutionären Zweck des Sprechaktes offenbart), die

---

[7] Austin nannte diesen Aspekt die „Kraft" einer Äußerung (1970a/d1986: 326).

Übereinstimmung zwischen dem Verhältnis der Worte zur Welt („direction of fit", Searle 1976: 3) und die psychologischen Voraussetzungen, die von einem Sprecher ausgedrückt werden (s. Trosborg 1995: 14). Es werden fünf Äußerungstypen postuliert: Repräsentativa, Direktiva, Kommissiva (z. B. Absagen), Expressiva (z. B. Komplimente) und Deklarativa.

Trotz der Inkonsistenz der ersten Versuche, die berechtigterweise Kritik nach sich zogen, ist deren Bedeutung für die Auseinandersetzung mit Sprachgebrauch und Sprachfunktion als Basisforschung nicht zu übersehen. Die weiteren Ansätze nehmen ihren Ausgangspunkt in der Kritik und akzeptieren aber die von Austin (1962) erkannte Beziehung zwischen Wörtern, Handlungen und Realität. Außerdem lassen sich die weiteren Klassifizierungsversuche unter Einbeziehung der außersprachlichen Klassifizierungsparameter (z. B. Wunderlich 1976, Leech 1977, Edmondson/House/Kasper/McKeown 1979)[8] ebenso kritisieren. So gelten z. B. die unbegründeten Klassifizierungskriterien, die zur Kategorienbildung führen, nach Kasper (1981: 90) als Nachweis interner Inkonsistenz. Zudem ist die Brauchbarkeit der Klassifikation aufgrund sehr vieler Kriterien oft erschwert. Heutzutage werden bei der Analyse der Sprechakte Kriterien aus verschiedenen Ansätzen herangezogen. Einige der wichtigsten Parameter sind die genannten Gelingensbedingungen, die indirekten Sprechakte, die Kosten/Nutzen-Skala und die Optionalitätsskala sowie der Sequenzierungsaspekt.

Die bereits von Searle (1975) vorgenommene Unterscheidung zwischen **direkten und indirekten Sprechakten** ist heutzutage das primäre Unterscheidungsmerkmal für Studien und Theorienbildung zum Thema Sprechakte (s. Kapitel 5.1). Direkte Akte sind solche, in denen der propositionale Akt mit dem illokutionären übereinstimmt, das heißt die intendierte Bedeutung wird direkt ausgedrückt. In den indirekten Sprechakten ist die erste Bedeutung aus der zweiten zu schlussfolgern (Konversationsimplikatur, Grice 1975: 43-44), das heißt, das Gemeinte ist indirekt ausgedrückt. Die Voraussetzung für das Verstehen der indirekten Sprechakte ist die Fähigkeit, Schlussfolgerungen zu ziehen. In anderen Worten verbindet man das Gesagte mit dem, was schon

---

[8] Überblick hierzu s. beispielsweise bei Kasper (1981: 86ff.).

bekannt ist. Das Ausdrückbarkeitsprinzip (Searle 1969: 19) besagt, dass alles ausgedrückt werden kann, was gemeint sein kann. Die indirekten Sprechakte existieren demzufolge nicht, weil man etwas nicht sagen *kann*, sondern weil man es nicht *möchte*. Warum? Anscheinend profitiert man davon, wenn zur Indirektheit gegriffen wird.[9]

Die **Kosten/Nutzen-Skala** sowie die Optionalitätsskala werden von Leech (1977: 4) zur Einordnung illokutiver Verben herangezogen. Die erste Skala zeigt an, wer von dem Ereignis des Sprechaktes den Nutzen hat und wer die Kosten trägt: der Sprecher oder der Hörer. So geht beispielsweise ein Angebot auf Kosten des Sprechers (anti-S) und ist zum Nutzen des Hörers (pro-H). Bleibt dieser Faktor konstant, ist der Optionalitätsfaktor für den Grad der Höflichkeit verantwortlich. Er zeigt an, inwiefern die Ausführung eines Akts von A's oder B's freier Wahl abhängt.

Sprechakttheoretische Ansichten fanden ihre Anwendung in der empirischen Forschung, Ethnographie des Sprechens genannt (s. Levinson 2000: 303). Man untersuchte die Bedeutung von Äußerungen in Beziehung zum jeweiligen Sprechereignis (s. Levinson 2000: 311ff. zur Unterscheidung zwischen Diskursanalyse und Konversationsanalyse). Der **Sequenzierungsaspekt**, der die Unterscheidung der Sprechakte durch Diskursposition bezeichnet, erhält seine Erklärungskraft durch die Kategorie der bedingten Relevanz von Schegloff (1972 b) (vgl. Sacks 1972). Diese begründet den zweiten Teil in einem Sprechakt sequentiell und inhaltlich durch den ersten (s. Zitat unten).

> By conditional relevance of one item on another we mean: given the first, the second is expectable; upon its occurrence it can be seen as a second item to the first; upon its non-occurrence it can be seen to be officially absent – all this provided by the occurrence of the first (Schegloff 1972b: 388).

Nach Schegloff/Sacks (1973: 296) wird ein Nachbarschaftspaar (oder „action chain event" bei Pomerantz 1978: 82) als Sprechakt wie folgt funktionieren: „the pair type of which a first pair part is a member (recognizably) is relevant to

---

[9] Die Annahme vorausgesetzt, dass Individuen rational sind und bewusst handeln, vgl. Fußnote 18.

the selection among second pair types". Darüber hinaus hat jeder erste Teil einen bevorzugten und einen nichtbevorzugten zweiten Teil (Pomerantz 1978: 109).[10] Wunderlich (1976) bezeichnet die beiden Teile entsprechend als initiativ/sequenzeröffnend und reaktiv, sofern sie selber nicht initiativ sind. Kasper (1981: 95) spricht in diesem Zusammenhang von initiierenden und respondierenden Sprechakten (vgl. Schwitalla 1976).[11] Die respondierenden Sprechakte können weiterhin auf der Konsens-Dissens-Dimension und auf der Responsivitätsdimension subklassifiziert werden (Schwitalla 1976). Beide Dimensionen sind besonders für den Bereich der interlingualen Pragmatik wichtig. Für die Letztere ist es entscheidend, inwieweit B auf den initiierenden Sprechakt eingeht, wobei zwischen Nonresponsivität und Teilresponsivität in propositionaler oder illokutiver Hinsicht unterschieden wird.[12]

Die Sprechakttheorie bildete der Anfang einer neuen Sichtweise auf Sprache. Äußerungen wurden nun als Handlungen angesehen. Es erfolgten Klassifizierungsversuche der Sprechakte auf der Grundlage verschiedener Faktoren. Die entsprechende Wissenschaft erhielt die Bezeichnung „linguistische Pragmatik". Zwei wichtige Namen für die Entwicklung der Pragmatikforschung sollen hier genannt werden. Levinson (1983) und Leech (1983) sorgten für die Abgrenzung der Pragmatik von anderen linguistischen Disziplinen wie z. B. der Syntax – „the study of combinatorial properties of words and their parts" und der Semantik – „the study of meaning" (Levinson 1983: 5).[13] Levinson (1983: 5) nannte Pragmatik „the study of language use" und Leech (1983: 6) bezeichnete sie als „the study of meaning in relation to specific speech situation". Der Letztere legte damit den Fokus konkret auf eine Äußerung im Gegensatz zu einem Satz. Die pragmatische Bedeutung unterscheidet sich demzufolge von der semantischen durch die Abhängigkeit vom Sprecher/Hörer.

---

[10] S. Kapitel 3.
[11] In den Daten hier sind die Sprechakte per Erhebungsmethode als respondierend fixiert (s. Kapitel 8.1).
[12] S. Näheres bei Kasper (1981: 95ff.).
[13] Vgl. Trennung der Linguistik in Grammatik und Pragmatik bei Leech (1983: 6).

22

Somit stellt die linguistische Pragmatik eine eigene Deskriptionsebene der Sprache dar. Es gibt wichtige Überschneidungen mit anderen linguistischen Disziplinen, wie beispielsweise mit der Soziolinguistik.[14]

Der Fokus wird jeweils auf unterschiedliche Momente in der Kommunikation gerichtet: auf den Einfluss der soziologischen Variablen (Soziolinguistik) oder auf die eingesetzten Strategien (Pragmatik). Bei der Analyse des Kodewechsels wird ein Soziolinguist sich damit beschäftigen, wie Faktoren wie Alter, Status etc. die Kommunikation beeinflussen, und ein Pragmatiker damit, wie sich dadurch die Distanz zwischen den Kommunikationsteilnehmern ändert (s. Thomas 1995: 185).[15]

Für die vorliegende Arbeit ist wichtig festzuhalten, dass (nach Thomas 1995: 183) sich Pragmatik von anderen linguistischen Bereichen durch den Motivierungsaspekt unterscheidet – denn es gibt bestimmte Gründe, die uns dazu bewegen, Indirektheit einzusetzen, – und durch die Dynamik – denn durch die Sprache wird etwas bewegt, beispielsweise eine neue Beziehung etabliert und nicht nur etablierte soziale Parameter beachtet.[16]

2. Interkulturelle Pragmatik

Das Interesse an Sprechakten ging in den 80er Jahren von den theoretischen, hauptsächlich auf intuitiver Erfassung der englischen Sprache basierenden Ansätzen zu empirischen Studien über und konzentrierte sich auf die Beschreibung und den Vergleich der kulturspezifischen Normen bei der Realisierung der Sprechakte. In diesem Forschungsfeld ist vor allem das „Cross-Cultural Speech Act Realization Project" (CCSARP, Blum-Kulka/Olshtain 1984) bekannt geworden mit dem Ziel, Sprachhandlungsmuster bei Muttersprachlern (australisches, amerikanisches und britisches Englisch, kanadisches Französisch, Dänisch, Deutsch, Hebräisch) im Hinblick auf zwei Sprechakte („Bitten" /"Auffordern" und „Sich entschuldigen") in Abhängigkeit von sozialen

---

[14] Diese kommt historisch aus der Beschäftigung mit den phonologischen Eigenschaften verschiedener Sprachgruppen.
[15] S. auch dort zur Unterscheidung zwischen Soziopragmatik und Pragmalinguistik.
[16] Für Thomas (1995: 183) ist Pragmatik somit „meaning in interaction".

und kontextuellen Faktoren zu erstellen sowie die Gemeinsamkeiten und Unterschiede in den untersuchten Sprachen und die Unterschiede im sprachlichen
Verhalten von Muttersprachlern gegenüber Nichtmuttersprachlern darzulegen.

Das Projekt brachte Beweise für die Existenz bestimmter pragmatischer Re-
gularitäten, die dem sprachlichen Verhalten bei der Ausführung dieser zwei
Sprechakte zugrunde liegen. Es regte eine Reihe von replizierten (im Hinblick
auf das erarbeitete Analyseinstrumentarium) empirischen Studien an und lieferte
wichtige Anhaltspunkte für derartige Untersuchungen (z. B. Indirektheitsgrad,
Rolle der situativen und sozialen Faktoren etc.).[17] Den theoretischen
Hintergrund für dieses Projekt bildete die Höflichkeitstheorie von
Brown/Levinson (1978/veröffentlicht 1987), welche die Erforschung der
Höflichkeit überhaupt erst in den Vordergrund der linguistischen Pragmatikforschung stellte. In dieser Theorie ist ein Anspruch auf Universalität der
linguistischen Variation durch die soziale Realität selbst erhoben (s. Ervin-Tripp
1976). Wichtig sind Faktoren wie soziale Macht, soziale Distanz sowie Rechte
und Pflichten (die letzten beiden als Kontextfaktoren). Diese Parameter
strukturieren die pragmatische Auswahl des Handelns, das heißt der
Sprechaktrealisierung in jeder Kultur, wobei ihre relative Bedeutung je nach
Kultur variiert.[18]

---

[17] Die meisten Untersuchungen vergleichen lediglich zwei sprachliche Systeme. Für einen
Forschungsüberblick s. Kasper/Dahl (1991).

[18] Die Theorie ist ein konstruktivistischer Ansatz zur Erklärung der systematischen Aspekte
der Sprache. Es wurde eine Modellperson mit folgenden Hauptmerkmalen entwickelt: 1)
Rationalität (von Aristoteles' „practical reasoning" – Anwendung einer Argumentationslinie,
die es ermöglicht, Schlussfolgerungen vom Ziel bis zu den Mitteln zum Ziel zu ziehen): die
Modellperson strengt sich sozusagen nicht unnötig an und ist somit rational) und 2) *face* (zur
Definition s. Kapitel 5). Wenn Situationen auftreten, die ein *face* bedrohen könnten (FTA,
d.h. „face-threatening acts"), werden unter Ausrechnung einer Formel Strategien zur Rettung
von *face* eingesetzt (bei gleichzeitiger Berücksichtigung des Nutzens beim Einsetzen dieser
Strategie). Die Formel sieht wie folgt aus: $W = D + P + R$, wobei W die Gewichtung der FTA
anzeigt, welche die Auswahl der Strategie festlegt. W setzt sich zusammen aus D – sozialer
Distanz zwischen Sprecher und Hörer, P – relativer Macht des einen über den anderen und R
– der Entscheidung über den Gefährdungsgrad („imposition") in der gegebenen Kultur,
ausgehend von der absoluten Abstufung der Grade in dieser Kultur. R ist dem Kosten/Nutzen-
Faktor von Leech (1977: 26) ähnlich. Der Sprechakt muss innerhalb des Verfügungsrechts
des Sprechers liegen und vom Hörer willkommen sein. Die Modellperson handelt äußerst
strategisch und zuvorkommend. Die Theorie ist somit ein Versuch, die kognitiven Prozesse
des sozialen Verhaltens darzustellen.

Der Vergleich der Realisierungen von Sprechakten in mehreren Sprachen wirft somit die bis heute nicht gelöste Frage auf, ob die Funktionsprinzipien der Verwendung von Sprache entweder a) universelle pragmatische Prinzipien sind, deren angemessener Gebrauch kulturspezifisch ist; oder b) aus der Konzeptualisierung des kulturellen Ethos jeder Einzelsprache hervorgehen. Die Hauptvertreter dieser Debatte sind für a) Fraser (1985), (auch Austin 1962, Searle 1969, Brown/Levinson 1987, Leech 1983) und für b) Wierzbicka (1985a), (auch Green 1975).

Wierzbicka (s. Zitat unten) zieht ihre Annahme aus der Untersuchung der Unterschiede zwischen dem Polnischen und dem Englischen, welche sie in Verbindung mit tieferliegenden kulturellen Normen und kulturellem Ethos bringt.

> What is at issue is not just different ways of expressing politeness, but different cultural values. As I see it, the crucial fact is that different pragmatic norms reflect different hierarchies of values characteristic of different cultures (Wierzbicka 1985a: 173).[19]

Die entdeckten Unterschiede sind für Wierzbicka der Ausgangspunkt zur Kritik an der bisher durchgeführten angelsächsichen Forschung, die sie als ethnozentrisch bezeichnet. Zwei Punkte sind in diesem Zusammenhang auf-zugreifen. Zum einen führt die ethnozentrische, das heißt von der englischen Sprache ausgehende Position, zweifellos zu den Schwachstellen in der Brown/Levinsonschen Theorie der Höflichkeit – die Auffasung von *negative face* und der Grad der Indirektheit (s. Kapitel 5). Zum anderen kann mit ihrem Vorschlag (s. Zitat unten, s. auch Wierzbicka 1985b) Sprechakte anhand eines unabhängigen Klassifizierungssystem zu analysieren, um die ethnozentrischen Positionen der Forscher zu umgehen, zweifellos eine objektivere Betrachtung gewährleistet werden.

---

[19] Das Zitat bezieht sich auf Höflichkeit, deren Definition und Universalität zu zentralen Themen der vergleichenden Pragmatikforschung gehören.

Die Durchführung dürfte allerdings aufwändig sein.[20]

> ... what is needed is language independent and „culture-free"
> analytical tools ... in universal (or near-universal) human concepts
> such as „good" or „bad" ... in the same „natural semantic
> metalanguage" in which meanings encoded in different linguistic
> systems can be described and compared (Wierzbicka 1991: 148).

Das Problem der unterschiedlichen Wertungen und Normen in Bezug auf Begriffe wie „Direktheit" oder „Indirektheit", auf das Wierzbicka hinweist, kann nach Trosborg (s. Zitat unten) durch das Einbinden eines emischen und eines etischen Standpunkts umgangen werden. Der Erste ist im Hinblick auf das Verhalten in Relation zum Kontext innerhalb eines kulturellen Bedeutungssystems nicht distinktiv und der Zweite ist aus der Sicht eines „außenstehenden Betrachters" distinktiv. Hierdurch wird eine Relativität erreicht, die einer einseitigen Interpretation der Ergebnisse vorbeugt.

> This dilemma may not be resolved, but can be explained to some
> degree in the light of an emic/etic viewpoint. ... speech (acts) needed
> to be studied etically, i.e. from the point of view of the observer, as
> well as in terms of its emic contents, i.e. expressed by the speaker
> (Trosborg 1995: 49).

Mit der Suche nach universellen Grundprinzipien der Verwendung von Sprache beschäftigt sich der Bereich der linguistischen Pragmatik, die interkulturelle Pragmatik. Durch Vergleich der in verschiedenen Sprachen zur Realisierung der Sprechakte eingesetzten Strategien zum Erreichen kommunikativer Ziele versucht man der Frage nach der Universalität nachzugehen. Obwohl diese Vorgehensweise heute die einzige angewandte Weise darstellt, den pragmatischen Aspekten in der Sprache empirisch nachzugehen, bleibt es offen, inwiefern es möglich wird, die grundlegenden pragmatischen Eigenschaften des

---

[20] In Bereichen der Künstlichen Intelligenz, der Psychologie und der Computerlinguistik sind die Begriffe „frames/schemata/scripts" bekannt. Diese werden zum Verständnis von der Organisation des Gedächtnisses und der Kognition angewandt. Der Grundgedanke hierzu kommt aus den „semantic primitives", z. B. Schank (1972), Schank/Abelson (1977). Die Aufwändigkeit derartiger Sprachstrukturierung wird aus Arbeiten zu semantischen Primitiven abgeleitet.

gegebenen Sprechaktes zu entdecken, die in jeder natürlichen Sprache zu erwarten sind (s. Blum-Kulka/Ohlshtain 1984: 209). Da Höflichkeit beispielsweise zur Abschwächung der illokutiven Kraft einer Äußerung dient, das heißt, in der Sprache zum Vorschein kommt, steht wiederum die Frage nach ihrer Universalität in direkter Verbindung mit der Untersuchung der vom Sprecher eingesetzten Strategien.

Zu den am meisten untersuchten Sprechakten im Bereich der interkulturellen Pragmatik gehören Bitten (requests) und Entschuldigungen (apologies). Da diese Sprechakte nach Brown/Levinson (1987) den gesichtsbedrohenden zuzuordnen sind,[21] ist ihre Realisierung in unterschiedlichen Kulturen besonders interessant. Relevante Faktoren (s. Fußnote 18) können je nach Kultur unterschiedliche Gewichtung haben. Zu weiteren untersuchten Sprechakten zählen Begrüßungen (greetings), Komplimente (compliments) und Komplimenterwiderungen (compliment responses), Ablehnungen (refusals), Beschwerden (complaints), Einladungen (invitations) und Vorschläge (offers). Der Fokus der durchgeführten Untersuchungen lag zum größten Teil in folgenden Bereichen: Indirektheit im Diskurs, Interpretationsprozess, Modalitätsmarkierungen (s. Kasper 1981: 107), Höflichkeitsstrategien, Perzeption, Implikation an den Hörer, Transfer, NS-NNS Kommunikation. Einen Überblick hierzu findet man beispielsweise bei Blum-Kulka/House/Kasper (1989: 5ff.).[22]

Wie im Forschungsanliegen bereits erwähnt, wurde sich in der vorliegenden Arbeit für die Sprechakte „Komplimenterwiderung" und „Ablehnung" entschieden, um das Thema „Höflichkeit" in der Alltagssprache zu analysieren.

---

[21] Vgl. Kapitel 5.

[22] Zu den Periodika, die den Forschungsstand beleuchten, gehören vor allem englischsprachige Zeitschriften: *Journal of Pragmatics, Multilingua, Contrastive Pragmatics, Anthropological Linguistics, Language and Communication, Papers in Linguistics, Applied Linguistics, TESOL Quartely, International Journal of Human Communication, Journal of Asian and Pacific Communication* u.a.. Unter den deutschsprachigen ist z. B. die *Zeitschrift für Fremdsprachenforschung*, unter den russischsprachigen Periodika sind z. B. die *Voprosy Jazykoznanija* und die *Slavistische Linguistik* zu nennen.

Dabei kann man unterschiedliche Arten der Äußerungen zum einen aus einem angenehmen Bereich der Alltagskommunikation, zum anderen aus einem unangenehmen Bereich analysieren. Die Funktion der Komplimenterwiderungen ist die folgende: „to increase or consolidate the solidarity between the speaker and the adressee" (Holmes 1988a: 486). Ablehnungen stellen dagegen „delicate interpersonal negotiation" (Beebe et al. 1990: 68) dar, weil sie von „noncompliant nature" sind (Gass/Houck 1999: 49).

Strukturell handelt es sich in beiden Fällen um respondierende Sprechakte. Praktisch gesehen heißt dies, dass in beiden Fällen vom Sprecher B Strategien eingesetzt werden, die zur Erwiderung auf eine vom Sprecher A produzierte Äußerung dienen. Diese Strategien haben per se eine den Hörer unterstützende Funktion (ausgenommen direkte Ablehnungen) und können **Höflichkeitsstrategien** genannt werden. Die kulturspezifischen Regelmäßigkeiten bei der Anwendung von Höflichkeitsstrategien werden, falls überhaupt vorhanden, auch in solch unterschiedlichen Sprechakten zum Vorschein kommen. Für die vorliegende Untersuchung können aufgrund dieser Überlegung sowie basierend auf dem Forschungsstand folgende Hypothesen hinsichtlich der kulturellen Tendenzen (z. B. Vorzug bestimmter Strategien) aufgestellt werden:

1. Die ähnlichen kulturellen Tendenzen sind in Komplimenterwiderungen wie Ablehnungen durch Höflichkeitsstrategien nachweisbar.

2. Die kulturellen Tendenzen zeigen sich sowohl in der Produktion als auch in der Evaluierung der Sprechakte.

3. Komplimente und Komplimenterwiderungen

Im Kontext einer mündlichen Diskursanalyse wird ein zweiteiliger Sprechakt – in diesem Fall „Kompliment und Komplimenterwiderung" – Nachbarschaftspaar genannt (s. Kapitel 1). Darunter versteht man die sequentielle und inhaltliche Abhängigkeit des zweiten Teils vom ersten. So stellt Herbert (1989: 5) eine Komplimenteinheit wie folgt dar:

1. A compliments B
2. B responds/acknowledges that A has spoken

Nach Pomerantz (1978: 109) stellt eine Zustimmung zum Kompliment den bevorzugten Teil dar bzw. die vorgeschriebene Form der Komplimentakzeptanz (s. Kapitel 1). Herbert (1989) bezeichnet dies als „correct response".[23] In der lebendigen Sprache, besonders wenn man andere als die englische betrachtet (z. B. Chinesisch, Chen 1993), erweist sich dies allerdings nicht als obligatorisch (vgl. Pomerantz 1978: 81). Herbert (1989: 6) spricht in diesem Zusammenhang von einem Paradoxon der Komplimenterwiderungen. Diese Beobachtung ist in erster Linie für theoretische Erklärungsansätze zur Funktionsweise der Komplimenterwiderung sehr wichtig. Nach Pomerantz (1978: 81-82) stellt eine Zustimmung bei einer Komplimenterwiderung eine der Möglichkeiten dar, auf die in einem Kompliment ausgedrückte Proposition zu respondieren, wie die Darstellung unten zeigt.

Kompliment: Lob/positive Bewertung = Proposition

Erwiderung: (1) Stimme dem Sprecher zu   (2) Vermeide Eigenlob[24]
Zustimmung bzw.   Nichtzustimmung bzw.
Annahme der Proposition   Nichtannahme der Proposition

Es ist ersichtlich, dass eine Zustimmung zum Kompliment gleichzeitig eine Zustimmung zum Lob ist, das heißt ein auf diese Weise ausgedrücktes Eigenlob. Um sich selbst nicht zu loben oder wie der „Maxime-Ansatz" (s. Kapitel 5.1) besagt, der Bescheidenheitsmaxime gerecht zu werden, versucht der Sprecher, das Eigenlob zu vermeiden, was er allerdings theoretisch nur durch Nichtzustimmung erreichen kann (vgl. Chen 1993: 63). Da in diesem Fall beide Möglichkeiten in die gleiche Richtung agieren[25] – das heißt, zu der von A ausgedrückten Proposition Stellung zu nehmen – wird der Sprecher durch Komplimenterwiderungen einen Kompromiss zustandebringen müssen.

---

[23] Diese Erwartung findet man leicht in den Büchern zur Etikette: „When you are complimented, the only response necessary is 'Thank you.' " (zitiert bei Herbert 1989: 6).
[24] Übersetzt aus Pomerantz (1978: 81-82) – „agree with speaker" und „avoid self-praise".
[25] Wobei die Durchsetzungskraft der Möglichkeiten kulturspezifisch ist, s. Kapitel 5.1.

Die hier dargestellten Erklärungsmechanismen der Komplimenterwiderungen nach Pomerantz (1978) dienen als Grundlage für die weitere Forschung der Komplimenterwiderungen. Die Autorin (ebd. 82) bezeichnet (1) und (2) oben als Anforderungen an den Sprecher („constraint systems") und Komplimenterwiderungen als mögliche Lösungen.

Wenn man die in einer untersuchten Sprache vorkommenden Kompliment-erwiderungen zwischen diesen zwei Polen einordnet und klassifiziert, gelangt man zu einem Klassifizierungssystem der zur Erwiderung auf Komplimente eingesetzten Strategien. Die Strategien werden nach Olshtain/Cohen (1983: 20) **semantische Formeln** genannt. Eigene Klassifizierungssysteme können bei Lewandowska-Tomaszczyk (1989), Holmes (1988b), Herbert (1990), Pomerantz (1978), Chen (1993) gefunden werden. Alle Studien erkennen drei große Bereiche an: Zustimmung zum Kompliment, Nichtzustimmung zum Kompliment und den Bereich dazwischen („in between-ness", Pomerantz 1978: 92).

Das bei dieser Vorgehensweise entstehende Problem liegt auf der Hand. Die auf der Grundlage des Datenmaterials einer Sprache gebildeten Kategorien können sich in einer anderen Sprache als unpassend erweisen (vgl. Holmes 1988b, Wierzbicka 1991, Schneider 1999). Besonders wichtig in diesem Zusammenhang ist deswegen eine Transparenz und Replizierbarkeit des er-stellten Systems, wenn man sich schon nicht auf Einheitlichkeit bei inter-kulturellen Studien verständigen kann. In der vorliegenden Studie wird aus diesem Grund mit einem von Chen (1993) entwickelten und bei Zoubareva (1999) und Schneider (1999) erprobten Klassifizierungssystem gearbeitet (s. Kapitel 3.2). Dieses System ist auch deswegen haltbar, weil es in einer sta-tistisch belegten Studie erarbeitet wurde, vgl. Herbert (1991:11): „Distributional facts are essential ... a taxonomy is merely the prerequisite to sociolinguistic analysis."[26]

---

[26] Vgl. Schneider (1999: 165), der in einer Studie zum irischen Englisch fünf weitere Kate-gorien identifiziert. Vgl. außerdem Rose (1994) zum Problem der Klassifizierungen, die anhand der Daten aus dem asiatischen Raum erfolgen. Vgl. allerdings auch Gass/Houck (1999: 14) sowie Lewandowska-Tomaszczyk (1989: 92) zur Unumgänglichkeit dieses Problems.

Weiterhin können Komplimenterwiderungen wie beispielsweise *„Do you really think so?"* entweder als Frage nach einem weiteren Kompliment oder aber als Frage nach der Ehrlichkeit des Kompliments verstanden werden. In der vorliegenden Arbeit werden sie „doubting" genannt; bei Herbert (1990: 209) als „question response"; bei Valdés/Pino (1981: 60) als „request for expansion and/or repetition of a compliment assertion"; bei Holmes (1988b: 460) als „request reassurance/repetition" oder „challenge sincerity" bzw. als „(pseudo)-doubting" bei Zoubareva (1999: 36) bezeichnet. Da bei der vorliegenden Untersuchung Intonationsangaben nicht erhoben sind, die für die Interpretation der oben genannten Ambiguität hilfreich wären,[27] wird dieses Problem nicht gelöst. Außerdem schließe ich mich Lewandowska-Tomaszczyk (1989: 92) an, die darauf hinweist, dass eine klar geteilte Klassifizierung unmöglich und allein eine Analyse im Sinne der Präferenzen durchführbar ist. Eine Lösung im Sinne von Wierzbickas Metasprache (1991, s. Zitat auf Seite 20) für universelle menschliche Konzepte (s. Kapitel 2) wird hier nicht näher einbezogen, obwohl sie im Prinzip in Superstrategien des von Chen (1993) vorgeschlagenen Systems wiederzufinden ist. Im konkreten Bezug zu Komplimenten und Komplimenterwiderungen ist diese Lösung wie folgt anwendbar: A: *„I want to say something good about you"* und B: *"I don't want to say something good about myself"* oder *„I think the same"* oder *„I don't think the same"* (Wierzbicka 1991: 136ff.).

3.1 Frühere Studien

In den letzten zwanzig Jahren wurden im Rahmen der linguistischen Pragmatik empirische Untersuchungen (ethnographische Analyse oder Diskursergänzung) zum Sprechakt „Kompliment" und/oder „Komplimenterwiderung" mit folgenden Blickrichtungen durchgeführt: syntaktische, morphologische und semantische Struktur der Komplimente (Manes/Wolfson 1981, Wolfson 1983, Holmes 1988a, Herbert 1991); die auf dem Geschlechterunterschied basierenden

---

[27] S. Couper-Kuhlen (1986: 110ff.) für Kontraste in der Bedeutung der Äußerung, die mit unterschiedlicher Intonation erreicht werden können sowie zur Rolle der Intonation bei Fragen (ebd. 171).

Differenzen bei Komplimenten und Komplimenterwiderungen (Wolfson 1984, Holmes 1988b, Herbert 1990); der Zusammenhang zwischen Komplimenten und soziokulturellen Werten (Wolfson 1981, Wolfson/Manes 1980, Manes 1983, Chen 1993, Jaworski 1995); Erwiderungen auf Komplimente (Pomerantz 1978 [auf theoretischer Basis], Valdés/Pino 1981, Herbert 1990, Holmes 1988a, Lewandowska-Tomaszczyk 1989, Chen 1993, Schneider 1999, Lorenzo-Dus 2001); muttersprachlicher vs. nichtmuttersprachlicher Umgang mit Komplimenten (Nelson/El Bakary/Al Batal 1996, Barnlund/Araki 1985, Wolfson 1989). Es wurde mit dem Datenmaterial aus dem Polnischen, Französischen, Arabischen, Spanischen, Japanischen, Hebräischen, Chinesischen sowie Varietäten des Englischen (Amerikanisch, Britisch, Irisch, Neuseeländisch) gearbeitet.

Die wichtigste Erkenntnis, die den Ausgangspunkt aller Studien zu diesem Thema bildet und auch interkulturell haltbar ist (vgl. Herbert 1991: 388), wurde von Manes/Wolfson (1981: 123) als Komplimentformel bezeichnet. In ihrer syntaktischen, semantischen und morphologischen Struktur weisen Komplimente eine erstaunliche Regularität auf. In 96% der Komplimente werden nur fünf Adjektive verwendet. In 86% der Komplimente, in denen Verben benutzt werden, kommen nur zwei Verben vor. Drei Viertel aller Komplimente weisen drei syntaktische Muster auf:

NP is/looks (really) ADJ („ *Your blouse is beautiful* ");

I (really) like/love NP („ *I like your car* ");

PRO is (really) (a) ADJ NP („ *That's a nice wall hanging* ") –

in denen entweder ein Verb oder ein Adjektiv als semantisch positiv belegte Einheit auftreten (Manes/Wolfson 1981: 116, 120-121).[28] Die Formelhaftigkeit der Komplimente erklärt sich durch ihre Funktion, eine „Solidarität" zwischen den Gesprächspartnern zu etablieren bzw. beizubehalten. Durch Semantik und Syntax wird die Zugehörigkeit des Sprechers zu einer bestimmten gesellschaftlichen Gruppe markiert, sodass sich in Komplimenten soziale

---

[28] Selbstverständlich beziehen sich diese Beobachtungen konkret auf die englische Sprache, da diese als Grundlage für die Analyse genommen wurde. Die Regularitäten an sich sind aber durch Untersuchungen zu anderen Sprachen bestätigt worden (z. B. Herbert 1991).

Normen widerspiegeln (Manes/Wolfson 1981: 131). Die Formelhaftigkeit der Komplimente ist zusätzlich zu den erwähnten sprachlichen Aspekten in den Themenbereichen erkennbar, zu denen ein Kompliment gemacht wird: Aussehen, Leistung, Kleidung, Besitz (Manes/Wolfson 1981). Da Komplimente durch Lob stets eine positive Wertung ausdrücken, wird darin auf eine vorausgegangene gesellschaftliche Entwicklung bzw. auf die Stellung, die der Sprecher dieser Entwicklung gegenüber einnimmt, Bezug genommen (Manes 1983: 98). Auch in diesem Punkt bestehen interkulturelle Differenzen (Herbert 1991: 392). Überwiegend sind es Frauen, die mehr Komplimente bekommen bzw. geben (Holmes 1988b: 450). Die Mehrheit der Komplimente wird zwischen Statusgleichen gemacht (Holmes 1988a: 497); Komplimente, die die Leistung betreffen, jedoch eher vom Statushöheren zum Statusniedrigeren (Wolfson 1983, vgl. Rathmayr 1996a: 19).

Aufgrund ihrer formelhaften Struktur können Komplimente im Kontext leicht identifiziert werden. Die erwartete Stellung im Diskurs kann aber auf der kulturellen Achse variieren (Manes/Wolfson 1981, Chen 1993). Dies hängt mit den Vorstellungsmustern von den akzeptablen sozialen Gesprächsstrukturen in einer Kultur zusammen. Herbert (1989: 8) spricht von einer „compliment competence", der linguistischen und kulturellen Kompetenz, die für die angemessene Ausführung des Sprechaktes „Kompliment und Komplimenterwiderung" in einer gegebenen Sprache nötig ist. Aufgrund der zu Komplimenten gemachten Befunde sind diese als sozial markiert zu bezeichnen und nur in Verbindung mit dahinter stehenden soziokulturellen Normen zu analysieren.[29]

---

[29] Am Beispiel des Vergleichs zwischen dem Indonesischen, Japanischen und Amerikanischen zeigt Wolfson (1981), dass unter Komplimenten sogar Verschiedenes verstanden wird. Dies ist aber für die vorliegende Arbeit nicht relevant, da in den hier untersuchten Kulturen eine Übereinstimmung hinsichtlich dessen, was unter Komplimenten verstanden wird, vom Autor vorausgesetzt wurde. Besonders Idiome und Sprichwörter, die oft im arabischen Raum zum Ausdruck positiver Eigenschaften eingesetzt werden und bei einem interlingualen Vergleich problematisch sein könnten, werden in diesen Sprachen nicht als unterschiedlich angesehen. Zu weiteren Erklärungsansätzen zu soziologischen und psychologischen Seiten der Komplimente s. Wolfson (1989: 226) – „the bulge theory" und Herbert/Straight (1989: 43) – „ideology of mutual worth and equality"; beide beziehen sich auf amerikanisches Englisch.

Die Verbindung zu soziokulturellen Werten gilt auch für Komplimenterwiderungen, die zwar nicht ihrer sprachlichen Formelhaftigkeit wegen, aber
aufgrund anderer Eigenschaften – Unterschiede in der Distribution der zur
Erwiderung einsetzbaren Strategien (s. vorheriges Kapitel) – für einen
Linguisten interessant sein können.

Die Erwiderungen auf Komplimente sind von den durch Komplimente dar-
gelegten Faktoren wie z. B. Status, Geschlecht, Kontext etc. (s. oben) abhängig. Außerdem ist die Gewichtung der Zustimmung vs. Nichtzustimmung
kulturell unterschiedlich (vgl. Fußnote 25). Dies steht als Ergebnis mehrerer
empirischer Untersuchungen fest, z. B. Holmes (1988a: 495) zum Neuseeländischen (61,1% vs. 10%) oder Chen (1993: 56) zum Chinesischen (1,03% vs.
95,7%).[30]

Komplimenterwiderungen sind Realisierungen eines strategischen Handelns, da
sonst nur „richtige" Antworten wie z. B. „Danke" produziert werden. Dieses
Handeln wird durch zwei kognitive Operationen hervorgerufen – Zustimmung
und Nichtzustimmung. Durch einen kontrastiven Vergleich auf der Basis dieser
Unterscheidung ist es möglich, typische Höflichkeitsstrategien in verschiedenen
Kulturen zu beschreiben.

3.2 Klassifizierungssystem

Wie bereits erwähnt, folgt die Untersuchung dem Klassifizierungssystem von
Chen (1993: 70), das für den Vergleich des Chinesischen mit dem amerikanischen Englisch mit Hilfe eines Diskursergänzungsfragebogens entwickelt
worden ist. Chen basiert seine Kategorienbildung auf der Dichotomie
Zustimmung-Nichtzustimmung und erhält somit ein durchsichtiges Instrumentarium, das sich zum interkulturellen Vergleich der Höflichkeitsstrategien
am besten eignet. Dieses System ist aufgrund mehrmals unternommener
empirischer Studien haltbar und auch wegen weiterer möglicher Vergleichbarkeit geeignet (vgl. Kapitel 3).

---

[30] S. auch Kapitel 9.1.

Alle Komplimenterwiderungen werden nach ihrer allgemeinen Bedeutung klassifiziert, die in der Bezeichnung der Strategie zum Ausdruck kommt (vgl. semantische Formeln, Kapitel 3).[31] So werden Komplimenterwiderungen, die einen Dank für das Kompliment beinhalten, in die Strategie „thanking" kategorisiert (*„Danke"*). Komplimenterwiderungen, die eine direkte Zustimmung zum Kompliment darstellen (Einverständnis damit, dass das Objekt des Kompliments lobenswert ist), gehören in die Kategorie „agreeing" (*„Ja, die Jacke ist echt Klasse"*). Wenn vom Sprecher B Freude darüber ausgedrückt wird, dass dem Sprecher A das genannte Objekt gefällt, wird die entsprechende Strategie „expressing gladness" genannt (*„Es freut mich, das zu hören"*). Komplimenterwiderungen mittels eines Witzes bzw. Ironie werden unter „joking" zusammengefasst (*„Klar, ich sehe immer gut aus"*). Diese vier Strategien zusammen bilden die Gruppe ACCEPTING (auch Superstrategie genannt), weil sie alle Übereinstimmung mit dem Sprecher A ausdrücken.

Desweiteren werden unter „returning" alle Äußerungen zusammengefasst, die selbst ein Kompliment darstellen (*„Danke, Deine gefällt mir auch"*). Zumeist wird dabei *„Danke"* als Einleitung eingefügt. Wenn Sprecher B vorschlägt, das Objekt des Kompliments dem Sprecher A zu geben bzw. auszuleihen, wird von „offering" die Rede sein (*„Willst Du die mal ausleihen?"*). Drückt Sprecher B mit seiner Erwiderung die Annahme aus, Sprecher A könnte sich ebenfalls solch ein Objekt erwerben, spricht man von der Strategie des „encouraging" (*„Soll ich Dir mal sagen, wo ich das her hab'?"*). All diese Strategien werden zur Erwiderung auf Komplimente eingesetzt, die so verstanden werden, als ob Sprecher A gern etwas von Sprecher B hätte. Sie bilden zusammen die Gruppe RETURNING.

Antworten, die eine Erläuterung zum Erwerb des Objektes darstellen, werden unter der Strategie „explaining" zusammengefasst (*„Die habe ich von H&M"*).

---

[31] Es werden deutsche Äquivalente der Strategiebezeichnungen angeboten (s. Tabelle 3-1, folgend) und diese sowohl im Text als auch in den Tabellen verwendet. Für die Darstellung des Originalsystems werden englische Bezeichnungen eingesetzt. Alle Strategien sind durch Unterstreichung kenntlich gemacht. Diese Vorgehensweise wird analog für Ablehnungen angewandt. Zum Auseinanderhalten der Strategien in beiden Sprechakten wird Klein-/Großschreibung angewandt. Die in diesem Kapitel verwendeten sprachlichen Beispiele sind Zoubareva (1999: 32-37) entnommen.

Dabei kann der Erwerb des Objekts auf etwas unpersönliches (Ort, günstiges Angebot etc.) sowie auf eine dritte Person (Geschenk) zurückgeführt werden. Dabei handelt es sich in allen Fällen um die Angabe von Gründen. Drückt der Sprecher seine Unsicherheit darüber aus, ob das Objekt des Kompliments des Lobes wert sei, handelt es sich um „doubting" (*„Meinst Du?"*). Diese zwei Strategien bilden zusammen die Gruppe DEFLECTING, weil sie im Hinblick auf die von A ausgedrückte Proposition (Lob) nur teilresponsiv sind. Sie drücken aber immer noch keine Nichtzustimmung aus.

Die Nichtzustimmung wird lediglich einer Kategorie zugeordnet: „rejecting" (sowie REJECTING). Dabei kann entweder die Nichtannahme bzw. die Ablehnung eines Kompliments ausgedrückt werden oder eine Herabsetzung des Objektwertes (*„Find' ich nicht"*) erfolgen.

Tabelle 3-1:   Englische und deutsche Strategiebezeichnungen
für Erwiderungen auf Komplimente

1. thanking	1. sich bedanken
2. agreeing	2. zustimmen
3. expressing gladness	3. sich freuen
4. joking	4. scherzen
ACCEPTING	ANNEHMEN
5. returning	5. zurückgeben
6. offering	6. anbieten
7. encouraging	7. aufmuntern
RETURNING	ZURÜCKGEBEN
8. explaining	8. erklären
9. doubting	9. zweifeln
DEFLECTING	AUSWEICHEN
10. rejecting	10. ablehnen
REJECTING	ABLEHNEN

4. Ablehnungen

Nach Kohnen (1987: 10) impliziert die Bezeichnung „Zurückweisung" eine
Nichtakzeptanz der von A vorgegebenen Interaktionsbedingung. Im Allge-
meinen werden als Zurückweisungen oder Ablehnungen[32] (refusals) ablehnende
Reaktionen auf initiative Äußerungen bezeichnet (ebd.).

---

[32] Für den Kontext der untersuchten Situation passt die Bezeichnung „Ablehnung".

Im Kontext einer mündlichen Diskursanalyse werden Ablehnungen respondierende Sprechakte genannt, die einen Dissens mit dem initiierenden Sprechakt (z. B. Bitte, Angebot, Einladung, Vorschlag) zum Ausdruck bringen (s. Kasper 1981: 196, vgl. Kapitel 1). Dabei stellt sich die Frage, ob eine Konversation nach der Ablehnung endet oder ob A es möglicherweise noch einmal versuchen wird (negotiation)?

Nach Gass/Houck (1999: 3ff.) lässt sich die Nichtannahme der im initiierenden Sprechakt ausgedrückten Proposition weiterhin in drei große Bereiche unterteilen: ablehnen (1), zeitlich verschieben (2) und Alternativen vorschlagen (3). Im Falle einer indirekten Ablehnung kann eine Konversation fortgesetzt werden, wobei die „Verhandlung" („negotiation") (vgl. Kasper 1981: 197) der im initiierenden Sprechakt ausgedrückten Proposition stattfindet, bis die Interaktion rund um die ursprünglich von A ausgedrückte Proposition mit einem endgültigen Ergebnis („final outcome") endet. Solche Ablehnungssequenzen werden „possible refusal trajectories" genannt (Gass/Houck 1999: 3) und als rekursiv bezeichnet: eine nicht direkte Ablehnung lädt zu weiteren Angeboten/Bitten etc. ein.

Ähnlich identifizieren Labov/Fanshel (1977) drei Bereiche der Ablehnungssequenz („refusal sequence"): direkt ablehnen („without accounting", vgl. 1), verschieben („put off", vgl. 2), und indirekt ablehnen („with accounting", inklusive 3) und bezeichnen die Rekursivität als „recycling".

Für die vorliegende Arbeit wurde ein Datenerhebungsfragebogen als Methode zur Elizitierung der Produktion eingesetzt (s. Kapitel 8.1), womit der sequentielle Aspekt ausgeschlossen ist. Die Studie konzentriert sich demzufolge auf die sequentiell ersten möglichen Ablehnungen. Es ist anzunehmen, dass mit einer wachsenden Anzahl von indirekten Ablehnungen die Wahrscheinlichkeit steigt, in einem realen Diskurs mit einer „Verhandlung" rechnen zu können.[33]

---

[33] Unter diese Annahme kann verglichen werden, ob sich die untersuchten Sprachen hinsichtlich der Bereitschaft zur „Verhandlung" über die Proposition unterscheiden.

4.1 Frühere Studien

Um einen Überblick über den Fokus der bisher durchgeführten Studien zu Ablehnungen zu schaffen und die für die vorliegende Untersuchung relevanten Punkte anzuführen, sollen einige Arbeiten genannt werden, die für den Untersuchungsgegenstand repräsentativ sind.[34]

Rubin (1983) verweist auf die sozialen Werte einer Kultur, die zusätzlich zu der Kenntnis der Möglichkeiten, wie eine Ablehnung in der Sprache auszuführen ist, für die richtige Ausführung dieses Sprechaktes durch den Sprachlerner wichtig sind.

Beebe/Cummings (1985, 1996, gleiche Grundlage) untersuchen die mutter-sprachlichen Ablehnungen von Bitten im Englischen, wobei der Fokus auf einem Methodenvergleich liegt. Dabei zeigt sich die Diskursergänzung als Er-hebungsmethode geeignet, um semantische Formeln in dem Spektrum zu finden, in welchem sie in der realen Sprachsituation vorkommen. Die Ab-lehnungssequenzen in natürlichen Daten in der zweiten Methode – Telefon-gespräch – sind lediglich modifizierter, was durch die Interaktion mit dem Bittenden hervorgerufen wird.

Kinjo (1987) findet in ihrem Vergleich des Japanischen und des Englischen – Ablehnungen von Einladungen und Bitten – Ähnlichkeiten in der Distribution der semantischen Formeln und Unterschiede in ihrer Anordnung. Sie zeigt geschlechtsspezifische Unterschiede hinsichtlich der Strategie „regret" im amerikanischen Englisch und die Widerspiegelung der kulturellen Stereotypen beider Kulturen durch Direktheit und Indirektheit der Äußerungen auf. Als Methode wurde die mündliche DE eingesetzt.

Die Ergebnisse von Beebe/Takahashi/Uliss-Weltz (1990, Takahashi/Beebe 1987) weisen auf den pragmatischen Transfer in Distribution, Anordnung und Inhalt der semantischen Formeln hin. Die Autoren haben Ablehnungen auf Bitten, Einladungen, Angebote und Vorschläge in insgesamt zwölf Situationen

---

[34] Für einen Überblick s. Gass/Houck (1999:15ff.).

mit Hilfe der DE gesammelt. Dabei wurden Japanisch, Englisch und durch Japaner gesprochenes Englisch untersucht.

Bardovi-Harlig/Hartford (1991) zeigen am Beispiel von Ablehnungen eines Vorschlags in einer authentischen akademischen Situation, wie sich die nichtmuttersprachliche Ablehnungen von muttersprachlichen Ablehnungen im Hinblick auf die semantischen Formeln unterscheiden. Sie fanden heraus, dass Nichtmuttersprachler ein breiteres Spektrum an Strategien verwenden. „Reason" war in beiden Gruppen die am häufigsten eingesetzte Strategie, gefolgt von „alternative" bei Muttersprachlern und „avoidance" bei Nichtmuttersprachlern.

Heilmann (1993) untersucht Zurückweisungen in der deutschen Sprache am Beispiel von aufgezeichneten Fernsehdiskussionen, nach Männern und Frauen getrennt. Der Fokus ihrer Arbeit liegt auf hörer-orientierten vs. sprecher-orientierten Strategien, bei denen sie jedoch keine geschlechtsspezifischen Unterschiede findet. Eine kleine Anzahl von Probanden und nicht berücksichtigte soziodemographische Aspekte könnten die Ergebnisse jedoch beeinflusst haben, so die Autorin.

Am Beispiel des Mandarin-Chinesischen zeigt Liao (1994) mit mehreren Untersuchungsmethoden, dass der Inhalt, insbesondere der Höflichkeitsgrad der für universell gehaltenen Strategien bei Ablehnungen, kulturspezifisch ist. Morrow (1995) zeigt am Beispiel der Ablehnungen zwischen Statusgleichen in vier Situationen, dass es durch gezielte Anweisungen möglich ist, den Sprachlerner zu einem typischen Sprachverhalten im amerikanischen Englisch zu bewegen. Chen/Ye/Zhang (1995) führen in ihrer Analyse der Ablehnungen (die sich ebenfalls auf Mandarin-Chinesisch bezieht) an, dass die Strategie „reason" dem Sprecher erlaubt, eine Ablehnung ohne Angriff auf das *face* von A zu begründen. Die Strategie „alternative" erlaubt ein Ausweichen der Konfrontation mit A. Dies waren die am häufigsten vorgefundenen Strategien in dieser Studie. Die Daten wurden mit Hilfe der DE (nach Beebe et al. 1990) erhoben.

In der aktuellsten und zugleich umfangreichsten Studie analysieren Gass/Houck (1999) folgende auf Video aufgezeichnete Interaktionen: Ablehnungen eines Vorschlags, eines Angebots, einer Einladung und einer Bitte seitens der englischen Muttersprachler durch japanische Lerner des Englischen (unterschiedliche Lernerniveaus). Am häufigsten kamen in ihren Daten folgende Strategien vor: „conventional nonperformative refusal", „statement of regret", „excuse/reason/explanation, proposal of alternative". Zwei Drittel der Formeln wurden als solche Strategien klassifiziert. Aufgrund der untersuchten Dynamik der Gesprächsführung wurden einige weitere Ablehnungsmöglichkeiten identifiziert: „confirmations", „requests for clarification" / "information, agreement" sowie nichtverbale Faktoren.[35]

Die Analyse der Interaktion mitsamt der nichtverbalen Faktoren wurde als Episode („episode", Gass/Houck 1999: 56ff.) bezeichnet. Die Autoren bieten sowohl eine linguistische als auch eine nichtlinguistische Darstellung ihrer Ergebnisse und konzentrieren sich auf die Probleme/Kompensationsstrategien der Nichtmuttersprachler, die in diesem Kontext eingesetzt wurden. Es wurden fünf identifiziert: Direktheit („bluntness/directness"), Zeichen der sprachlichen oder soziokulturellen Inadäquatheit („indications of linguistic or sociocultural inadequacy"), Verwendung der Muttersprache („use of the first language"), sequentielle Verschiebungen in Bezug auf das Ziel, die Auswahl der semantischen Formel und die Auswahl des Inhalts der Entschuldigungen oder Alternativen („sequential shifts in attention to goal, choice of semantic formula, and choice of content of excuses or alternatives") und nichtverbale Affektäußerungen („nonverbal expressions of affect"). Bei der Untersuchung der Konzepte „Verhandlung" („negotiation") und „Erwartung" („expectation") stellte sich heraus, dass Nichtmuttersprachler durch die Konversation mit Muttersprachlern lernen können, indem sie ihre Erwartungen im Laufe eines Gespräches korrigieren.

Dieser Überblick zeigt, dass sich die Ablehnungsstudien auf die Identifizierung der Ablehnungen in der Sprache, die Kategorisierung der Daten nach semantischen Formeln/Strategien und auf die darauf aufbauende Analyse konzentrieren. In der Analyse wird auf Distribution, Anordnung und Inhalt der semantischen Formeln sowohl im interkulturellen als auch im interlingualen Vergleich geachtet.

---

[35] S. auch Beebe/Cummings (1996).

which affect the linguistic behaviour of speakers in terms of politeness (House/Kasper 1981: 158).

Die Frage erübrigt sich im Kontext der Lerner, die seit mehreren Jahren eine Fremdsprache im Land dieser Sprache anwenden. Olshtain/Blum-Kulka (1984)[67] berichten in einer Studie über Immigranten in Israel, dass es den Probanden nach etwa acht Jahren möglich war, eine perfekte Perzeption der Sprechakte in der neuen Sprache zu zeigen.. Eine perfekte Produktion war allerdings nie zu erreichen. Unter der Annahme, dass sie sehr wohl wussten, was in der Zielsprache wie auszudrücken sei, muss man davon ausgehen, dass sie von ihren kulturellen Normen und Werten wohl nicht absehen konnten oder wollten. Anscheinend spielt hier der Drang nach kultureller Identität der in der Diaspora Lebenden eine Rolle, da man Identität unter anderem über Sprache definiert. Zusätzlich zur Didaktik ist die Erforschung der sozialen Normen deswegen besonders für die alltägliche praktische Anwendung der Fremdsprache von Bedeutung.

Die Kommunikation zwischen einem Muttersprachler und einem Sprachlerner bietet auch deswegen für die Fremdsprachenforschung einen interessanten Untersuchungsgegenstand, weil im Moment dieser Kommunikation ein Lernprozess stattfinden kann (vgl. Kapitel 4.1).

Ausgehend von der Annahme, dass diese Art von Konversation (NS-NNS) auf eine Problemlösung (negotiation of form and/or meaning) ausgerichtet ist und der Lerner das Problem erkannt hat, wird die Konversation länger dauern. Der Lerner erhält somit die Möglichkeit, durch eigene oder fremde Korrekturen oder andere wahrnehmbare Hilfsmittel (z. B. nichtverbale), sein Wissen zu erweitern. In diesem Fall gilt die Kommunikation aus „normaler" Sicht zwar als missglückt (miscommunication), weil sie nicht ganz reibungslos verläuft, aus der Sicht der Fremdsprachenforschung ist dies aber für einen Lerner eine durchaus geglückte Kommunikation, die aus einem unvollständigen Verstehen (incomplete understanding) resultiert und dennoch zu einem Lernen beiträgt. Ausschlaggebend für den Erfolg solcher Kommunikationen ist es im Grunde, ob die von A

---

[67] S. in Cohen/Olshtain (1994: 147).

gestellten Fragen mit den von B gegebenen Antworten zufriedenstellend beantwortet worden sind.

Unabhängig davon, ob man die Konversation zwischen einem Muttersprachler und einem Nichtmuttersprachler als Kommunikation oder als unvollständiges Verstehen bezeichnet, sind derartige Konversationen für die Aneignung der Fremdsprache eindeutig nützlich und deswegen für eine Analyse in diesem Forschungsbereich zweifellos interessant. Untersuchungen in diese Richtung gehen allerdings über den Rahmen der Sprechakttheorie hinaus und sprechen die Diskursanalyse an. Aufgrund der hier entschiedenen methodologischen Beschränkungen wird dieser Aspekt der „Verhandlung" in der vorliegenden Studie nicht bearbeitet. Es erschien aber wichtig, in diesem Zusammenhang auf seine Existenz hinzuweisen. Dieser Aspekt wird besonders gut bei Gass/Houck (1999) in ihrer Studie zu Ablehnungen ausgearbeitet (s. Kapitel 4.1). Für Komplimenterwiderungen ist dieser Aspekt weniger relevant, weil Komplimente und Komplimenterwiderungen eher eine Routinekonversation darstellen, bei der keine problemlösenden Ansätze zu erkennen sind, außer denen der „Eigenlob"-Vermeidung.

Odlin (1989: 48) verweist darauf, dass eine Verletzung der Selbstpräsentation beim Sprecher stattfindet, wenn die Normen der Zielsprache nicht erreicht werden. Durch die Besprechung der Ansätze zur Höflichkeit (s. Kapitel 5) wurde versucht, die Schwierigkeit des Themas rund um *face* deutlich zu machen. Das pragmatische Wissen hinsichtlich der kulturspezifischen Höflichkeitsnormen hilft dem Sprecher, die Sprechakte angemessen zu realisieren (das heißt nicht nur sprachlich sondern auch strategisch) und einem Selbstpräsentationsverlust vorzubeugen.

Ablehnungen zumeist einen FTA dar, weil sie durch Nichtannahme das *positive face* von A beeinträchtigen. Es müssen demzufolge Höflichkeitsstrategien eingesetzt werden. Anstatt unter mehreren Strategien auszuwählen, könnte man aber auch einfach annehmen, dass jede indirekte Strategie die Unterstützung vom Sprecher A zum Ziel hat,[38] das heißt aus der „Solidarität" heraus funktioniert (vgl. Kasper 1981: 172). Man kann bei indirekten Ablehnungen lediglich zwischen Bereichen der Responsivität bzw. des Ausweichens unterscheiden (s. Kapitel 1). Im Folgenden das verwendete Klassifizierungssystem (Beebe et al. 1990: 72-73):[39]

I. Direct

A. Performative („I refuse")
B. Non-performative statement
1. „No"
3. Negative willingness/ability („I can't." „I won't." „I don't think so.")

II. Indirect

A. Statement of regret
B. Wish
C. Excuse/reason/explanation („I'm sorry ... " „I feel terrible ...")
D. Statement of alternative
1. I can do X instead of Y („I'd rather ... " „I'd prefer ... ")
2. Why don't you do X instead of Y („Why don't you ask someone else?")
4. Set condition for future or past acceptance („If you had asked me earlier, I would have ... ")
E. Promise of future acceptance („I'll do it next time" „I promise I'll ... " or „Next time I'll ... " – using „will" of promise or „promise")

---

[37] Hier liegt der Unterschied in der Klassifizierung der Sprechakte: Komplimenterwiderung = semantische Formel, Ablehnung = Reihe von semantischen Formeln.

[38] Vgl. Taktmaxime (Leech 1977: 20).

[39] Unterstreichung der relevanten Strategien durch die Verfasserin. In der vorliegenden Untersuchung werden nicht alle Kategorien mit Tokens (Ablehnungen) belegt. Als Basis für das Klassifizierungssystem von Beebe et al. (1990) wurden Daten aus vier Situationen genommen, hier ist nur eine Situation im Fokus.

F. Statement of principle („I never do business with friends.")

G. Statement of philosophy („One can't be too careful.")

H. Attempt to dissuade interlocutor

1. threat or statement of negative consequences to the requester („I won't be any fun tonight." to refuse an invitation)

2. quilt trip (waitress to customers who want to sit a while – „I can't make a living of people who just order coffee.")

3. criticize the request/requester, etc. (statement of negative feeling or opinion), insult/ attack („Who do you think you are?" „That's a terrible idea.")

4. request for help, empathy, and assistance by dropping or holding the request

5. let the interlocutor off the hook („Don't worry about it." „That's okay." „You don't have to.")

6. self defense („I'm trying my best." „I'm doing all I can do." „I no do nutting wrong.")

J. Acceptance which functions as a refusal

1. unspecific or indefinite reply

2. lack of enthusiasm

K. Avoidance

1. nonverbal

a. silence

b. hesitation

c. do nothing

d. physical departure

2. verbal

a. topic switch

b. joke

c. repetition of part of request, etc. („Monday?")

d. postponement („I'll think about it.")

e. hedging („Gee, I don't know." „I'm not sure.")

Adjuncts to refusals

1. Statement of positive opinion/feeling or agreement („That's a good idea … " „I'd love to … ")

2. Statement of empathy („I realize you are in a difficult situation.")

3. Pause fillers („uhh" „well" „oh" „uhm")

4. Gratitude/appreciation

Innerhalb der Kategorie „excuse/reason/explanation" wird nach der vorge-
nommenen Modifizierung zwischen vier Strategien differenziert. „Diät" und
„Objekt" sind Strategien, in denen der Sprecher den Grund der Ablehnung auf
etwas anderes (Prozess, Versprechen, Allergie bei „Diät" oder Objekt bei „Objekt") verschiebt, wohingegen in den Strategien „Kann nicht" und „Genug" der
Grund der Ablehnung im aktuellen Zustand des Sprechers zu suchen ist.

- „Kann nicht", Beispiel: A: *„Möchtest Du noch ein Stück Kuchen?"*

                                       B: *„Ich kann nicht mehr."*

Diese Strategie „Kann nicht" unterscheidet sich inhaltlich von einer „I. Direct B.
2." (s. Klassifizierung von Beebe et al. 1990). Es wird impliziert, dass man satt
sei. Denn es könnte hier kein anderer Grund im Wege stehen, ein Stück Kuchen
zu sich zu nehmen. Andere Gründe sind auch deswegen ausgeschlossen, weil in
den erhobenen Antworten immer auf „mehr" verwiesen wird.

- „Genug", Beispiel: A: *„Möchtest Du noch ein Stück Kuchen?"*

                                       B: *„Danke, ich hab' genug."*

Der allgemeine Sinn der Aussage hier ist genau derselbe wie bei „Kann nicht",
mit dem Unterschied, dass das Verb „haben"/"sein" bzw. eine impersonele
Konstruktion benutzt wird. Oder es wird darauf verwiesen, wieviel (z. B.
Kuchenstücke) man bereits hatte. Im Gegensatz zur Strategie „Kann nicht" wird
hier das Verb „können" nie explizit ausgesprochen.

- „Objekt", Beispiel: A: *„Möchtest Du noch ein Stück Kuchen?"*

                                       B: *„Ich mag keine Erdbeeren."*

Mit dieser semantischen Formel wird ausgedrückt, dass man gerade diesen
Kuchen oder Kuchen/Süßigkeiten im Allgemeinen nicht mag. Es geht um einen
konkreten Gegenstand. Diese Strategie ist in einigen Beispielen der Strategie
„statement of principle" (das System von Beebe et al. 1990) ähnlich. Da

allerdings der inhaltliche Zusammenhang mit dem „Kuchen" hier so eng ist, wurde entschieden, derartige Beispiele als Erklärungen zu betrachten.

- „Diät", Beispiel: A: *„Möchtest Du noch ein Stück Kuchen?"*

  B: *„Ich mach' eine Diät."*

Mit Ablehnungen dieser Art wird erläutert, dass etwas, was keinen direkten Bezug zu diesem Essen oder zu diesem Kuchen hat, den Sprecher daran hindert, das Angebot anzunehmen.

Tabelle 4-1:   Englische und deutsche Strategiebezeichnungen
für Ablehnungen eines Angebots

Gratitude	Danke
Positive opinion/agreement	Lob
ADJUNCTS	ADJUNKTE
1. Direct no	1. Nein
2. Negative willingness	2. Will nicht
DIRECT	DIREKT
3. Reason	3. Erklärung
- Can not	- Kann nicht
- Enough	- Genug
- Object	- Objekt
- Diet	- Diät
4. Regret	4. Bedauern
5. Alternative	5. Alternative
6. Attempt to dissuade	6. Angriff
7. Acceptance …	7. Als ob
8. Avoidance	8. Vermeidung
- Postponement	- Verschiebung (Zeit)
- Topic switch	- Themenwechsel
- Repetition	- Wiederholung
- Joke	- Witz
INDIRECT	INDIREKT

5. Linguistische Theorien zur Höflichkeit

Warum wird ein Kompliment nicht einfach nur mit *„Danke"* beantwortet und ein Angebot nicht lediglich mit *„Nein"* abgelehnt? Höflichkeitstheorien versuchen, Antworten darauf zu liefern.

Zur Höflichkeit als sprachlicher Kategorie sind verschiedene Modelle entwickelt worden, wobei anzumerken ist, dass es in der Forschung eine Unbeständigkeit hinsichtlich der Begrifflichkeit und Definition der Höflichkeit gibt.[40] Im Bereich der strategischen Anwendung von Höflichkeit – Einsatz der Höflichkeit zur Erreichung kommunikativer Ziele[41] – wird zwischen zwei Aspekten unterschieden: defensiv (Wahrung des eigenen *face*) und protektiv (Wahrung vom *face* des Gegenüber).[42]

> We would suggest that both aspects are implied when politeness, or tact, as it is sometimes called, is defined as 'strategic conflict avoidance' (Leech 1977: 19) or as a device used 'in order to avoid friction in personal interaction' (Lakoff 1975: 64) (House/Kasper 1981: 157).

Diese Auffassung geht zurück auf Goffmann (1967) und seine Konzepte „Selbstrespekt" und „Rücksichtnahme auf das Alter", die ein *face* konstituieren (s. Kasper 1981: 101). Die Auffassung von *face* als ein für die Öffentlichkeit konstituiertes Selbstbild ist ausschlaggebend für das Verständnis der gängigen Theorien zur Höflichkeit, da sie (bzw. die sie konstituierenden Konzepte) in den Theorien weitgehend adaptiert wurden.

Brown/Levinson (1987: 61) führen *positive face* („a wish to be desirable") und *negative face* („a wish to be unimpeded") ein. Die Autoren gehen davon aus, dass gewisse Äußerungen „von Natur aus" für das *face* (von A oder B) bedrohend sind – gesichtsbedrohende Äußerungen (FTA) – und nehmen eine

---

[40] S. Bibliographie zur Höflichkeit bei DuFon et al. (1994).

[41] Die Auffassung des strategischen Sprachgebrauchs basiert auf der Annahme, dass alle kognitiven Prozesse zielgesteuert sind. Strategien sind Pläne, die zur Problemlösung eingesetzt werden.

[42] Vgl. Rathmayr (1996a: 22) mit Unterscheidung zwischen "Solidaritäts- und Distanzhöflichkeit".

Klassifizierung dieser Äußerungen vor (Brown/Levinson 1987: 65ff). Entsprechend der Einstufung der Gefahr werden bestimmte Höflichkeitsstrategien eingesetzt (vgl. Fußnote 18 im Kapitel 2):

- „bald on record" – in Übereinstimmung mit dem Kooperationsprinzip von Grice, (s. Kapitel 5.1);

- „positive politeness" – Berücksichtigung der sozialen Wünsche von B;

- „negative politeness" – Minimierung einer Zumutung;

- „off record" – Einsatz der Indirektheit;

- oder gar Verzicht auf FTA.

Strategische Höflichkeit wird von der Höflichkeit als „gesellschaftlicher Markiertheit" (social indexing) unterschieden (s. Kasper 1990: 196). Mit dieser ist der gesellschaftliche Anspruch auf (oder Berechtigung zu) Achtung und Respekt gemeint, was sich sprachlich in bestimmten Routineformeln oder Pronomina etc. manifestiert, die als „soziale Garanten" (social warrants) fungieren. Die Befunde zur „Markiertheit" kommen aus den Untersuchungen zum Konzept der „wakimae", engl. – „discernment" („conforming to the expected norm") im Japanischen (Hill et al. 1986: 348) und zu Sprachen mit dem T/V System (z. B. „Du" und „Sie" im Deutschen vs. „you" and „you" im Englischen). Diese Auffassung von Höflichkeit bezeichnet Fraser (1990: 220)[43] als den Norm-Ansatz, da der Fokus auf die gesellschaftlichen Normen, die in Büchern zur Etikette dargestellt sind, gelegt wird.[44]

---

[43] Fraser (1990) bietet einen guten Überblick über die gängigsten Höflichkeitstheorien im Bereich der Linguistik.

[44] Am Beispiel der russischen Sprache betrachtet Rathmayr (1996: 364) die gängigsten Theorien zur Höflichkeit, und unterscheidet zwischen „expliziter" und „impliziter" Höflichkeit, wobei zur ersteren (auch „konventionelle" genannt) eine „Erziehung zur formellen, in Beachtung der Etikette bestehenden Höflichkeit" gehört. Diese äußert sich vor allem in Routineformeln. Die „innere, informelle" Höflichkeit zeichne sich vor allem durch Indirektheit aus (vgl. „social indexing" vs. strategische Höflichkeit). Mit der strategischen Höflichkeit befaßt sich auch der Aufsatz von Zemskaja (1994: 135), in dem sie diese an einem sprachlichen Verhalten erörtert, das als unhöflich empfunden wird, und in dem sie diese in beabsichtigte und unbeabsichtigte Höflichkeit unterteilt. In diesem Aufsatz ist von Regeln der Höflichkeit die Rede.

Es ist die strategische Höflichkeit, die im Fokus der nachfolgenden Analyse der kommunikativen Strategien bei der Realisierung der Komplimenterwiderungen und Ablehnungen steht. Zur Beschreibung von Höflichkeit in Sprechakten werden in der Regel Leechs (1983), auf dem Griceschen Kooperationsprinzip aufbauende, sowie die bereits erwähnte Brown/Levinsonsche (1987), vom Goffmannschen *face*-Konzept ausgehende, Theorien herangezogen. Beide Theorien versuchen, den Auswahlprozess der Höflichkeitsstrategien darzustellen.

Der Ansatz von Brown/Levinson wird stark dafür kritisiert, dass er die meisten Sprechakte als FTA versteht (darunter fallen auch die Komplimente, Brown/Levinson 1987: 66ff.). Der Grund für eine solche Auffassung von Sprechakten liegt darin, dass dem negativen Aspekt vom *face* und folglich der negativen Höflichkeit große Bedeutung zugeschrieben wird, eine größere als es in einigen Kulturen der Fall ist, wie beispielsweise in der chinesischen (Gu 1990, Chen 1993), japanischen (Hill et al. 1986; Matsumoto 1988, 1989), russischen (Rathmayr 1996a) und polnischen (Wierzbicka 1985a) Kultur. Kasper (1990: 195) betont, dass die Ursache für diese inadäquate Auffassung in einem „high value placed on individualism in Western culture" liegt (vgl. Werkhover 1992, Watts et al. 1992).

Der Ansatz von Leech (1983) geht dagegen von einer durch „Solidarität" motivierten Höflichkeit aus und bietet somit einen uneingeschränkten Raum für Erklärungsmöglichkeiten des Funktionsprinzips des strategischen Sprachgebrauchs. Dieser Ansatz wird im nächsten Kapitel vorgestellt.

Die Auffassung, dass Komplimente als FTA anzusehen sind, wird vom Autor nicht geteilt, weil diese dazu führt, dass Komplimente und Komplimenterwiderungen im Rahmen einer solchen Theorie nicht eindeutig als positive (oder eine andere) Höflichkeit aufgefasst werden können (vgl. Chen 1993: 57).[45] Dabei ist es naheliegend, dass ein respondierender Sprechakt, der keine schwerwiegenden Konsequenzen für beide Gesprächsteilnehmer hat und eher routinemäßig geäußert wird, durch die gleichen (wenn auch mit unter-

---

[45] Die Strategien „deflecting" und „rejecting" würden aus diesem Analyserahmen herausfallen.

schiedlicher Stärke eingesetzten) Operationsmechanismen hervorgerufen wird. So ist dennoch das *face*-Konzept mit beiden Aspekten, aus denen die negative und die positive Höflichkeit abgeleitet wird, der Realität durchaus entsprechend.

Ein weiterer Ansatz, in dem Höflichkeit als strategisches Verhalten betrachtet wird, stammt von Fraser/Nolen (1981) und ist erst auf der Ebene der Diskursanalyse anwendbar. Für die Autoren (ebd. 96) bezeichnet Höflichkeit die Beachtung eines Konversationskontrakts, der sich aus Rechten und Pflichten der Konversationsteilnehmer einander gegenüber zusammensetzt, die während einer Interaktion immer wieder neu definiert werden können (negotiation). Die Stärke dieses Ansatzes liegt darin, dass Höflichkeit in der individuellen Performanz angesiedelt wird (im Gegensatz zu Brown/Levinson und zu Leech) und damit die Äußerungen selbst lediglich je nach Situation interpretiert werden können.[46] Für die interkulturelle Pragmatik wäre es von Vorteil, vorher nicht markierte Kategorien bei ihrer Produktion zu vergleichen.

5.1 Der „Maxime-Ansatz" von Leech

> Make your conversational contribution such as is required, at the stage at which it occurs, by the accepted purpose or direction of the talk exchange in which you are engaged. One might label this the COOPERATIVE PRINCIPLE (Grice 1975: 45).

Mit dem Kooperationsprinzip (CP) drückt Grice (1967/veröffentlicht 1975) die Ansicht aus, dass Gesprächsteilnehmer kooperativ seien,[47] weil sie als rational handelnde Individuen an einem effizienten Gesprächsablauf interessiert sind. Der Ablauf einer Konversation ist effizient, wenn sie zielgerichtet ist, das heißt, aus dem Anliegen, Informationen zu geben und zu erhalten oder zu beeinflussen bzw. beeinflusst zu werden, besteht (vgl. Wunderlich 1972: 57). Dieses Prinzip basiert auf vier kantischen Maximen (Operationsmechanismen eines Prinzips), welche als Ordnungsregulative geglückter Kommunikation fungieren: die

---

[46] Thomas (1995: 177) verweist auf eine Theorie zur Höflichkeit von Spencer-Oatey (1992), in der sich Höflichkeit aus drei Dimensionen zusammensetzt, wobei jede davon in Abhängigkeit von der Situation und von der Kultur berücksichtigt werden muss.
[47] Genauer ausgedrückt: Sie verhalten sich so, als ob sie dem Kooperationsprinzip folgen würden (vgl. Taylor/Cameron 1987: 84).

Maxime der Quantität (maxim of quantity), der Qualität (maxim of quality), der Relation (maxim of relation) und der Art und Weise (maxim of manner). Obwohl Grice keine weiteren Maximen definiert, verweist er darauf, dass es sicherlich andere Maximen geben müsste: „ ... (aesthetic, social or moral in character) ... such as 'Be polite' " (Grice 1975: 47).

Leech (1983) unterscheidet zwischen interpersoneller und textueller Rhetorik, wobei er unter Rhetorik folgendes versteht: „the effective use of language in its most general sense, applying it primarily to everyday conversation" (Leech 1983: 15). Der Fokus der Rhetorik ist auf eine zielorientierte Sprachsituation gerichtet, in der der Sprecher durch seine Äußerung einen bestimmten Effekt beim Hörer erreichen möchte (ebd. 15). Der Bereich der Rhetorik beinhaltet drei aus Maximen zusammengesetzte Prinzipien: das Kooperationsprinzip (in Anlehnung an Grice), das Höflichkeitsprinzip und das Ironieprinzip. Durch das Höflichkeitsprinzip (PP) wird das Gricesche Kooperationsprinzip erweitert (Leech 1983). Somit wird der Bereich der Höflichkeit in die Konstruktion der zwischenmenschlichen Kommunikation eingeführt.[48] Der PP setzt sich, Grice folgend, aus sechs Maximen zusammen (Leech 1983: 119ff.):[49]

Taktmaxime

Tact Maxim (in impositives and commissives)

(a) minimize cost to other (b) maximize benefit to other

Großzügigkeitsmaxime

Generosity Maxim (in impositives and commissives)

(a) minimize benefit to self (b) maximize cost to self

---

[48] Bereits zehn Jahre zuvor definierte Lakoff (1973) Höflichkeit als Vermeidung von Beleidigungen bzw. Reibungen zwischen Gesprächspartnern. Ihre Auffassung von Regeln der Höflichkeit (zum Teil direkt von Grice 1975: 47 übernommen, wie „Be polite"), die sie je nach Situation mit einem Höflichkeitsgrad ausstattet, wurde gerade wegen der Regelhaftigkeit bzw. des unklar definierten Höflichkeitsgrades kritisiert (z. B. Fraser 1990: 224). Vor allem der Absolutismus der Regeln, die als Basis für Erklärungsmechanismen der Höflichkeit fungieren, lassen der Kritik in Bezug auf die Sprache, die Ambiguität als Haupteigenschaft aufweist, viel Angriffsfläche. Ein „Maxime-Ansatz", in welchem die Operationen nur richtungsweisend skizziert sind, eignet sich zur Beschreibung der sprachlichen Phänomene besser.
[49] Übersetzung von der Verfasserin eingefügt.

Anerkennungsmaxime

Approbation Maxim (in expressives and assertives)

(a) minimize dispraise of other (b) maximize praise of other

Bescheidenheitsmaxime

Modesty Maxim (in expressives and assertives)

(a) minimize praise of self (b) maximize dispraise of self

Zustimmungsmaxime

Agreement Maxim (in assertives)

(a) minimize disagreement between self and other

(b) maximize agreement between self and other

Sympathiemaxime

Sympathy Maxim (in assertives)

(a) minimize antipathy between self and other

(b) maximize sympathy between self and other

Betont wird, dass Maximen weder als absolute Regeln fungieren, noch in der Anwendung jeweils die gleiche Gewichtung besitzen.[50] In der Unterscheidung in „sich" („self", Teil [a]) bzw. „das Gegenüber" („other", Teil [b]) ist die Höflichkeit dem Adressaten gegenüber als bedeutender hervorgehoben. Daraus, dass der ersten Unter-Maxime (a) eine größere Gewichtung zugeschrieben wird als der zweiten Unter-Maxime (b) folgt, dass die sogenannte negative Höflichkeit – „avoidance of discord" eine größere Bedeutung hat als die positive – „seeking concord" (Leech 1983: 132). Für jede Maxime ist eine Anzahl von Charakteristika bestimmt, anhand derer sich die einzelnen Maximen beschreiben lassen (vgl. Fraser 1990: 226). Als Ausgangspunkt für seine Argumentation diente Leech das Konstrukt der Indirektheit in der Sprache (vgl. Kapitel 1). So

---

[50] Dieser Moment wäre der Kritik von Fraser (1990) an dieser Theorie entgegenzusetzen, die auf die ungeklärte wechselseitige Hierarchie der Maxime hinweist. Leech (1983: 137) führt jedoch ein: "There is an obvious trade-off between different maxims of the PP, just as there is between the maxims of the CP."

rechtfertigte er die Einführung des Höflichkeitsprinzips damit, den Nachteil des Griceschen Kooperationsprinzips beheben zu wollen. Diesen sah er darin, dass Grice mit seinem Prinzip nicht erklären konnte, warum der Sprecher zu einer indirekten Äußerung greift. Mit folgendem Beispiel erläutert Leech (1983: 80) den Mechanismus des Höflichkeitsprinzips:

A: Well, we'll all miss Bill and Agatha, won't we?
B: Well, we'll all miss Bill.

In seiner Antwort bestätigt B nur einen Teil der Äußerung von A und impliziert damit, dass nicht alle Agatha vermissen werden. In diesem Fall verstößt B gegen die Quantitätsmaxime des Kooperationsprinzips. Hätte B gesagt: „Well, we'll all miss Bill, not Agatha.", wäre seine Aussage hinsichtlich des Informationsgehaltes nach dem Kooperationsprinzip richtig gebildet. In Bezug auf die dritte Partei (Agatha) wäre seine Äußerung aber nicht mehr so höflich. Um der Höflichkeit im Sinne von „avoidance of discord" gerecht zu werden, zieht B es vor, gegen das Kooperationsprinzip zu verstoßen, indem er eine indirekte Aussage produziert. Nach Leech stellt Höflichkeit demzufolge die Motivation dar, gegen das Kooperationsprinzip zu verstoßen und zur Indirektheit zu greifen.[51] Seinem Höflichkeitsprinzip wird somit eine höhere regulative Rolle in der zwischenmenschlichen Kommunikation zugeschrieben als dem Kooperationsprinzip. Während das Kooperationsprinzip eine Konversation dadurch ermöglicht, dass es die Teilnehmer annehmen lässt, der Gesprächspartner sei kooperativ (rationaler Aspekt), ermöglicht das Höflichkeitsprinzip, eine freundliche Atmosphäre aufzubauen bzw. beizubehalten (emotionaler Aspekt), die eine Voraussetzung für die Aufnahme bzw. Aufrechterhaltung der Kommunikation ist.

Der Zusammenhang zwischen Indirektheit und Höflichkeit ist am besten aus der ersten, der Taktmaxime, ersichtlich, der Leech eine größere Bedeutung bei der Konversation zuschreibt als den anderen Maximen. Dabei wird Takt wie folgt definiert:[52]

---

[51] Vgl. an dieser Stelle Zoubareva (1999: 11), teilweise zitiert.
[52] Hier in Bezug auf Direktive.

Strategic conflict avoidance … (which) can be measured in terms of
the degree of effort put into the avoidance of a conflict situation. Thus
in general, the more tactful the directive is, the more indirect and cir-
cumlocutionary it is (Leech 1977: 19).

5.2 Diskussion des Ansatzes

Nach der Theorie von Leech (1983) werden die Strategien, die zur Problemlösung („avoidance of discord") eingesetzt werden, durch Maximen ge-
steuert. Diese Maximen sind keine Regeln, sondern Skizzen des möglichen
Vorgangs. Diese Maximen werden in jedem Kulturkreis/jeder Sprachgemeinschaft auf der Basis der dort bestehenden Konzepte/Normen (Auffassung
von *face*, Rechte und Pflichten gegenüber dem anderen während einer
Kommunikation etc.) operieren und folglich unterschiedlich gewichtet sein (vgl.
Fußnote 25). Die kulturspezifische Variante der Maxime bringt ein Individuum
dazu, seine Strategien bei der Realisierung der Sprechakte entsprechend
einzusetzen. Am Beispiel der Komplimenterwiderungen und Ablehnungen soll
dies nun demonstriert werden (vgl. Chen 1993: 63):

Sprechakt oder Strategie	zuständige Maxime (a) oder (b)	kognitive Operation

Kompliment: Anerkennung   Erkennung der Proposition: Lob für A oder sein Objekt

Komplimenterwiderung:

„sich bedanken"   Zustimmung   Annahme der Proposition

„zurückgeben"   Zustimmung + Anerkennung ⎫

„anbieten"   Zustimmung + Takt ⎬ Kompromissbereich

„aufmuntern"   Zustimmung + Sympathie ⎭

„erklären"   Zustimmung + Bescheidenheit

"ablehnen"   Bescheidenheit   Nichtannahme der Proposition

In den Kulturen, in denen die meisten Komplimente durch ABLEHNEN
erwidert werden (s. Kapitel 3.1 – in 95,7% der chinesischen Komplimenterwiderungen eingesetzt), ist die Bescheidenheitsmaxime gewichtiger als die
Zustimmungsmaxime. Dahingegen wird die Zustimmungsmaxime in den
Kulturen an Bedeutung zunehmen, die ANNEHMEN als häufigste Strategie aufweisen (s. Kapitel 3.1 – in 61,1% der neuseeländischen Komplimenterwiderungen eingesetzt). Falls der Kompromissbereich überwiegt –
Strategien wie „zurückgeben", „anbieten", „aufmuntern", „erklären",
„zweifeln", – sind weder die Zustimmungs- noch die Bescheidenheitsmaxime so
gewichtig, dass sie den Vorrang einnehmen.[53]

Die Auffassung von Leech (1983) erscheint in Hinsicht auf Komplimente bzw.
Komplimenterwiderungen plausibel, da K bzw. KE ihre Funktionen in der
Beziehungspflege haben und somit der Leechschen Auffassung von Höflichkeit
entsprechen. Man könnte darüber hinaus aber auch einen provisorischen
Versuch unternehmen, einen ganz anderen Sprechakt in diesem Sinne zu
erklären (s. nächste Seite).

Sprechakt oder Strategie	zuständige Maxime (a) oder (b)	kognitive Operation
Angebot:	Takt Großzügigkeit	Erkennung der Proposition: Anbietung eines Objektes (Kuchen) zugunsten von B
Ablehnung:		
„Danke"	Zustimmung	Annahme der Proposition

[53] Chen (1993) verwendet eine interessante bildliche Darstellung der Maximen-Gewichtung,
die das Zusammenspiel der Maximen anschaulich wiedergibt. Ähnlich bezeichnet Rathmayr
1996a: 21) die russische Kultur als „Einmischungskultur", in der die Maximen der
Zustimmung und Anerkennung sehr ausgeprägt sind.

„Lob"	Anerkennung	Lob für A oder sein Objekt
„Erklärung"	Takt	Begründung der Nichtannahme
„Alternative"	Takt	Delegieren der Annahme der Proposition auf einen anderen
„Vermeidung"	Takt/Sympathie	Versuch der Notwendigkeit auszuweichen, die Proposition anzunehmen

Bei Ablehnungen werden allerdings nur die indirekten semantischen Formeln herangezogen, da eine direkte Ablehnung des propositionalen Inhalts mit strategischer Höflichkeit im Sinne von Leech (1983) weniger zu tun hat, bzw. setzt die strategische Höflichkeit bei den direkten Strategien erst mit der Zugabe von semantischen Formeln wie „Danke" oder „Lob" („Adjunkte" genannt) ein. Schon Goffman (1971) sprach davon, dass der Ablehnende (Sprecher B) vom Sprecher A die Bestätigung bekommen muss, dass die Ablehnung nicht eine ernsthafte Beleidigung darstellt (vgl. Houck/Gass 1996: 49). Mit Zugabe von „Adjunkten" erledigt der Sprecher B sozusagen die „Vorbereitungsarbeiten" für die Erfüllung dieser Bedingung. Ohne das Vorhandensein einer Maxime im Sinne von Leech ist demzufolge keine Äußerung als höflich anzusehen. Somit umfassen Leechs Maximen der Zustimmung und Anerkennung den Bereich der Sprachrealisierung, der gesellschaftlichen „Bedingungen" unterliegt.

Ob nun wirklich so viele Maximen nötig sind, um eine indirekte Ablehnung zu bezeichnen, und nicht einfach die wichtigste (nach Leech selber) – Taktmaxime – ausreicht, ist zu bezweifeln. Vor allem ist die Strategie „erklären", die im Falle der Komplimenterwiderung durch „Zusammenarbeit" von Zustimmungs- und Bescheidenheitsmaxime hervorgerufen wird und im Falle der Ablehnung („Erklärung") beispielsweise durch Taktmaxime, dabei unklar. In beiden Fällen wird dem Gesprächspartner mit dieser Strategie die Nichtannahme des propositionalen Inhalts beigebracht, welches in beiden Fällen zugunsten von B geht (aber s. weiter unten). Warum sollte sie dann durch unterschiedliche Maximen hervorgerufen worden sein?

Dass sie im Falle einer Ablehnung ebenfalls durch die Bescheidenheitsmaxime hervorgerufen wird, ist manchmal schwierig anzunehmen (beispielsweise bei dem Satz „*Danke, ich mag keine Erdbeeren*"). Die Erklärung von Chen (1993) hinsichtlich der Komplimenterwiderungen scheint deswegen geglückt zu sein, weil die Bescheidenheitsmaxime sehr gut in das *face*-Konzept der chinesischen Kultur eingebunden werden kann. Anhand der Kosten/Nutzen-Skala (Leech 1977, s. Kapitel 1) wird der Sprechakt „Komplimenterwiderung" in der chinesischen Kultur nicht zugunsten von B gehen, weil „ ... modesty ... one of the most important constituents of self-image" in der chinesischen Kultur ist (Chen 1993: 68). Genauso gut könnte beispielsweise die Zustimmungsmaxime als Pendant zu Erklärungen des *face*-Konzeptes in den Kulturen genommen werden, welche überwiegend Strategien des Annehmens einsetzen.

Die Theorien von Grice und Leech, die mit Maximen arbeiten, wurden in der Tat dafür kritisiert, dass die Anzahl der Maximen arbiträr ist: neun Maximen des CP (Grice) und sechs Maximen des PP (Leech), (s. Fraser 1990). Weiterhin wurde angemerkt, dass sie eine Konversation immer als kooperativ annehmen, was bspw. für politische Debatten und Gerichtsverhandlungen nicht zutrifft, das heißt sie reflektieren nicht vollständig die Realität der menschlichen Kommunikation (s. Trosborg 1995: 25).

Einen interessanten Vorschlag, diese Probleme zu umgehen, liefern Wilson/Sperber (1981), Sperber/Wilson (1986) mit der Formulierung eines einzigen pragmatischen Prinzips der Relevanz („principle of relevance"). Sie nehmen weder an, dass die Gesprächsteilnehmer kooperativ sind, noch dass sie in einigen Situationen weniger höflich und in den anderen höflicher sein müssen. Ihr Prinzip besagt lediglich, dass eine weniger direkte Äußerung relevanter sei als eine direkte. Dadurch dass der Sprecher nicht die ganze Wahrheit sagt (s. das Beispiel auf S. 55), manifestiert er absichtlich sein Nicht-Wollen (in diesem Beispiel – Agatha nicht sehen zu wollen) so, dass das *face* des Gegenübers weniger bedroht wird. Diese Theorie hat nach Trosborg (1995: 26) allerdings wiederum ihre Schwäche in der Unklarheit der Relevanzdefinition.

Durch die Bezeichnung sowohl der „gesellschaftlichen Markiertheit" als auch der strategischen Höflichkeit mit dem Wort „Höflichkeit" erfolgt eine

Verwirrung hinsichtlich der behandelnden Konzepte. In erster Linie wird im alltäglichen Gebrauch unter „Höflichkeit" das erste Konzept („gesellschaftliche Markiertheit") aufgefaßt.[54] Das zweite Konzept, in Leechs Worten „strategic conflict avoidance", sollte auch nach Leech „Takt" genannt werden.[55] Es handelt sich in diesem Fall um ein „Abtasten" der Interaktionswege (im Sinne von Austins Handlungswegen), die durch Sprache realisiert werden.

Auch Takt wird wie „gesellschaftliche Markiertheit" durch den Sozialisationsprozess erlernt. Im Gegensatz zur „gesellschaftlichen Markiertheit" hängt aber dabei der Erfolg stark vom individuellen Einfühlsvermögen ab (heutzutage auch „soft skills" genannt). Man setzt strategisches oder taktisches Sprachverhalten ein, um eine Beziehung (die man haben will oder haben muss) zu etablieren bzw. beizubehalten. Im englischsprachigen Raum der K-KE Forschung hat sich hierfür die nicht ganz eindeutige Bezeichnung „Solidarität" etabliert. Diese Anerkennung des Gesprächspartners – „Solidarität" – ist allerdings eine *Bedingung*, die sich die Gesprächspartner für eine Beziehung auferlegen (vgl. das Konzept von *positive face*).

Aus dem Wunsch nach dem sozialen Kontakt, das heißt *um diese oben genannte Bedingung zu erfüllen*, verhält man sich strategisch – taktvoll. Takt realisiert sich durch mehrere unterschiedliche semantische Formeln, die individuell erlernt und eingesetzt werden. Darauf, dass sich das Erlernen im Kontext einer Gemeinschaft vollzieht, basieren die vergleichenden Untersuchungen zu Höflichkeitsstrategien.

6. Interlinguale Pragmatik

Bereits 1957 schrieb Lado:

> … individuals tend to transfer the forms and meanings, and the distribution of forms and meanings of their native language and culture to

---

[54] Vgl. Duden: Definition der Höflichkeit als „gesittetes Benehmen" sowie der Höflichkeitsfloskeln, welche mit dem Ziel „den Regeln des Anstandes Genüge zu tun" eingesetzt werden.
[55] Vgl. Duden: Definition vom Takt als „Feingefühl im Umgang mit Menschen" bzw. vom Taktieren als der griechischen Bezeichnung für die „Kunst der Anordnung und Aufstellung" und als ein „auf Grund von Überlegungen im Hinblick auf Zweckmäßigkeit und Erfolg festgelegtes Vorgehen".

the foreign language and culture – both productively when attempting
to speak the language and to act in the culture, and receptively when
attempting to grasp and understand the language and the culture as
practised by the natives (Lado 1957: 2).[56]

Dieses Zitat verweist auf zwei Aspekte der Interaktion, die einem Sprachlerner
am meisten Probleme bereiten können, wobei sie ihm selber vielleicht weniger
bewusst sind: die Produktion der intendierten Bedeutung und die Interpretation
der gehörten Äußerung (vgl. Gass 1997: 20). Da sich Kulturen durch Interakti-
onsstile voneinander unterscheiden, kommt bei der Produktion und Interpretation in der Fremdsprache eine Interaktion zweier Stile zustande. Diesen Prozess
erfolgreich (im Hinblick auf das Kommunikationsergebnis) zu meistern, er-
fordert viel mehr als sprachliches Wissen und gelingt sogar den fortgeschrittenen Lernern nicht immer. Es verwundert deswegen nicht, dass vor allem die
didaktische Implikation der Studien zu diesem Thema (explizites Lehren der
soziokulturellen Strategien und Bewusstmachung der Existenz der pragmatischen Faktoren) die Forschung im Bereich des Zweitspracherwerbs vor-
angetrieben hat. Es wird in diesem Zusammenhang von der kommunikativen
Kompetenz gesprochen, die neben dem formal-sprachlichen Wissen auch das
Wissen von angemessenem Sprachgebrauch im Kontext miteinschließt. Damit
umfasst die kommunikative Kompetenz das linguistische und soziokulturelle
Wissen sowie die Fähigkeit zu seiner Anwendung.[57]

House (1998: 65) erweitert den Begriff der kommunikativen Kompetenz auf die
interkulturelle Kompetenz und definiert das Ergebnis als „Beherrschung des
Sprachgebrauchs, das heißt, der Verwendung von Sprache in-Funktion-in-
Situation-in-Kultur." Eine Verbesserung der kommunikativen Kompetenzen der
Lerner, die als Ziel der Sprachlehrforschung formuliert wird (vgl. House/Kasper
1987: 1250), kann durch das Bewusstmachen der sprachlich-kulturellen Phänomene beispielsweise im Unterricht erreicht werden.

---

[56] Vgl. Gass/Selinker (1992: 1). S. auch Odlin (1989: 6ff.) für die historische Entwicklung
vom Transfer.
[57] Das Konzept der kommunikativen Kompetenz (Habermas 1970, Hymes 1972: 283) wurde im Bereich der IL-Forschung adaptiert. Damit wurde dieser Bereich von der Beschäftigung mit linguistischen Fehlern in den 70er Jahren auf die Pragmatik erweitert (z. B. das
Modell von Canale/Swain 1980: 30ff.).

Kontrastive pragmatische Studien sollten dann als Grundlage dienen, die die unbefriedigende Situation nachhaltiger kommunikativer Defizite bei den Fremdsprachenlernern verbessern sollen (House 1998: 67).[58]

Da beim Übergang zu einer Fremdsprache der Sprecher aber nicht zwischen zwei Systemen (dem eigenen und dem fremden) steht, sondern sich eines Systems bedient, das sich permanent ändert, kann folgender Bereich bei der Analyse der Fremdsprache nicht umgangen werden. Die Beschäftigung mit der nichtmuttersprachlichen Aneignung und den Gebrauch sprachlicher Handlungsmuster in einer Zweitsprache bezeichnen Kasper/Blum-Kulka (1993) als Interlanguage-Pragmatik oder Lerner-Pragmatik.[59]

Das bezeichnete System (zwischen der Muttersprache und der Zielsprache) wird üblicherweise Lernersprache, **Interlanguage (IL)** oder Interimsprache genannt. „The language system(s) developed by the learner on his/her path to acquire the target language is referred to as interlanguage." (Trosborg 1995: 53, vgl. Selinker 1972: 214). Im Sinne der formalen korrektiven Instruktion im Sprachunterricht in den 70er Jahren waren die sprachlichen Fehler für die Analyse des Zweitspracherwerbs ausschlaggebend. Vieles wurde auf die Muttersprache bzw. auf die Interferenz mit der Muttersprache zurückgeführt.[60]

Wie kann aber empirisch eine Verbindung zwischen den entdeckten Fehlern, das heißt auch den unangemessenen Äußerungen, und der Ausgangssprache bzw. der Zielsprache festgestellt werden? Als notwendige Daten für die Analyse der Interlanguage nennt Selinker (1972: 214) die Performanzdaten aus der Muttersprache (L1), aus der Interlanguage (IL) und aus der Zielsprache (L2). Hieraus ist ersichtlich, dass vor allem ein Zusammenwirken aller drei Systeme entscheidend ist.[61] Odlin (1989: 1) nennt dieses Zusammenwirken „cross-

---

[58] Empirische Untersuchungen zeigen in der Tat, dass gezielt unterrichtete Fremdsprachenlerner bessere Ergebnisse beispielsweise bei der Produktion sowie der Perzeption der Komplimenterwiderungen aufweisen (s. Cohen 1996b). S. z. B. Morrow (1995) zu gleichen Ergebnissen in Bezug auf Ablehnungen (vgl. Kapitel 4.1).

[59] Für einen Forschungsüberblick s. z. B. Trosborg (1995: 55-57).

[60] Vgl. Fußnote 1 im Forschungsanliegen, vgl. Lado (1957) – „Contrastive Analysis Hypothesis."

[61] S. aber Dulay/Burt (1974), Dulay/Burt/Krashen (1982) für andere Ansichten bezüglich der interlingualen Fehler.

linguistic influence" oder auch „language transfer" bzw. definiert es als „ … the influence resulting from similarities and differences between the target language and any other language that has been previously … acquired" (Odlin 1989: 27, vgl. Selinker 1972).

7. Transfer

Der Begriff Transfer ist in der Forschung umstritten. Odlin (1989: 25ff., zusätzlich zur Definition im Kapitel 6) hebt Folgendes hervor:

> Transfer is not simply a consequence of habit formation.
> Transfer is not simply interference.
> Transfer is not simply a falling back on the native language.
> Transfer is not always native language influence.

Daher gibt es auch unterschiedliche Auffassungen von Transfer – als Prozess, als Strategie oder als Einschränkung. Corder (1992) plädiert dafür, dass man explizit die Rolle der Muttersprache hervorheben müsse. Unter kommunikativem Druck bei der Interaktion in der Fremdsprache greift der Lerner zu seiner Muttersprache, um Wissenslücken zu kompensieren.[62] Dies bezeichnet Corder (1992: 25) als Entlehnung („borrowing") und erklärt es zu einem Performanzphänomen, womit der Fokus auf den Sprachgebrauch und nicht auf kognitive Strukturen gerichtet wird.[63] Diese kommunikative Strategie fungiert als Mechanismus, der dazu führt, dass ein struktureller Veränderungsprozess in der Interlanguage stattfindet, den Corder zu einem Lernprozess erklärt (ebd. 28). Damit wird zwischen dem Lernprozess und der kommunikativen Strategie unterschieden. Zu nennen ist hier auch Kellerman, der 1977 den Begriff „transferability" einführt.

> … transferability can be established solely on the basis of L1-specific characteristics which are independent of the L2 … The role of L2 in the transferability of a structure will be determined by the learner's perception of its relatedness to the L1 in the given structure domain („psychotypology", Kellerman 1983). An L2 perceived as 'close' will

---

[62] Dies kommt meistens in lexikalischen und syntaktischen Bereichen vor (Corder 1992: 26).
[63] Ein wichtiges Argument gegen die Bezeichnung einer Übertragung aus der Muttersprache als Prozess ist für Corder (1992) die Nullokkurenz bestimmter grundsprachlicher Strukturen in der Fremdsprache.

boost the likelihood of transfer, an L2 perceived as 'distant' will depress it, but the transferability of structures remains constant (Kellerman 1986: 36).

„Transferability" kann von einigen Faktoren beeinflusst werden, z. B. von der wahrgenommenen Distanz zwischen L1 und L2, von der Vorstellung von universalen bzw. sprachspezifischen Strukturen seitens des Lernenden, von der Dauer und der Umgebung des Lernens bzw. von den Jahren des Auslandsaufenthaltes (lerner-externe Faktoren) sowie von der eigenen Identitätsempfindung mit der Zielsprache (lerner-interne Faktoren) etc..[64]

Die zentrale Frage bei der cross-linguistischen Übertragung (Transfer) ist, warum bestimmte Strukturen mehr als die anderen übertragbar sind. In diesem Zusammenhang beschäftigt man sich beispielsweise mit Wahrscheinlichkeiten einer Übertragung im Bereich des Lexikons. Auch „transferability of sense" genannt, beschreibt dieser Forschungsgegenstand mit „sense" die Wortbedeutungen aus L1 und mit Wahrscheinlichkeit die Realisierung jeder dieser Bedeutungen in L2 durch „primary counterpart" (Arabski 1979, z. B. „break" für „zerbrechen") seitens des Lernenden (s. Kellerman 1986: 37ff.).

Die Hervorhebung des Lernprozesses als organischer Vorgang, der nicht nur eine Addierung von immer neuen Strukturen bedeutet, ist auch bei Schachter (1992) zu finden. Schachter betrachtet Transfer als eine Einschränkung („constraint") in Bezug auf den Verarbeitungsprozess der Lerner. Die Einschränkung erfolgt aufgrund des bereits vorhandenen Wissens, das heißt, aus L1 oder jeder weiteren früher erlernten Sprache sowie der Konzeptualisierung der Zielsprache seitens des Lerners. Ihr Modell basiert auf Arbeiten aus der Psychologie (Levine 1975: „hypothesis testing"), die die Konzeptualisierung bei Erwachsenen beschreiben. Unter Annahme einer Ähnlichkeit mit dem Erlernen der Fremdsprache wird das Konstrukt der Konzeptualisierung bei Erwachsenen übernommen. Von den Lernern werden Hypothesen aufgestellt und getestet.

---

[64] Insgesamt nennt man diese Faktoren die nichtstrukturellen, im Gegensatz zu den strukturellen Faktoren wie die pragmalinguistischer und soziopragmatischer Art (s. Odlin 1989: 31).

Schachter differenziert in ihrem Modell die Lerner a) nach ihrer Muttersprache, b) dem Bereich, zu welchem die Hypothesen erstellt werden, sowie c) der Hypothese selbst (Schachter 1992: 39). Diese Hypothese kann entweder richtig oder falsch sein, je nach der Kombination der Zielsprache und der Ausgangssprache. So können beispielsweise die in dem erhobenen Daten-material der Gruppe DL2-R vorgefundenen Beispiele (mit Fokus auf Aspekt): *„Ja uže el dva kuska"* (Ich aß bereits zwei Stücke) – falsch vs. *„Ja uže s-el dva kuska"* (Ich habe bereits zwei Stücke gegessen) – richtig, damit erklärt werden, dass die Lerner mit der gleichen Muttersprache und gleichen Fremdsprache für sich unterschiedliche Hypothesen hinsichtlich der Kategorie Aspekt aufgestellt haben.

In dem beschriebenen Modell wird demzufolge die idiosynkratische Seite des Lerners deutlich, was einen Vergleich der nichtmuttersprachlichen Gruppen im Hinblick auf systematische Eigenschaften erschwert. Auch im untersuchten Datenkorpus zeigen sich bei der Aneignung fremdsprachlicher Muster einige individuelle Unterschiede (obwohl versucht wurde, alle Variablen, die den Lern-prozess betreffen, einheitlich zu gestalten, und nur Gruppe EL2-R als weniger fortgeschritten anerkannt wurde, s. Kapitel 8.2).

Lernerspezifische Hypothesen (im Sinne von Schachter) können darüber hinaus in Bezug auf Inhalt aufgestellt werden und zielen dann im Allgemeinen darauf ab, in einer fremden Umgebung einen sozial akzeptablen Eindruck zu erwecken. Solche Hypothesen sind dann weniger abhängig von irgendeiner Sprache und ihrer Struktur und können dem psycholinguistischen Prozess zugeschrieben werden. Kommunikative Strategien sowie Verhaltensweisen, die im Allge-meinen von den Sprachlernern eingesetzt werden (z. B. Übergeneralisierung),[65] können bei der Präsenz in mehreren Interlanguage-Systemen als solche festge-halten und als IL-spezifische Strategien bezeichnet werden.

Trosborg (1995: 54) verweist auf Corder und Ellis und deren Bedeutung für das Verständnis von Transfer in folgendem Zusammenhang: Transfer ist variabel (Corder 1978a), das heißt, er zeigt keine universelle Entwicklung und dyna-

---

[65] S. Odlin (1989: 36, 64ff.) für einen Überblick über mögliche kommunikative Strategien der Lerner.

misch (Ellis 1985), das heißt, mit dem Fortschritt der Lerner ändert sich die „perceived similarity" von Kellerman (1983) oder das „bereits vorhandene Wissen" von Schachter (1992).

Zentral für das Verständnis von Transfer und der dazu bestehenden Forschung sind weitere zwei Distinktionen: a) in Bezug auf die Pragmatik und b) in Bezug auf die Resultate. Ausgehend von Leechs Konzepten (1983: 10ff.) der Pragmalinguistik und Soziopragmatik wird zwischen einem pragmalinguistischen und einem soziopragmatischen Transfer unterschieden, beispielsweise bei Kasper (1992: 209):[66]

> [pragmalinguistischer Transfer] the process whereby the illocutionary force or politeness value assigned to particular linguistic material in L1 influences learners' perception and production of form-function mappings in L2.

> [soziopragmatischer Transfer] when the social perceptions underlying language users' interpretation and performance of linguistic action in L2 are influenced by their assessment of subjectively equivalent L1 contexts.

In Bezug auf das Ergebnis einer Übertragung unterscheidet man zwischen einem positiven Transfer, das heißt, einem kommunikativen Erfolg (wobei dies schwer von einer Verallgemeinerung auf der Basis des pragmatischen Wissens zu unterscheiden ist, vgl. Kasper/Blum-Kulka 1993: 10) und einem negativen Transfer, der in der Regel zum pragmalinguistischen oder soziopragmatischen Scheitern führt. Eine Aufdeckung des unangemessenen (aus der Sicht des Muttersprachlers) Sprachgebrauchs, beispielsweise in der Realisierungsform wird das „pragmatische Scheitern" (pragmatic failure) genannt (z. B. Thomas 1983: 94).

House/Kasper (1981) stellten im Zusammenhang mit einer Reihe von kontrastiven Untersuchungen zur deutschen und englischen Sprache die Frage nach den Ursachen der pragmatischen Fehler bei Lernern:

> … due to the learners' simply not knowing the formal English equivalents of what they would say in their native language, or are there perhaps different social norms in the two speech communities

---

[66] Die Unterscheidung wurde von Thomas (1983) eingeführt.

which affect the linguistic behaviour of speakers in terms of politeness (House/Kasper 1981: 158).

Die Frage erübrigt sich im Kontext der Lerner, die seit mehreren Jahren eine Fremdsprache im Land dieser Sprache anwenden. Olshtain/Blum-Kulka (1984)[67] berichten in einer Studie über Immigranten in Israel, dass es den Probanden nach etwa acht Jahren möglich war, eine perfekte Perzeption der Sprechakte in der neuen Sprache zu zeigen.. Eine perfekte Produktion war allerdings nie zu erreichen. Unter der Annahme, dass sie sehr wohl wussten, was in der Zielsprache wie auszudrücken sei, muss man davon ausgehen, dass sie von ihren kulturellen Normen und Werten wohl nicht absehen konnten oder wollten. Anscheinend spielt hier der Drang nach kultureller Identität der in der Diaspora Lebenden eine Rolle, da man Identität unter anderem über Sprache definiert. Zusätzlich zur Didaktik ist die Erforschung der sozialen Normen deswegen besonders für die alltägliche praktische Anwendung der Fremdsprache von Bedeutung.

Die Kommunikation zwischen einem Muttersprachler und einem Sprachlerner bietet auch deswegen für die Fremdsprachenforschung einen interessanten Untersuchungsgegenstand, weil im Moment dieser Kommunikation ein Lernprozess stattfinden kann (vgl. Kapitel 4.1).

Ausgehend von der Annahme, dass diese Art von Konversation (NS-NNS) auf eine Problemlösung (negotiation of form and/or meaning) ausgerichtet ist und der Lerner das Problem erkannt hat, wird die Konversation länger dauern. Der Lerner erhält somit die Möglichkeit, durch eigene oder fremde Korrekturen oder andere wahrnehmbare Hilfsmittel (z. B. nichtverbale), sein Wissen zu erweitern. In diesem Fall gilt die Kommunikation aus „normaler" Sicht zwar als missglückt (miscommunication), weil sie nicht ganz reibungslos verläuft, aus der Sicht der Fremdsprachenforschung ist dies aber für einen Lerner eine durchaus geglückte Kommunikation, die aus einem unvollständigen Verstehen (incomplete understanding) resultiert und dennoch zu einem Lernen beiträgt. Ausschlaggebend für den Erfolg solcher Kommunikationen ist es im Grunde, ob die von A

---

[67] S. in Cohen/Olshtain (1994: 147).

gestellten Fragen mit den von B gegebenen Antworten zufriedenstellend beantwortet worden sind.

Unabhängig davon, ob man die Konversation zwischen einem Muttersprachler und einem Nichtmuttersprachler als Kommunikation oder als unvollständiges Verstehen bezeichnet, sind derartige Konversationen für die Aneignung der Fremdsprache eindeutig nützlich und deswegen für eine Analyse in diesem Forschungsbereich zweifellos interessant. Untersuchungen in diese Richtung gehen allerdings über den Rahmen der Sprechakttheorie hinaus und sprechen die Diskursanalyse an. Aufgrund der hier entschiedenen methodologischen Beschränkungen wird dieser Aspekt der „Verhandlung" in der vorliegenden Studie nicht bearbeitet. Es erschien aber wichtig, in diesem Zusammenhang auf seine Existenz hinzuweisen. Dieser Aspekt wird besonders gut bei Gass/Houck (1999) in ihrer Studie zu Ablehnungen ausgearbeitet (s. Kapitel 4.1). Für Komplimenterwiderungen ist dieser Aspekt weniger relevant, weil Komplimente und Komplimenterwiderungen eher eine Routinekonversation darstellen, bei der keine problemlösenden Ansätze zu erkennen sind, außer denen der „Eigenlob"-Vermeidung.

Odlin (1989: 48) verweist darauf, dass eine Verletzung der Selbstpräsentation beim Sprecher stattfindet, wenn die Normen der Zielsprache nicht erreicht werden. Durch die Besprechung der Ansätze zur Höflichkeit (s. Kapitel 5) wurde versucht, die Schwierigkeit des Themas rund um *face* deutlich zu machen. Das pragmatische Wissen hinsichtlich der kulturspezifischen Höflichkeitsnormen hilft dem Sprecher, die Sprechakte angemessen zu realisieren (das heißt nicht nur sprachlich sondern auch strategisch) und einem Selbstpräsentationsverlust vorzubeugen.

EMPIRISCHER TEIL

8. Methodisches Vorgehen

Da die wissenschaftlichen Ergebnisse unter dem Einfluss der angewandten Untersuchungsmethode stehen, ist eine sorgfältige Überlegung diesbezüglich besonders wichtig im Bereich der interkulturellen Pragmatik, wo eine Vergleichbarkeit der Studien gewährleistet werden muss. Bedenkt man noch dazu die Unumgänglichkeit des „observer's paradox"[68] und die individuellen Faktoren, die man durch eine große Probandenanzahl zu vermeiden versucht, ist die Aufmerksamkeit nicht verwunderlich, die auf den methodischen Aspekt der linguistischen Studien in der wissenschaftlichen Debatte gerichtet ist.

Die Analyse des Forschungsstandes, die darauf abzielt, herauszufinden, welche Ergebnisse mit welchen Methoden erreicht worden sind, und zu beurteilen, welche Ergebnisse haltbar sind, ist für die nachfolgenden Studien sehr wichtig. Siehe hierfür beispielsweise Kasper/Dahl (1991), Rintell/Mitchell (1989), Beebe/Cummings (1996), Rose (1994), Wolfson et al. (1989), Cohen/Olshtain (1994) sowie Larsen-Freeman/Long (1991), Seliger/Shohamy (1989). Kasper (1998: 86) schlägt in diesem Zusammenhang zwei Bereiche zur Einordnung der Methoden vor. Diese unterscheiden sich zum einen hinsichtlich der Modalität der Sprachverwendung (Sprachproduktion, Sprachrezeption, metapragmatische [pragmalinguistische, soziopragmatische] Urteile), zum anderen hinsichtlich des Grads der Kontrolle, die auf den Probanden ausgeübt wird.

Es sind hauptsächlich zwei Verfahren, für die man sich bei der Untersuchung der Sprechakte in den letzten Jahren entschied: Rollenspiel und Diskursergänzung (DE). Die klassische Feldforschung[69] (z. B. Manes/Wolfson 1981, Wolfson 1981) bleibt zweifelsohne die zuverlässigste Methode, um authentische Daten mit allen dazugehörigen soziolinguistischen Faktoren zu gewinnen. Co-

---

[68] Von Labov (1972a: 209) als „Beobachtungs-Paradox" formuliert, das darin besteht, dass wir Daten nur durch Beobachtung gewinnen können, während wir nach authentischen Daten streben: „Our goal is then to observe the way that people use language when they are not being observed."

[69] Hier ist der Einfluss der Ethnographie auf die Methodenentwicklung in der Sprachwissenschaft deutlich.

hen/Olshtain (1994: 147) nennen (in Bezug auf Olshtain/-Blum-Kulka 1985) Feldforschung als den ersten Teil eines idealen Untersuchungszyklus, der aus Hypotheseninitiierung, Hypothesenfokussierung und Hypothesentests besteht. Diese Zuordnung zeigt, dass die Feldforschung vor allem für die Entwicklung der ersten Hypothesen notwendig ist. Dies ist bei der Forschungsfülle im Bereich der linguistischen Pragmatik immer weniger der Fall. Man nimmt üblicherweise nur noch Bezug auf die bereits gewonnenen Erkenntnisse, wie z.b. bei der Wahl eines Klassifizierungssystems, um darauf die eigene Analyse aufzubauen. Darüber hinaus ist Feldforschung für die Untersuchung konkreter Sprechakte aufgrund der Vielfältigkeit der Situationen zeitaufwändig.

Rollenspiel vernachlässigt im Vergleich zur Feldforschung die Authentizität der Daten, weil der Proband dabei in eine Rolle und Situation hineingedrängt wird, die er vielleicht so nie erlebt hat. Da man aber dabei die Daten auf Video oder Tonband festhalten kann, liefert eine solche Methode wichtige nonverbale Aspekte der natürlichen Sprache. Für den Bereich der Fremdsprachenforschung ist diese Methode besonders wertvoll, weil die Feststellung der prosodischen und der nonverbalen Merkmale eines Sprachlerners, der die Sprache nicht in dem Maß wie ein Muttersprachler beherrscht, bei der Interpretation seines Kommunikationsverhaltens hilfreich sein können. Darüber hinaus kann bei der Anwendung des offenen Rollenspiels der Diskursverlauf berücksichtigt werden.

Obwohl sich bei der Methode der Diskursergänzung die Authentizität der Daten weiter verringert und nur die geschriebene Sprache als Analysebasis vorhanden bleibt, sprechen einige Argumente für die Verwendung dieses Verfahrens bei der Untersuchung der Sprechakte im interkulturellen Kontext.

Erstens elizitiert man durch Fragebögen höchstwahrscheinlich stereotype Aussagen. Diese eignen sich dann am besten für den interkulturellen Vergleich, weil sie die kulturellen Normen widerspiegeln (vgl. Blum-Kulka/-House/Kasper 1989: 13). Auf solche Weise hervorgebrachte semantische Formeln sind denen der natürlichen Sprache ähnlich, wenn auch nicht so elaboriert (vgl. Kapitel 4.1). Zweitens ist es bei der Diskursergänzung möglich, alle gewünschten Variablen zu kontrollieren, indem man sie durch die einleitende Situationsbeschreibung festlegt. Man kann also eine gut strukturierte und vergleichbare Beschreibung der kulturspezifischen Merkmale eines Sprechaktes vornehmen und das Lernerverhalten ausgehend von diesen Anhaltspunkten analysieren. Bedingung für den Einsatz der DE ist, dass die Sprechhandlung in einem einzelnen Redebeitrag realisiert werden kann (s. Kasper 1998: 93).

Während die Methoden Rollenspiel und Diskursergänzung Sprachproduktion bzw. -rezeption fokussieren, gehört die Ratingskala (RS) zu einer der am häufigsten eingesetzten Techniken aus der Reihe der metapragmatischen Urteile (s. Kasper/Dahl 1991: 216). Mit dieser Methode kann man pragmalinguistisches sowie soziolinguistisches Wissen der Sprecher erfassen. Hier werden die durch Rollenspiel bzw. DE erhobenen Daten als die zu beurteilenden Items angegeben. Die Probanden werden beispielsweise gebeten, die vorgegebenen Antworten auf ihre Angemessenheit zur Situation zu beurteilen (pragmalinguistische Urteile). Hierfür wendet man eine drei- bis neunstufige Likert-Skala an (s. Kasper 1998: 100). Ebenfalls kann ein Verfahren der Auswahlantworten zur Untersuchung der Äußerungen eingesetzt werden, die von den Sprechern entweder als angemessen oder als nicht angemessen im gegebenen sozialen Kontext wahrgenommen werden (s. Kasper 1998: 99). Eine Zusammenstellung möglicher Alternativen kann eine Verifizierung bzw. Falsifizierung der Hypothesen gewährleisten.

Der ausgewählte Fokus der Untersuchung und die gegebenen realistischen Möglichkeiten sind letztendlich auch für die Wahl der Methode entscheidend. Aus diesem Grund sind in der vorliegenden Untersuchung für die Analyse der Ablehnungen und der Komplimenterwiderungen folgende Methoden ausgewählt worden: DE, RS sowie Auswahlantworten. Sie erlauben es in einer absehbaren Zeit, Daten für eine qualitative und quantitative Analyse in drei Erstsprachen (L1) und sieben Zweitsprachen (L2) zu erheben und somit nicht nur einen Einblick in den Untersuchungsgegenstand zu ermöglichen, sondern auch Grundlagen für vergleichbare Studien zu schaffen.

Kasper (1998: 107) weist in diesem Zusammenhang auch darauf hin, dass „die Validität von Erhebungsverfahren möglicherweise populationsabhängig ist". Eine Kombination der Verfahren macht es möglich, die Nachteile einzelner Methoden zu beheben bzw. die Ergebnisse durch verschiedene Arten der

Erhebung zu überprüfen. Eine derartige Triangulierung der Verfahren ermöglicht darüber hinaus einen Vergleich der kommunikativen Kompetenzen des Sprechers bei der Produktion eines Sprechaktes mit seiner Einschätzung desselben (s. Kasper 1998: 102). Die Objektivität der erzielten Ergebnisse ist im Vergleich zur Anwendung einer einzelnen Methode unbestreitbar.

8.1 Angewandte Methoden

Der Diskursergänzungsfragebogen für Ablehnungen[70] in der vorliegenden Studie beinhaltet ein Beispiel für ein alltägliches Angebot und wurde weitgehend aus Beebe/Takahashi/Uliss-Weltz (1990: 71, Nummer 9) übernommen. Im Gegensatz zur Quelle ist die Situation hier allerdings so aufgebaut, dass der Proband vier freie Antwortfelder hat, um eine Ablehnung zu äußern, und keine Antwortreplik vorhanden ist.[71] Der angestrebte Sprechakt „Ablehnung" ist in der Aufgabenbeschreibung explizit genannt. Dieser Aufbau der Diskursergänzung wurde von Chen (1993) zur Erhebung der Komplimenterwiderungen erfolgreich angewandt und in eigener Magisterarbeit (Zoubareva 1999) bereits erprobt.

Gass/Houck (1999: 35) verweisen im Zusammenhang mit der DE darauf, dass sowohl die Antwortreplik als auch die Anzahl der angegebenen Felder den Probanden einengen. In der vorliegenden Studie werden konkrete Ablehnungen untersucht (im Gegensatz zu Gass/Houck, die an einem Diskursverlauf interessiert sind), und die Methode *muss* die Ablehnungen liefern. Was die Anzahl der Felder angeht, so erwies es sich, dass die meisten Probanden sich auf drei Felder beschränkten und dass lediglich Einzelfälle mehr als vier Felder benötigten (s. Zoubareva 1999: 29). Es müssen aber unbedingt mehr als zwei Felder sein, um am Ende nicht nur Antworten wie „Nein, danke" und „Danke, ich bin satt" (diese Antworten kommen im Datenmaterial am häufigsten vor) analysieren zu können.

Für Komplimenterwiderungen wurden als Produktionsdaten die im Rahmen der eigenen Magisterarbeit erhobenen Äußerungen im Deutschen und im Russischen

---

[70] Alle hier besprochenen Fragebögen sind im Anhang unter „Erhebungsbogen" zu finden.
[71] Beebe et al. (1990) sowie Chen (1993) variieren ihre Fragebögen zusätzlich durch situative und soziolinguistische Faktoren und analysieren insgesamt je zehn Situationen.

verwendet (Zoubareva 1999: 29-31).[72] Der Fragebogen in der genannten Arbeit beinhaltete das aus Chen (1993: 70, Nummer 2) übernommene Kompliment. Aufgrund einer Fülle an Untersuchungen zum Englischen (s. Kapitel 3.1) kann man sich hinsichtlich der beobachteten Tendenzen in dieser Sprache auf den Forschungsstand beziehen. Auch organisatorische Gründe – da man ja nie einen DE und RS-Fragebogen zum gleichen Sprechakt demselben Probanden präsentieren kann (s. weiter unten) – haben bei dieser Entscheidung eine Rolle gespielt. Der Schwerpunkt der aktuellen empirischen Erhebung bei der Produktion liegt demzufolge auf Ablehnungen.

Der Fragebogen zur Evaluierung (judgement) der Angemessenheit der Äußerungen (RS und Auswahlantworten) enthält für Ablehnungen das gleiche Angebot wie der DE-Fragebogen sowie fünf Ablehnungen, die aufgrund der Häufigkeit (belegt durch empirische Studien zur Produktion, s. Kapitel 4.1) anhand der Klassifizierung von Beebe/Takahashi/Uliss-Weltz (1990) formuliert wurden. Es sind die semantischen Formeln „Danke", „Lob", „Will nicht", „Nein", „Genug" („Erklärung"), „Alternative" und „Verschiebung" in dem Fragebogen enthalten.[73]

Für den Sprechakt „Komplimenterwiderung" bietet dieser Fragebogen das aus Chen (1993: 70, Nummer 2) übernommene Kompliment und sieben Strategien an, die aufgrund ihrer Häufigkeit (belegt durch empirische Studien zur Produktion, s. Kapitel 9.1) ausgewählt wurden. Die Strategien „aufmuntern" und „anbieten" wurden aus diesem Grund ausgelassen. Die Strategie „sich bedanken" wurde aufgrund ihrer Normativität ebenfalls ausgelassen. Das Kompliment entspricht einem von vier Themen, die am häufigsten für ein Lob Verwendung finden (s. Kapitel 3.1). Die Beispiele wurden auf der Basis der Pro-

---

[72] Als Probanden fungierten 15 RL2-D und 15 DL2-R Studenten während ihres Studienaufenthaltes an den Universitäten in Marburg (Philipps-Universität Marburg) und Moskau (Moskauer Staatliche Universität), die je 60 Komplimenterwiderungen äußerten. Je 30 Antworten wurden in Kontrollgruppen RL1 und DL1 gesammelt. Es wurde dabei exakt die gleiche Befragungs- und Auswertungsmethode angewandt wie in der vorliegenden Studie. Der entsprechende Fragebogen ist ebenfalls im Anhang unter „Erhebungsbogen" aufgeführt.
[73] Die Strategie „bedauern", die in anderen Studien ebenfalls zu den häufig vorgefundenen Strategien zählt, wurde infolge einer kleinen Pilotumfrage ausgelassen. Ihre Distribution im L1-Korpus (s. Abschnitt 10.1.2) bestätigte die Entscheidung. Für die Ablehnung eines Angebots ist diese Strategie nicht typisch.

duktionsdaten (Zoubareva 1999) formuliert. Die Erwiderungen wurden in der Reihenfolge so variiert, dass die Probanden die im Klassifizierungssystem beinhaltete Abstufung (von der Annahme zur Nichtannahme) nicht bemerkten. Hierdurch sollte ein automatisches Ankreuzen der Antworten vermieden werden.[74]

Für die Erhebung der Lernersprache wurde die Instruktion in der jeweiligen Muttersprache präsentiert, um ein sicheres Verständnis der Aufgabe und der Situation zu gewährleisten. Die Situationsbeschreibung und die Antworten im Beurteilungsfragebogen wurden in der jeweiligen Fremdsprache angeboten. Die „Übersetzung" erfolgte unter Berücksichtigung der Bedeutungsäquivalenz der Situation und einzelner Sätze sowie ihrer illokutiven Kraft. Die kulturellen Besonderheiten im Russischen wurden insofern berücksichtigt, als anstelle eines Essens eine Geburtstagsfeier in der Situation der Ablehnung benannt wurde. Da dort eine Geburtstagsfeier mit einem gemeinsamen Essen mit Freunden hier verglichen werden kann und man sich in Russland ansonsten selten gegenseitig zum Essen einlädt, ist diese Ersetzung erforderlich.

Diese Situationen zur Elizitierung sowohl der Ablehnungen als auch der Komplimenterwiderungen sind thematisch so ausgewählt, dass ein kleiner Ausschnitt aus dem Alltagsleben gewährleistet wurde. Besonders beim interkulturellen Vergleich des sprachlichen Verhaltens ist das häufige bzw. regelmäßige Auftreten der untersuchten Situationen in allen Sprachen für die Studie positiv. Es wurde angenommen, dass sich die deutsche, englische und russische Kultur beim Gebrauch der ausgewählten Situationen im Alltag nicht wesentlich unterscheiden. Das heißt jeder Proband hätte eine ähnliche Situation (ob nun beispielsweise ein Kuchen oder ein Bier oder ein Schluck Wasser angeboten wurde, ist dabei unerheblich) irgendwann erleben müssen.[75]

Nimmt man nach dieser Überlegung den **kulturellen Faktor** als ausgeglichen an, bleibt lediglich die individuelle Anpassung an die Methode (es gibt Probanden, die sich besser hineinversetzen können) ein Störfaktor bei der

[74] Dies wird „Halo-Effekt" genannt: Näheres hierzu sowie zu anderen möglichen Urteilsfehlern beim Einsatz der Ratingskalen bei Bortz/Döring (1995: 170).
[75] Cohen/Olshtain (1994: 151) bezeichnen solche Situationen als „cross-culturally appropriate".

Erlangung der repräsentativen Daten.[76] Bei der Analyse der Lernersprache darf außerdem nicht vergessen werden, dass die Ergebnisse sowohl auf die Anpassung auf die Situation als auch auf die Sprachkompetenz eines Probanden zurückgeführt werden können (vgl. Cohen/Olshtain 1994: 152).

Für die Erhebung der soziodemographischen Faktoren wurde ein Hintergrundfragebogen[77] verwendet, der in der jeweiligen Muttersprache bei einsprachigen Fragebögen Angaben zum Alter und Geschlecht und bei zweisprachigen Fragebögen weitere Angaben wie folgt beinhaltete: Zeitdauer des Erlernens einer Sprache in Jahren (in der Schule, an der Uni oder auf eine andere Weise), andere Fremdsprachen, Auslandserfahrungen.[78] Eine Zusammenfassung der Ergebnisse folgt in Tabelle 8-1 im nächsten Kapitel.

Die Umfrage wurde so durchgeführt, dass der gleiche Sprecher nie gleichzeitig einen DE und RS-Fragebogen zur Ablehnung bekommen hat, damit er durch die im RS-Fragebogen vorgegebenen Antworten nicht beeinflusst werden konnte. Die gleiche Aufgabe wurde nie gleichzeitig in L1 und L2 angeboten. Dies wurde durch mehrere Befragungsrunden erreicht und stellt – obwohl zeitaufwändig – eine wichtige Bedingung dar, um mögliche direkte Übersetzungen bei diesem Projekt auszuschließen.[79]

Zusätzlich wurde im Laufe der Untersuchung mehrmals auf informellem Wege zu einem retrospektiven Interview gegriffen, woraus keinesfalls wissenschaftliche Aussagen abgeleitet werden dürfen, aber immerhin interessante Einsichten in das Verständnis des Funktionsprinzips der untersuchten

---

[76] Während der Umfrage fiel auf, dass die russischen weniger als die deutschen und die englischen Studenten mit dieser Art der Umfragen vertraut sind und deswegen größere Schwierigkeiten hatten, sich in die Situation zu versetzen (vgl. Populationsabhängigkeit der Erhebungsmethoden von Kasper (1998) im Kapitel 8).

[77] S. „Erhebungsbogen" im Anhang.

[78] Es wurde auch daran gedacht, den Einfluss des Unterrichts in einer Schule mit erweitertem Sprachunterricht („Specškola" in Russland) auf einen Lerner aufzudecken. Im Gegensatz zu anderen Schulen, wo die Sprache erst ab der 4. Klasse erlernt wird, beginnt der Sprachunterricht dort bereits ab der 2. Klasse. Es stellte sich allerdings heraus, dass die im Fragebogen gemachten Angaben für solche Schlussfolgerungen nicht ausreichend sind.

[79] Einzig in England konnte diese Bedingung aus Zeitgründen nicht ganz eingehalten werden (für die Erhebung der Daten mit dem Evaluierungsfragebogen waren die Gruppen EL1 und EL2-D identisch). Bei der Auswertung wurde deswegen auf mögliche Übersetzungen besonders geachtet. Die vorgekommenen Übersetzungen wurden aus der Analyse ausgeschlossen.

Sprechakte sowie der Sprecher-„awareness" gewonnen werden konnten. So wiesen einige Probanden auf soziologische, situative, individuelle und kulturelle Faktoren hin wie: *„Das kommt auf die Jacke an"*; *„Je nachdem, mit welchem Freund"*; *„Je nachdem, wo ich bin – in Russland oder in Deutschland"*; *„Komplimente sind schwer, ich habe in Russland immer Probleme mit Ehrlichkeit."* Hinsichtlich des Ablehnens von Bitten lieferten auf diese Weise (häufige) Antworten wie *„Ich halte nichts von soziologischen Untersuchungen"*; *„Ich habe gerade keine Zeit"* ungewollt hervorragendes Datenmaterial.

8.2 Probanden

In der beschriebenen Art und Weise wurden in der vorliegenden Studie Daten von zehn Gruppen von Sprechern erhoben. Drei Gruppen waren Muttersprachler: deutsche Muttersprachler (DL1), englische Muttersprachler (EL1), russische Muttersprachler (RL1) und sieben Gruppen waren Sprachlerner: deutsche Lerner des Englischen (DL2-E) und deutsche Lerner des Russischen (DL2-R), englische Lerner des Deutschen (EL2-D) und englische Lerner des Russischen (EL2-R), russische Lerner des Deutschen (RL2-D), und russische Lerner des Englischen (RL2-E). Die zehnte Gruppe – russische Lerner des Deutschen, die seit mehr als zwei Jahren in Deutschland leben (RL2-D*) – stellte zusätzlich einen Versuch dar, die Effekte eines längeren Aufenthaltes im Land der Zielsprache auf die Sprachkompetenz zu untersuchen. Außer dieser letzten Gruppe (RL2-D*) wurden alle Sprachlerner sowie alle Muttersprachler in ihrem Herkunftsland befragt. Außer den Gruppen EL2-R und EL2-D sind die Muttersprachler und die Lerner nicht identisch (s. Fußnote 79).

Die Befragung verlief in Absprache mit Hochschuleinrichtungen in Deutschland (Humboldt-Universität zu Berlin), Großbritannien (Universtity of Birmingham, Aston University, University College London) und Russland (Moskauer Staatliche Universität) in institutionellen Situationen (Seminare, Übungen) sowie auf informelle Weise. Es wurde darauf geachtet, dass überwiegend Nicht-Linguistik-Studenten des Hauptstudiums an der Untersuchung teilnahmen, damit durch ihre Hintergrundkenntnisse die Ergebnisse nicht zusätzlich beeinflusst werden konnten. Dieser Aspekt konnte aber im Fall der russischen Sprache (L2) nicht ganz eingehalten werden, da diese Sprache in England und Deutschland hauptsächlich von Studenten erlernt wird, die Slawistik studieren.

Studenten als Zielgruppe bei der Befragung festzulegen, ist bei derartigen empirischen Untersuchungen Usus, weil damit eine leicht erzielte Vergleichbarkeit der Daten gewährleistet wird (bei Studenten wird im Allgemeinen ein ähnliches gesellschaftliches Niveau vorausgesetzt). Eine Generalisierung der Ergebnisse auf weitere Sprechergruppen ist jedoch problematisch.[80]

Auf die dargestellte Weise wurde versucht, in jeder Gruppe (außer RL2-D*) zu jeder Methode die Anzahl von 40-50 Probanden zu erreichen. Es wurde ein für statistische Auswertungen optimaler Stichprobenumfang erreicht.[81] An der Untersuchung haben überwiegend Frauen (2/3 aller Probanden) teilgenommen: Die beste geschlechtsspezifische Verteilung zeigt Gruppe DL1 (24 w und 26 m), die schlechteste Gruppe RL2-D (43 w und 7 m). Die Analyse der geschlechtsspezifischen Unterschiede wurde erst im Laufe der Untersuchung vorgenommen und wird bei der Besprechung der Ergebnisse entsprechend (prozentual) betrachtet.

Einen Überblick über die für die Einschätzung des Sprachniveaus der Lerner relevanten Faktoren verschafft Tabelle 8-1. Aus dieser Tabelle sind die Unterschiede in Hochschulsystemen der drei untersuchten Länder ersichtlich, welche bei derartigen kontrastiven Untersuchungen bedacht werden müssen.

So sind die deutschen Studenten die ältesten. Es ist schwer, eine ähnliche Lerngeschichte der Probanden zu gewährleisten. Englisch ist für Russen und für Deutsche die am häufigsten erlernte Sprache, für die befragten Engländer ist es Deutsch. Die Mehrheit der Befragten hatte zumindest einen einmonatigen Auslandsaufenthalt, wobei die Probanden der Gruppe EL2-D die meisten Auslandserfahrungen sammeln konnten. Es ist demzufolge anzunehmen, dass

---

[80] S. Fußnote 3 zum „macrosociological reductionism" im Forschungsanliegen.

[81] Mit einem Alpha von 0,05 und einer Teststärke von 0,85 kann bei 100 Probanden (Vergleich von zwei Gruppen mit dem Chi-Quadrat-Test) von einem mittleren Effekt gesprochen werden. Ein optimaler Stichprobenumfang stellt eine eindeutige Entscheidung über die Gültigkeit der Hypothesen (s. Bortz 1999: 125). Näheres zum Entscheidungsprozess eines Signifikanztests s. bei Bortz (1999, Kapitel 4).

das Sprachniveau dieser Gruppe höher ausfallen wird. Den Gegensatz dazu bildet Gruppe RL2-E; die Befragten weisen allerdings viele Jahre Sprachunterricht auf.

Es fällt auf, dass die Mehrheit der befragten Personen mindestens noch eine Fremdsprache auf gutem Niveau beherrscht. Es ist insofern für die interlinguale Analyse relevant, dass ein Transfer von anderen Sprachkenntnissen beeinflusst wird. Es ergab sich, dass die Paare von Gruppen hinsichtlich der Zielsprache (z. B.: DL2-E und RL2-E oder RL2-D und EL2-D) aufgrund der Hintergrunddaten zur Lerngeschichte vergleichbar sind. Diese Daten ermöglichen eine Gegenüberstellung von Sprachkompetenzen in Abhängigkeit von der Muttersprache.

Tabelle 8-1:   Soziodemographische Daten der Stichproben, (Häufigkeiten, Mittelwerte, Mediane)

Gruppe	N Vpn	Alter Mittelwert, Abw., Median	Geschlecht N (%) w	m	L2-Sprachunterricht (in Jahren) Mittelwert, Abw., Median in der Schule	an der Uni	Mittelwert anderswo
DL1	50	24,4; (3,8); 24	24 (48)	26 (52)			
RL1	50	20,5; (3,3); 19	37 (74)	13 (26)			
EL1	50	22; (1,04); 22	33 (66)	17 (34)			
DL2-E	49	24,9; (3,9); 25	26 (53)	23 (47)	6,5; (2,28); 7	1; (1,3); 1	0,4
DL2-R	50	25; (3,14); 25	28 (56)	22 (44)	4,4; (3,47); 5	2,5; (1,4); 2	0,6
RL2-D	50	20,5; (2); 20	43 (86)	7 (14)	4,6; (3,54); 5	2,5; (1,23); 2,5	0,4
RL2-E	50	19,5; (2,4); 19	36 (72)	14 (28)	7,5; (2,4); 7,5	1,74; (1,3); 2	1
RL2-D*	24	25,6; (3,4); 25	16 (67)	8 (33)	2,8; (3,0); 1,5	1,6; (1,7); 1,5	2,3
EL2-R	38	22,6; (3,9); 21	24 (63)	14 (37)	1,8; (1,98); 1	1,7; (1,26); 2	1
EL2-D	48	21,7; (0,7); 22	32 (67)	16 (33)	5,4; (1,38); 5	3,6; (0,85); 4	0

(Abw. = Standardabweichung; Vpn = Proband; w = weiblich; m = männlich)

Tabelle 8-1:   Fortsetzung

| Gruppe | N Vpn | Auslandserfahrung (in Monaten) | | L3-Kenntnisse |
		% von Vpn	Mittelwert	% von Vpn
DL2-E	49	30	4	53
DL2-R	50	70	1	90
RL2-D	50	90	4	77
RL2-E	50	30	1	40
RL2-D*	24	alle	2-5 Jahre	0
EL2-R	38	70	5	76
EL2-D	48	90	10	65

(Vpn = Proband; w = weiblich; m = männlich)

8.3 Auswertung

Keine der elizitierten Antworten war unverständlich geäußert worden. Das kommunikative Ziel des gesuchten Sprechaktes wurde von Probanden immer richtig übermittelt. Die grammatischen Fehler sind bei den englischen Lernern des Russischen auffallend. Diese führen jedoch nicht zur Veränderung der illokutiven Kraft der Äußerungen (vgl. Kapitel 7). Es ist anzumerken, dass die Lerner sich bemüht haben, auch solche Strategien in der DE niederzuschreiben, deren Realisierung sie offensichtlich nicht so gut beherrschten.

Die Beispiele der Originalantworten für jede Gruppe finden sich im Anhang. Die russische Sprache wurde transliteriert und übersetzt. Alle durch DE gesammelten Ablehnungen wurden anhand des beschriebenen Klassifizierungssystems nach semantischen Formeln geordnet. Die Klassifizierung wurde zwecks Zuverlässigkeit in jeder Sprachgruppe durch zwei Muttersprachler unterstützt.

Für die Analyse wurden die gewonnenen Daten darüber hinaus quantitativ (mit SPSS für Windows Version 10.0)[82] bearbeitet.

---

[82] Statistik-Software (Statistical Package for the Social Sciences).

Bei den Komplimenterwiderungen wurde die Reihenfolge der Klassifizierung von Chen für die Analyse wieder etabliert (s. Kapitel 8.1). Als Signifikanztests wurden hier Chi-Quadrat-Tests (für Auswahlantworten- und Produktionsdaten) und H-Test bzw. U-Test (für Daten aus der Ratingskala) verwendet.[83] Die Unterschiede sind statistisch signifikant, wenn die ermittelte Irrtumswahrscheinlichkeit p kleiner oder gleich dem gewählten Signifikanzniveau α (Alpha) ist.[84]

Mit dem eindimensionalen Chi-Quadrat-Test wurden die Verteilungen innerhalb jeder Gruppe geprüft, um festzustellen, ob die Differenzen zwischen z. B. „ablehnen" und „zustimmen" wirklich signifikant sind (intrakulturelle Präferenzen). Mit Hilfe des 4-Felder-Tests wurden die Häufigkeiten in der Ausprägung eines Merkmals, z. B. „ablehnen" in verschiedenen Gruppen verglichen (interkulturelle, geschlechtsspezifische, interlinguale Unterschiede).

H-Test (nach Kruskal-Wallis) und U-Test (nach Mann-Whitney) sind zwei nichtparametrische Tests, mit denen man unabhängige Stichproben hinsichtlich ihrer zentralen Tendenz vergleichen kann.[85] Den H-Test kann man zum Vergleich mehrerer Gruppen und den U-Test ergänzend (falls Unterschiede festgestellt worden sind) zum Vergleich von Gruppenpaaren einsetzen. Wählt man für den H-Test ein Alpha von 0,05, wird sie beim U-Test durch die Anzahl der Stichproben geteilt (Bonferroni-Adjustierung),[86] z. B. $\alpha/3 = 0,05/3 = 0,017$ für den Vergleich von Gruppen DL1, RL1 und EL1. Die beschriebenen Tests wurden zum Feststellen der interkulturellen, geschlechtsspezifischen (nur U-Test) und interlingualen Unterschiede (nur U-Test) angewandt.

---

[83] S. entsprechende Kapitel 5.2 (zu ordinalskalierten Daten) und 5.3 (zu nominalskalierten Daten) zur Beschreibung dieser Tests bei Bortz (1999). Zu dem messtheoretischen Problem bei Ratingskalen s. außerdem Bortz/Döring (1995:163ff.). In dieser Studie wurde die Entscheidung zugunsten der „puristischen" Variante gefällt (das heißt das Niveau der Ratingskala wurde als ordinalskaliert angenommen).

[84] Näheres s. bei Bortz (1999, Kapitel 4).

[85] Das SPSS-Programm transformiert die durch Ratingskala erhobenen Werte automatisch in die Ränge und vergleicht dann diese.

A. Interkulturelle Analyse

Bei der Diskussion des mit den besprochenen Methoden erhobenen sprachlichen Datenmaterials wird folgendermaßen vorgegangen. Es erfolgen eine Beschreibung sowie eine Gegenüberstellung der DE-Daten aus dem Russischen, Englischen und Deutschen (L1). Es werden Daten zur Produktion der Komplimenterwiderungen präsentiert. Nachfolgend werden Ablehnungen analysiert. Der Fokus liegt hier auf der Reihenfolge der vorgefundenen semantischen Formeln, auf den am häufigsten vorkommenden Anordnungen der semantischen Formeln, auf dem prozentualen Anteil der semantischen Formeln im Korpus und ihre Distribution in den Ablehnungen.

Die quantitative Analyse macht es möglich, die Distribution der zur Ablehnung eingesetzten Strategien zu beobachten, reicht aber bei einem interkulturellen Vergleich nicht aus. Denn um die Ursachen der Differenzen in der Realisierung der pragmatischen Operationen zu verstehen, ist die Besprechung der Realisierungsmöglichkeiten und des ausgedrückten Inhaltes je nach Sprache obligatorisch. Außerdem ermöglicht es eine solche Analyse zu erkennen, welche prototypischen Formeln jede Sprache verwendet und in welchen Bereichen Schwierigkeiten für den Sprachlerner zu erwarten sind.

Wie sich die tatsächliche Verwendung der Strategien von der pragmalinguistischen Bewertung seitens der Muttersprachler unterscheidet und worauf diese Differenzen zurückzuführen sind, wird hier ebenfalls diskutiert. Als ein Punkt der Analyse werden die geschlechtsspezifischen Unterschiede für beide Sprechakte besprochen. Ausgegangen wird von der Hypothese, dass ein Zusammenhang zwischen Sprache und der Verwendung/Einschätzung der semantischen Formeln in beiden Sprechakten besteht (s. Kapitel 2).

Bei den entdeckten Unterschieden zwischen den Gruppen wird darauf geachtet, was diese Unterschiede bedeuten (s. Kapitel 8.1). Die Ursachen können beispielsweise in der unterschiedlichen Situationswahrnehmung liegen. Das heißt, entweder ist die Vertrautheit mit der angewandten Methode unterschiedlich (z. B. Russisch, s. Kapitel 8.1) oder die individuellen Differenzen sind entscheidend – einige Probanden sind bessere Schauspieler. Unterschiedliche individuelle Festlegung der Faktoren Distanz (z. B. Grad der Freundschaft) und Geschlecht können ebenfalls eine Rolle spielen. Diese Feinheiten sind der Kontrolle des Forschers in dieser Studie entzogen. Wie bereits erwähnt, ist der kulturelle Faktor, das heißt wie die sozialen Faktoren in der gegebenen Kultur bewertet werden, innerhalb jeder Gruppe als feststehend angenommen. Die Unterschiede werden demzufolge auf die Kulturspezifik zurückgeführt. Die hier gewonnenen Erkenntnisse dienen zur Aufstellung der Hypothesen für den zweiten – interlingualen – Teil der Analyse. Dort wird das Datenmaterial nicht so ausführlich beschrieben wie die L1-Stichproben im ersten Teil. Der Fokus wird auf potenzielle Übertragungsbereiche, die für den Sprachlerner spezifischen Strategien sowie auf den Vergleich der Produktion mit der Evaluierung in der Fremdsprache, gelegt.

9. Komplimenterwiderungen

9.1 Produktion[87]

ANNEHMEN ist für die deutschen und russischen Muttersprachler die am stärksten vertretene Superstrategie (RL1 – 63,3%, DL1 – 43,4%), s. Tabelle 9-1. Im RL1-Korpus ist die Differenz zwischen ANNEHMEN und ABLEHNEN wesentlich größer $(p \leq 0,05)$[88] als im DL1-Korpus. ZURÜCKGEBEN ist in beiden Gruppen die am seltensten vorkommende Strategie (jeweils 10%, s. aber auch ABLEHNEN in DL1). AUSWEICHEN zeigt in beiden Gruppen eine ähnliche Verteilung auf (RL1 – 16,7% und DL1 – 23,3%). Die Distribution der Superstrategien unterscheidet sich in beiden Gruppen anhand dieser Erhebung in den Bereichen der Zustimmung und Nichtzustimmung zum Kompliment.

Tabelle 9-1: Distribution der Strategien in Komplimenterwiderungen

STRATEGIE	RUSSISCH		RL2-D		DEUTSCH		DL2-R	
	Anzahl	%	Anzahl	%	Anzahl	%	Anzahl	%
sich bedanken	5	16,7	10	16,7	6	20	18	30
zustimmen	8	26,7	10	16,7	3	10	6	10
sich freuen	3	10	7	11,7	2	6,7	6	10
scherzen	3	10	3	5	2	6,7	4	6,7
ANNEHMEN	**19**	**63,3**	**30**	**50**	**13**	**43,3**	**34**	**56,7**
zurückgeben	1	3,3	4	6,7	1	3,3	3	5
anbieten	0	0	2	3,3	1	3,3	1	1,7
aufmuntern	2	6,7	1	1,7	1	3,3	0	0
ZURÜCKGEBEN	**3**	**10**	**7**	**11,7**	**3**	**10**	**4**	**6,7**
erklären	2	6,7	10	16,7	2	6,7	10	16,7
zweifeln	3	10	8	13,3	5	16,7	8	13,3
AUSWEICHEN	**5**	**16,7**	**18**	**30**	**7**	**23,3**	**18**	**30**
ablehnen	3	10	5	8,3	7	23,3	4	6,7
ABLEHNEN	**3**	**10**	**5**	**8,3**	**7**	**23,3**	**4**	**6,7**
Gesamt	30	100	60	100	30	100	60	100

---

[87] Vgl. an dieser Stelle Zoubareva (1999: 44-45), teilweise zitiert.
[88] Aufgrund der kleinen Stichprobenumfänge wurden andere Chi-Quadrat-Berechnungen in diesem Kapitel nicht vorgenommen.

Während im russischen Korpus innerhalb des ANNEHMENs vor allem „sich bedanken" (16,7%) und „zustimmen" (26,7%) ausgeprägt sind, fällt im deutschen Korpus nur „sich bedanken" (20%) auf. Bei einer Zustimmung zum Kompliment wird im Russischen demzufolge die Strategie „zustimmen" und im Deutschen die Strategie „sich bedanken" bevorzugt. Die eigentliche Zustimmung zum Kompliment – „zustimmen" – ist im Deutschen weniger vertreten (10%). Aus den zehn Höflichkeitsstrategien wählen die Sprecher des Russischen am häufigsten „sich bedanken" (16,7%) und „zustimmen" (26,4%) aus – beide aus dem Zustimmungsbereich. Dagegen sind die bevorzugten Strategien im Deutschen – „sich bedanken" (20%), „zweifeln" (16%) und „ablehnen" (23,3%).

Aufgrund dieser Analyse ist festzuhalten, dass der Zustimmungsmaxime im Russischen eine größere Bedeutung zugeschrieben wird als im Deutschen. Dagegen spielt im Deutschen die Bescheidenheitsmaxime eine gewisse Rolle. Somit wird Leechs (1983) Gedanke der unterschiedlichen Maxime-Gewichtung mit diesem Experiment bekräftigt (s. Kapitel 5.1).

Aufgrund einer ähnlichen Untersuchung zum britischen Englisch[89] ist anzunehmen, dass im Bereich der Zustimmung zum Kompliment im Englischen ebenso wie im Deutschen vor allem „sich bedanken" bevorzugt wird. Das bedeutet, dass in DL1 und EL1 die eigentliche Zustimmung nicht explizit durch „zustimmen", sondern rein formal durch „sich bedanken" ausgedrückt wird. In dieser Untersuchung zeigten sich außer im ABLEHNEN – doppelt so viele Strategien im Englischen wie im Deutschen festgestellt – keine großen Unterschiede in den Superstrategien zwischen den Gruppen. Hieraus lässt sich ableiten, dass die deutsche Sprache hinsichtlich der Distribution der Höflichkeitsstrategien bei der Erwiderung eines Kompliments zwischen dem Russischen und dem Englischen positioniert ist.

ANNEHMEN   DL1, EL1 („sich bedanken") < RL1 („zustimmen")

ABLEHNEN   RL1 < DL1 < EL1

---

[89] Reuther (1999), Magisterarbeit, die gleiche Vorgehensweise zur Elizitierung der Komplimenterwiderungen wie hier.

Interessant ist es noch anzumerken, dass in der oben genannten Untersuchung (Reuther 1999) folgende zwei große Bereiche herausgefunden wurden. Im Deutschen wie im Englischen sind es die Strategien „erklären" und „zweifeln". Ihre Gewichtung wird in der Evaluierung der Komplimenterwiderungen überprüft und dann mit dem Russischen verglichen, da in den Produktionsdaten diese Strategien im Russischen nicht besonders deutlich ausgeprägt waren.

Folgende provisorische[90] Zusammenstellung der am häufigsten vorgefundenen Strategien der englischen Sprache in den Studien zu Komplimenterwiderungen macht deutlich, welche Strategien für die Mehrheit der Daten charakteristisch und für einen Vergleich demzufolge von Interesse sind.

Deutsch (DL1)	zweifeln, sich bedanken, erklären[91]
britisches Englisch (EL1)	erklären, sich bedanken, zweifeln[92]
irisches Englisch (EL1)	erklären, sich bedanken, zweifeln[93]
amerikanisches Englisch (EL1)	sich bedanken, erklären, zurückgeben[94]
südafrikanisches Englisch (EL1)	sich bedanken, zustimmen[95]
neuseeländisches Englisch (EL1)	sich bedanken, zustimmen[96]
Russisch (RL1)	zustimmen, sich bedanken[97]

9.2 Evaluierung

Die Bewertungen der englischen, deutschen und russischen Sprecher hinsichtlich der Komplimenterwiderungen anhand der Auswahlantworten sind in der Abbildung 9-1 dargestellt.

---

[90] Da sich die Stichprobengrößen erheblich voneinander unterscheiden.
[91] S. Zoubareva (1999: 44), Reuther (1999: 46).
[92] S. Reuther (1999: 46).
[93] S. Schneider (1999: 166).
[94] S. Herbert (1989: 19), Chen (1993: 56).
[95] S. Herbert (1989: 20).
[96] S. Holmes (1988a: 460).
[97] S. Zoubareva (1999: 44).

Es ergab sich, dass für eine Komplimenterwiderung die englischen Sprecher die Strategien „erklären" (40%, 1. Rang), „sich freuen" (24%, 2. Rang) und „zurückgeben" (22%, 3. Rang) für angemessen halten. Es besteht eine Übereinstimmung mit den Ergebnissen aus den Produktionsdaten (Kapitel 9.1). Die russischen Sprecher ziehen die Strategien „sich freuen" (52%, 1. Rang) und „zustimmen" (26%, 2. Rang) vor (vgl. die gleichen Ergebnisse in der Produktion, Kapitel 9.1). Die deutschen Sprecher geben den Strategien „sich freuen" (52%, 1. Rang) und „erklären" (24%, 2. Rang) den Vorzug (vgl. Kapitel 9.1).

Abbildung 9-1: Evaluierung der Komplimenterwiderungen mit Auswahlantworten, (% von Vpn, N = 50 in jeder Gruppe)

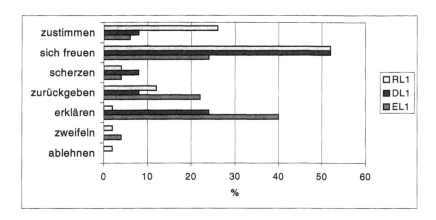

Aus der Sicht der Sprecher gehört demzufolge in allen Gruppen die Äußerung der Freude („sich freuen") obligatorisch zu einer Komplimenterwiderungseinheit (1. oder 2. Rang). Die Differenzen in den Häufigkeiten innerhalb jeder Gruppe sind signifikant (p≤0,05).

In der Gruppe RL1 wird die Strategie „zustimmen" eindeutig höher als in anderen Gruppen bewertet (s. das gleiche Ergebnis in der Produktion, Kapitel 9.1). Der Unterschied zwischen den Gruppen RL1 und DL1 sowie den Gruppen RL1 und EL1 ist jeweils signifikant (p≤0,05). Die Strategie „sich freuen" ist im

Deutschen und Russischen für angemessener gehalten worden als im Englischen. Der Unterschied zwischen den Gruppen RL1 und EL1 sowie zwischen den Gruppen DL1 und EL1 ist jeweils signifikant (p≤0,05). Die Strategie „zurückgeben" wurde im Englischen höher bewertet (keine signifikanten Unterschiede).

Die Strategie „erklären" wurde dagegen im Deutschen und im Englischen für angemessener gehalten. Der Unterschied zwischen den Gruppen RL1 und EL1 sowie zwischen den Gruppen RL1 und DL1 ist jeweils signifikant (p≤0,05).

Den Unterschied zu den Produktionsdaten im Deutschen und im Englischen stellt die Strategie „zweifeln" dar. Bei der Evaluierung der Antworten wurde diese im Vergleich zu anderen Strategien nicht als angemessen angesehen (s. allerdings die Ergebnisse der RS für EL1, weiter unten). Im Russischen wurde kein Unterschied zu den Produktionsdaten gefunden. Wie aufgrund der Ergebnisse zu den Produktionsdaten (Kapitel 9.1) zu erwarten war, hat bei dieser Methode niemand die Strategie „ablehnen" als angemessen betrachtet. Ebenfalls hat die Strategie „scherzen" in keiner der Gruppen eine Präferenz erlangt.

Bewertungen der Komplimenterwiderungen auf der Ratingskala (s. Tabelle 9-2) stimmen in den Gruppen EL1 und DL1 mit den Daten aus den Auswahlantworten überein (gleiche Präferenzen für jede Sprache, s. graue Schattierung in dieser Tabelle). In der Gruppe RL1 liegt der einzige Unterschied zu den Auswahlantworten in einer höheren Bewertung der Strategie „zurückgeben" im Vergleich zu anderen Strategien auf der Ratingskala. Durch die Evaluierung mit der Ratingskala wurde ebenfalls deutlich, dass „ablehnen", „scherzen" und „zweifeln" (außer in EL1) in allen Gruppen im Vergleich zu anderen Strategien nicht präferiert werden. Im Allgemeinen haben die englischen Probanden den Strategien eine höhere Note (Mittelwert) gegeben: EL1 - 3,23 vs. DL1 - 2,81 vs. RL1 - 2,88.

Tabelle 9-2: Evaluierung der Komplimenterwiderungen mit der
Ratingskala, (Mittelwert, Rang, N = 50 in jeder Gruppe)

STRATEGIE	EL1	DL1	RL1
zustimmen	3,53 (4)'	3,06 (4)'	3,42 (3)
sich freuen	4,10 (2)	4,00 (1)	4,20 (1)
scherzen	1,58 (6)	2,00 (6)	2,20 (6)
zurückgeben	3,84 (3)	3,10 (3)	3,50 (2)
erklären	4,54 (1)	3,68 (2)	2,84 (4)
zweifeln	3,48 (5)	2,18 (5)	2,70 (5)
ablehnen	1,58 (6)''	1,70 (7)	1,32 (7)

(' = Anzahl fehlender Fälle; graue Schattierung markiert die ersten Ränge.)

Ein signifikanter Unterschied (p≤0,05) zwischen den drei Gruppen bestand hinsichtlich folgender Strategien: „scherzen", „zurückgeben", „erklären", „zweifeln".

Nach dem paarweisen Vergleich der Gruppen erwiesen sich folgende Unterschiede als signifikant (p≤0,017): Zwischen Englisch und Russisch in den Strategien: „scherzen", „erklären", „zweifeln", „ablehnen". Zwischen Englisch und Deutsch in den Strategien: „scherzen", „zurückgeben", „erklären" und „zweifeln". Zwischen Deutsch und Russisch in den Strategien: „erklären", „zweifeln".

Nur zwei Strategien – „erklären" und „zweifeln" – zeigen signifikante interkulturelle Unterschiede zwischen Gruppenpaaren. Trotz aller Unterschiede ist festzuhalten, dass sich die Bewertung der Strategien mit der Ratingskala in allen drei Gruppen ähnelt (s. Abbildung 9-2 – die Linien verlaufen parallel). Die Ausführung dieses Sprechakts in den drei untersuchten Sprachen folgt dementsprechend einem grundlegenden „Muster" der Strategieauswahl.

Es können aufgrund dieser Ergebnisse keine gravierenden Unterschiede in der *face*-Auffassung zwischen den drei untersuchten Kulturen vermutet werden (vgl. Chen 1993 mit anderen Schlussfolgerungen hinsichtlich der chinesischen und der amerikanischen Kultur, s. Kapiteln 3.1 und 5.2). Mögliche Unterschiede wären nach dieser Analyse lediglich im Bereich, der die Strategien „erklären" und „zweifeln" beinhaltet, anzunehmen: im Kompromissbereich (s. Kapitel 5.2). Die Evaluierungsergebnisse bestätigen somit den Unterschied in den Strategien, deren Distribution vor allem für die Sprachen Englisch und Deutsch (aufgrund der Produktionsdaten) als unterschiedlich zu erwarten war (Kapitel 9.1).

Abbildung 9-2:   Interkulturelle Unterschiede in der Evaluierung der Komplimenterwiderungen im L1-Korpus (Mittelwert, N = 50 in jeder Gruppe)

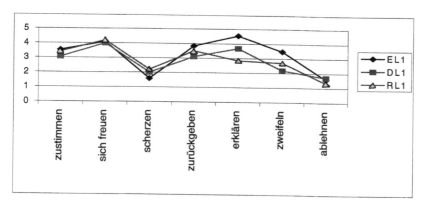

Zu den Präferenzstrategien der Sprecher ist Folgendes anzumerken: „Zurück-geben" und „zweifeln" gehören eindeutig zu dem Präferenzbereich der englischen Sprecher. Die Schlussfolgerung in Hinsicht auf „zweifeln" konnte erst mit der Methode der Ratingskala gezogen werden. Diese Methode eignet sich demzufolge am besten zur Feststellung der interkulturellen Unterschiede in den weniger präferierten Strategien. Es kann für „zweifeln" folgende interkulturelle Präferenz festgehalten werden: EL1>RL1>DL1. Durch den Einsatz der Ratingskala konnte außerdem die endgültige interkulturelle Präferenz für die Strategien „erklären" festgestellt werden: EL1>DL1>RL1 (s. Abbildung 9-3).

Der Präferenzbereich der russischen Sprecher konnte beim interkulturellen Vergleich der Evaluierung der Angemessenheit der Komplimenterwiderungen nicht überprüft werden, weil die entsprechenden Strategien („sich freuen" und „zustimmen") von Sprechern anderer Gruppen ebenfalls hoch bewertet wurden. Interessant ist aber in diesem Zusammenhang die Strategie „ablehnen", welche signifikante Unterschiede zwischen dem Russischen und den anderen Sprachen aufzeigt. Das heißt, für diese Strategie kann folgende interkulturelle Präferenz festgehalten werden: RL1<DL1/EL1. Somit deuten die Evaluierungsergebnisse auf den interkulturellen Unterschied zwischen den Bereichen ANNEHMEN und ABLEHNEN hin, der aus den Produktionsdaten (Kapitel 9.1) hervorgeht. Insbesondere die Strategie „erklären" ist für den interkulturellen Vergleich sowohl der Produktion als auch der Evaluierung der Komplimenterwiderungen aussagekräftig.

Abbildung 9-3:   Die wichtigsten Unterschiede in der Evaluierung der Komplimenterwiderungen im L1-Korpus (Mittelwert, N = 50 in jeder Gruppe)

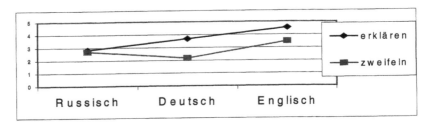

9.3 Geschlechtsspezifische Unterschiede

Die geschlechtsspezifischen Unterschiede in der Produktion der Komplimenterwiderungen sind vor allem den Arbeiten von Holmes (1988b: 459-462) zum neuseeländischen und Herbert (1990: 207-213) zum amerikanischen Englisch zu entnehmen. Einzuräumen ist allerdings, dass – so die Autoren – für systematische Ergebnisse die Situation und der jeweilige Kontext viel mehr berücksichtigt werden müssen (vgl. Kapitel 3.1).

Holmes fand keine Unterschiede in den Bereichen ANNEHMEN und AB-LEHNEN. Lediglich die Unterschiede in den zum Bereich AUSWEICHEN zuzuordnenden Kategorien „ignore" („*It's time we were leaving, isn't it?*") und „legitimate evasion" (keine Beispiele) – 19,3% bei Männern und 11,2% bei Frauen deuten darauf hin, dass Männer ein Kompliment öfter als „embarassing" empfinden. Oder, so der Autor, dass Männer Komplimente schneller als FTA auffassen als Frauen. Dahingegen setzen Frauen im Gegensatz zu Männern die Strategie „shift credit" („*My mother knitted it*") ein und weisen das Kompliment weniger stark als Männer mit „ignore" und „legitimate evasion" zurück.

Bei Herbert ist vor allem ersichtlich, dass das Geschlecht des Komplimentierenden für die Auswahl der Strategie bei den Erwiderungen auf Komplimente wichtig ist. Für die Untersuchung der geschlechtsspezifischen Unterschiede stellt er deswegen Paare wie w und w oder w und m etc. zusammen. Da in der vorliegenden Untersuchung lediglich auf das Geschlecht des Antwortenden geachtet wurde, ist ein Vergleich der Ergebnisse schwer.

Die vorhandenen Untersuchungen zum Thema „Geschlecht" bei Komplimenterwiderungen deuten eindeutig darauf hin, dass der Sprechakt in seiner Ausführung von dieser Variable abhängig ist.

Bei der Betrachtung der Ergebnisse der Auswahlantwortmethode können für jede Sprache folgende geschlechtsspezifischen Präferenzen beobachtet werden:

(EL1)	w:	„erklären" – 52%	m:	„zurückgeben" – 47%
(DL1)	w:	„sich freuen" – 62%	m:	„sich freuen" – 42%
(RL1)	w:	„sich freuen" – 57%	m:	„sich freuen" – 38%
				„zurückgeben" – 31%

Mit Hilfe der Auswahlantworten konnten insgesamt nicht gravierende, aber **systematische** (in allen Gruppen) geschlechtsspezifische Unterschiede in folgenden Bereichen festgestellt werden:

„sich freuen" – überwiegend weiblich

„scherzen" – überwiegend männlich

Außerdem wurden folgende ebenfalls nicht systematische Tendenzen vorgefunden. Die Strategie „zurückgeben" wird in EL1 überwiegend von männlichen (47% vs. 9%) und in Gruppe DL1 überwiegend von weiblichen Probanden (13% vs. 4%) präferiert. Die Strategie „erklären" ist in Gruppe EL1 überwiegend von Frauen (52%) ausgewählt worden. Die Strategie „zustimmen" wurde in Gruppe RL1 überwiegend von Frauen (32%) verwendet. Es wurden keine weiteren Unterschiede beobachtet.[98]

Anhand der Ratingskala zeigen sich signifikante Unterschiede zwischen Männern und Frauen im Englischen in folgenden Strategien: m>w in „scherzen"; m<w in „erklären" und in „zweifeln" ($p \leq 0,05$). Im Deutschen ist der Unterschied hinsichtlich der Strategie „scherzen" ebenfalls signifikant: m>w und auch in „zurückgeben" ($p \leq 0,05$).

In ganz anderen Strategien zeigt sich der Unterschied in der russischen Sprache: m<w in „zustimmen" und in „sich freuen": m>w in „ablehnen" ($p \leq 0,05$). Die Unterschiede sind also auch hier nicht systematisch.

Man könnte entweder die Zustimmungsstrategien wie „sich freuen" und „zustimmen" sowie die Ausweichstrategien wie „erklären" und „zweifeln" als für Frauen typische halten. Dagegen könnte man die Strategie „scherzen" für die bei Männern typische erachten.

Oder man könnte sich lediglich auf die Unterschiede in der Strategie „scherzen" verlassen, da sie sich in allen Gruppen und vor allem in Gruppe DL1 zeigen, die als einzige Gruppe ein ähnliches Verhältnis zwischen weiblichen und männlichen Probanden aufweist. Außerdem ist hinsichtlich der Strategie „sich freuen" mehr auf das Ergebniss der Auswahlantworten Verlass. Ihre Evaluierung zeigt in allen Gruppen die gleiche Tendenz (w>m) und ist somit systematisch.

Die unterschiedlichen Ergebnisse (je nach Sprache) hinsichtlich der Strategie „zurückgeben" sind auf die individuelle Festlegung des Faktors w/m bei der Ausführung der Aufgabe (Kapitel 8.1) zurückzuführen. Leider kann man hier

---

[98] Aufgrund des kleinen Stichprobenumfangs wurde hier auf die Chi-Quadrat-Berechnungen verzichtet.

aufgrund der kleinen Probandenzahl nicht darüber diskutieren, ob die Sprachen Unterschiede in dem geschlechtsspezifischen Sprachverhalten aufweisen. Das heißt, ob in einer Sprache wie beispielsweise dem Deutschen eine Tendenz zu „Unisex" im sprachlichen Verhalten zu beobachten ist, während in anderen Sprachen wie beispielsweise dem Englischen das weibliche und das männliche Sprachverhalten sich sehr voneinander unterscheiden. Aufgrund dieser Untersuchung ist letztendlich Folgendes festzuhalten:

weiblich   männlich

„sich freuen"   „scherzen"

Für den interkulturellen Vergleich (Kapitel 9.2) ist in diesem Zusammenhang zu beachten, dass in den Gruppen EL1 und RL1 überwiegend weibliche Versuchspersonen an der Untersuchung teilgenommen haben. Ihre Präferenzen, wie in diesem Kapitel beschrieben, bilden somit den größten Teil der interkulturellen Unterschiede. Der Sprechakt „Komplimenterwiderung" ist sehr von den geschlechtsspezifischen Präferenzen beeinflusst. Seine Ausführung in der gegebenen Sprache sollte am besten getrennt nach Männern und Frauen beschrieben werden.

Es zeigte sich: Die Strategie „sich freuen" gehört obligatorisch zu einer Komplimenterwiderungseinheit in jeder Sprache. Strategien „erklären" und „zweifeln" sind vor allem fürs Englische typisch. Die Strategie „ablehnen" wird im Russischen deutlich weniger verwendet als in den anderen untersuchten Sprachen. „Sich freuen" ist eher dem weiblichen, „scherzen" eher dem männlichen Sprachverhalten zuzuordnen. Der Sprechakt ist höchstwahrscheinlich geschlechtsspezifisch (allerdings unzureichender Stichprobenumfang). Aufgrund dieser Ergebnisse können für den zweiten, interlingualen Teil der Analyse folgende Hypothesen aufgestellt werden.

1. Es ist ein Transfer der Strategien „erklären" und „zweifeln" in den Gruppen EL2-R und EL2-D, RL2-E, DL2-E zu erwarten.

2. Es ist ein Transfer der Strategie „ablehnen" in den Gruppen RL2-D, RL2-E, EL2-R, DL2-R zu erwarten.

9.4 Zur Variable „Geschlecht"

Die Variable „Geschlecht" wurde durch die ersten Befunde im angloameri-kanischen Raum deutlich (Labov 1971), die von einer hyperkorrektiven Sprechweise der Frauen zeugten.[99] Hierauf verweist Samel (1995: 37), die einen guten Überblick über die mit der Variable „Geschlecht" verbundenen Themen und Studien bietet. Zunehmend wurden die geschlechtsspezifischen Unter-schiede auf das soziale Geschlecht zurückgeführt, das heißt auf die unterschied-liche Sozialisation von Jungen und Mädchen, die nun als entscheidend gilt. Diese Variable ist heute besonders für die feministische Gesprächsforschung von zentraler Bedeutung. Bei der Suche nach Unterschieden werden im Regelfall solche Bereiche der Konversationsanalyse wie Themenbestimmung, Themenwechsel, Unterbrechungen, Fokusveränderung, Herstellung von Bezü-gen, Fragen, Redezeit behandelt. Die meisten Untersuchungen arbeiten mit einer spezifischen und einer kleinen Probandengruppe und können somit nicht der Generalisierung und Vergleichbarkeit der Ergebnisse dienen.

Maltz/Borker (1982) und Tannen (1990) übertrugen die Theorie „von zwei Kulturen" (Gumperz 1982) auf die Interaktion von Männern und Frauen (s. Samel 1995: 157). Die unterschiedliche Kontextualisierung wurde nun auf den geschlechtlich getrennten Erwerb der Interaktionsregeln zurückgeführt. Somit konnte man bestimmte Konversationsbereiche feststellen, in denen es potenzielle Quellen für Missverständnisse geben kann, analog zu Quellen der Missverständnisse beim interkulturellen oder vielmehr beim interlingualen Vergleich zweier Sprachen.

Tannen (1990) geht sogar soweit, dass sie das Gespräch erwachsener Männer und Frauen als interkulturelle Kommunikation bezeichnet. Günthner (1992) weist darauf hin, dass sich die Lebensweise ändert und dass die individuellen Faktoren zunehmend eine Rolle spielen, was die besagten Soziali-sationsunterschiede weniger ausschlaggebend sein lässt. Im Bereich der in-

---

[99] S. aber Mauthner (1921) und Jespersen (1922) für frühere Beschäftigung mit der „Frauen-sprache", s. Samel (1995: 25).

terkulturellen Pragmatik sind zu diesem Thema z. B. Arbeiten von Lakoff (1975)[100] oder Tannen (1990) bekannt.

10. Ablehnungen

10.1 Produktion

10.1.1 Anordnung der Strategien

Insgesamt besteht das Datenmaterial aus 150 Ablehnungen (EL1), 142 Ablehnungen (DL1) und 138 Ablehnungen (RL1). Es wurden 328 semantische Formeln in Gruppe EL1, 292 s. F. in Gruppe DL1 und 279 s. F. in Gruppe RL1 identifiziert.[101] Im Durchschnitt besteht jede Ablehnung aus zwei semantischen Formeln. Es fällt auf, dass im Englischen die Antworten im Durchschnitt etwas mehr semantische Formeln beinhalten. Dabei scheinen die englischen Ablehnungen optisch kürzer zu sein. Anscheinend verwenden Sprecher des Englischen kürzere formelhafte Strukturen. Die Anzahl der Wörter wurde hier nicht gezählt.[102] Die elizitierten Antworten wurden bezüglich der auftretenden Kombinationen der vorkommenden semantischen Formeln betrachtet. Die untersuchten Gruppen zeigen das gleiche Spektrum an Kombinationen, wobei einige Kombinationen sich in der Häufigkeit unterscheiden, s. Tabelle 10-1.

Es fällt auf den ersten Blick auf, dass die Gruppen EL1 und RL1 zwei Pole bilden. Es können für jede Gruppe folgende Präferenzen in der Anordnung der semantischen Formeln bestätigt werden:

(EL1)   (A)   „Nein" + „Danke" + „Erklärung"

   (B)   „Nein" + „Danke"

---

[100] Lakoff wurde von Labovs (1971) Befunden inspiriert. Ihre allgemeine Aussage: Frauen sind höflicher bzw. korrekter. Lakoff (auch Key 1975) bildete somit den Anfang der linguistischen Frauenforschung. Es entstand die feministische Sprachwissenschaft, die sich allmählich vom englischsprachigen auch in den deutschsprachigen Raum übertrug (s. Samel 1995: 29).
[101] Eine Übersicht über die Anzahl der semantischen Formeln, nach Positionen verteilt, ist in den Tabellen a-1 bis a-3 im Anhang zu finden.
[102] Die hier durchgeführten Auswertungen wurden für einen interkulturellen Vergleich als ausreichend angenommen.

(DL1) (A) „Nein" + „Danke"

(B) „Danke" + „Erklärung"

(RL1) (A) „Danke" + „Erklärung"

(B) „Nein" + „Danke"

Tabelle 10-1: Vergleich von typischen Kombinationen der semantischen
Formeln im L1-Korpus, (* = über 20% im Korpus)

Kombination der s. F.	Interkulturelle Differenzen
Nein + Danke	EL1 < DL1* = RL1*
Nein + Danke + Erklärung	EL1* > DL1 > RL1
Danke + Erklärung	EL1 < DL1 < RL1*
Nein + INDIREKT	EL1 = DL1 = RL1
INDIREKT	EL1 = DL1 = RL1

Die Kombination „Nein" + „Danke" scheint eine in jeder Sprache gleich norma-
tive Art der Ablehnung darzustellen.[103] In ihr sind eine Nichtannahme sowie
eine Höflichkeitsfloskel vertreten. Allerdings macht das Auftreten der Kombination „Danke" + „Erklärung" (z. B. über 20% in EL1) deutlich, dass eine
Ablehnung außer einem Dank auch eine Erklärung – Begründung der Nichtannahme – benötigen kann. Die Kombination „Danke" + „Erklärung" (RL1 und
DL1) zeigt, dass eine explizite Ablehnung durch performatives „Nein" nicht
immer der Fall sein muss. Im Englischen scheint „Nein" allerdings obligatorisch
auf der ersten Position zu stehen, im Gegensatz zum Deutschen und zum Russischen.

Eine Ablehnung allein durch eine indirekte semantische Formel auszuführen, ist
in allen Sprachen durchaus möglich. Eine Kombination der direkten sowie der
indirekten semantischen Formeln ist ohne eine dazwischen eingefügte Strategie

---

[103] Eine Ablehnung dieser Art könnte man mit Herberts Worten als „correct response" bezeichnen (s. Kapitel 3).

„Danke" selten. Sie fungiert sozusagen als Bindung zwischen den Propositionen. Die Kombination INDIREKT + „Danke" kommt im Russischen selten vor: *„Mne chvatit, spasibo"* (Mir reicht's, danke).

Diese erste Beobachtung liefert folgende Erkenntnisse: Die wichtigsten konstituierenden Bausteine einer Ablehnung sind ADJUNKTE (z. B. „Danke"), DIREKT (z. B. „Nein"), INDIREKT (z. B. „Erklärung"). Die genaue Verteilung nach Positionen (s. Tabelle 10-2) verdeutlicht die Aneinanderreihung der Formeln. So kommen im Englischen ADJUNKTE überwiegend in der zweiten Position, im Russischen hingegen in der ersten Position vor.

Tabelle 10-2: Typische Verteilung der semantischen Formeln nach Positionen im L1-Korpus, (N = Anzahl der s. F. im Korpus, (%))

	EL1	DL1	RL1
Position:	1 – 2 – 3	1 – 2 – 3	1 – 2 – 3
ADJUNKTE	23 – 80 – 15	42 – 65 - 6	61 – 46 – 2
N	117 (36%)	113 (39%)	109 (39%)
DIREKT	95 – 3 – 1	71 – 11 - 2	53 – 14 – 2
N	99 (30%)	84 (29%)	69 (25%)
INDIREKT	33 – 46 – 33	29 – 41 – 25	24 – 60 –17
N	112 (34%)	95 (33%)	101 (36%)
Erklärung	(29%)	(24%)	(24%)
Gesamt	**328 (100%)**	**292 (100%)**	**279 (100%)**

Aus der Tabelle 10-2 wird ersichtlich, dass diese drei Kategorien etwa ein Drittel aller Formeln in jeder Gruppe bilden. Eine genauere Betrachtung der Häufigkeiten erfolgt im nächsten Abschnitt.

Folgendes ist noch im Zusammenhang mit der Kombination der Formeln zu erläutern: Eine genauere Betrachtung der längeren Antworten (über drei Positionen hinaus, etwa zwei bis drei Antworten in jeder Gruppe) zeigt den bereits aufgezeigten Unterschied in der Belegung der ersten Position zwischen den Gruppen EL1 und RL1.

Während die (A)-Kombinationen gleich sind, weisen diese Gruppen bei (B)-Kombinationen unterschiedliches Verhalten in der ersten Position auf:[104]

Englisch (EL1)

(A) *No thanks, it's really nice but I can't manage any more.*

„Nein" + „Danke" + „Lob "+ „Kann nicht"

(B) *No thank you, it was lovely, but I'm full!*

„Nein" + „Danke" + „Lob" + „Erklärung"

Russisch (RL1)

(A) *Net, spasibo, očen' vkusno, no bol'še ne mogu.*

„Nein" + „Danke" + „Lob" + „Kann nicht"

(Nein danke, sehr lecker, aber ich kann nicht mehr.)

(B) *Spasibo, ja by s udovol'stviem, vkusnyj tort, no ja na diete.*

„Danke" + „Lob" + „Lob" + „Erklärung"

(Danke, ich würde gerne, ist ja ein leckerer Kuchen,

aber ich mach' Diät.)

10.1.2 Distribution der Strategien

Wie bereits erwähnt (vgl. Tabelle 10-2) bilden die drei großen Bereiche: AD-JUNKTE, DIREKT und INDIREKT jeweils etwa ein Drittel aller se-mantischen Formeln in jeder untersuchten Sprache. Nicht alle Strategien des Klassifizierungssystems (s. Kapitel 4.2) sind in dieser Erhebung vorgefunden worden. Dies beruht darauf, dass das System nicht nur anhand von Daten zur

---

[104] Längere Antworten stellen einen Versuch seitens des Sprechers dar, bereits in einem Sprechakt eine „Verhandlung" (Ausdruck verschiedener intendierter Propositionen im Hin-blick auf das im Angebot beinhaltete Lob) zu vollziehen. Somit wird der weitere Diskurs-verlauf vom Sprecher B antizipiert.

Ablehnung von Angeboten entwickelt wurde.[105] So berichten auch Beebe et al. (1990: 14) über die gleichen Befunde. In ihrem Datenmaterial ist beispielsweise die Strategie „statement of philosophy" nur einmal als Ablehnung eines Angebotes gefunden worden.

In der Muttersprache sind innerhalb des Bereichs INDIREKT folgende Strategien vorgefunden worden: „Erklärung", „Bedauern", „Alternative", „Angriff" und „Vermeidung". Überwiegend verwenden alle Sprecher die Strategie „Erklärung", um eine Ablehnung indirekt auszuführen. Dabei konnte ein signifikanter Unterschied ($p \leq 0,05$) in der Distribution der Strategie „Erklärung" zwischen den Gruppen EL1 und RL1 (EL1>RL1) sowie den Gruppen EL1 und DL1 (EL1>DL1) festgestellt werden. Es konnte außerdem ein signifikanter Unterschied ($p \leq 0,05$) in der Distribution der Strategie „Vermeidung" zwischen den Gruppen DL1 und EL1 (DL1>EL1) sowie RL1 und EL1 (RL1>EL1) ausgemacht werden.

Im Bereich DIREKT wird von den englischen Muttersprachlern die Strategie „Will nicht" nicht verwendet. Der Unterschied in der Distribution der Strategien „Nein" ist zwischen den Gruppen DL1 und RL1 (DL1>RL1) sowie zwischen den Gruppen RL1 und EL1 (EL1>RL1) signifikant ($p \leq 0,05$).

Aufgrund dieser Analyse ist festzuhalten, dass das Spektrum sowie die Distribution der Strategien, die zur Ablehnung eines Angebots von Sprechern des Russischen, des Englischen und des Deutschen eingesetzt werden, sehr ähnlich sind. Für die Strategie „Nein" ist folgende interkulturelle Präferenz nachgewiesen worden: RL1<EL1/DL1, für die Strategie „Erklärung": EL1>RL1/DL1 und für die Strategie „Vermeidung": EL1<RL1/DL1. Hinsichtlich der Verwendung der indirekten Strategien ähneln sich deutsche und russische Muttersprachler. Ebenso sind sich deutsche und englische Muttersprachler hinsichtlich der Verwendung der direkten Strategien ähnlich.

Für eine Übersicht ist Tabelle 10-3 erstellt worden, die den prozentualen Anteil der Ablehnungen, welche eine bestimmte Strategie beinhalten, anzeigt. Sie liefert in einer anschaulichen Form die gleichen Ergebnisse wie die oben

---

[105] S. Fußnote 71 im Kapitel 8.1.

besprochenen und ist darüber hinaus mit anderen Studien (z. B. Beebe et al. 1990) vergleichbar.

Tabelle 10-3: Prozentualer Anteil der Strategien (5) in den Ablehnungen (N)

STRATEGIE	DL1	EL1	RL1	DL2-E	DL2-R	EL2-D	EL2-R	RL2-E	RL2-D	RL2-D*
N	142	150	138	138	134	147	136	118	140	82
Danke	71	69	67	65	73	67	52	74	76	71
Lob	11	9	10	9	16	16	13	13	13	13
ADJUNKTE	**82**	**78**	**77**	**75**	**88**	**84**	**65**	**87**	**89**	**84**
Nein	59	66	40	54	49	69	44	41	41	48
Will nicht	2	-	9	8	7	1	11	13	14	6
DIREKT	**61**	**66**	**49**	**62**	**56**	**71**	**55**	**55**	**55**	**52**
- Kann nicht	6	10	11	1	16	8	11	1	8	5
- Genug	37	44	28	46	33	42	32	25	38	41
- Objekt	4	2	2	4	2	1	6	5	3	2
- Diät	4	7	7	-	2	3	7	17	3	-
Erklärung	50	63	48	51	53	54	56	48	49	48
Bedauern	2	2	1	9	3	1	5	3	-	1
Alternative	4	3	5	6	5	2	4	8	4	4
Angriff	1	2	2	1	-	-	-	4	1	-
Als ob	-	-	-	-	2	-	-	-	-	-
- Verschiebung	8	3	8	7	3	10	6	8	9	11
- Themenwechsel	2	-	-	2	-	-	-	1	1	-
- Wiederholung	-	-	-	1	1	-	-	1	3	2
- Witz	2	1	6	4	2	-	-	3	-	2
Vermeidung	12	4	14	14	5	10	6	12	13	15
INDIREKT	**69**	**74**	**70**	**82**	**68**	**67**	**71**	**75**	**71**	**68**

Die Abbildung 10-1 veranschaulicht, welche indirekten Strategien zur Ablehnung eines Angebots im Datenmaterial vorgefunden wurden. Sie zeigt den Bereich der „Vermeidung" ausführlich an. Außerdem ist eine ähnliche Verteilung der von mir vorgeschlagenen Teilbereiche der Strategie „Erklärung" – „Kann nicht", „Objekt", „Diät" – in den drei Gruppen erkennbar (je unter 6%).

Die vierte Strategie – „Genug" – ist in allen Gruppen die am häufigsten eingesetzte indirekte Strategie: EL1 (20%) > DL1 (17%) > RL1 (14%).

Abbildung 10-1: Typische indirekte Strategien bei der Ausführung einer Ablehnung im L1-Korpus, (% von Strategien (N))

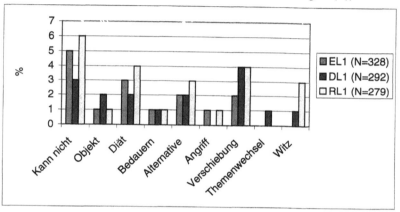

10.1.3 Realisierung der Strategien

Basierend auf dem erhobenen Datenmaterial erfolgt in diesem Abschnitt eine Beschreibung der Beispiele aus dem Englischen, Deutschen und Russischen im Hinblick auf die Realisierung und Inhalt der semantischen Formeln. Es kann keine Generalisierung der Ergebnisse auf die englische, deutsche und russische Sprache gewährleistet werden, zumal beobachtet wurde, dass einige Beispiele, obwohl sie im Datenmaterial nicht vorkommen, in der jeweiligen Sprache durchaus möglich sind.

Die Muttersprachler in drei Gruppen benutzen im Großen und Ganzen die gleichen sprachlichen Strukturen, um eine semantische Formel darzustellen. Unterschiede sind im Bereich der Morphologie und der Syntax zu beobachten. Lexikalische Unterschiede fallen bereits bei „Danke" auf, das im Englischen mit bloßem *„thanks"*, im Deutschen und im Russischen hingegen auch mit *„Vielen Dank"* bzw. *„blagodarju"* (ich bin dankbar) ausgedrückt wird. Typische

Beispiele für "Lob" im Englischen sind *„it was delicious"*, *„it was lovely"*, *„it was gorgeous"*, *„it was nice"*, *„it's really good"*, *„the cake was very nice"*. Im Russischen ist diese Strategie dagegen weniger elaboriert, man beschränkt sich auf *„vsë"* (alles) bzw. nur *„tort"* (der Kuchen) sei *„očen'/tak vkusno/yj"* (sehr/so lecker). Es können keine Schlussfolgerungen hinsichtlich der unterschiedlichen Fülle der verwendeten sprachlichen Mittel gezogen werden, da sie mal in Gruppe EL1, mal in Gruppe RL1 größer ist. Sicher ist, dass es sich in jeder Sprache um eine festgelegte Struktur oder Formel handelt, die für den Ausdruck bestimmter Propositionen (z. B. „Danke" und „Lob") eingesetzt wird. Im Folgenden Näheres zu einigen für das Datenmaterial typischen Formeln mit Beispielantworten:

"Danke"

(EL1) *Thank you. Thanks.*

(DL1) *Danke. Vielen Dank.*

(RL1) *Spasibo. Bolšoe spasibo. Blagodarju* [Vas].

(Danke. Vielen Dank. Ich bedanke mich [bei Ihnen].)

Im Russischen fällt eine Art der Danksagung auf, die zu einem gehobenen Sprachstil gehört, indem sie die „Sie-Form" impliziert. Dies könnte aus der angewandten Methode resultieren (s. Fußnote 76, s. Kapitel 8.1) und damit den Unterschied zwischen der geschriebenen und der gesprochenen Sprache zum Vorschein kommen lassen. In Wirklichkeit ist es kaum vorstellbar, dass sich die russischen Studenten bei einer Feier gegenseitig mit „Sie" ansprechen würden. Dies ist demzufolge als ein Artefakt der Umfragemethode anzunehmen.

„Danke" fungiert als Bedanken für das Angebot, was in einem Beispiel (EL1) sogar explizit ausgesprochen wurde: *„Thanks for the offer but no."* „Danke" fungiert aber auch möglicherweise als Ablehnung, was man sich bei Kombinationen wie *„Blagodarju, ja syt"* (Ich bedanke mich, ich bin satt) zusammen mit einem entsprechenden Intonationsmuster (s. Fußnote 27, Kapitel 3) vorstellen könnte.[106] In einem Fragebogen (DL2-R) wurde sogar zu solcher Antwort die Bemerkung vorgefunden „No ne beru" (Nehme aber nicht). Es wäre möglich, dass Russisch, obwohl es rein sprachlich ADJUNKTE einsetzt, vom Sinn her die gleichen Inhalte übermittelt, wie es andere Sprachen mit direkten Strategien tun. In anderen Worten wird „No thanks" bzw. „Nein, danke" im Russischen durch „blagodarju/spasibo" ausgedrückt. Es würde sich in diesem Fall um eine etablierte semantische Formel handeln. Für eine solche Annahme spricht auch die Tatsache, dass ADJUNKTE nur im Russischen öfter in der ersten Position vorkommen (die ja in anderen Sprachen für „Nein" reserviert ist, s. Tabelle 10-2).

Daraus ließe sich folgern, dass DIREKT an erster Stelle für Ablehnungen universell obligatorisch ist und sich je nach Sprache unterschiedlich realisiert. Somit kann die in der Tabelle 10-2 aufgewiesene Distribution von DIREKT (RL1 nur 25%) nur bedingt bzw. sogar fehlleitend auf die Indirektheit der russischen Sprache deuten. Die Universalität bzw. Äquivalenz der pragmatischen Funktionen wäre mit einer solchen Annahme bestätigt. Die Vermeidung, das konkret zu benennen, was einem nicht gefällt (s. die Strategie „Objekt", weiter unten), deutet anderseits wiederum auf die Indirektheit der russischen Sprache. Die interkulturellen Unterschiede zeigen sich somit in den semantischen Realisierungen pragmatischer Funktionen.

Hieraus lässt sich folgern, dass die Indirektheit in der Sprache auf beiden Analysebenen – der pragmatischen und der semantischen – betrachtet werden muss.

'Lob'

(EL1)   *It is/was (really/very) good/lovely/nice/delicious/gorgeous.*

        Lunch was great.

(DL1)   *Es/der Kuchen/alles ist/war (wirklich) gut/lecker.*

---

[106] Bei Beebe et al. (1990) wird diese Art der Ablehnung „accepting that functions as a refusal" genannt (s. Kapitel 4.2). Hier wurden derartige Beispiele nur in Gruppe DL2-R eindeutig identifiziert. Aufgrund der fehlenden Intonationsangaben wurde bei nicht eindeutigen Beispielen von solcher Zuordnung abgesehen.

oder *schmeckt (ganz) ausgezeichnet.*

(RL1)   *Vsë očen'/tak/žutko vkusno.*

(Alles ist sehr/so/super lecker.)

Tort očen' vkusnyj.

(Der Kuchen ist sehr lecker.)

Zur semantischen Formel „Lob" gehören Aussagen über das Angebot von A. Um einen positiven Eindruck zu vermitteln, benutzt man im Englischen eine größere Reihe von Adjektiven, die alle die Aussagekraft eines Lobes stützen.[107] Deutsch und Russisch scheinen mit wenigen Adjektiven auszukommen, Russisch überhaupt nur mit einem. Es kann folgende prototypische Formel für diese Strategie vorgeschlagen werden:[108]

NP (e.g. lunch) is/was ADJ (great)

Anmerkungen:

- viele wertende ADJ im Englischen;

- das Verb „schmecken" im Deutschen;

- prädikativ verwendetes ADJ oder ADV statt V im Russischen.

„Will nicht"

(DL1)   *Ich möchte nicht mehr.*

(RL1)   *Ja bol'še ne choču.*

(Ich möchte nicht mehr.)

Mne bol'še/uže ne chočetsja.

(Ich möchte (schon) nicht mehr.)

Die semantische Formel „Will nicht" kommt hauptsächlich im RL1-Korpus vor. Nach dem angewandten Klassifizierungssystem gehört diese Strategie zum

---

[107] Vgl. ähnliche Befunde zu Komplimenterwiderungen, Kapitel 3.1.
[108] Alle Formeln (außer spezifischen festen semantischen Formeln für die jeweilige Sprache) sind aus Gründen der Vergleichbarkeit auf Englisch formuliert.

Bereich der direkten Strategien.[109] In anderen Sprachen scheint solch ein Ausdruck – mit dem Verb „wollen" bzw. „want" – nicht als höflich zu gelten, da weder im EL1-Korpus noch im DL1-Korpus Beispiele hierfür vorgefunden wurden. Die einzigen drei Beispiele im DL1-Korpus beinhalten das Verb „möchten".[110] Die prototypischen Formeln sind den oben genannten Beispielen zu entnehmen, wobei für das Russische die Passiv-Konstruktion zu beachten ist.

„Kann nicht"

(**EL1**)   *I can't manage any more.*   (selten)

          I couldn't eat/fit/manage another one/piece/bite/thing any more.

(**DL1**)   *Ich kann nicht mehr (essen)/schaff' es nicht.*

(**RL1**)   *Ja bol'še (est') ne mogu/ne s-em/ne osilju.*

         (Ich kann nicht mehr (essen)/werde nicht mehr essen

             können/schaff' es nicht mehr.)

Für die Realisierung dieser semantischen Formel wird nur in der englischen Sprache der Konjunktiv verwendet. Im Russischen und Deutschen kann das Verb „essen" ausgelassen werden, in diesen Sprachen kommen außerdem auch andere Verben vor, z. B. „schaffen".

Unterschiedliche Wortstellung in den untersuchten Sprachen (flexibel im Russischen, SVO im Englischen und Deutschen)[111] führt dazu, dass sich die Realisierungen der semantischen Formeln in den untersuchten Sprachen unterscheiden:

---

[109] Im Laufe der Analyse wird jedoch darauf hingewiesen, dass diese Strategie für die russischen Sprecher die Kraft einer Erklärung, also einer indirekten Strategie, haben könnte (s. Kapitel 10.2).

[110] Die Bewertung der semantischen Formel „Will nicht" für die im deutschen Fragebogen das Verb „wollen" verwendet wurde mit dem Ziel, die Kraft einer direkten Ablehnung zu wiedergeben, konnte hierdurch beeinflusst worden sein.

[111] Hier wurde die typologische Zuordnung nach Greenberg (1966) verwendet, welche die Optionen nicht ausschließt. Heutzutage wird Deutsch als sogenannte Verbzweit-Sprache angesehen, s. Plag/Zimmermann (1998: 209).

I can't/couldn't V (e.g. eat) NP (e.g. piece) or ADV (e.g. any more)

Anmerkungen:

- der Konjunktiv im Englischen;

- V sowie Wortstellung im Deutschen und im Russischen.

"Genug"

(EL1) *I've had enough/sufficient.*

I already had 3 pieces.

I'll pass, thanks.

I'm (very) full/stuffed/OK/alright/fine.

I'm not hungry.

I'll explode if I eat any more.

I haven't got room for any more.

(DL1) *Ich hab' schon genug.*

Ich hatte schon zwei/hab' gerade Bier getrunken.

Mir reicht's. Für mich reicht's/ist es genug.

Ich bin satt/voll.

Ich platze gleich.

(RL1) *Mne dostatočno/(uže sliškom) mnogo.*

(Für mich ist es genug/(bereits zu) viel.)

S menja chvatit.

(Für mich reicht es).

Ja (tak) naelas'/ob-elas'/ uže syta.

(Ich bin (so/bereits) satt.)

Ja uže proboval/s-el 5 kuskov.

(Ich habe bereits probiert/5 Stück gegessen.)

Bol'še ne lezet/ne vlezet.

(Mehr passt nicht rein/wird in mich nicht reinpassen.)

Es zeigen sich einige Unterschiede in der Realisierung der semantischen Formel „Genug", welche auf morphologische und syntaktische Eigenschaften der untersuchten Sprachen zurückzuführen sind. Die Vergangenheitsform wird beispielsweise im Russischen ohne einen Hilfsverb gebildet, dafür ist der Aspekt im Russischen zu beachten. Es kommen sowohl imperfektive als auch perfektive Formen vor. Die Konstruktion *„Ich hab' schon genug"*, in der das Verb „haben" explizit genannt wird, ist für das russische Datenmaterial nicht typisch. Ebenfalls wird das Verb „sein" im Russischen nicht explizit genannt wie z. B. in *„Ich bin satt"*. Die Passiv-Konstruktion wird nur im Deutschen und im Russischen (oft) verwendet. In diesen beiden Sprachen sind die Verben „platzen" und „hineinpassen" zu finden. Eine Reihe Routineformeln kann für jede untersuchte Sprache identifiziert werden:

I have had ADV (e.g. enough)

or

I had already NP (e.g. two pieces)

Anmerkungen:

- das Tempus im Deutschen;

- der Aspekt, die Wortstellung und V im Russsichen.

I am (already/very) ADJ (e.g. full/not hungry)

Anmerkung:

- V im Russischen.

Mir ADV (e.g. reicht's)/Mne ADV (e.g. dostatočno)

Für mich reicht's bzw. ist es (schon) genug/S menja chvatit

Ich platze gleich/Sejčas lopnu

Mehr passt nicht rein/Bolše ne lezet

Anmerkung:

- Routineformeln im Deutschen und Russischen.[112]

I'll pass, thanks

I'll explode if I eat any more

I haven't got room for any more

Anmerkung:

- Routineformeln im Englischen.[113]

"Objekt"

(EL1) *I wasn't that keen on it actually.*

I don't like cake.

Cake isn't really my thing.

(DL1) *Ich mag keine Erdbeeren/keine Süßigkeiten.*

(RL1) *Ja ne ljublju sladkoe.*

(Ich mag nichts Süßes.)

On takoj sladkij.   (Er ist mir zu süß.)

Wie bereits erwähnt, vermeiden die russischen Muttersprachler eine konkrete Benennung des Objekts „Kuchen". Es wird lediglich auf „Süßes" verwiesen. Nur in der englischen Sprache wird der besagte Kuchen konkret benannt. Es können folgende prototypische Formeln vorgeschlagen werden:

I don't like NP (e.g. cake)

Anmerkung:

- Wortstellung bei Negierung im Deutschen.

---

[112] Wie bereits erwähnt, wurden nicht für alle diese Formeln Beispiele im Datenmaterial gefunden, z. B. nicht für „Mehr passt nicht rein" im Deutschen. Die Nachfrage bei Muttersprachlern bestätigte allerdings das Vorhandensein derartiger Beispiele in diesem Kontext.
[113] Auch im Deutschen ist beispielsweise „Sonst platze ich" möglich. Zu beachten ist widerum das Tempus im Vergleich zum Englischen.

I wasn't that keen on it actually

Cake isn't really my thing

Anmerkung:

- Routineformeln im Englischen

"Diät"

(EL1)   *I am watching my weight.*

I'm on a diet.

I'd better watch the waistline.

I'm trying to cut down.

I am not feeling very well.

I schouldn't eat any more.

I'd love to but I'm allergic to chocolate.

(DL1)   *Ich muss auf meine Figur achten.*

Ich mach' eine Diät.

Vielen Dank, ich vertrage nicht so viel.

(RL1)   *Mne bol'še nel'zja/nel'zja mnogo sladkogo.*

(Ich darf nicht mehr/nicht viel Süßes essen.)

Ja na diete.   (Ich mach' Diät.)

Ja starajus' podderživat' figuru.

(Ich versuche, auf meine Figur zu achten.)

Oj, ja sovsem zabyla, u menja post.

(Ach, ich hab' ganz vergessen, ich hab' Fastenzeit.)

Spasibo, ja chudeju.

(Danke, ich nehme gerade ab.)

Nur im Russischen und im Englischen wird bei der Realisierung dieser semantischen Formel explizit auf „darf nicht" verwiesen bzw. im Russischen eine Passiv-Konstruktion dazu verwendet.[114] Bei der Floskel „Ich mach' eine Diät", die das häufigste Beispiel dieser Strategie in jeder Sprache darstellt, ist zu beachten, dass das Verb im Russischen ausgelassen wird (vgl. die Strategie „Genug"). Die russischen und die englischen Probanden haben bei der Realisierung dieser Strategie mehr Kreativität gezeigt als die deutschen Probanden. Aus diesem Grund werden hier keine Formeln angegeben.

"Alternative"

(EL1)   *I'm sure person X would like another piece.*

   ... or there won't be any left for you.

   Someone else may want some more.

   We'd better save some for somebody else.

   Let somebody else have some.

(DL1)   *Vielleicht wollen die anderen ja auch noch.*

   Gib mir lieber noch einen Schluck Tee.

   Ich hätte lieber noch einen Tee, wenn's geht.

   Ich möchte noch den Salat probieren.

   Ich trinke nur noch den Kaffee aus.

   Lass uns lieber etwas spazieren gehen, oder?

(RL1)   *Moj drug ešče ni odnogo ne skušal.*

   (Mein Freund hat noch keins gegessen.)

   Možno ja lučše čego-nibud' alkogol'nogo.

   (Darf ich lieber was Alkoholisches.)

   ... no ja chotela by poprobovat' drugogo torta.

---

[114] Da es möglich ist, diesen Inhalt auch im Deutschen auszudrücken, ist dies als ein zufälliges Ergebnis zu betrachten, vgl. die Strategie „Genug".

(... ich hätte aber lieber einen anderen Kuchen probiert.)

Ja lučše s-em konfetku.

(Ich esse lieber einen Bonbon.)

A eščë čto-nibud' est'?

(Gibt's noch etwas?)

Es fällt auf, dass die englischen Konstruktionen „unpersönlich" sind, das heißt nicht auf den Sprecher bezogen, und unspezifisch, das heißt viele unbestimmte Pronomina beinhaltend. Hier stellt sich wiederum die Frage, ob die Häufigkeit der Strategien (vgl. Tabelle 10-2, 30% DIREKT in Gruppe EL1) oder der Inhalt der Strategien (in diesem Fall kein direktes Verweisen auf jemanden oder etwas) für die Bezeichnung der Sprache auf der Indirektheitsskala ausschlaggebend sein sollte. Im Deutschen und im Russischen kommen im Gegensatz zum Englischen außer auf „den anderen" bezogene Konstruktionen auch solche Konstruktionen vor, die auf „sich" bezogen sind. Sprecher dieser beide Gruppen setzen im Gegensatz zu englischen Sprechern konkrete Tokens wie „Tee" oder „Kaffee" ein.

„Verschiebung"

(EL1) *Maybe later.*

Not just now.

Umm, see, whether I'm still hungry after this bit.

(DL1) *Erstmal eine Pause.*

Später vielleicht.

Im Moment nicht.

Ich muss jetzt leider gehen.

(RL1) *Kak-nibud' v drugoj raz.*

(Ein anderes Mal.)

Nemnogo popozže.

(Ein bisschen später.)

Zu dieser semantischen Formel ist anzumerken, dass die Routineformeln für jeder Sprache in den Beispielen selber enthalten sind, und dass die meisten kreativen Beispiele (s. das dritte Beispiel im Englischen) im Englischen vorgefunden wurden. Zusätzlich wurde als Beispiel für die Strategie „Angriff" im Datenmaterial eine Äußerung *„You'll make me fat!"* (EL1) vorgefunden. Als Beispiele für die Strategie „Witz" können Äußerungen wie *„Ot sladkogo portjatsja zuby"* (Von Süßem werden die Zähne schlecht) oder *„Von dem Kuchen? Da sei mal Gott vor"* genannt werden.

Obwohl im Großen und Ganzen die gleichen Strukturen zum Ausdruck einer semantischen Formel in jeder Gruppe identifiziert worden sind, kommen einige Routineformeln nur in bestimmten Sprachen vor. Unterschiede in der lexikalischen Auswahl sowie im Vorzug bestimmter Ausdrücke (z. B. spezifizierende oder kreative) sind ebenfalls beobachtet worden. Die aus den strukturellen Unterschieden zwischen den Sprachen resultierenden Differenzen, die hier anhand einige Beispiele kurz skizziert wurden, führen selbstverständlich zu Unterschieden in der sprachlichen Realisierung der semantischen Formeln.

Die aufgezeigten Unterschiede stellen potentielle Gefahrenbereiche für den Lerner dar. So könnte das Auslassen der Verben „sein" und „haben" bei der Ausführung der Strategien „Genug" und „Diät" im Russischen für die englischen und die deutschen Sprachlerner problematisch sein. Flexible Wortstellung im Russischen gehört ebenso zu diesem Problembereich (1).

Für das Englische ist nach dieser Beschreibung eine größere Anzahl der Routineformeln festzustellen als für andere Sprachen. In Gruppe EL2-R sind demzufolge Übersetzungen der grundsprachlichen Routineformeln mit großer Wahrscheinlichkeit zu erwarten (zumal diese Gruppe ein niedrigeres Lernerniveau aufweist) (2).[115]

---

[115] Nach Coulmas (1978: 256) wird dies „semantische Übersetzung" genannt. Grundsprachliche Routineformeln werden von fortgeschrittenen Lernern erwartungsgemäß nicht übertragen, da sie in diesem Lernstadium bereits bewusst als sprachspezifisch identifiziert werden können.

Das Fehlen der Passiv-Konstruktionen in der englischen Sprache (in Bezug auf die hier beschriebenen Strategien) wird der umgangssprachlichen Redeweise im Russischen nicht entsprechen (Gruppen EL2-R und EL2-D) (3). Konkrete Benennung des abgelehnten Objekts (Strategie „Objekt") könnte im Russischen (Gruppen EL2-R) als unangemessen betrachtet werden (4). Auf der anderen Seite könnten spezifizierende Benennungen der Alternativen im Englischen (Gruppen RL2-E und DL2-E) als unangemessen betrachtet werden (5).

Unterschiedliche Tempusformen bei der Ausführung der Strategie „Genug" könnten zu Problembereichen der englischen und der deutschen Sprecher in L2 werden (6). Bei den Lernern der Gruppen RL2-D und DL2-R könnte das Vorhandensein der gleichen Routineformeln für die Strategie „Genug" zu einem positiven Effekt beim Transfer verhelfen (7). Auch bei einer Übersetzung dieser Formeln aus L1 wäre die Ausführung der Strategien „Genug" angemessen (s. oben, anders für englische Sprecher). Unterschiedliche illokutive Kraft der syntaktisch ähnlich distribuierten Modalverben „wollen" und „möchten" könnte zu Problemen bei den Lernern des Deutschen führen (8).

House (1998, s. Zitat unten) berichtet von fünf Dimensionen, entlang derer sich die systematisch-unterschiedlichen kommunikativen Präferenzen der Sprecher beschreiben lassen:

Direktheit	Indirektheit
Orientiertheit auf das Ich	Orientiertheit auf das Gegenüber
Inhaltsorientiertheit	Adressatenorientiertheit
Explizitheit	Implizitheit
Ad-hoc-Formulierung	Verwendung sprachlicher Routinen.

Die Beobachtung basiert auf zahlreichen kontrastiven Studien zum Deutschen und Englischen. Dabei lassen sich die deutschen Werte eher links einordnen und die Englischen eher rechts. Die in diesem Abschnitt betrachteten Beispiele aus den L1-Korpen dreier Sprachen bestätigen das Vorhandensein dieser Dimensionen im Hinblick auf das Deutsche und das Englische: z. B. „Alternative" ist auf „das Gegenüber" gerichtet sowie adressatenorientiert bei den englischen Probanden, während sie auf „das Ich" gerichtet sowie inhalts-orientiert bei den deutschen Probanden ist. Einige Beispiele (z. B. „Alternative", „Witz") deuten außerdem darauf hin, dass Russisch sich eher zu der linken Seite der Dimensionen einordnen lässt. Das hieße, dass die Skala, die sich langsam durch Beschreibung der Distribution, der Anordnung und der Realisierung der semantischen Formeln herauskristalisiert,[116] auch in diesem Abschnitt bestätigt werden kann: RL1 – DL1 – EL1. Die deutsche Sprache scheint in allen Bereichen eine „Zwischenposition" einzunehmen. Dies ist besonders für die interlinguale Analyse relevant, und könnte für die „psychotypology" nach Kellerman (1983) ausschlaggebend sein.

10.2 Evaluierung

Die Ergebnisse des Auswahlantwortverfahrens zum Herausfinden der situativen Angemessenheit der Ablehnungen aus der Sicht der englischen, deutschen und russischen Muttersprachler sind in der Abbildung 10-2 veranschaulicht.

Abbildung 10-2:   Evaluierung der Ablehnungen mit Auswahlantworten, (% von Vpn, N = 50 in jeder Gruppe)

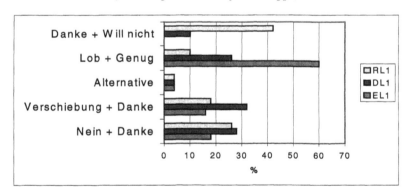

Die russischen Sprecher geben den Strategien „Will nicht" (42%, 1. Rang) und „Nein" (26%, 2. Rang) bzw. „Verschiebung" (18%, 3. Rang) den Vorzug. Die deutschen Sprecher bewerten die Strategien „Verschiebung" (32%), „Nein" (28%) und „Genug" (26%) annähernd gleichwertig. Die englischen Sprecher

---

[116] Es gilt sowohl für Ablehnungen als auch für Komplimenterwiderungen.

ziehen eindeutig (im Gegensatz zu den deutschen Sprechern) die Strategie „Genug" (60%, 1. Rang) vor. Die Differenzen in den Häufigkeiten innerhalb jeder Gruppe sind signifikant (p≤0,05).

Interkulturell zeigen sich signifikante Unterschiede zwischen den Gruppen EL1 und RL1 hinsichtlich der Strategien „Will nicht" (EL1<RL1) und „Genug" (RL1<EL1) (p≤0,05). Dieses Ergebnis ist hinsichtlich der Strategie „Genug" zunächst unklar. Denn die Kombination ADJUNKT + „Erklärung" ist für einen großen Teil der russischen Produktionsdaten charakteristisch (s. Abschnitt 10.1.1). In der Evaluierung ziehen die russischen Sprecher allerdings die Strategie „Will nicht" der Strategie „Genug" vor. Man könnte annehmen, dass die semantische Formel „Will nicht" von den russischen Sprechern als Erklärung der Nichtannahme identifiziert wird und nicht die illokutionäre Kraft einer direkten Absage wie in anderen untersuchten Sprachen beinhaltet.[117]

Es handelt sich dabei um eine semantische Formel, die von den Muttersprachlern nur einer Sprache als angemessen gesehen wird. Selbstverständlich können hier Schwierigkeiten für einen Sprachlerner erwartet werden. Es scheint, **die semantische Formel selbst ist eher für die Entscheidung ob der Angemessenheit der Äußerung ausschlaggebend als die Anordnung der Formeln.**

---

[117] Vgl. Abschnitt 10.1.3, in dem erwähnt wurde, dass derartige Besipiele in der tatsächlichen Produktion hauptsächlich bei den russischsprachigen Probanden vorkommen. Die deutschen Probanden verwenden diese Strategie selten, wobei sie den Verb „möchten" benutzen. Die Evaluierung durch deutsche Muttersprachler könnte durch den Verb „wollen" anstatt „möchten" beinflusst worden sein. Durch die Frage im Englischen „How about another piece of cake?", die unabhängig vom Verb „wollen"/„möchten" formuliert wurde, könnten die Ergebnisse in Gruppe EL1 beeinflusst worden sein. Hierzu kommt noch, dass die Antworten mit dem performativen Verb (Kombination „Danke" + „Will nicht") die Gewichtung einer formalen Antwort haben. Die Verwendung des formalen Stils für die russischen Studenten bei der Aufgabe im Fokus wurde als typisch bezeichnet (s. Abschnitt 10.1.3). All dies konnte die Ergebnisse der Evaluierung der semantischen Formel „Will nicht" in der vorliegenden Studie beinflusst haben. Aufgrund der Produktionsdaten ist jedoch nicht auszuschließen, dass das vermehrte Einsetzen der Strategie „Will nicht" im Russischen zur Norm gehört und deswegen als angemessen geschätzt wurde. Ob diese Strategie für die russischen Sprecher die Gewichtung einer direkten Ablehnung hat oder, wie in diesem Kapitel vorgeschlagen wurde, die Gewichtung einer Erklärung, bleibt im Rahmen dieser Untersuchung ungeklärt. Durch eine hierauf fokussierte Evaluierungsmethode könnte diese Unklarheit gelöst werden.

Weiterhin ist der Unterschied zwischen den Gruppen EL1 und DL1 (EL1>DL1) in der Evaluierung der Strategie „Genug" auffällig (p≤0,05). Die Strategie „Genug", welche ein Teil der Strategie „Erklärung" bildet, gehört somit eindeutig zum Präferenzbereich der englischen Sprecher (vgl. Ergebnisse aus den Produktionsdaten, Abschnitt 10.1.2). Zwischen den Gruppen RL1 und DL1 ist ebenfalls ein signifikanter Unterschied (p≤0,05) bei der Evaluierung der Strategie „Will nicht" (DL1<RL1) festgestellt worden. Das heißt, diese Strategie wird unter allen untersuchten Sprechern eindeutig von den russsichen Sprechern präferiert. Die Strategie „Alternative" zeigt sich wider Erwarten (aufgrund der Ergebnisse anderer Studien, s. Kapitel 4.2 bzw. den Produktionsdaten folgend), als für die untersuchte Situation nicht relevant.

Die Ergebnisse der Ratingskala (Tabelle 10-4) zeigen die gleichen Präferenzen der russischen, deutschen und englischen Sprecher, wie sie mit der Auswahlantwortmethode bereits festgestellt worden sind. Im Allgemeinen haben die englischen Probanden den Strategien eine höhere Note (Mittelwert) gegeben: EL1 – 3,61 vs. DL1 – 3,46 vs. RL1 – 3,46.

Tabelle 10-4: Evaluierung der Ablehnungen mit der Ratingskala
(Mittelwert, Rang, N = 50 in jeder Gruppe)

STRATEGIE	EL1	DL1	RL1
Danke + Will nicht	2,74 (5)	3,08 (4)	4,10 (1)
Lob + Genug	4,34 (1)	3,72 (3)	3,40 (4)
Alternative	3,30 (4)	2,86 (5)	2,70 (5)
Verschiebung + Danke	4,08 (2)	3,84 (1)	3,64 (2)
Nein + Danke	3,60 (3)	3,80 (2)	3,48 (3)

(Graue Schattierung markiert die ersten Ränge.)

Ein signifikanter Unterschied zwischen den drei Gruppen bestand hinsichlich folgender Strategien: „Will nicht" und „Genug" (p≤0,05).

Nach dem paarweisen Vergleich der Gruppen erwiesen sich die folgenden Unterschiede als statistisch signifikant (p≤0,017). Das sind die Unterschiede zwischen den Gruppen EL1 und RL1 bei der Bewertung der Strategien „Will nicht" und „Genug". Das sind darüber hinaus die Unterschiede zwischen den Gruppen EL1 und DL1 bei der Bewertung der Strategie „Genug". Das ist außerdem der Unterschied zwischen den Gruppen RL1 und DL1 bei der Bewertung der Strategie „Will nicht".

Die Ergebnisse der Auswahlantworten sowie der Ratingskala zeigen, dass im interkulturellen Vergleich des Russischen, Deutschen und Englischen zwei Strategien besonders unterschiedlich bewertet wurden: „Genug" und „Will nicht". Unter der Annahme, „Will nicht" hätte im Russischen lediglich die Kraft einer Erklärung (und nicht einer direkten Absage), scheinen die Ergebnisse dahingehend interessant, dass **die interkulturellen Unterschiede im Bereich der Angabe von Gründen zu erwarten sind.**[118]

Wie bereits erwähnt, ist anzunehmen, dass die semantische Formel selbst mehr als die Anordnung der Formeln für die Evaluierung der Angemessenheit der Äußerungen ausschlaggebend ist. Aus diesem Grund könnte eine niedrigere Beurteilung der Strategie „Alternative" wie folgt zustande gekommen sein. In der zur Bewertung angebotenen Antwort *„Ich hätte lieber noch eine Tasse Kaffee"* fehlt die semantische Formel „Danke" und die „Alternative" an sich, die, wie aus den Produktionsdaten ersichtlich, für die Entscheidung des Sprechers nicht besonders relevant ist. Dass sogar die englischen Sprecher, für die die Kombination „Nein" + „Danke" typisch ist (vgl. Abschnitt 10.1.1) diese Strategie nicht als die erste bevorzugen (s. Tabelle 10-4), spricht ebenfalls für die Annahme oben. Anscheinend wird die semantische Formel „Nein" sofort als zu direkt identifizierbar. Die Differenzen zwischen Evaluierung und der tatsächlichen Produktion können demzufolge auf den Einfluss der semantischen Formel im Moment der Entscheidung zurückgeführt werden.

Die kulturellen Präferenzen der englischen Sprecher sind sowohl bei der Ausführung als auch bei der Evaluierung einer Ablehnung die gleichen. Diese Sprecher bevorzugen die semantischen Formeln „Genug" (dabei ist EL1>RL1/DL1) und „Nein" (dabei ist EL1>RL1). Das Gleiche gilt für die

---

[118] Vgl. das gleiche Ergebnis bei Komplimenterwiderungen, Kapitel 9.2.

deutschen Muttersprachler (durch alle Methoden hindurch): „Nein", „Genug", „Verschiebung". In der Ratingskala hat „Verschiebung" in Gruppe DL1 den ersten Rang, während sie in Gruppe EL1 den zweiten Rang einnimmt. Somit ist die Präferenz DL1>EL1 für die Strategie „Verschiebung" gültig. Lediglich für die russischen Sprecher lieferten die Evaluierungsdaten andere Ergebnisse als es die Produktionsdaten taten. Die Strategie „Will nicht" erschien den russischen Sprechern bei der Evaluierung als sehr angemessen.

Durch die Analyse der Produktion von Ablehnungen und der Evaluierung von Ablehnungen nach ihrer Angemessenheit zur Situation wurden drei Strategien herausgefunden, die für den Sprechakt „Ablehnung" im Russischen, Englischen und Deutschen charakteristisch sind: „Nein", „Erklärung„ („Genug", „Will nicht"), „Verschiebung". Die Strategien „Alternative" und „Bedauern", die sich in dieser Studie nicht als ausgeprägt erwiesen haben, sind wahrscheinlich für die hier untersuchte Situation nicht typisch. Die Strategie „Verschiebung" konnte erst durch die Evaluierungsmethode als eine der russischen und der deutschen Sprachen eigene charakteristische Strategie genannt werden. Dies ist eine Folgerung aus dieser Studie. Im Folgenden eine Zusammenfassung der wichtigsten Befunde zur Präferenz der Strategieauswahl bei der Produktion und bei der Evaluierung:

	Produktion	Evaluierung
Englisch	„Nein" + „Danke" + „Erklärung"	„Genug": EL1>RL1/DL1
(EL1)	(EL1>RL1/DL1)	„Verschiebung" möglich
	„Nein" + „Danke"	
	ADJUNKTE an 2. Stelle	
	„Will nicht" nicht vorhanden	
Deutsch	„Nein" + „Danke"	„Verschiebung": DL1>EL1
(DL1)	„Danke" + „Erklärung"	„Nein" / „Genug"
	„Vermeidung": DL1>EL1	

Russisch	„Danke" + „Erklärung"	„Will nicht": RL1>EL1/DL1
(RL1)	„Nein" + „Danke"	„Nein" / „Verschiebung"
	„Nein": RL1<DL1/EL1	
	ADJUNKTE an 1. Stelle	
	„Vermeidung": RL1>EL1	

Aufgrund dieser Befunde sowie basierend auf der Annahme einer Übertragung aus der Muttersprache (s. Kapitel 7) können für den zweiten, interlingualen Teil der Analyse folgende Hypothesen aufgestellt werden: Die oben zusammengefassten Differenzen zwischen den Gruppen können zu einer nicht angemessenen Ausführung der Ablehnungen in der Fremdsprache führen.

1. Ein Transfer der Strategie „Will nicht" in den Gruppen RL2-E und RL2-D sowie in den Gruppen EL2-D und EL2-R ist zu erwarten.

2. Ein Transfer der Strategie „Erklärung" („Genug") in den Gruppen EL2-R und EL2-D, RL2-E, DL2-E ist zu erwarten.

3. Ein Transfer der Strategie „Vermeidung" („Verschiebung") in den Gruppen DL2-E und EL2-D, RL2-E, EL2-R ist zu erwarten.

4. Falsche Plazierung der ADJUNKTE in den Gruppen EL2-R und DL2-R sowie in den Gruppen RL2-E und RL2-D ist zu erwarten (Transfer in Anordnung der s. F.).

10.3 Geschlechtsspezifische Unterschiede

10.3.1 In der Produktion

Die weiblichen Antworten sind im Durchschnitt länger als die männlichen:

(DL1)

w: 69 Antworten ergaben 154 s. F., davon ADJUNKTE – 43%;

m: 73 Antworten ergaben 138 s. F., davon ADJUNKTE – 34%;

(EL1)

w: 104 Antworten ergeben 239 s. F., davon ADJUNKTE – 36%;

m: 46 Antworten ergeben 89 s. F., davon ADJUNKTE – 36%;

(RL1)

w: 95 Antworten ergeben 201 s. F., davon ADJUNKTE – 39%;

m: 43 Antworten ergeben 78 s. F., davon ADJUNKTE – 38%.

Hinsichtlich der Anordnung der semantischen Formeln sind keine geschlechtsspezifischen Unterschiede bei den deutschen Muttersprachlern beobachtet worden. Einzig hinsichtlich der Strategie „Erklärung" fällt auf, dass die weiblichen Probanden öfter die dritte Position belegen, während die männlichen lediglich die erste in Anspruch nehmen. Die Unterschiede in der Distribution der indirekten Strategien sind unerheblich. Die Strategie „Witz" kommt nur in männlichen Antworten vor und die Strategien „Ausrede" und „Will nicht" nur bei weiblichen.[119]

Auch bei den englischen Muttersprachlern fällt auf, dass in weiblichen Antworten die Strategie „Genug" oft in der dritten Position vorkommt. Insgesamt belegen die weiblichen Probanden in längeren Antworten die dritte Position mit indirekten Formeln: w: 18-33-29 vs. m: 15-13-4. Die Strategie „Diät" wurde nur in weiblichen Antworten vorgefunden, „Witz" hingegen nur in männlichen (s. Fußnote 119).

In Hinsicht auf die Anordnung sind bei den Sprechern des Russischen keine geschlechtsspezifischen Unterschiede zu beobachten. Die Strategien „Diät" und „Bedauern" werden nur von weiblichen, „Witz" hingegen nur von männlichen Probanden verwendet (s. Fußnote 119).[120] „Will nicht" wird im Russischen von

---

[119] Wenn es sich um Antworten wie *„Ich mach' eine Diät"* handelte, wurden diese bei männlichen Probanden der Strategie „Witz" zugeordnet, bei weiblichen der Strategie „Diät". Die Klärung dieser Unklarheit geht über den Rahmen dieser Arbeit hinaus. Dieser Unterschied beeinträchtigt die Ergebnisse nicht, da er entsprechend berücksichtigt wurde. Es wurden außerdem auch „normale" Witze im Datenmaterial vorgefunden.

[120] Die Distribution der Strategie „Erklärung" (w – 28% vs. m – 15%) sowie „Witz" (w – 3% vs. m – 17%) ist in dieser Gruppe von der Zuordnung zu Strategien „Diät" und „Witz" beeinflusst worden.

weiblichen wie von männlichen Probanden ähnlich verwendet – zu beachten ist die unterschiedliche Probandenzahl in beiden Gruppen.

Für alle Gruppen ist die Verwendung der Strategien „Diät", „Ausrede" und „Bedauern" überwiegend von weiblichen und der Strategie „Witz" überwiegend von männlichen Probanden festzuhalten.

10.3.2 In der Evaluierung

Bei der Betrachtung der Ergebnisse der Auswahlantwortmethode können für jede Sprache folgende geschlechtsspezifische Präferenzen beobachtet werden:

(EL1) w: „Erklärung" – 67%   m: „Erklärung" – 47%

(DL1) w: „Verschiebung" – 33% m: „Erklärung" – 27%

  „Nein" – 29%   „Nein" – 27%

  „Erklärung" – 25%

(RL1) w: „Will nicht" – 46%   m: „Verschiebung" - 38%

In den Ergebnissen der Auswahlantwortmethode sind geschlechtsspezifische Unterschiede lediglich bei den englischen und deutschen Muttersprachlern zu beobachten. Es stimmt überein, dass „Verschiebung" zu der Präferenzstrategie der Männer gehört (vgl. „Witz" bei der Produktion). Dies ist der einzige mehr oder weniger systematische Unterschied in den erhobenen Daten. Es sind Frauen, die hauptsächlich eine „Erklärung" bereitstellen (EL1) bzw. „Will nicht" verwenden (RL1).[121] Da aber gerade in diesen Gruppen überwiegend weibliche Probanden befragt wurden, sind die Ergebnisse mit Vorsicht zu betrachten.

Die vergleichende Analyse der Ergebnisse der Ratingskala zeigt lediglich signifikante Unterschiede ($p \leq 0{,}05$) bei den russischen Muttersprachlern in der Bewertung der Strategien „Alternative" (m>w) und „Verschiebung" (m>w) an. „Alternative", die oft als die Strategie benannt wird, die eine Sensibilität dem

---

[121] Vgl. die Überlegung zur Strategie „Will nicht" im Russischen, Kapitel 10.2.

Gesprächspartner gegenüber ausdrückt,[122] wird von Männern wie Frauen im Datenmaterial in ähnlicher Weise verwendet bzw. sogar von Männern bevorzugt (z. B. RL1, Ratingskala).

Konkret zum Sprechakt „Ablehnung" konnten die Ergebnisse früherer Studien (s. Kapitel 4.1) mit dieser Umfrage insofern bestätigt werden, als keine systematischen Unterschiede im weiblichen und männlichen Sprachverhalten zu beobachten sind.

Genauso wie für die interkulturellen Unterschiede im Sprechakt „Komplimenterwiderung" ist hier ebenfalls zu beachten, dass in den Gruppen EL1 und RL1 überwiegend weibliche Versuchspersonen an der Untersuchung teilgenommen haben. Ihre partiellen Präferenzen (da nur in einigen Gruppen) – wie in diesem Abschnitt beschrieben – bilden somit den größten Teil der interkulturellen Unterschiede. Der Sprechakt „Ablehnung" scheint allerdings weniger als der Sprechakt „Komplimenterwiderung" von den geschlechtsspezifischen Differenzen beeinflusst zu sein.

11. Zusammenfassung

Im ersten Teil der Analyse wurde das Sprachverhalten von Muttersprachlern der englischen, deutschen und russischen Sprache anhand folgender Fragen verglichen und diskutiert.

- Wie wird die Erwiderung eines Kompliments pragmatisch ausgeführt?

- Wie wird die Ablehnung eines Angebots pragmatisch ausgeführt?

- Welche semantischen Formeln werden dabei bevorzugt?

- In welcher Reihenfolge werden diese Formeln kombiniert?

- Wie sieht die Angabe von Gründen inhaltlich aus?

- Welche Realisierungsmöglichkeiten hängen mit der Wahl einer Strategie zusammen?

---

[122] S. Preisler (1986).

- Unterscheiden sich Männer und Frauen in ihrem sprachlichen Verhalten?
- Unterscheidet sich die Produktion eines Sprechaktes von der Bewertung seiner Angemessenheit im gegebenen Kontext?
- Unterscheiden sich die interkulturellen Tendenzen je nachdem, um welchen Sprechakt es sich handelt?

Es wurde zuerst eine respondierte sprachliche Handlung analysiert, mit der ein Kompliment beantwortet wird. Bei der Analyse der Komplimenterwiderungen ist aufgefallen, dass alle Sprachen die Zustimmung zum Kompliment („zustimmen") und den Ausdruck der Freude über das Kompliment („sich freuen") hoch einschätzen (wobei die russischen Sprecher „zustimmen" mehr als die anderen Sprecher verwenden und für angemessener halten: s. Kapitel 9.1 und 9.2). Die Angabe von Gründen („erklären"), der in theoretischen Arbeiten zu Funktionsmechanismen von Komplimenterwiderungen die Rolle zugeschrieben wird, Lob auf etwas/jemand anderen zu verschieben, damit es nicht so aussieht, als ob man sich selbst lobt – wird von den englischen Sprechern als sehr angemessen betrachtet.[123] Die russischen Sprecher scheinen keinen Bedarf daran zu haben, Eigenlob zu vermeiden, womit angenommen werden kann, dass dieses Konzept (Vermeidung des Eigenlobs) für diese Sprachgemeinschaft nicht bedeutsam ist (vgl. Chen (1993), anders für das Chinesische). Ein interkultureller Unterschied wurde ebenfalls hinsichtlich der Strategie „zweifeln" festgestellt. Beide Strategien gehören zum Kompromissbereich der Maxime von Leech (s. Kapitel 5.2). Insgesamt wurden jedoch wenig interkulturelle Unterschiede sowohl bei der Produktion als auch bei der Evaluierung dieses Sprechaktes beobachtet.

Weiterhin wurde eine andere respondierende sprachliche Handlung analysiert, der die Funktion zukommt, eine Nichtzustimmung mit dem von A ausgedrückten Angebot zu zeigen. Es wurde festgestellt, dass eine Nichtzustimmung mit dem Gesprächspartner in allen Sprachen ähnlich erfolgt. Dafür benötigt der Sprecher folgende Elemente, die etwa zu je einem Drittel in jeder Sprache vorgefunden werden können: ADJUNKTE, sprachliche Ausdrücke, die

---

[123] Die deutschen Sprecher sehen diese Strategie auch als durchaus angemessen.

eine Zustimmung mit dem Gesprächspartner ausdrücken, direkte Ablehnungselemente und indirekte (s. „zweitens" und „drittens" weiter unten in diesem Kapitel) Ablehnungselemente.[124]

Erstens kann eine direkte Ablehnung („Nein", „Will nicht") vorgebracht werden. Nur in der russischen Sprache wird allerdings das performative Verb *chotet'* am angemessensten (und überhaupt als angemessen, womöglich gleichwertig zur Angabe von Gründen) angesehen (s. Kapitel 10.2).

Eine direkte Ablehnung kommt nie ohne eine Höflichkeitsmarkierung, ein ADJUNKT, vor. Die Sprachen unterscheiden sich nur in einem Punkt gravierend bei der Kombination der semantischen Formeln. Ein performatives „Nein" steht im Englischen und im Deutschen öfter an erster Stelle in einer Ablehnung, während im Russischen ein „Danke" diesen Platz einnimmt. *„No, thanks"* und *„Nein, danke"*, die in Wirklichkeit eine zusammenhängende Floskel darstellen, könnten in diesem Fall das Gleiche wie *„Spasibo"* (Danke) bedeuten.[125] Hierdurch würde sich der größere Anteil der ADJUNKTE im Korpus der russischen Ablehnungen sowie die Unterschiede in der Anordnung der Formel und eine kleinere Distribution der direkten Formeln in der Gruppe RL1 erklären. Die Ausführung einer Ablehnung ist demzufolge in pragmatischer Hinsicht als universell und in der Realisierung – besonders in der Semantik – als kulturspezifisch anzusehen.

Zweitens kann eine Ablehnung strategisch so konzipiert sein, dass der Gesprächspartner aus der Antwort überhaupt erst einmal schlussfolgern muss, dass eine Ablehnung stattgefunden hat. Dafür muss er ausgehend von den Inhalten, die in der Antwort realisiert werden, einen Schlussfolgerungsprozess (inferencing process) durchlaufen. Die Gründe können inhaltlich entweder einen Zustand des Ablehnenden („Kann nicht", „Genug"), seine prinzipielle Einstellung zum abgelehnten Objekt („Objekt") oder weitere Gründe bzw.

---

[124] S. Rathmayr (1989: 259-262), die Ablehnungen in der russischen Sprache inhaltlich in einer Konsens-Dissens-Dichotomie betrachtet. So ordnet sie die Strategien „Bedauern", „Diät" und „Alternative" zu den „um Konsens bemühten Formen" und „Erklärung" (anders als „Diät"), „Wiederholung", „Nein", „Angriff" und „Kritik" zu den „neutralen und dissensfordernden Formen".
[125] Durch Intonationsangaben sollte die Annahme überprüfbar sein.

Verpflichtungen („Diät"), die den Ablehnenden daran hindern, zuzustimmen, darstellen. Die Präferenzen der untersuchten Sprachen hinsichtlich des Inhalts der Gründe sind gleich: „Genug" > „Kann nicht" > „Diät" > „Objekt". Diese Möglichkeit abzulehnen sehen vor allem die englischen Sprecher als angemessen und verwenden sie häufiger als die anderen Sprecher. Deswegen kann in der englischen Sprache öfter die Kombination „Nein" + „Danke" + „Erklärung" vorgefunden werden.

Drittens besteht eine weitere Möglichkeit abzulehnen darin, das zeitliche Geschehen der Ablehnung zu verschieben. Der Gesprächspartner A muss in diesem Fall aus der Antwort die Schlussfolgerung ziehen, dass der Proposition erst einmal nicht zugestimmt wurde. Diese Möglichkeit abzulehnen wurde vor allem bei den deutschen und bei den russischen Sprechern beobachtet. Bei der Bewertung der Angemessenheit einer Ablehnung ist dieses „Verschieben" eindeutig von den deutschen Sprechern bevorzugt worden.

Diese drei großen Bereiche – **direkte Ablehnung, Angabe von Gründen/Erklärung, Verschieben der Annahme** – haben sich demzufolge in der Analyse in Hinsicht auf die pragmatische Konzipierung einer Ablehnung als bedeutend erwiesen. Diese Ergebnisse unterstützen im Wesentlichen die Ergebnisse früherer Studien (vgl. z. B. drei Areale von Labov/Fanshel 1977, s. Kapitel 4).

Die kulturellen Präferenzen haben sich erst durch die Anwendung von Ratingskala und Auswahlantworten deutlich herausgestellt. Die gleiche Beobachtung gilt für Komplimenterwiderungen. Tendenziell unterscheidet sich aber die tatsächliche Produktion der Äußerungen von der wahrgenommenen Angemessenheit kaum. Der einzige Unterschied zwischen Produktion und Evaluierung besteht hinsichtlich einer hohen Bewertung der Strategie „Will nicht" durch russische Muttersprachler. Interessant ist, dass während über die Hälfte der Ablehnungen als „Nein" + „Danke" produziert werden (in jeder Sprache), diese Strategie nie die erste Wahl (sondern die zweite oder dritte) in der Beurteilung der Angemessenheit der Ablehnungen darstellt. Eine Ablehnung nach solchem Schema markiert einen neutralen oder formalen Stil und ist für den Sprecher die einfachste Art abzulehnen. In diesem Fall wird kein Grund sondern die Schlussfolgerung selbst angegeben – es erfolgt keine Inferenz seitens des Hörers. Es besteht streng genommen in diesem Fall auch kein strategisches Verhalten bzw. es ist nur darin zu finden, dass ADJUNKTE verwendet werden. Richtiger wäre es festzuhalten, dass strategische Sprachverwendung erst mit der Verwendung indirekter semantischer Formeln stattfindet.

Zusätzlich zu der Identifizierung der Strategie „Verschiebung" durch die Evaluierungsmethode sind weitere Beobachtungen zum Methodenvergleich unternommen worden. Im Großen und Ganzen unterscheiden sich die Ergebnisse der Auswahlantwortmethode und der Ratingskalamethode nicht voneinander. Die Ratingskala eignet sich als Evaluierungsmethode am besten zur Feststellung der interkulturellen Differenzen in den weniger häufig verwendeten Strategien. Es ist eher die semantische Formel selbst als die Anordnung der Formeln, die für die Interpretation der illokutionären Kraft der Ablehnungsstrategie ausschlaggebend ist.

Außer den bereits besprochenen Möglichkeiten abzulehnen, wurde in der vorgegebenen Situation (Ablehnung eines Angebotes) eine kleine Reihe weiterer semantischer Formeln vorgefunden: „Bedauern", „Alternative", „Angriff". Sehr selten kommen Floskeln vor, die Beebe et al. (1990) als „filler" bezeichnen (z. B. *„oh", „umm"*).[126]

Die Bewertungen mittels der Ratingskala unterscheiden sich je nach Sprache, deswegen ist eine Analyse nach Rängen nötig.[127] So bewerten beispielsweise die englischen Sprecher alle Strategien im Durchschnitt höher als die anderen Sprecher. Für die deutschen Sprecher scheint es charakteristisch zu sein, keiner der Strategien einen großen Vorzug zu geben.

---

[126] Diese wurden hier nicht näher untersucht. Es wurde in jeder Gruppe etwa die gleiche Anzahl (2-3) derartiger Antworten gefunden.
[127] Diese Streuung der Strategien scheint kulturspezifisch zu sein, da sie in solch unterschiedlichen Sprechakten wie „Komplimenterwiderung" und „Ablehnung" zu beobachten ist. Vgl. Populationsabhängigkeit der Erhebungsmethoden von Kasper (1998), s. Kapitel 8.

Um festzustellen, ob dieses Ergebnis die Tatsache widerspiegelt, dass in der deutschen Sprache keine der Strategien besonders bevorzugt wird, benötigt man allerdings zum Vergleich eine weitere Stichprobe.

In sprachlicher Hinsicht ist auffallend, dass Sprachen spezifische Floskeln aufweisen, die durch die morphosyntaktische Struktur dieser Sprachen bedingt sind. Besonders die Grammatik sowie Präferenzen in der Adjektiv- und Verbwahl sorgen für Unterschiede in der Realisierung der semantischen Formeln. Es wurden Floskeln gefunden, die nur in bestimmten Sprachen typisch zu sein scheinen (z. B. bei der Ausführung der Strategie „Kann nicht"). Inhaltlich ist beispielsweise beim Vorschlag einer alternativen Lösung zu bemerken, dass die englischen Sprecher unspezifischer sind und gleichzeitig Konstruktionen verwenden, die auf „das Gegenüber" (nicht auf „das Ich") bezogen sind. Das Bemühen der englischen Sprecher um eine indirekte Ausdrucksweise geht mit einer Präferenz für die Angabe von Gründen einher.

Hinsichtlich der geschlechtsspezifischen Unterschiede deuten die Ergebnisse dieser Studie darauf hin, dass Frauen längere Antworten produzieren. In Hinsicht auf die Kreativität beim strategischen Einsetzen indirekter semanti-scher Formeln wurde beobachtet, dass Frauen öfter Gründe für die Nichtan-nahme angeben und Männer die Annahme öfter verschieben bzw. Alternativen anbieten. Die genannten beobachteten Unterschiede sind nicht gravierend.

Obwohl die Bezeichnungen „Erklärung" (Ablehnung) und „erklären" (Kompli-menterwiderung) das Gleiche implizieren, wird damit im Falle einer Kom-plimenterwiderung die Rechtfertigung für *„Ja"* (Zustimmung) und im Falle einer Ablehnung die Rechtfertigung für *„Nein"* (Nichtzustimmung) gegeben. Trotzdem haben beide Strategien Folgendes gemeinsam: es werden Gründe, Erläuterungen bzw. Erklärungen zustande gebracht. Diese Verhaltensweise kann, wie bereits erwähnt, aufgrund der vorliegenden Analyse besonders für die englischen Sprecher als charakteristisch bezeichnet werden. Weitere Untersuchungen hierzu, welche die Angabe von Gründen in unterschiedlichen Kontexten und Sprachen vergleichen, wären sicherlich aufschlussreich.

B. Interlinguale Analyse

Dieser Teil der Analyse richtet sich auf die Pragmatik der Ablehnungen und Komplimenterwiderungen in der Fremdsprache. Es wird aufgrund der Differenzen der untersuchten Sprachen in Anordnung, Distribution und Inhalt der Strategien eine Übertragung aus der Muttersprache angenommen. Nach Beebe et al. (1990: 49) ist eine Übertragung oder ein Tranfer in diesen Bereichen zu erwarten (s. Kapitel 4.1). Im Laufe der Analyse werden die anhand der Ergebnisse des interkulturellen Vergleichs aufgestellten Hypothesen überprüft (s. Seiten 93 und 119). Realisierungsfehler bei der Ausführung der Strategien sind vor allem im lexikalischen Bereich sowie in der Morphosyntax zu erwarten. Die Analyse im Abschnitt 10.1.3 legt nahe, dass unter der Berufung auf das Konzept der „psychotypology" nach Kellerman (1983) die meisten Fehler in der russischen als der „entferntesten" Sprache auftreten werden (s. Kapitel 7). Die russische Sprache weist ein viel reicheres morphologisches System auf als die anderen untersuchten Sprachen und benutzt eine andere Orthographie.[128]

Bei der Besprechung der Ergebnisse soll darauf geachtet werden, dass einige Interaktionsformen durch Sprachunterricht zustande gekommen sein könnten. Der Sprachunterricht ist in England, Russland und Deutschland zum Teil unterschiedlich konzipiert. In Russland wird der Fokus auf Grammatikübungen gelegt, und es werden wenig aktuelle Themen besprochen.[129] Die daraus resultierenden Fehler werden als „transfer of training" bezeichnet (s. Odlin 1989: 18, vgl. Selinker 1972).

Die Rolle der Muttersprache kann beim Vergleich von zwei Gruppen der Lerner mit unterschiedlichen Muttersprachen diskutiert werden.

---

[128] Während der Umfrage wiesen die Probanden selbst darauf hin, dass die russische Sprache im Vergleich zur englischen bzw. zur deutschen schwierig zu erlernen ist.

[129] Diese Beobachtung stammt aus dem Ende der 80er, Anfang der 90er Jahren. Da die hier untersuchten Sprecher auch zu der Zeit Schulunterricht gehabt haben, ist diese Beobachtung für sie zutreffend.

Die Betrachtung von zwei Gruppen der Lerner, die die gleiche Muttersprache sprechen, kann außerdem Aufschluss darüber geben, inwieweit die Sprachlerner beispielsweise bei der Ausführung einer Ablehnung tendenziell typische Strategien verwenden bzw. inwieweit die Struktur der Zielsprache eine Rolle spielt. Das Lernerniveau wird außer in Gruppe EL2-R als ähnlich fortgeschritten angenommen (s. Kapitel 8.2). Das heißt es ist unter diesen Bedingungen möglich, von den Bereichen zu sprechen, die den Sprachlernern im Allgemeinen tendenziell eigen sein könnten (IL-spezifische Bereiche). Der Einfluss der Jahre des Lernens auf die Ausführung und die Evaluierung der semantischen Formeln in L2 wird durch den Vergleich der Gruppen RL2-D und RL2-D* diskutiert.

Auch in diesem Teil der Analyse werden die Daten aus der Evaluierung herangezogen, bei denen ebenfalls ein Transfer zu erwarten ist. In diesem Zusammenhang ist es auch interessant zu betrachten, welche Daten normgerechter sind – die der Produktion oder die der Evaluierung, das heißt ob eine unangemessene Produktion mit einer mehr oder weniger angemessenen Evaluierung einhergeht oder ob sich das L1-Verhalten in beiden Fällen widerspiegelt. Es wird zuerst von der Annahme ausgegangen, dass die Lerner solche Daten zu produzieren versuchen, welche sie auch für angemessen halten.

12. Komplimenterwiderungen

12.1 Produktion

Hinsichtlich der Produktion von Komplimenterwiderungen in der Fremdsprache wurden folgende Thesen (1), (2) und (3) aufgestellt.[130]

(1) Die Distribution der Superstrategie ANNEHMEN ändert sich und nähert sich dabei der Distribution der Zielsprache an.

So beträgt die Distribution 50% bei den russischen Lernern des Deutschen (vgl. 63,3% in RL1) und 56,7% bei den deutschen Lernern des Russischen (vgl. 43,3% in DL1). Die Ursache für die „richtige" Wahl bei dieser Strategie könnte

---

[130] S. Zoubareva (1999: 45-48).

129

darin liegen, dass Komplimenterwiderungen, die eine Zustimmung mit dem Gesprächspartner ausdrücken, leicht assimiliert werden können.[131] Aus diesen Gründen erfolgt kein Transfer bei der Produktion dieser Superstrategie in den untersuchten Lernersprachen. Es ist jedoch anzumerken, dass die Probanden während eines Auslandsaufenthaltes an der Untersuchung teilgenommen haben. Die Wahrscheinlichkeit der Assimilierung dieser Strategien im Sprachverhalten ist relativ hoch einzuschätzen.

Innerhalb der Superstrategie ANNEHMEN zeigt sich im Vergleich zur Muttersprache (26,7%) der verringerte Einsatz der Strategie „zustimmen" seitens der russischen Lerner des Deutschen (16,7%). Die bereits erwähnte Tendenz zur Anpassung ist hier demzufolge vorhanden. Es fällt weiterhin innerhalb der Superstrategie ANNEHMEN ein vermehrtes Auftreten der Strategie „sich bedanken" in der Gruppe DL2-R (30%) im Vergleich zu DL1 (20%) auf.

Dies entspricht allerdings nicht dem „Muster" der russischen Sprache. Denn im Russischen ist es die Strategie „zustimmen" und nicht die Strategie „sich bedanken", die im Vergleich zum Deutschen ausgeprägt ist („zustimmen" beträgt 26,7% in Gruppe RL1 und 10% in Gruppe DL1).

Ausgehend von der Annahme, dass ANNEHMEN leicht assimiliert werde könnte, kann man festhalten, dass die Deutschen die Strategie „sich bedanken" auswählen, um dem „Muster" der Zielsprache Russisch näher zu kommen.

Es wurden keine gravierenden Veränderungen in der Superstrategie ZU-RÜCKGEBEN beim Übergang zur Fremdsprache beobachtet. Ein vermehrtes Auftreten dieser Strategie in L2 wäre im Einklang mit der Annahme der angestrebten Akzeptanz seitens des Lernenden.

(2) Die Distribution der Superstrategie AUSWEICHEN wird größer und zeigt dabei in beiden Lernergruppen eine interessante kompromissbedingte Veränderung auf.

In der Fremdsprache ist diese Superstrategie ausgeprägter als in der Muttersprache: 30% in jeder Lernergruppe vs. 16,7% in RL1 bzw. 23,3% in DL1. Die

---

[131] Die deutschen Muttersprachler merken eventuell, dass in Russland Freude offener gezeigt wird (vgl. Rathmayr 1996a).

Superstrategie AUSWEICHEN kommt durch einen Kompromiss zwischen der Zustimmungs- und der Bescheidenheitsmaxime zustande (s. Kapitel 3.2). Wenn der Nichtmuttersprachler bemerkt, dass das Verhaltensmuster der anderen sich von dem Verhaltensmuster seiner Kultur unterscheidet, kann sich der Kompromissbereich vergrößern. Der Nichtmuttersprachler ist sich sozusagen nicht sicher, welcher der genannten Maxime er mehr Bedeutung zuschreiben soll. Demzufolge versucht er beide Maximen zu befolgen. Dadurch kommen viele Komplimenterwiderungen, die unter AUSWEICHEN zusammengefasst sind, zustande.

Dieses häufige Auftreten der Superstrategie AUSWEICHEN wird durch eine vermehrte Verwendung der Strategie „erklären" verursacht (je 16,7% in den Lernergruppen). Mittels dieser Strategie zur Erwiderung eines Kompliments kann der Sprecher ein neues Konversationsthema einführen. Er greift zu einem Thema, das ihm vertraut ist. Ein Nichtmuttersprachler, der sich in der Fremdsprache bzw. in diesem konkreten Sprechakt nicht kompetent fühlt, wird gern zu dieser Strategie greifen (vgl. sequentielle Verschiebungen in Bezug auf den Inhalt als Kompensationsstrategie von Gass/Houck 1999, Kapitel 4.2). Eine weitere mögliche Erklärung zu diesem Sachverhalt wäre die sogenannte „learner's verbosity" (s. House/Kasper 1987: 1283f.). Durch „Geschichten erzählen" braucht der Nichtmuttersprachler nicht zu befürchten, dass er sich womöglich unverständlich oder unzureichend ausdrückt.

(3) Weiterhin fällt bei der Betrachtung der Distribution der Strategien in L2 auf, dass ABLEHNEN in beiden Lernergruppen weniger verwendet wird, vor allem aber in Gruppe DL2-R: 6,7% vs. 23,3% in DL1.

Der Grund hierfür könnte sein, dass der Nichtmuttersprachler versucht, in der Fremdsprache „doppelt so höflich" zu sein und weniger „Nein" zu sagen, um weniger direkt zu erscheinen. Dies geschieht ebenfalls aus dem Wunsch nach sozialer Akzeptanz in einer neuen Umgebung. Die Bescheidenheitsmaxime, welche nach Leech (1983) die Strategie „ablehnen" hervorruft, scheint für die untersuchten Gruppen (mit den Muttersprachen Russisch und Deutsch) in der Fremdsprache nicht ausgeprägt zu sein.

Der Bereich des AUSWEICHENs (Strategie „erklären") wird in der Fremdsprache mehr in Anspruch genommen. Diese Verhaltensweise kann als IL-spezifisch bezeichnet werden. Der Bereich des ABLEHNENs (Strategie „ablehnen") wird in der Fremdsprache weniger in Anspruch genommen. Dies ist ebenfalls als IL-spezifisch vorzustellen. Im Bereich der ANNAHME wird das „Muster" der Zielsprache als ausschlaggebend angenommen (unter Berücksichtigung der Tatsache des Auslandsaufenthaltes zum Zeitpunkt der Umfrage). Transfer ist lediglich hinsichtlich der Superstrategie ZURÜCKGEBEN festgestellt worden. Alle Ergebnisse sind aufgrund der kleinen Probandenzahl lediglich als richtungsweisend zu verstehen.

12.2 Evaluierung

In diesem Kapitel werden die Evaluierungen der Komplimenterwiderungen durch Nichtmuttersprachler dahingehend betrachtet, ob ein Transfer des Evaluierungsmusters aus der Muttersprache stattfindet.

Es hat sich erwiesen, dass die Daten aus der Ratingskala die Daten aus der Auswahlantwortmethode vervollständigen und eine differenziertere Betrachtung ermöglichen (s. Kapitel 10.2). In der interlingualen Analyse wurde der Fokus deswegen auf die Ergebnisse der Ratingskalamethode gelegt. Die Daten aus der Auswahlantwortmethode werden mitberücksichtigt. Bei der Diskussion der erzielten Ergebnisse wird Bezug auf die Befunde des interkulturellen Vergleichs genommen (s. Kapitel 9.2).

• **Muttersprache Englisch**

Für die Lerner des Russischen ist ein Transfer bei der Evaluierung aller Strategien festzuhalten. Die signifikanten Unterschiede hinsichtlich der Strategien „sich freuen" (RL1>EL2-R) und „erklären" (RL1<EL2-R) – zwei Strategien, hinsichtlich derer ein Unterschied zwischen dem Russischen und dem Englischen bestand[132] – sowie keine signifikanten Unterschiede zwischen Gruppen EL1 und EL2-R sind dafür die Beweise. Der Präferenzbereich der

---

[132] Ein Unterschied bestand ebenfalls hinsichtlich der Strategie „zustimmen" (RL1>EL1).

englischen Sprecher wird durch die Strategie „zurückgeben" erweitert. Für die Lerner des Deutschen ist ebenfalls ein Transfer von allen Strategien festzustellen. In Gruppe EL2-D ist die Strategie „sich freuen" niedriger bewertet (vgl. EL1>DL1). Es sind keine Unterschiede im Vergleich zur Muttersprache vorhanden. Auf dem ersten Rang bleibt die Strategie „erklären".

• **Muttersprache Deutsch**

Für die Lerner des Russischen ist ein Transfer bei der Evaluierung fast aller Strategien feststellbar. Ein signifikanter Unterschied besteht hinsichtlich der Strategie „erklären" (RL1<DL2-R). Hinsichtlich dieser Strategie bestand ein Unterschied zwischen dem Russischen und dem Deutschen. Zwischen den Gruppen DL1 und DL2-R bestehen keine signifikanten Unterschiede. Dies sind die Beweise für Transfer. Der Präferenzbereich der deutschen Sprecher bleibt erhalten: „sich freuen". Für die Lerner des Englischen sind einige Veränderungen im Vergleich zur Muttersprache beobachtet worden. Die Strategie „sich freuen" wird von Probanden weniger ausgewählt, wodurch der Unterschied zwischen den Gruppen EL1 und DL2-E nicht mehr signifikant ist (vgl. EL1 und DL1).

Ebenfalls wird die Strategie „erklären" weniger präferiert als in der Muttersprache. Auf dem ersten Rang platzieren sich nun die Strategien „zustimmen" und „zurückgeben" (statt „sich freuen" im Deutschen). Ein Transfer der übrigen Strategien findet statt.

• **Muttersprache Russisch**

Für die Lerner des Englischen ist ein Transfer von fast allen Strategien festzuhalten. Vor allem deutet ein signifikanter Unterschied hinsichtlich der Strategie „erklären" (EL1>RL2-E) darauf hin. Die russischsprachigen Lerner finden die Strategie „zurückgeben" angemessener als in L1 (RL2-E>EL1/RL1) – es wird zur Präferenzstrategie in der Gruppe RL2-E. In Gruppe RL2-D wurde im Blick auf L1 Folgendes beobachtet: Die Strategie „sich freuen" wird von den Probanden weniger ausgewählt und „zurückgeben" häufiger. Der Unterschied hinsichtlich der Strategie „erklären" – RL1<DL1 – sowie der erste Rang („sich freuen") bleiben erhalten. Ein Transfer ist demzufolge auch hier anzunehmen.

- **Transfer**

Außer in Gruppe DL2-E kann in allen untersuchten Lernergruppen von einem Transfer bei der Evaluierung der Strategien bei Erwiderung eines Kompliments gesprochen werden. Besonders die signifikanten Unterschiede hinsichtlich der Strategie „erklären" deuten darauf hin, dass sowohl die Anwendung als auch die Evaluierung dieser Strategie – wie in der interkulturellen Analyse bereits festgestellt – zu einem kulturspezifischen Merkmal gehört. Dass „zurückgeben" bei der Evaluierung in einigen Gruppen (DL2-E, EL2-R, RL2-E, RL2-D) für angemessener gehalten wird als in in der Muttersprache, kann als ein IL-spezifisches Verhalten beschrieben werden (s. allerdings andere Ergebnisse in den Produktionsdaten), dass darauf abzielt, in L2 möglichst höflich zu erscheinen.

- **„Rasteranalyse"**

Basierend auf der statistischen Analyse von Gruppenpaaren (z. B. EL1 vs. EL2-D oder EL1 vs. DL2-E etc.) [133] wurde folgendes „Raster" entwickelt, um für oder gegen einen Transfer entscheiden zu können. Die Annahme eines Transfer erst bei signifikanten Unterschieden zu unterstützen, ist wie folgt veranschaulicht:

EL1>DL1 (interkulturelle Ausgangsbedingung, signifikant)
A) wenn EL1>EL2-D>DL1, EL2-D vs. DL1 signifikant, dann Transfer
B) wenn EL1>EL2-D>DL1, EL2-D vs. EL1 signifikant, dann kein Transfer

---

Die Evaluierung jeder Strategie in den unten dargestellten Tabellen ist mit einer der folgenden Formeln zu beschreiben (Beispiel):

+ = Transfer findet statt

---

[133] Beebe et al. (1990: 61) setzen in ihrer Argumentation keine Entscheidungsgrenzen für Transfer. Dadurch deutet z. B. die Formel 75<80<100 (JJ<JE<AE) genauso auf einen Transfer hin, wie die Formel 60>20>0 (JJ>JE>AE) (vgl. Tabelle 3, untere Zeilen bei Beebe et al. 1990: 62). Wobei im ersten Fall die Differenz zwischen JJ und JE 5% und im zweiten 40% beträgt. Um diese Unklarheiten zu umgehen, wird hier zwischen + als wirklichem Transfer und (+) als möglichem Transfer unterschieden.

z. B.   EL1=EL2-D

            EL1>EL2-D>DL1, dabei EL1 vs. DL1

                    und EL2-D vs. DL1 signifikant

(+) = Transfer findet wahrscheinlich statt

Da aber die Unterschiede zwischen der Muttersprache und der Zielsprache nicht signifikant sind, ist ein möglicher Transfer nicht so bedeutend (kann nicht so viele unangemessene Äußerungen verursachen). Wenn die Unterschiede zwischen der Lernersprache und der Zielsprache nicht signifikant sind (zweite Bedingung), ist schwer zu sagen, wo dazwischen sich die Bewertung der Lerner genau platziert. Sie kann der Bewertung in EL1 nahe stehen – ein Transfer, sie kann aber auch der Bewertung in DL1 nah stehen – kein Transfer.

z. B.   EL1>EL2-D>DL1, dabei entweder EL1 vs. DL1

                    oder EL2-D vs. DL1 nicht signifikant

             EL1>DL1>DL2-E, dabei nur EL1 vs. DL2-E signifikant oder

                    nur EL1 vs. DL1 signifikant

- = kein Transfer, hier wäre entweder ein IL-spezifisches Verhalten oder der Einfluss anderer Faktoren anzunehmen, bzw. ist eine Klärung ohne weiteres nicht möglich. Auf jeden Fall ist diese Übertragung nicht mit Transfer zu bezeichnen. Eine Inhaltsanalyse wäre hier hilfreich. Die Bedingung eines Transfer ist durch EL2-D vs. EL1 signifikant nicht mehr erfüllt.

z. B.   EL1>EL2-D>DL1 oder EL2-D>EL1>DL, dabei EL1 vs. EL2-D

                    und/oder EL2-D vs. DL1 signifikant

(-) = ebenfalls kein Transfer, s. oben. Da allerdings keine signifikanten Unterschiede vorhanden sind, können nur Vermutungen gemacht werden.

z. B.   EL1>DL1>EL2-D bzw. EL1>DL1=EL2-D oder EL2-D>EL1>DL1,

             dabei ist kein signifikanter Unterschied vorhanden

Die Formeln in Klammern, das heißt (+) und (-) sind mit Vorsicht zu handhaben, da keine signifikanten Werte die Aussagen stützen. Vielleicht müsste hier eine andere Vorgehensweise entwickelt werden, um derartige Grenzfälle analysieren zu können. In den Tabellen 12-1 bis 12-3 sind die Ergebnisse dieser „Rasteranalyse" (auf der Basis der U-Tests) zusammengefasst. Die grauen Schattierungen markieren die Gruppen, zwischen denen ein signifikanter Unterschied festgestellt worden ist (p≤0,05).[134]

Tabelle 12-1: Interlinguale Analyse zwischen Englisch und Deutsch

STRATEGIE	EL2-D	DL2-E	L1 vs. L1
zustimmen	(+) EL1>EL2-D>DL1	- DL2-E>EL1>DL1	EL1>DL1
sich freuen	(-) EL1>DL1>EL2-D	- EL1>DL1>DL2-E	EL1>DL1
scherzen	(+) EL2-D<EL1<DL1	(+) EL1<DL2-E<DL1	EL1<DL1
zurückgeben	+ EL2-D>EL1>DL1	(+) EL1>DL2-E>DL1	EL1>DL1
erklären	+ EL1>EL2-D>DL1	+ EL1>DL1=DL2-E	EL1>DL1
zweifeln	- EL1>EL2-D>DL1	+ EL1>DL2-E>DL1	EL1>DL1
ablehnen	(-) EL1<DL1<EL2-D	(-) EL1=DL2-E<DL1	EL1<DL1

In der Gruppe EL2-D sind nur die Strategien „erklären" und „zurückgeben" eindeutig „transferiert", in der Gruppe DL2-E sind es die Strategien „erklären" und „zweifeln" (s. Tabelle 12-1).

Für die englischen Lerner des Russischen ist ein Transfer der Strategien „erklären" und „ablehnen" festzuhalten (s. Tabelle 12-2). Hier sieht man, dass im Vergleich zur Gruppe EL2-D in dieser Lernergruppe ein Transfer von allen Strategien anzunehmen ist. Eine mögliche Erklärung ist das weniger fortgeschrittene Niveau der englischen Lerner des Russischen. Allerdings werden von den russischen Lernern des Englischen ebenfalls sehr viele Strategien „transferiert", was die Erklärung nahe legt, dass es der Unterschied zwischen Russisch und Englisch ist, der zu einem Transfer beiträgt.

---

[134] Wenn alle Gruppen markiert sind, z. B. EL1>DL1>DL2-E, heißt das, dass der Unterschied zur L1 jeweils signifikant ist. Der Vergleich zur L1 ist zusätzlich in der rechten Spalte angegeben.

Tabelle 12-2: Interlinguale Analyse zwischen Englisch und Russisch

STRATEGIE	EL2-R	RL2-E	L1 vs. L1
zustimmen	(-) EL1>RL1>EL2-R	(+) EL1>RL1>RL2-E	EL1>RL1
sich freuen	(+) EL2-R<EL1<RL1	(-) RL2-E<EL1<RL1	EL1<RL1
scherzen	(+) EL2-R<EL1<RL1	+ EL1<RL1=RL2-E	EL1<RL1
zurückgeben	(+) EL2-R>EL1>RL1	- RL2-E>EL1>RL1	EL1>RL1
erklären	+ EL1>EL2-R>RL1	+ EL1>RL2-E>RL1	EL1>RL1
zweifeln	(+) EL1>EL2-R>RL1	+ EL1>RL1>RL2-E	EL1>RL1
ablehnen	+ EL2-R>EL1>RL1	+ EL1>RL1>RL2-E	EL1>RL1

Für die deutschen Lerner des Russischen kann ein Transfer der Strategien „erklären" und „ablehnen" nachgewiesen werden (s. Tabelle 12-3). Für die russischen Lerner des Deutschen ist lediglich ein Transfer der Strategie „ablehnen" festzuhalten.

Tabelle 12-3: Interlinguale Analyse zwischen Deutsch und Russisch

STRATEGIE	DL2-R	RL2-D	L1 vs. L1
zustimmen	(-) DL2-R>RL1>DL1	(-) RL1>RL2-D>DL1	RL1>DL1
sich freuen	(-) RL1>DL1>DL2-R	(-) RL1>RL2-D>DL1	RL1>DL1
scherzen	(-) RL1>DL1>DL2-R	(-) RL2-D>RL1>DL1	RL1>DL1
zurückgeben	(-) DL2-R>RL1>DL1	(+) RL2-D>RL1>DL1	RL1>DL1
erklären	+ RL1<DL2-R<DL1	- RL1<RL2-D<DL1	RL1<DL1
zweifeln	- DL2-R>RL1>DL1	- RL1>RL2-D>DL1	RL1>DL1
ablehnen	+ RL1<DL1=DL2-R	+ RL2-D<RL1<DL1	RL1<DL1

- **Lernkontext**

Die Ergebnisse der Auswahlantwortmethode zeigen, dass beide Lernergruppen RL2-D und RL2-D* die ersten zwei Ränge an die Strategien „sich freuen" und „zurückgeben" vergeben. Lediglich der dritte Rang – „zustimmen" in Gruppe RL2-D und „erklären" in Gruppe RL2-D* könnte auf die Unterschiede zwischen den Gruppen deuten. Das würde heißen, dass die Lerngeschichte bzw. die Umgebung (Land der Zielsprache für RL2-D*) Einfluss auf die Evaluierung der Strategien hätten. Allerdings zeigte hier der U-Test keine Signifikanz an. Dieses Ergebnis ist darauf zurückzuführen, dass die Probandenzahl in dieser Studie niedrig und die Differenz in den Lernjahren (ab zwei Jahre im Inland) nicht groß genug war. Mit einer höheren Probandenanzahl sowie einer besseren Differenzierung (z. B. bereits seit fünf Jahren in Deutschland) könnten diese Unterschiede sichtbar werden.

- **Geschlecht**

Die wichtigsten Strategien – „erklären" und „zurückgeben" – werden in beiden Lernergruppen überwiegend von weiblichen und von männlichen Probanden entsprechend präferiert. Dahingegen sind es die weiblichen Probanden, die die Strategie „zurückgeben" in L2 (Gruppen DL2-E und RL2-E) präferieren. Die Unterschiede sind nicht systematisch.

- **Methodenvergleich**

Außer in der Gruppe RL2-D ist in allen Gruppen ein Transfer der Strategie „erklären" beobachtet worden. Dies entspricht den Ergebnissen der Auswahlantwortmethode. Was allerdings erst mit dieser Methode ersichtlich wird, ist ein Transfer der Strategie „ablehnen" in den Gruppen DL2-R, RL2-D, EL2-R, RL2-E – also immer wenn Russisch eine der gepaarten Sprachen ist. Die Strategie „zweifeln" wird dort „transferiert", wo Englisch als Zielsprache fungiert (Gruppen RL2-E, DL2-E). Die Evaluierung und die Produktion der untersuchten Strategien in L2 unterscheiden sich voneinander. So wurde bei der Produktion (ausgenommen die Strategie „zurückgeben") fast kein Transfer festgestellt. Bei der Evaluierung ist dagegen ein Vorzug der Strategie „zurückgeben" zu beobachten. Bei der Evaluierung ist ein Transfer insgesamt häufiger beobachtet worden. Vor allem die Evaluierung der Strategien „erklären", „ablehnen" und „zweifeln" entspricht im Großen und Ganzen der Evaluierung in L1. Die Hypothesen bezüglich dieser Strategien haben sich bestätigt (s. Kapitel 9.3).[135]

• **Rolle der Muttersprache**

Die Auswahlantwortmethode zeigte, dass die englischen Sprecher am wenigsten Veränderungen zur L1 aufweisen. Die russischsprachigen Lerner bewerten einheitlich in beiden Gruppen die Strategie „sich freuen" niedriger und die Strategie „zurückgeben" höher. Die deutschen Probanden sind in ihrem Verhalten weniger einheitlich. Die Ratingskalamethode zeigte, dass die Gruppenpaare DL2-R und DL2-E; EL2-R und EL2-D; RL2-E und RL2-D ein ähnliches Verhalten bei der Veränderung der Evaluierung von L1 zur L2 zeigten. Die Strategie „zustimmen" wird beispielsweise in der Fremdsprache durch die englischen Lerner immer niedriger bewertet und durch die deutschen immer höher. Für die englischen Lerner ist charakteristisch, dass sie in beiden Lernergruppen die Strategie „ablehnen" höher bewerten als in der Muttersprache. Für die deutschen Sprecher gilt, dass die Strategie „zweifeln" in beiden Lernergruppen für angemessener gehalten wird als in der Muttersprache. Für die russischen Sprecher (beide Lernergruppen) ist als spezifisches Verhalten eine höhere Bewertung der Strategie „erklären" auffallend.

Diese Systematik lässt vermuten, dass **die Interlanguage eher unter dem Einfluss der Muttersprache als dem der Zielsprache steht**. Kulturspezifische Tendenzen werden demzufolge übertragbar sein. Ob aus dem oben Gesagten IL-spezifische Strategien abzuleiten sind, ist fraglich, denn solche wären nur für die gegebene Muttersprache spezifisch. Zu einem IL-Bereich könnte lediglich die Strategie „zurückgeben" zugeordnet werden. Diese wird in allen Gruppen häufiger für angemessen gehalten.

---

[135] Eine Ausnahme bilden lediglich die englischen Muttersprachler (Gruppen EL2-R und EL2-D) hinsichtlich der Strategie „zweifeln".

13. Ablehnungen

13.1 Produktion

- **Muttersprache Deutsch**

In den Gruppen DL2-E und DL2-R, in denen die Muttersprache Deutsch ist, wurden in Anordnung und Distribution der semantischen Formeln fast keine Unterschiede zur L1 vorgefunden. Eine Ausnahme bei den Lernern des Englischen bildet das etwas vermehrte Auftreten der Strategie „Bedauern" sowie einige Beispiele, die als „Als ob" klassifiziert wurden (vgl. Fußnote 106, Abschnitt 10.1.3). In der Gruppe DL2-R wird die semantische Formel „Vermeidung" weniger in Anspruch genommen als in L1. Die Strategie „Wiederholung" wird in beiden Lernergruppen nur von männlichen Probanden verwendet. Die beschriebenen Unterschiede zur Muttersprache sind minimal.

- **Muttersprache Englisch**

In den Gruppen EL2-R und EL2-D, in denen die Muttersprache Englisch ist, wurde beobachtet, dass im Gegensatz zur Muttersprache die Strategien „Will nicht" in der Fremdsprache eingesetzt wird (gilt hauptsächlich für die Lerner des Russischen – 6%). Für beide Lernergruppen ist einheitlich, dass das Spektrum an indirekten Strategien in der Fremdsprache kleiner wird. Die Strategien „Angriff" und „Witz" wurden im Gegensatz zur L1 in den Lernerdaten nicht vorgefunden.

- **Muttersprache Russisch**

Die russischsprachigen Lerner des Englischen weisen einen einzigen Unterschied zur Muttersprache auf: Die Strategie „Kann nicht" ist in dieser Gruppe nicht vorhanden bzw. kommt nur einmal in Gruppe RL2-E, weiblich vor. Die russischsprachigen Lerner des Deutschen unterscheiden sich in ihrem Sprachverhalten hinsichtlich der Muttersprache darin, dass sie die Strategie „Witz" nicht verwenden. Die Strategien „Themenwechsel" und „Wiederholung" kommen dagegen in der Fremdsprache hinzu. Die Unterschiede sind minimal. Die russischsprachigen Lerner des Deutschen unterscheiden sich in beiden

Gruppen (RL2-D und RL2-D*) minimal durch die Distribution der Strategien im Bereich DIREKT. Die Strategien „Nein" und „Will nicht" verteilen sich wie folgt: „Nein": RL2-D – 19%, RL2-D* – 23% und „Will nicht": 6% vs. 3%.

- **Anordnung der sematischen Formeln**

Es wurden keine Unterschiede zur Muttersprache in der Anordnung der semantischen Formeln in den Lernergruppen beobachtet. Ein Transfer der Anordnung der Formeln ist demzufolge in den Gruppen EL2-R und RL2-E vorhanden, da die Ausgangssprachen eine unterschiedliche Anordnung der Formeln im Bereich ADJUNKTE aufweisen (s. Tabelle 10-2 im Abschnitt 10.1.1.).

- **IL-Spezifik**

Es ist aufgrund dieser explorativen Beschreibung zu vermuten, dass die Strategie „Wiederholung" zu den Lerner-spezifischen Strategien gehört, weil sie in keinem der L1-Korpora vorgefunden wurde. Die Strategien „Als ob" und „Bedauern" könnten auf einen Höflichkeitsversuch seitens der Sprachlerner deuten. Es ist außerdem anzunehmen, dass die Strategien „Witz" und „Angriff" für die Sprachlerner schwierig auszuführen sind.

- **Geschlecht**

Es fällt auf, dass in der Fremdsprache die Strategien „Wiederholung" und „Bedauern" überwiegend von männlichen Probanden eingesetzt werden. Für weibliche Probanden scheinen die Strategien „Nein" und „Will nicht" charakteristisch zu sein. Vor allem in Gruppe RL2-E ist es festzustellen: z. B. w – 21% vs. m – 9% („Nein").

In dieser Gruppe ist es zudem auffällig, dass die Strategie „Lob" von weiblichen Probanden mehr verwendet wird: w – 7% vs. m – 2%. Während Männer durch den Einsatz der indirekten Strategien in L2 „sensitiver" als Frauen zu sein scheinen (vgl. Ergebnisse zur L1 im Abschnitt 10.3.2), setzen Frauen mehr Höflichkeitsfloskeln ein. Hinsichtlich der in L1 beobachteten Unterschiede zwischen weiblichen und männlichen Probanden bei der Belegung der dritten Position mit „Erklärung" (s. Abschnitt 10.3.1) war auffallend, dass in der Gruppe EL2-R die Strategie „Erklärung" überwiegend in der ersten und zweiten Position vorgefunden wurde. Woraus sich schließen lässt, dass längere Antworten (das heißt die Besetzung der dritten Position) für Lerner dieser Gruppe schwierig auszuführen sind.

- **Transfer**

Die Analyse ergab, dass die einzigen realen Unterschiede (s. auch oben zur IL-Spezifik) in der Distribution der semantischen Formeln im Vergleich zur Muttersprache in den Strategien „Will nicht" (kommt vor in Gruppe EL2-R: 6%) und „Kann nicht" (fällt aus in Gruppe RL2-E: 1%) bestehen. Demzufolge findet in der Distribution und in der Anordnung der übrigen Strategien in allen Gruppen ein Transfer statt. Die geschlechtsspezifischen Unterschiede sind aufgrund der kleinen Probandenzahl unter Vorbehalt zu betrachten.

13.2 Evaluierung

In diesem Kapitel werden die Evaluierungen der Ablehnungen durch Nicht-muttersprachler dahingehend betrachtet, ob dabei ein Transfer des Evaluierungsmusters aus der Muttersprache stattfindet. Zur Stütze wird für die Ergebnisse der Ratingskala das „Raster" angewandt, welches im Kapitel 12.2. dargestellt wurde.

- **Muttersprache Englisch**

Die englischen Lerner des Russischen evaluieren „Will nicht" höher (signifikanter Unterschied, $p \leq 0,05$) und „Genug" niedriger (signifikanter Unterschied, $p \leq 0,05$) als in L1. Die interkulturellen Unterschiede zwischen Englisch und Russisch bleiben jedoch bestehen, was auf einen Transfer hinweist. Für die englischen Lerner des Deutschen sind die beobachteten Unterschiede nicht signifikant. Die präferierte Strategie in L1 – „Genug" wird in den Lernergruppen ebenfalls vorgezogen.

- **Muttersprache Deutsch**

Die deutschen Lerner des Russischen haben die Strategie „Will nicht" ebenfalls höher als in L1 evaluiert. Die interkulturellen Unterschiede zwischen Deutsch und Russisch sind nicht mehr vorhanden. Die deutschen Lerner des Englischen evaluieren „Genug" höher (signifikanter Unterschied, $p \leq 0,05$) und „Verschiebung" niedriger (signifikanter Unterschied, $p \leq 0,05$) als in L1. Hier verschwinden die interkulturellen Unterschiede ebenfalls. Zu den präferierten Strategien der deutschen Lerner des Russischen ist anzumerken, dass sie sich von denen in L1 nicht unterscheiden. Dagegen ziehen die Lerner des Englischen eindeutig die Strategie „Genug" vor.

- **Muttersprache Russisch**

Die russischen Lerner des Deutschen evaluieren die Strategie „Will nicht" niedriger (signifikanter Unterschied, $p \leq 0,05$) und die Strategie „Verschiebung" (signifikanter Unterschied in RL2-D, $p \leq 0,05$) höher, als sie es in der Muttersprache tun. Die russischen Lerner des Englischen evaluieren die Strategie „Will nicht" niedriger und die Strategie „Genug" höher (signifikanter Unterschied, $p \leq 0,05$) als in L1. Die interkulturellen Unterschiede zwischen den Ausgangssprachen sind nicht mehr vorhanden. In diesen Lernergruppen ist eine Veränderung in der Auswahl der Präferenzstrategie zu beobachten: „Will nicht" in L1, „Genug" in RL2-E und „Verschiebung"/"Nein" in RL2-D. Zwischen den Gruppen RL2-D und RL2-D* sind keine großen Unterschiede in der Evaluierung der Strategien mit Hilfe der Auswahlantworten festgestellt worden.

- **„Rasteranalyse"**

In den Tabellen 13-1 bis 13-3 sind die Ergebnisse der „Rasteranalyse" (auf der Basis der U-Tests) zusammengefasst. Die grauen Schattierungen markieren die Gruppen, zwischen denen ein signifikanter Unterschied festgestellt worden ist ($p \leq 0,05$).[136] Diese Schattierungen verdeutlichen sehr gut, dass wenn eine der Sprachen Russisch ist, viel mehr signifikante Unterschiede in allen möglichen

---

[136] Wenn alle Gruppen markiert sind, z. B. EL1>DL1>DL2-E, heißt das, dass der Unterschied zur L1 jeweils signifikant ist. Der Vergleich zur L1 ist zusätzlich in der rechten Spalte angegeben.

Kombinationen – zwischen Deutsch und Russisch allerdings weniger als zwischen Englisch und Russisch – vorkommen.[137] Das veranschaulicht die bereits vermutete Entfernung zur russischen Sprache.[138]

Tabelle 13-1: Interlinguale Analyse zwischen Englisch und Deutsch

STRATEGIE	EL2-D	DL2-E	L1 vs. L1
Will nicht	(+) EL1<EL2-D<DL1	(+) EL1<DL2-E<DL1	EL1<DL1
Genug	+ EL1=EL2-D>DL1	(+) EL1>DL2-E>DL1	EL1>DL1
Alternative	(+) EL1>EL2-D>DL1	(+) EL1>DL2-E>DL1	EL1>DL1
Verschiebung	(+) EL1>EL2-D>DL1	- EL1>DL1>DL2-E	EL1>DL1
Nein	(+) EL1<EL2-D<DL1	- DL2-E<EL1<DL1	EL1<DL1

Aus der Tabelle 13-1 ist ersichtlich, dass nach dem angewandten Verfahren nur in einem Fall von einem wirklichen Transfer die Rede sein kann, nämlich in der Evaluierung der Strategie „Genug" durch die englischen Lerner des Deutschen.

Tabelle 13-2: Interlinguale Analyse zwischen Englisch und Russisch

STRATEGIE	EL2-R	RL2-E	L1 vs. L1
Will nicht	- EL1<EL2-R<RL1	- EL1<RL2-E<RL1	EL1<RL1
Genug	+ EL1>EL2-R>RL1	- EL1>RL2-E>RL1	EL1>RL1
Alternative	- EL1>RL1>EL2-R	+ EL1>RL1>RL2-E	EL1>RL1
Verschiebung	- EL1>EL2-R=RL1	(+) EL1>RL2-E>RL1	EL1>RL1
Nein	- EL1>RL1>EL2-R	(-) EL1>RL1>RL2-E	EL1>RL1

---

[137] Vgl. Ergebnisse der Analyse der Realisierung der s. F., Kapitel 13.1

[138] Es wird angenommen, dass bei Komplimenterwiderungen dies nicht der Fall war, weil „Ablehnung" als Sprechakt aufgrund seiner Funktion schwerer zu erlernen ist als „Komplimenterwiderung".

Tabelle 13-2 veranschaulicht den Transfer der gleichen Strategie in der Gruppe EL2-R. Gemäß der Hypothese (vgl. Kapitel 10.2) war hier ein Transfer zu erwarten. Somit lässt sich schlussfolgern, dass die Strategie „Genug" („Erklärung") sehr kulturspezifisch ist und einem Transfer unterliegt.[139]

Diese Tabelle verdeutlicht außerdem, dass die russischen Sprecher des Englischen bei der Evaluierung dieser Strategie sich an das „Muster" aus der Muttersprache halten. Aus diesem Grund kann von einem Transfer nicht die Rede sein. In dieser Gruppe ist jedoch ein Transfer der Strategie „Alternative" festgestellt worden. Aus der Tabelle 13-3 ist ein Transfer der Strategie „Will nicht" in Gruppe DL2-R ersichtlich.

Tabelle 13-3: Interlinguale Analyse zwischen Deutsch und Russisch

STRATEGIE	DL2-R	RL2-D	L1 vs. L1
Will nicht	+ DL1<DL2-R<RL1	- RL2-D<DL1<RL1	DL1<RL1
Genug	(+) DL1>DL2-R>RL1	(+) DL1>RL1=RL2-D	DL1>RL1
Alternative	(-) DL1>RL1>DL2-R	- RL2-D>DL1>RL1	DL1>RL1
Verschiebung	(-) DL1>RL1>DL2-R	(-) RL2-D>DL1>RL1	DL1>RL1
Nein	- DL1>RL1>DL2-R	(+) DL1>RL1>RL2-D	DL1>RL1

- **Transfer**

Die geschilderten Ergebnisse zeigen, dass nicht in allen erwarteten Bereichen ein Transfer stattgefunden hat (s. Hypothesen, Kapitel 10.2). Hier ist allerdings ein strenges „Raster" angelegt worden und die Anzahl der (+)-Formeln macht deutlich, dass wahrscheinlich viel mehr Strategien „transferiert" werden. Als Weiteres wurde beobachtet, dass die deutschen Lerner in beiden Sprachen ein ähnliches Verhalten bezüglich der Strategie „Nein" aufweisen. Diese Strategie wird niedriger als in L1 und als in der Zielsprache bewertet. Ebenfalls weisen

---

[139] Vgl. Ergebnisse der Analyse der Komplimenterwiderungen hinsichtlich der Strategie „erklären", Kapitel 12.2.

die Gruppen EL2-R, RL2-E[140] und RL2-D dieses Verhalten auf. Die Strategie „Nein" in der Fremdsprache niedriger zu evaluieren, kann somit für IL-spezifisches Sprachverhalten gehalten werden (Ausnahme in der Gruppe EL2-D, in der ein Transfer vermutet werden kann).

- **Problemfälle**

Als Nächstes ist die Diskussion einzelner Fälle notwendig, die mit Minus markiert und nicht eindeutig zu interpretieren sind. Es bleibt zu klären, warum die Lerner der Gruppen EL2-R, RL2-E sowie RL2-D die Strategie „Will nicht" so stark abweichend (signifikante Unterschiede in allen Kombinationen) evaluieren. Die russischsprachigen Lerner bewerten diese Strategie in der Fremdsprache „richtigerweise" niedriger als in der Muttersprache. Die englischen Lerner des Russischen bewerten diese Strategie ebenfalls „richtig", nämlich höher als im Englischen. Da allerdings zwischen Muttersprache und Lernersprache sowie zwischen Zielsprache und Lernersprache signifikante Unterschiede bestehen, ist keine eindeutige Schlussfolgerung möglich. Anhand dieser Analyse kann ebenfalls keine Erklärung dazu geliefert werden, warum die englischen Lerner des Russischen die Strategie „Verschiebung" so evaluiert haben, wie es die russischen Muttersprachler selbst tun.

- **Rolle der Muttersprache**

Die deutschen Lerner scheinen im Allgemeinen in beiden Lernergruppen ein ähnliches Verhalten aufzuweisen. So ist beispielsweise bei der Evaluierung der Strategie „Verschiebung" eine Systematik zu beobachten. Sie wird in beiden Lernergruppen für weniger angemessen als in der Muttersprache gehalten. Die Evaluierung der englischen Lerner des Russischen weist signifikante Unterschiede zur Muttersprache auf. Eine Ausnahme bildet die Strategie „Genug" bei der ein Transfer stattfindet. Gerade weil das Lernerniveau in dieser Gruppe niedriger angenommen wurde (vgl. Kapitel 8.2), ist nicht klar, in welchem Zusammenhang das Lernerniveau und der Transfer stehen. Es wird ein Einfluss anderer Faktoren vermutet.

---

[140] In dieser Gruppe wurden keine signifikanten Unterschiede beobachtet.

- **Lernkontext**

Mit der Methode der Ratingskala konnten keine signifikanten Unterschiede in der Evaluierung der Strategien durch die Probanden der Gruppen RL2-D und RL2-D* beobachtet werden. Die Rolle der Lerngeschichte konnte somit in dem vorliegenden Experiment nicht näher beschrieben werden.[141]

- **Geschlecht**

Bei den deutschen und englischen Sprechern sind die geschlechtsspezifischen Präferenzen aus L1 auch in L2 konstant. Für die russischen Lerner gilt, dass in Gruppe RL2-E die Strategie „Will nicht" von männlichen (21,4% vs. 0%) Probanden ausgewählt wird und in Gruppe RL2-D nicht (von weiblichen etwa 5%). Außer für die russischen Lerner deuten die Ergebnisse darauf hin, dass die geschlechtsspezifischen Differenzen wenig von der Zielsprache abhängig sind.

13.3. Fehleranalyse

Bei der Gegenüberstellung der muttersprachlichen und nichtmuttersprachlichen Verhaltensweisen in vorhergegangenen Kapiteln konnten hinsichtlich einiger Strategien keine eindeutigen Erklärungen geliefert werden. In diesem Kapitel wird versucht, auf diese Problemfälle einzugehen.

- **Problemfall „Will nicht"**

Die Strategie „Will nicht" wird von den englischen Lernern des Russischen als angemessen angesehen (18,4%) sowie produziert (6%). Dies entspricht nicht dem muttersprachlichen Verhalten dieser Sprecher (je 0% in Produktion und Evaluierung). Im Russischen benötigt die Ausführung der Strategie „Will nicht" zuerst lediglich Kenntnis des Verbes *chotet'* („möchten"/"wollen") und kann demzufolge auch von weniger fortgeschrittenen Lernern sicher verwendet werden. Glücklicherweise ist es auch so, dass im Russischen nur dieses Verb für die Strategie „Will nicht" reserviert ist. Im Deutschen wird dagegen der Unterschied in der pragmatischen Funktion der grammatischen Formen „wollen" und „möchten" für den Sprachlerner ein Problem darstellen (vgl.

---

[141] Vgl. das gleiche Ergebnis zu Komplimenterwiderungen, Kapitel 12.2.

Abschnitt 10.1.3). Die am wenigsten fortgeschrittene Gruppe der Lerner – EL2-R – hat demzufolge lediglich die Kenntnis von dem genannten Verb im Russischen bewiesen und somit den „Anforderungen" der russischen Sprache bzw. der Distribution der typischen russischen Strategien entsprochen.

Einem negativen Transfer hat hier demzufolge die Übung im Sprachunterricht – Aneignung der Modalverben in der Anfangsphase des Unterrichts – entgegen gewirkt. Die Struktur der Zielsprache – nur ein Verb für „wollen"/„möchten" im Russischen – hat zu einem positiven Effekt verholfen. In Gruppe EL2-D wurden Beispiele für die Strategie „Will nicht" mit dem Verb "wollen" vorgefunden. Eine gute Beherrschung der Strategierealisierung im Deutschen – Einsatz des Verbes „möchten"– wurde nicht beobachtet. Die Erklärung, dass die Distribution einer Strategie vom Sprachunterricht beeinflusst werden kann, ist somit gestützt (vgl. „transfer of training", Odlin 1989: 18). Aus didaktischer Sicht sollte darauf geachtet werden, dass den Lernern die unterschiedlichen pragmatischen Funktionen dieser zwei grammatischen Formen – „wollen"/"möchten" – die syntaktisch ähnlich distribuiert sind, vorgebracht werden.

Interessant ist in diesem Zusammenhang, dass die deutschen Lerner des Russischen die Strategie „Will nicht" bei der Evaluierung ebenfalls hoch bewertet haben (25%) (vgl. 10% in L1). Das Verb *chotet'* wird demzufolge stets für angemessen betrachtet (Gruppen RL1, DL2-R und EL2-R). Die Verben „wollen"/"want" werden dagegen stets als unangemessen betrachtet (Gruppen DL1, EL1, RL2-E, RL2-D, EL2-D, DL2-E).

- **Problemfall „Kann nicht"**

Die Strategie „Kann nicht" wird von den Probanden der Gruppe RL2-E fast nicht ausgeführt (1%). In der Muttersprache Russisch ist diese Strategie dagegen vorhanden (6 %). Das Verb *moč'* („können") wird in der Muttersprache Russisch in Ablehnungen wie *„Spasibo, ja bol'še ne mogu"* verwendet. Zwei Gründe könnten zur Nichtverwendung der Strategie „Kann nicht" in Gruppe RL2-E geführt haben. Die äquivalenten Formeln für diese Strategie unterscheiden sich durch Faktoren wie Wortstellung, Modus etc. (s. Abschnitt

10.1.3). Die Wahrnehmung dieser Differenz würde die Lerner zur einer alternativen Lösung bewegen.[142] Hier könnte die Einübung der Floskel „*I'm on a diet.*" zu einer inhaltlichen Verlagerung der Angabe von Gründen – Einsatz der Strategie „Diät" statt „Kann nicht" – geführt haben. Diese Verlagerung ist in der Abbildung 13-1 veranschaulicht.[143]

Abbildung 13-1: Einfluss der eingeübten Floskeln auf den Inhalt der Strategie „Erklärung" bei den russischen Sprechern, (% von s. F., N=Anzahl der s. F.)

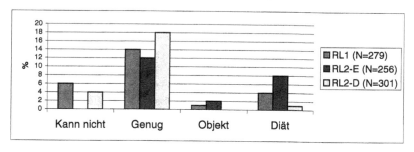

* **Falsche Realisierungen**

Im Folgenden werden einige Realisierungsfehler, das heißt solche Realisierungen, die vor allem in grammatischer Hinsicht falsch ausgeführt wurden, besprochen. Sie führen nicht zu Äußerungen, die nicht mehr als eine Ablehnung identifiziert werden können. Ihre Ausführung ist jedoch weit von der muttersprachlichen entfernt und übermittelt oft eine Direktheit bei den intendierten indirekten Strategien. Anhand der festgestellten Differenzen in der Realisierung und in dem Inhalt der semantischen Formeln wurden bereits einige mögliche Bereiche skizziert, in denen Realisierungsfehler zu erwarten waren (s. (1) bis (8) im Abschnitt 10.1.3).

---

[142] Bei den englischen Lernern des Russischen ist zu vermuten, dass sie diese Differenz nicht wahrgenommen haben, da beispielsweise Übersetzungen aus „*I couldn't eat any more*" vorgefunden wurde (s. weiter in diesem Kapitel).

[143] Andere Lerner des Englischen (Gruppe DL2-E) verwenden diese Strategie gar nicht. Das einzige Beispiel (männlicher Proband): „*I'm on weight watchs*" wurde als "Witz" klassifiziert.

Zur Demonstration wird hauptsächlich die Zielsprache Russisch dargestellt, da die meisten Fehler gerade dort vorgefunden wurden. Die meisten Übersetzungen der grundsprachlichen Floskeln sind bei den männlichen Probanden beobachtet worden. Die meisten längeren Antworten sind bei den weiblichen Probanden beobachtet worden. Für alle Lerner des Englischen ist signifikant, dass die männlichen Probanden viel öfter „authentische" Elemente wie „Well" verwenden (gambits).

Direkte Übersetzungen wurden in der Gruppe **EL2-R** vorgefunden. Damit hat sich die Annahme (2) (s. Abschnitt 10.1.3) bestätigt:

(1) *Tort chorošyj.*   vgl. Tort (očen') vkusnyj.
     übersetzt: The cake is good.   (Der Kuchen ist (sehr) lecker.)

(2) *Absoljutno ne.*   vgl. Net.
     übersetzt: Definitely not.   (Nein.)

(3) *Ja uže polen.*   vgl. Ja syt. bzw. Ja naelsja.
     übersetzt: I'm full.   (Ich bin satt.)

(4) *Ja dovolen.*   vgl. Ja syt. bzw. Ja naelsja.
     übersetzt: I'm fine.   (Ich bin satt.)

(5) *Mne ne nravjatsja torty.*   vgl. Ja ne ljublju sladkoe.
     übersetzt: I don't like cake.   (Ich mag keine Süßigkeiten).[144]

(6) *Ja ne privykla k tortu v Rossii.*   Kein Vorschlag.
     übersetzt: I'm not used to cakes in Russia.

Weitere Übersetzungen sind in der Gruppe **DL2-R** bei der Ausführung der Strategie „Alternative" vorgefunden worden:

(7) *Ja lučše pju vino.*   vgl. Ja by lučše vina vypil.
     übersetzt: Ich trinke lieber Wein.   (Ich würde lieber Wein trinken.)

Übersetzungen grundsprachlicher Formeln wurden darüber hinaus bei den englischen Lernern des Deutschen, Gruppe **EL2-D** beobachtet:

---

[144] Der „Kuchen" wird im Russischen selten direkt genannt (s. Abschnitt 10.1.3).

(8) *Das könnte ich nicht schaffen.*   vgl. Das würde ich nicht schaffen.
   übersetzt: I couldn't manage any more.

(9) *Sonst werde ich explodieren.*   vgl. Ich platze gleich.
   übersetzt: I'll explode if I eat any more.

Es sind weiterhin in beiden Lernergruppen viele Probleme mit dem Aspekt und mit der Wortstellung im Russischen auffallend:

(EL2-R)

(10) *Ja ne mogu ečšë s-est'.*   vgl. Ja bol'še est' ne mogu.
   (Ich werde nicht mehr noch   (Ich kann nicht mehr essen.)
        essen können.)   bzw. Ja bol'še ne s-em.
                  (Ich werde nicht mehr essen können.)

(11) *Ja uže ela tri kuska.*   vgl. Ja uže s-ela tri kuska.
   (Ich aß bereits drei Stück.)   (Ich hab' schon drei Stück gegessen.)

(DL2-R)

(12) *No ja uže sliškom mnogo el.*   vgl. No ja uže sliškom mnogo s-el.
   (Aber ich aß schon viel zu   (Aber ich habe schon viel zu
            viel.)   viel gegessen.)

Probleme mit dem Flexionssystem des Russischen sind in beiden Lernergruppen beobachtet worden:

(EL2-R)

(13) *Tort ne vkusno.*   vgl. Tort ne vkusen/vkusnyj.
   (Der Kuchen ist nicht lecker.)   (Der Kuchen ist nicht lecker.)[145]

(14) *Ja ustalo.*   vgl. Ja ustal/a.
   (Ich bin müde.)   (Ich bin müde.)

(DL2-R)

(15) *... oni očen' chorošyj ...*   vgl. ... on očen' chorošyj ...
   (... die sind sehr gut ...)   (... der ist sehr gut ...)

---

[145] Vgl. allerdings Fußnote 144.

(16) ... *očen' blagodarju*[146]   vgl. blagodarju bzw. očen' blagodaren

(... bin sehr dankbar)   (bin (sehr) dankbar)

Die „Kreativität" der längeren Antworten in der Fremdsprache (außer der Gruppe EL2-D) deutet darüber hinaus auf das bereits erwähnte Phänomen der „learner's verbosity" hin, wobei bei einigen Lernern gleichzeitig die eingeschränkte linguistische Kompetenz zum Vorschein kommt, z. B.:

(DL2-R)

(17) *Spasibo, vsë očen' vkusno, no esli ja ečšë čto-nibud' voz'mu, so mnoi plocho skončitsja.*

(Danke, alles ist sehr lecker, aber falls ich noch etwas nehme, wird es schlecht mit mir enden.)

(EL2-R)

(18) *Tort očen' vkusnyj, no k sožaleniju èto nevozmožno mne mnogo torta est', potomu čto u menja bolit život kogda ja sliškom mnogo sladkoj pičši kušat'.*

(Der Kuchen ist sehr lecker, aber leider ist es unmöglich für mich viel Kuchen zu essen, weil ich Bauchschmerzen habe, wenn ich viel Süßes esse.)

(19) *Ja chotel by ečšë kusoček kušat', no moj vrač skazal mne čto ja dolžen men'še est'.*

(Ich würde gerne noch ein Stück essen, aber mein Artz sagte mir, ich muss weniger essen.)

(DL2-E)

(20) *I'd like to have one, but at the moment I'm looking for the other one (person) in the next room.*

(RL2-E)

(21) *Well, you know, that I just don't like sweat things, I just woudn't be able to appreciate it!*

---

[146] In einem anderen Kontext wäre es möglich, z. B. „*Ja Vas očen' blagodarju za èto*"

(22) *It could be a great pleasure for me, but to tell you the truth I'm on a diet.*

(RL2-D)

(23) *Nein, danke. Würden Sie nicht so lieb sein, mir noch eine Tasse Tee einzuschenken?*

Im fremdsprachlichen Material fällt zusätzlich auf, dass die „Sie-Form" manchmal verwendet wird,[147] z. B.:

(DL2-R)

(24) *Vy očen' dobry ...*

(Sie sind sehr nett ...)

(25) *Prostite ...*

(Entschuldigen Sie bitte ...)

(RL2-D)

(26) *Würden Sie nicht so lieb sein ...*

Besonders bei den russischen Lernern des Englischen sind eingeübte Floskeln wie „*I'd love to ...* ", „*I'd rather ...* " auffallend, die im englischen Datenmaterial selten vorkommen (vgl. „transfer of training" bei den russischsprachigen Lernern, dieses Kapitel).

Es fällt außerdem auf, dass in der Zielsprache Deutsch die russischen Lerner Ablehnungen mit „*Danke ...* " beginnen, die englischen Lerner dagegen mit „*Nein, Danke ...* ". Die Distribution der Strategie „Nein" beträgt in der Gruppe RL2-D 19% und in der Gruppe EL2-D dagegen 31% (vgl. Transfer in der Anordnung der semantischen Formeln, Kapitel 13.1).

An ausgewählten Beispielen wurden in diesem Abschnitt einige auffallende Realisierungsabweichungen im Sprachverhalten der Nichtmuttersprachler

---

[147] Die Verwendung der „Sie-Form" wurde ebenfalls bei den russischen Muttersprachlern beobachtet (s. Abschnitt 10.3.1). Aufgrund einer kleinen Anzahl derartige Antworten in L2 kann eine Schlussfolgerung hinsichtlich der IL-Spezifik (z. B. ein Versuch in L2 höflicher zu agieren) nicht gezogen werden.

demonstriert. Es wurde gezeigt, dass ohne eine inhaltliche Analyse der semantischen Formeln die Betrachtung des Transfers unvollständig ist. Um die aufgegriffenen geschlechtsspezifischen Differenzen zu bestätigen sind weitere Untersuchungen mit einer größeren Probandenanzahl nötig. Die erzielten Ergebnisse legen nahe, dass bei einem Transfer der Einfluss des Sprachunterrichts („transfer of training") sowie die im Abschnitt 10.3.1 beschriebenen strukturellen Unterschiede (z. B. im Flexionssystem) zwischen der russischen und den anderen untersuchten Sprachen bedeutend sind. Die Ergebnisse bestätigen außerdem die empirisch mehrmals nachgewiesenen (z. B. Gass/Houck 1999) Kompensationsstrategien bei den fremdsprachlichen Ablehnungen: „bluntness", und „indications of linguistic or sociocultural inadequacy" (vgl. Kapitel 4.1). Da der Fokus der vorliegenden Untersuchung auf den Höflichkeitsstrategien liegt, kann die in diesem Abschnitt durchgeführte Analyse nicht alle interessanten Beispiele aufgreifen. Dies bedürft einer tieferen Analyse (z. B. zur Kategorie Konjunktiv in L2). Es wurde jedoch versucht, die wesentlichen Bereiche zu skizzieren.

14. Zusammenfassung

Die interlinguale Analyse hat gezeigt, dass ein Transfer in der Distribution, der Anordnung, der Realisierung und der Evaluierung der Strategien, das heißt sowohl in der Produktion als auch in der Evaluierung stattfindet (vgl. Beebe et al. 1990). Vor allem Realisierungsfehler sind in L2 auffallend (aufgrund des Sprachunterrichts und der kulturspezifischen Floskeln, die eine beschränkende Rolle auf den Sprachlerner ausüben). Die aufgrund der interkulturellen Analyse bereits bewiesene Kulturspezifik einiger Strategien (beispielsweise der Strategie „Genug" für EL1) ist durch einen Transfer in der interlingualen Analyse bestätigt worden.

Es zeigen sich bestimmte Bereiche, die als IL-spezifisch aufgefasst werden können. Da die Gefahr des Selbstpräsentationsverlusts in der Fremdsprache dem Lerner im fortgeschrittenen Stadium aufgrund der wahrgenommenen kulturspezifischen Differenzen bewusst sein sollte, versucht er in seinem

Sprachverhalten möglichst so zu agieren, dass er sozial akzeptiert wird. Mit einigen Strategien kompensiert er in L2 mögliche Wissenslücken oder Ungeschicklichkeiten. Das Bemühen um den Gesprächspartner („conflict avoidance") kommt dadurch in der Fremdsprache deutlicher zum Ausdruck als in der Muttersprache.

Die Unterschiede zur L1 sind in der Evaluierung deutlicher als in der Produktion. So unterscheiden sich beispielsweise die deutschen Muttersprachler in der fremdsprachlichen Produktion der Ablehnungen fast nicht von L1. In der Evaluierung unterscheiden sich die deutschen Muttersprachler von L1 in beiden Lernergruppen hinsichtlich der Strategie „Nein" (L2<L1). Die deutschen Lerner des Englischen unterscheiden sich außerdem in der Evaluierung der Strategie „Alternative" (wobei L2>L1), das heißt, auch hier ist ein Versuch zum höflichen Verhalten deutlich (vgl. auch Evaluierung der Strategie „Nein" in anderen Lernergruppen sowie der Strategie „zurückgeben" bei der Analyse der Komplimenterwiderungen). Wie erwähnt, spiegelt sich IL-spezifisches Verhalten vor allem in den erhobenen Evaluierungsdaten wider (und L1-Verhalten in den Produktionsdaten), so dieser Untersuchung. Das Verfahren ist hier allerdings nicht geeignet, um Aussagen darüber vornehmen zu können, ob die Lerner nicht auch in der Produktion IL-spezifische Strategien verwenden werden, wenn der Fokus der Datenerhebung auf solche Strategien gelegt wird.[148]

Als interessant hinsichtlich eines Transfers hat sich die Strategie „Will nicht" gezeigt, welche die russischen Sprecher zwar in L2 produzieren, aber für nicht besonders angemessen halten (Gruppe RL2-D: 4%, Gruppe RL2-E: 6%, Gruppe RL1: 42%). In ihrer Muttersprache halten sie diese Strategie jedoch umgekehrt für am angemessensten.[149] Eine bewusste Betrachtung (sprich Evaluierung) dieser Strategie als direkte Ablehnung kommt erst in der Fremdsprache

---

[148] Außerdem sollten andere Strategien, die hier als IL-spezifisch identifiziert worden sind – „Wiederholung" (womöglich „learner's verbosity"), „Bedauern", „Als ob" (s. Kapitel 13.1), ebenfalls in einer gezielten Untersuchung erneut analysiert werden.

[149] Wie im Kapitel 10.2 erwähnt wurde, könnte dies auch aus der Tatsache resultieren, dass die Übersetzung dieser Strategie für die russischen Sprecher eine andere Bedeutung hat, als in L1, wo es womöglich als „Erklärung" intendiert wird.

zustande, in der das Ziel der „sozialen Akzeptanz" als sehr wichtig empfunden wird. Die Tatsache, dass die englischen und die deutschen Sprachlerner diese Stratégie in L2 im Gegensatz zur L1 für angemessen halten, deutet jedoch darauf hin, dass die Verben *chotet'*, „wollen", „möchten", „want" je nach Sprache unterschiedliche illokutionäre Kraft haben könnten.

Es zeigten sich im Laufe der Untersuchung darüber hinaus Bereiche, die höchstwahrscheinlich durch den Sprachunterricht verursacht worden sind. Die englischen Muttersprachler verwenden die Strategie „Will nicht" in L2 (dies ist der einzige Unterschied in dieser Gruppe zu L1). Im Zusammenhang mit der Lernersprache erwies sich demzufolge der Input des Sprachunterrichts in dieser Studie als sehr bedeutend.

In dieser Untersuchung konnten in Gruppe EL2-R (weniger Transfer als erwartet) Faktoren, die den Zusammenhang zwischen dem Lernerniveau und dem Transfer beeinflusst haben, nicht identifiziert werden (s. Kapitel 13.2). Es konnte jedoch festgestellt werden, dass das Lernerniveau auf die sprachliche Realisierung der Strategien wesentlichen Einfluss hat (die meisten falschen Realisierungen sind in der Gruppe EL2-R vorgefunden worden). Die hier festgelegte Variable „zwei Jahre im Inland" erwies sich in Bezug auf den Zusammenhang zwischen Lerngeschichte und Transfer als nicht bedeutend.

Kulturspezifische Tendenzen haben sich nicht nur beim Transfer sondern auch durch andere Faktoren, wie die Bewertung der Strategien (Mittelwert), bestätigt. So sind die höheren Noten stets von den englischen Sprechern vergeben worden – in L1 wie in L2.[150] Die Tatsache, dass ein Transfer in der Angabe von Gründen in beiden untersuchten Sprechakten stattfindet, ist ebenfalls ein Beweis dafür, dass es sich um kulturspezifische Tendenzen handelt.

Die Ratingskala erwies sich als geeignetes Verfahren, um eine differenzierte Analyse hinsichtlich der in dem gegebenen Kontext angemessenen Strategien durchzuführen. Die Ergebnisse der Auswahlantwortmethode unterstützen die

---

[150] Für Komplimenterwiderungen gilt: EL1 – 3,23, EL2-D – 3,1; EL2-R – 3,13 vs. DL1 – 2,81; DL2-R – 2,95; DL2-E – 2,8 vs. RL1 – 2,88; RL2-D - 2,9; RL2-E – 2,9. Für Ablehnungen gilt: EL1 – 3,61; EL2-D – 3,6; EL2-R – 3,6 vs. DL1 – 3,46; DL2-R – 3,07; DL2-E – 3,2 vs. RL1 – 3,46; RL2-D – 3,3; RL2-E – 3,3.

Ergebnisse der Ratingskalamethode. Der Aufbau eines Raster für den Transfer auf der Basis der Signifikanztests erwies sich als sehr hilfreich, um einen tatsächlichen Transfer herauszufinden.

Es wurden keine systematischen geschlechtsspezifischen Differenzen aus der Muttersprache übertragen. Einige Faktoren in der Produktion der Ablehnungen beweisen dies: „Bedauern" und „Wiederholung" wurden in L2 von männlichen Probanden häufiger eingesetzt als von weiblichen (vgl. umgekehrt bei der Evaluierung in L1: „Alternative" als den Männern eigene und „Bedauern" als den Frauen eigene Strategien). Außerdem scheinen die Frauen, obwohl sie häufiger direkte Strategien verwenden, sich des Einsatzes von „Lob" in L2 als Höflichkeitsfloskel bewusster zu sein als die Männer. Weitere Untersuchungen mit einer größeren Probandenzahl sind notwendig, um fundierte Aussagen vornehmen zu können, ob sich Männer und Frauen hinsichtlich der IL-spezifischen Strategien unterscheiden (vgl. das nicht eindeutige Ergebnis im Hinblick auf geschlechtsspezifische Präferenzen bei der Evaluierung der Strategie „zurückgeben" in Komplimenterwiderungen, einem Sprechakt, der als geschlechtsdifferenziert bezeichnet wurde, Kapitel 12.2).

Im Falle der Komplimenterwiderungen konnten die aufgestellten Hypothesen hinsichtlich einer Übertragung aus der Muttersprache bestätigt werden. Für Ablehnungen haben sich die Hypothesen zwei und vier bestätigt. In Bezug auf die Hypothese eins waren andere Faktoren wirksam (s. oben zum Einsatz der Verben). Hinsichtlich der Hypothese drei (Strategie „Verschiebung"), konnten keine eindeutigen Ergebnisse erzielt werden.

In Bezug auf die Lernersprache deutet die Analyse darauf hin, dass Interlanguage in pragmatischer Hinsicht eher unter dem Einfluss der Muttersprache steht als unter dem der Zielsprache. Transfer formt die Interlanguage, das heißt, die „transferierten" Strategien tragen zur Gestaltung der dem Lerner zur Verfügung stehenden Sprache (IL) bei (vgl. Beebe et al. 1990: 55). Dies bedeutet die Gefahr der kulturspezifischen Färbung. Bei der Realisierung der semantischen Formeln üben darüber hinaus die Struktur der Zielsprache bzw. die Differenzen zwischen der Mutter- und der Zielsprache ihren Einfluss aus. Die Wahrnehmung dieser Differenzen („perceived distance", Kellerman 1983) motiviert den Lerner zum Einsatz der Kompensationsstrategien, die wiederum aus dem Input des Sprachunterrichts hervorkommen können (z. B. „Kann nicht" bei den russischen Lernern des Englischen). Es konnten in dieser Studie Beweise erbracht werden, die auf eine variable (idiosynkratische) Natur der Interlanguage hinweisen (vgl. Schachter 1992), z. B. die Beherrschung der Kategorie Aspekt (vgl. Kapitel 7). Angesichts des Zusammenwirkens vieler Faktoren bei der Gestaltung der Interlanguage (wie sie durch die erhobenen Daten zum Ausdruck kommt) sind Schlussfolgerungen nicht immer eindeutig.

15. Schlussbetrachtung

In der vorliegenden Studie wurden Erwiderungen auf Komplimente und Ablehnungen (eines nicht schwerwiegenden Angebots) durch DE gesammelt sowie durch die Auswahlantwortmethode und die Ratingskalamethode hinsichtlich der Angemessenheit im gegebenen Kontext eingeschätzt. Die zu analysierenden Items wurden auf der Basis der bereits bestehenden Klassifizierungen nach semantischen Formeln identifiziert. Diese semantischen Formeln wurden nach ihrer hörer-unterstützenden Funktion auch „Höflichkeitsstrategien" genannt (direkte Ablehnungen ausgenommen). Die Unterschiede zwischen den Sprechergruppen wurden auf den kulturellen Faktor zurückgeführt (Kapitel 8.1).

Die Ergebnisse dieser Studie werden nicht für die deutschen, russischen und englischen Sprecher generalisiert (s. weiter unten in diesem Kapitel). Dennoch sind die Ergebnisse hilfreich, um die Prinzipien der Sprachverwendung, die Komplimenterwiderungen und Ablehnungen in diesen drei Sprachen – sowohl als Muttersprache wie auch als Fremdsprache – erzeugen, zu verstehen. Mit etwa 50 Probanden pro Gruppe sind die ersten statistischen Aussagen hinreichend gestützt.[151] Durch die Einbeziehung der deutschen und russischen Sprache ist mit dieser Arbeit eine Brücke zum weniger erforschten nicht-englischen Raum geschlagen.

---

[151] Eine Ausnahme bilden die Befunde zu geschlechtsspezifischen Differenzen.

Um die Rolle des kulturellen Faktors aufzuzeigen, sind die Strategien in ihrer Distribution, Anordnung und Realisierung, inklusive Inhalt sowie hinsichtlich ihrer Angemessenheit im Kontext aus der Sicht der Muttersprachler verglichen worden (interkulturelle Analyse). Um „transferierte" sowie IL-spezifische Strategien herauszufinden, wurde bei der Gegenüberstellung der Daten aus L1 und L2 eine „Rasteranalyse" auf der Basis der Signifikanztests angewandt (interlinguale Analyse).

In der beschriebenen Art und Weise wurden interkulturelle und geschlechts-spezifische Unterschiede in der Ausführung und Bewertung der untersuchten Sprechakte durch gewählte Probanden herausgefunden. Einige Sprechakte wie Komplimenterwiderungen, die dem Ausdruck der Sympathie dienen, scheinen von der Variable „Geschlecht" eher beeinflusst zu sein als andere. Sprechakte wie Ablehnungen geben dagegen aufgrund einer Vielfalt an indirekten Strategien mehr Spielraum, um interkulturelle Unterschiede zu untersuchen. Solche Sprechakte scheinen von der Variable „Geschlecht" weniger beeinflusst zu sein.

Die Studie zeigt, dass wenig gravierende Unterschiede zwischen den drei un-tersuchten Sprachen (im gewählten Kontext) bestehen. Dieses Ergebnis deutet zum einen darauf hin, dass es sich um solche Kulturen handelt, zwischen denen die Unterschiede in der *face*-Auffassung nicht gravierend sind. Zum anderen unterstützen die Ergebnisse die universelle Seite der Pragmatik der sprachlichen Handlungen (vgl. Fraser 1990),[152] da ja eindeutig große Areale in der Auswahl der Formen für den Ausdruck einer Nichtzustimmung in allen Sprechergruppen vorgefunden wurden. Die pragmatischen Eigenschaften der natürlichen Sprache werden demzufolge äquivalent in Gebrauch gezogen. Das daraus entstehende Regelwerk ermöglicht den Aufbau sozialer Beziehungen über Sprachgrenzen hinaus.

Die Ausgangshypothesen für die vorliegende Arbeit (s. Seite 22) haben sich durch die experimentelle Untersuchung bestätigt. Die kulturelle Bindung

---

[152] Im Hinblick auf die Auffassung von Wierzbicka (1985a) können erst durch weitere Unter-suchungen im Bereich der Angabe von Gründen, welcher nach dieser Analyse als kultur-spezifisch anzunehmen ist, Schlussfolgerungen gezogen werden.

scheint weitgehend unbewusst zu sein, da sich kulturelle Tendenzen sowohl in der Produktion als auch in der Evaluierung beider untersuchten Sprechakte zeigen.[153] Die vorgefundenen interkulturellen Unterschiede in der Angabe von Gründen (für beide Sprechakte), in der Vermeidung und in der direkten Ablehnung sind darüber hinaus übertragbar – Transfer. Sie können demzufolge bei einem Sprachlerner zu einer Ausführung des Sprechaktes führen, die als nichtmuttersprachlich identifiziert wird. Diese Schlussfolgerung ist umso bedeutender, als festgestellt wurde, dass die semantische Formel selbst eher als die Anordnung der Formeln für die Entscheidung ob der Angemessenheit der Äußerungen ausschlaggebend ist. Die entdeckten Unterschiede bei der Realisierung der semantischen Formeln morphologischer und syntaktischer Art sowie im Hinblick auf den Vorzug bestimmter Routineformeln, auf die lexikalische Auswahl und auf die inhaltliche Gestaltung, beispielsweise von Alternativen, sind als für den Sprachlerner problematisch identifiziert worden. Die im Abschnitt 10.3.1 skizzierten Fehlerbereiche können zur Vorhersage dienen.

Im Laufe der Analyse wurden einige Faktoren identifiziert, die der kultur-spezifischen Wahrnehmung der Äußerungen zugeschrieben werden können, z. B. Tendenz zu einer höheren Bewertung der Alternativantworten durch englische Sprecher bzw. große Streuung bei der Auswahl der präferierten Strategie durch deutsche Sprecher. Ob sich hierdurch das tatsächliche Sprachverhalten oder lediglich eine methodologische Einschränkung wi-derspiegelt, bleibt zu klären.

Aus der Analyse konnten Aussagen über das Konstrukt der Indirektheit in der Sprache gewonnen werden. An ausgewählten Beispielen wurde gezeigt, dass die Realisierung und der Inhalt der semantischen Formeln für die jeweilige Entscheidung über den Grad der Indirektheit in der Sprache zusätzlich zur Distribution der Kommunikationsstrategien betrachtet werden sollen.

---

[153] Die Evaluierung der Strategie „Will nicht" durch russische Muttersprachler bildet eine Ausnahme.

Zu den aus der Methode resultierenden Einschränkungen dieser Untersuchung gehören die fehlenden Intonationsangaben, die während der Analyse nützlich gewesen wären. Darüber hinaus sind nicht alle in den jeweiligen Sprachen möglichen sprachlichen Beispiele im Datenmaterial gefunden worden. Die Auswahl der semantischen Formeln zur Evaluierung sollte präziser durchgeführt werden. Mehr Probanden wären nötig, um geschlechtsspezifische Unterschiede zu analysieren. Es sollte eine ähnliche Vertrautheit mit der Untersuchungsmethode von den Probanden unterschiedlicher Sprachen durch Methodendesign gewährleistet werden (vgl. Kapitel 8). Die Überlegungen zum Methodenvergleich sind darüber hinaus im jeweiligen Kapitel „Zusammenfassung" dargelegt.

Weitere Arbeiten sollten in folgender Richtung durchgeführt werden: Untersuchungen der russischen Verben *chotet'* („wollen"/"möchten") und *moč* („können") und ihren Äquivalenten in L2, um die hier angezeigten Aspekte besser zu verstehen; Untersuchungen der Funktion von „Net" (vs. „Nein, danke" bzw. „No, thanks") sowie von „Will nicht" in der russischen Sprache. Weiterhin ist die Erforschung der Angabe von Gründen in verschiedenen Kulturen viel versprechend. Zu diesen Zwecken sollte der Diskursverlauf in die Analyse miteinbezogen werden, damit durch das „Aushandeln" (negotiation) die kulturspezifischen Präferenzen in Bezug auf Gründe besser zur Geltung kommen können. Evaluierungen der fremdsprachlichen Daten (z. B. EL2-R) durch Muttersprachler (RL1) könnten Aufschluss darüber geben, inwieweit die Lernersprache für unangemessen gehalten wird. Zu diesen Zwecken eignet sich am besten die Methode der Ratingskala. Sie liefert differenzierte Ergebnisse, besonders hinsichtlich der weniger präferierten Strategien, die ja durch die Auswahlantwortmethode untergehen. Um den Einfluss der externen Faktoren – wie z. B. die Dauer des Spracherwerbs – auf den Sprachlerner herauszufinden, ist ein Interval von über zwei Jahren notwendig (z. B. fünf Jahre). Da der Einsatz der Strategien auch individuellen Faktoren unterliegt, wie in der vorliegenden Untersuchung angedeutet wurde, sind darüber hinaus Untersuchungen zum Zusammenspiel der externen (wie die Dauer des Spracherwerbs, Eintrittspunkt in die Zielkultur) und der internen (wie die

Identitätsempfindung mit der Zielsprache) Lerner-Faktoren sicherlich dringend nötig.

Die experimentelle Untersuchung bestätigt die Richtigkeit des vorgestellten Konzeptes der strategischen Höflichkeit (s. Kapitel 5.2). Die Analyse zeigt, dass der unterstützende Aspekt – Anerkennung oder Zustimmung – gegenüber dem Sprecher A fast immer explizit gemacht wird. Die Tatsachen, dass in mindestens 70% aller Ablehnungen die semantischen Formeln „Danke" oder „Lob" vorkommen (s. Tabelle 10-3) und die semantische Formel „sich freuen" bei der Erwiderung der Komplimente als sehr angemessen betrachtet wird, deuten auf eine Ausdruck der Höflichkeit hin. Deren Explizitheit ist der Ausdruck der *face*-Bedingung, die sich die Gesprächspartner gegenseitig auferlegen.

Ebenso kann der Einsatz indirekter Strategien bei gleichzeitigem Wunsch abzulehnen nur durch einen Nutzen für B erklärt werden. Der Nutzen besteht in dem weiter bestehenden Kontakt nach der Erfüllung der *face*-Bedingung (s. oben). Die strategische (zweckgerichtete) Verwendung von Höflichkeit in der Sprache kann somit mit der Taktmaxime („minimize cost to other") beschrieben werden (vgl. Leech 1983). Sprechakte, in denen Höflichkeit in diesem Sinne strategisch eingesetzt wird – wie Ablehnungen – unterscheiden sich auf den ersten Blick von Sprechakten – wie Erwiderungen auf Komplimente – in denen Höflichkeit sozusagen spontan verwendet wird. Bei einer eingehenderen Betrachtung des letzteren Sprechaktes bzw. beim Einbeziehen des Konzeptes „Vermeidung des Eigenlobs" (vgl. Pomerantz 1978, Chen 1993) kann strategische Höflichkeit jedoch durchaus beobachtet werden. Sie kann auch im Sinne des Konzepts „Solidarität" (vgl. Kapitel 5.2) beschrieben werden – als Höflichkeit, die aus der Notwendigkeit der Beziehungspflege entsteht.

Die Schlussfolgerung aus der vorliegenden Untersuchung hinsichtlich der Höflichkeit ist: Dem Nichtmuttersprachler sollte bewusst sein, dass entsprechende kulturspezifische Präferenzen – um die er entweder nicht weiß oder auf die er sich aufgrund der eigenen kulturellen Bindung nicht einlassen kann oder möchte – seine Selbstpräsentation als Sprecher (*face*) und demzufolge seine Akzeptanz in der fremden Umgebung gefährden könnten.

Zum mehrmals angesprochenen Problem der Generalisierung sollen zum Abschluss dieser Arbeit zwei Punkte erörtert werden. Erstens sind es **drei Annahmen über muttersprachliche Normen**, mit denen man bei kontrastiven Untersuchungen arbeitet (s. Kasper 1995: 71ff.).[154] (1) Die Kommunikationsgemeinschaft muttersprachlicher Sprecher ist nicht homogen, sondern unterscheidet sich auf der makrosoziologischen Ebene[155] regional-, generations- sozialschicht- und geschlechtsspezifisch. (2) Auch in der muttersprachlichen Kommunikation finden Fehlschläge (kommunikativer Art, in Hinsicht auf Erfolg) statt. (3) Die Rezeptions- und Produktionsprozesse eines bilingualen Sprachbenutzers sind durch Interaktion beider Sprachen und die damit verbundenen Verarbeitungsstrategien gekennzeichnet. Die Normen eines monolingualen und monokulturellen Sprechers sind nicht unbedingt ein geeigneter Maßstab für das sprachliche Handeln eines Lerners.

Je mehr eine Konversation einem institutionellen Gespräch näher kommt, das heißt, die soziale Macht eines Gesprächspartners über den anderen eine Rolle spielt, desto größer wird das Konfliktrisiko. Es setzen individuelle Strategien ein (vgl. Kasper 1995: 88). Deswegen ist die Bewusstmachung der interkulturellen Unterschiede der erfolgreichste Weg dahin, die Ziele der interkulturellen Forschung zu erreichen (s. Ausblick). Darauf basierend sollten Trainingsmodule erarbeitet werden. Missverständnisse könnten dadurch zumindest vorhergesagt werden. House (1998: 77) betont, dass kulturelle Bewusstheit (language-awareness) in den Unterricht integriert sein sollte.

Sie hebt hervor, dass die fremde Sprache als Ausgangspunkt der „Bemühungen" fungieren soll,[156] und beschreibt eine Reihe von Lernmodulen/Techniken, die

---

[154] In diesem Aufsatz weist Kasper darauf hin, dass Lernersprachenpragmatik mit der Lernersprachenforschung und mit der interkulturellen Pragmatik durch das methodologische Merkmal der Kontrastivität verbunden ist (ebd. 69,70). Im Zusammenhang damit, dass die durch empirische Studien ermittelten Differenzen als Defizite, Abweichungen oder Fehler deklariert werden, geht sie detailliert auf die hier genannten Annahmen ein.
[155] Als Gegensatz gehören zur mikrosoziologischen Ebene die von Brown/Levinson (1987) (s. Kapitel 5) theoretisierten Faktoren wie soziale Macht, soziale Distanz und der Zumutungsgrad. Vgl. „macrosociological reductionism" von Schneider (1999: 170).
[156] Dabei verteidigt sie den sprachbezogenen Aspekt im Fremdsprachenunterricht, vgl. Edmondson/House (1998: 179). Ich schließe mich Ihrer Meinung an. Dieser Aspekt wird besonders im Kontext der Migranten deutlich (s. Ausblick).

dafür geeignet sind (ebd. 77ff.): „cognitive teaching" (z. B. Übungen mit
Paralleltexten), „process teaching" (z. B. Anregung zu eigenen Notizen über
„kritische" Alltagssituationen und deren Bearbeitung anhand der
Sekundärtexte), „experiential teaching" (z. B. Rollenspiel mit Hilfe von
Videoaufnahmen des entspre-chenden Muttersprachlers), „critical teaching" (im
Wesentlichen eine kritische Reflexion über Vorurteile), „sensitivity training"
(eine Art Empathie-Training mit Anweisungen wie „Gehe nie davon aus, dass
andere Dich verstehen.").[157]

Zweitens ist eine **Zusammenarbeit mit den Bereichen der Kulturwissen-
schaft** (Philosophie, Religion, Geschichte) nötig, um die Wurzeln der in
sprachwissenschaftlichen Untersuchungen angesprochenen kulturellen Normen
zu untersuchen (s. House 1998).

> Der Fokus in all diesen Arbeiten [vergleichende Sprachwissenschaft]
> liegt auf dem Bemühen, Verbindungen zwischen Sprache, Denken
> und Kultur herzustellen und zu zeigen, wie sich Unterschiede in dem,
> was unter ‚Mentalität' zu fassen ist, sprachlich niederschlagen, oder
> umgekehrt, wie durch Sprache Mentalitätsunterschiede zu Wege
> gebracht werden (House 1998: 73).

Auf diese Weise könnten fundierte Aussagen über die Herauskristallisierung
der kulturellen Werte in den Ländern der untersuchten Sprachen gemacht und
dann mit den Ergebnissen der empirischen Studien in der pragmatischen
Linguistik verbunden werden. Die in der pragmatischen Linguistik angestrebte
Erhebung der sozialen Wirklichkeit wäre dadurch vervollständigt.

---

[157] Als Beipiel für die Wirksamkeit dieser Module auch außerhalb des klassischen Bildungs-
wesens kann an dieser Stelle das Modellprojekt „Alt werden in der Fremde" des Caritasver-
bandes für Berlin e.V. benannt werden. Mit diesem Projekt versucht der Verband eine bessere
Versorgung der Berliner/innen ausländischer Herkunft zu erreichen. Durch die Verbindung
der „kritischen" und der „sensibilisierenden" Lernmodule von House (1998) sowie des
„experimentellen" Moduls (das in diesem Fall von der Praxis selbst gegeben ist, z. B. im
Krankenhaus) kann eine Sensibilisierung des Pflegepersonals weitgehend erreicht werden. Die
für dieser Untersuchung ausgewählten Situationen könnten ebenfalls als Basis für ein „experi-
mentelles" Training mit einer anschließenden Diskussion dienen. Der Vorteil bestünde dabei
in den empirisch ermittelten kulturellen Unterschieden.

Ausblick

Die Ziele der Beschäftigung mit der interkulturellen Kommunikation sind im Wesentlichen auf das interkulturelle Lernen[158] oder die Annäherung von Kulturen durch Abbau von Stereotypen gerichtet. Vor dem Hintergrund der angestrebten Globalisierung ist es naheliegend, das diesem Prozess große Bedeutung zugeschrieben wird. Die Anwendung der Ergebnisse auf Kommunikationsteilnehmer wie Schüler, Studenten, Touristen, Manager, Ausländer und öffentliche Akteure macht die interkulturelle Kommunikation zu einem interdisziplinären Forschungsfeld. Mit Hilfe von verschiedenen Disziplinen und Methoden versucht man gemeinsam, Einsichten in Wirkungszusammenhänge und Prozesse bei der Konfrontation mit den anderen Kulturen zu gewinnen (vgl. Dadder 1988: 129).

Dabei sind, wie ein Blick auf die aktuellen Veröffentlichungen zu diesem Thema zeigt, stets zwei Begriffe mit im Spiel: die Begriffe der Kultur und der Kommunikation. Während der zweite Begriff aus der Idee der Gemeinsamkeit („sharing" – engl. oder „commune" – Latein) resultiert und im Wesentlichen den Prozess des Informationsaustausches bezeichnet, ist der erste Begriff viel umstrittener. Man findet Hinweise auf die Definitionen von Linton (1945: 5) – Kultur als „configuration of learned behaviours and results of behaviour whose component parts are shared and transmitted by members of a particular society", Geertz (1995: 46) – Kultur als „System, mit dessen Hilfe die Menschen ihr Wissen vom Leben und ihre Einstellungen zum Leben mitteilen, erhalten und weiterentwickeln" und Thomas (1989: 49) – Kultur als „Orientierungssystem".[159] Der Begriff der interkulturellen Kommunikation leitet sich im Grunde von den zwei oben genannten Begriffen her.[160]

Orientiert man sich an der Definition der Kultur als Orientierungssystem, werden die Normen in einer Kultur eine darin anerkannte Objektivität darstellen.

---

[158] Zu einer ausführlichen Besprechung der Konzepte interkulturelles Lernen und interkulturelle Kommunikation sowie deren Verbindung zum Fremdsprachenunterricht s. Edmondson/House (1998) sowie Hu (1999).

[159] Kohl (1993: 130) verweist auf 160 existierende Kulturdefinitionen im Jahre 1950.

[160] S. Näheres bei Edmondson/House (1998: 169), Knapp/Knapp-Potthoff (1990: 66).

Die Anzahl der Kulturen wäre dann der Anzahl der Objektivitäten gleich. Die Verbindung zwischen Kultur und Sprache besteht darin, dass sprachliches Verhalten auf der Basis der soziokulturellen Werte interpretiert wird (z. B. Gumperz 1982, 1992). In interkulturellen Begegnungen kommt es dann häufig zu unterschiedlichen Interpretationen von Kontextualisierungshinweisen („mismatching contextualization"), die der Sprecher dem Hörer auf verschiedenen sprachlichen Ebenen, z. B. durch die Intonation, die Wahl der Worte usw., gibt (s. House 1998: 75). In anderen Worten besteht die Problematik darin, dass sich die Eigenwahrnehmung von der externen Wahrnehmung unterscheidet (Eigenbilder versus Gegenbilder). Dieser Unterschied führt nicht nur in der interkulturellen Kommunikation zu Missverständnissen. Die Schwierigkeit der interkulturellen Kommunikation kann um so besser verstanden werden, wenn man ihre Notwendigkeit für den Sprecher bedenkt.

Im Ausbildungsbereich, das heißt für Schüler oder Studenten, ist eine direkte Konfrontation mit der fremden Kultur im Regelfall durch den Austausch gewährleistet. Denn nur dort – im Gegensatz zum Unterricht – kann man sich einer Auseinandersetzung nicht entziehen.[161] Auch Touristen, die an einer fremden Kultur ernsthaft interessiert sind (z. B. Studienreisende), stellen sich dieser Auseinandersetzung.

Noch weniger als die genannten Gruppen, können sich Manager (business people) einem interkulturellen Kontakt entziehen. Besonders die Beziehungen auf der Ost-West-Achse sind heutzutage in der Entwicklungsphase und brauchen Unterstützung aus dem Bereich der interkulturellen Forschung. Hierzu beschäftigt man sich mit Transformationsprozessen im Osten, wobei vor allem die Theorie des „kollektiven Kulturschocks" von Feichtinger/Fink (1998) herangezogen wird. Es wird daran gearbeitet, dass wirtschaftliche Beziehungen nicht an den kulturellen Unterschieden scheitern.[162]

Als Weiteres sind Arbeitnehmer zu nennen, die sich im Ausland um eine Beschäftigung bewerben, z. B. Einstellungsinterviews in der Fremdsprache. Auf

---

[161] S. Ertelt-Vieth (1999) über russisch-deutschen Schüleraustausch.

[162] z. B. Meierewert (1999) über Probleme bei tschechischen und österreichischen Managern. Hierzu ist noch zu sagen, dass die Ost-West-Achse auch im Bereich der Migration einen interessanten und aktuellen Untersuchungsgegenstand darstellt.

der internationalen Ebene der Medien (Werbekampagnen, Filmübersetzungen, Nachrichten etc.) oder in der Politik ist die interkulturelle Kommunikation ebenfalls gefragt, vor allem da es sich in diesen Bereichen meist um strategischen Informationsaustausch handelt.[163]

Alle diese Sprechergruppen profitieren von den Ergebnissen der interkulturellen Studien. Eine weitere Zielgruppe, die auf die Ergebnisse – vor allem in Deutschland – angewiesen ist, ist die ausländische Bevölkerung. Vor dem Hintergrund der rückgängigen Bevölkerungsentwicklung und der dadurch ausgelösten Integrationsdebatte ist dieses Thema besonders aktuell geworden. Selbstverständlich hängen Abweichungen von Standards, wie sie Ausländer zeigen, von den Toleranzgrenzen des jeweiligen Ansprechpartners ab. Interessant ist aber, dass die Relativierung der eigenen Wahrnehmung durch interkulturelle Begegnung nur gewinnen kann. Der interkulturelle Kontakt ist demzufolge für beide Seiten nützlich. Eine verantwortungsbewusste Migrationspolitik, der die Belange der Aufnahmegesellschaft und die der Zuwanderer gleichermaßen zugeordnet werden (vgl. Wendt 1998: 11), wäre damit auch eine im Sinne des gesellschaftlichen Fortschritts von sich selbst profitierende.

Eine erfolgreiche Integration findet dann statt, wenn die Ausländer ihre Rechte und Pflichten wahrnehmen können, was vor allem Sprachkenntnisse voraussetzt. Ein aus der Sicht der Zielkultur angemessenes Verhalten bewirkt eine Assimilierung, auch Akkulturation genannt. Dabei taucht jedoch ein Identitätsproblem auf. Trotz des eigenen Wunsches (der mehr oder weniger ausgeprägt sein kann), in der Zielkultur akzeptiert zu werden,[164] ist für die kulturelle Identität die Beibehaltung des eigenen kulturspezifischen Interaktionsstils wichtig (vgl. Gumperz 1977).

---

[163] Im Hinblick auf Konsequenzen, da auch Informationsaustausch in respondierenden Sprechakten strategisch ist.
[164] Wendt (1998: 13) nennt es den „Willen der Immigranten".

Leider wird dadurch oftmals entstehende Ghettoisierung wiederum zum Problem.[165]

Das angesprochene Identitätsmanagementproblem ist deutlich an den „deutschen" Aussiedlern aus Osteuropa zu erkennen, deren soziokulturelle Selbstwahrnehmung als Deutsche eine produktive Verarbeitung und Bewältigung von Integrationsproblemen – sich mit der Minderheitsposition zu „arrangieren" – verhindert (vgl. Wendt 1998: 20).[166] Eine Verhinderung der Integration durch Erwartungen, die hier stattfindet, ist auf die interkulturelle Kommunikation (NS-NNS) im Allgemeinen übertragbar. Eine Aufklärung bezüglich der Normen der Zielgesellschaft wäre vorteilhaft gewesen.[167]

Praktisch gesehen ist es für den Lerner vonnöten, Informationen über die Zielkultur – z. B. was dort als höflich angesehen wird und was nicht, das heißt die sprachlich-kulturellen Normen und Erwartungen – parat zu haben (vgl. Kasper 1995: 87). Vergleichende Untersuchungen aus der Sprachwissenschaft finden hier ihre Anwendung. Die vorliegende Untersuchung zu Höflichkeitsstrategien im Deutschen, Englischen und Russischen hat versucht, diesbezüglich einen Beitrag zu leisten.

---

[165] Ein weiteres Problem ist offensichtlich die psychosoziale Aufnahmefähigkeit der Aufnahmegesellschaft (Wendt 1998: 13). S. dort Näheres zum Nutzen einer erfolgreichen Integration für die wirtschaftliche, politische und soziale Stabilität sowie für den gesellschaftlichen Fortschritt in Deutschland. S. auch dort Hinweise zum Nutzen einer interdisziplinären Forschung rund um das Thema Migration (ebd. 16).

[166] S. Fuchs (1998) zu einer empirischen Untersuchung von Aussiedlern aus Polen, Rumänien und der ehemaligen Sowjetunion. Es zeigt sich, dass der Anteil derjenigen, die das Zusammenleben mit der Aufnahmebevölkerung als schwierig einschätzen, um so größer ist, je weniger die Selbsteinschätzung und das Fremdbild von Einheimischen übereinstimmen (ebd. 29).

[167] S. in diesem Zusammenhang z. B. Sarangi (1993: 422-423) für einen interessanten Vergleich des Konzepts „interculture" von Ekstrand et al. (1981) mit dem Konzept „interlanguage" von Selinker (1972) sowie zu Problemen der Migrantenkulturen.

Literaturverzeichnis

Arabski, Janusz (1979), *Errors as Indications of the Development of Inter-language*, Katowice: Uniwersytet Śląski.

Arutjunova, N. D. und N. K. Rjabceva (eds.) (1994), *Logičeskij analiz jazyka. Jazyk rečevych dejstvij*, Moskva.

Austin, John L. (1962), *How to do things with words*, New York: Oxford University Press.

Austin, John L. (1970a), *Philosophical papers*, Oxford: Oxford University Press, deutsche Ausgabe (1986), *Gesammelte philosophische Aufsätze*, Stuttgart: Reclam.

Bardovi-Harlig, Kathleen und Beverly S. Hartford (1991), „Saying ‚no‘ in English: Native and non-native rejections", in Bouton, Lawrence und Yamuna Kachru (eds.), 41-58.

Barnlund, Dean C. und Shoko Araki (1985), „Intercultural encounters: The management of compliments by Japanese and Americans", *Journal of Cross-Cultural Psychology* 16, 9-26.

Beebe, Leslie M. und Martha Cummings (1985), *Speech act performance: A function of data collection procedure*. Paper presented at the TESOL Sociolinguistics Colloquium, New York.

Beebe, Leslie M. und Martha Cummings (1996), „Natural speech act data versus written questionnaire data: How data collection method affects speech act performance", in Gass, Susan M. und Joyce Neu (eds.), 65-86.

Beebe, Leslie M., Tomoko Takahashi und Robin Uliss-Weltz (1990), „Pragmatic transfer in ESL refusals", in Scarcella Robin C., Elaine S. Andersen und Stephen D. Krashen (eds.), 55-73.

Berens, Franz-Josef, Karl-Heinz Jäger, Gerd Schank und Johannes Schwitalla (1976), *Projekt Dialogstrukturen. Ein Arbeitsbericht*, München: Hueber.

Blum-Kulka, Shoshana (1987), „Indirectness and politeness in requests: same or different?", *Journal of Pragmatics* 11, 145-160.

Blum-Kulka, Shoshana und Elite Olshtain (1984), „Requests and Apologies: A cross-cultural Study of Speech Act Realisation Patterns (CCSARP)", *Applied Linguistics* 5, 196-213.

Blum-Kulka, Shoshana, Juliane House und Gabriele Kasper (eds.) (1989), *Cross-Cultural Pragmatics. Requests and Apologies*, Norwood, New Jersey: Ablex.

Börner, Wolfgang und Klaus Vogel (eds.) (1998), *Kontrast und Äquivalenz*, Tübingen: Narr.

Bortz, Jürgen (1999), *Statistik für Sozialwissenschaftler*, Berlin/Heidelberg: Springer.

Bortz, Jürgen und Norbert Döring (1995), *Forschungsmethoden und Evaluation*, Heidelberg: Springer.

Bouton, Lawrence und Yamuna Kachru (eds.) (1991), *Pragmatics and Language Learning 2*, Urbana-Champaign, IL: University of Illinois.

Brown, Penelope und Stephen Levinson (1978), „Universals in language usage: Politeness phenomena", in Goody, Esther N. (ed.), 56-289.

Brown, Penelope und Stephen Levinson (1987), *Politeness. Some Universals in Language Use*, Cambridge: Cambridge University Press.

Canale, Michael und Merill Swain (1980), „Theoretical Bases of Communicative Approaches to Second Language Teaching and Testing", *Applied Linguistics* 1, 1-47.

Caroll, E. Reed (ed.) (1971), *The learning of Language*, National Council of Teachers of English, New York.

Chen, Rong (1993), „Responding to compliments. A contrastive study of politeness strategies between American English and Chinese Speakers", *Journal of Pragmatics* 20, 49-75.

Chen, Xing, Lei Ye und Yanyin Zhang (1995), „Refusing in Chinese", in Kasper, Gabriele (ed.) (1995a), 119-163.

Cohen, Andrew D. (1996b), „Speech acts", in McKay, Sandra und Nancy H. Hornberger (eds.), 383-420.

Cohen, Andrew D. und Elite Olshtain (1994), „Researching the production of speech acts“, in Tarone, Elaine, Susan M. Gass und Andrew Cohen (eds.), 143-155.

Cole, Peter und Jerry L. Morgan (eds.) (1975), *Syntax und Semantics: Vol. 3: Speech Acts*, New York: Academic Press.

Corder, S. Pit (1978a), „Language distance and the magnitude of the learning task“, *Studies in second language acquisition* 2 (1), 27-36.

Corder, S. Pit (1992), „A role for the Mother Tongue“, in Gass Susan M. und Larry Selinker (eds.), 18-31.

Coulmas, Florian (1978), „Routineformeln und pragmatische Interferenzen”, in Kühlwein, Wolfgang und Albert Raasch (eds.), 31-40.

Coulmas, Florian (ed.) (1981), *Conversational Routine*, The Hague: Mouton.

Couper-Kuhlen, Elizabeth (1986), *An Introduction to English Prosody*, Tübingen: Niemeyer.

Dadder, Rita (1988), „Forschungen zum Schüleraustausch – ein Literaturüberblick“, in Thomas, Alexander (ed.) (1988a), 123-150.

Duden, *Deutsches Universal Wörterbuch*, (1985), 2. Auflage, Dudenverlag.

DuFon, Margaret A., Gabriele Kasper, Satomi Takahashi und Naoko Yoshinaga (1994), „Bibliography on linguistic politeness“, *Journal of Pragmatics* 21, 527-578.

Dulay, Heide und Marina Burt (1974), „Natural sequences in child second language acquisition“, *Language Learning* 24, 37-53.

Dulay, Heide, Marina Burt und Stephen D. Krashen (1982), *Language Two*, New York: Oxford University Press.

Duranti, A. und Goodwin, C. (eds.) (1992), *Rethinking Context*, Cambridge: Cambridge University press.

Edmondson, Willis, Juliane House, Gabriele Kasper, und McKeown, John (1979), „Sprachliche Interaktion in lernzielrelevanten Situationen:

Kommunikative Kompetenz als realisierbares Lernziel", *L.A.U.T.* Paper 51, Series B, Trier.

Edmondson, Willis und Juliane House (1998), „Interkulturelles Lernen: ein überflüssiger Begriff", *Zeitschrift für Fremdsprachenforschung* 9 (2), 161-188.

Eisenstein, Miriam (ed.) (1989), *The dynamic interlanguage*, New York: Plenum Press.

Ekstrand, Lars Heneric, Sis Foster, Eva Olkiewicz und Miodrag Stankovski (1981), „Interculture: Some concepts for describing the situations of immigrants", *Journal of Multilingual and Multicultural Development* 2 (4), 269-293.

Ellis, Rod (1985), *Understanding second language acquisition*, Oxford: Oxford University Press.

Ertelt-Vieth, Astrid (1999), „Eigen- und Gegenbilder in interkultureller Kommunikation: Ein Fallbeispiel zur prozessorientierten Symbolanalyse", *Zeitschrift für Fremdsprachenforschung* 10 (1), 97-131.

Ervin-Tripp, Susan (1976), „Is Sybil there? The structure of some American English directives", *Language in Society* 5, 25-66.

Faerch, Claus und Gabriele Kasper (eds.) (1983), *Strategies in interlanguage communication*, London: Longman.

Feichtinger, C. und G. Fink (1998), „Interkulturelle Probleme im Ost-West Management: Die Theorie des kollektiven Kulturschocks", *Osteuropa-Wirtschaft* 3, Deutsche Gesellschaft für Osteuropakunde, Berlin.

Fraser, Bruce (1985), „On the universality of speech act strategies", in George, S. (ed.), 43-49.

Fraser, Bruce (1990), „Perspective on Politeness", *Journal of Pragmatics* 14, 219-236.

Fraser, Bruce und William Nolen (1981), „The association of deference with linguistic form", *International Journal of the Sociology of Language*, 93-109.

Fuchs, Marek (1998), „Identifikation und Integration. Die subjektive Perspektive von Aussiedlern 15 Jahre nach der Einreise", in Wendt, Hartmut (ed.), 18-39.

Gass, Susan M. (1997), *Input, Interaction, and the Second Language Learner*, Mahwah, N. J.: Lawrence Erlbaum Associates, Inc.

Gass, Susan M. und Larry Selinker (eds.) (1983), *Language Transfer in Language Learning*, Rowley, MA: Newbury House und (1992), John Benjamins: Amsterdam/Philadelphia.

Gass, Susan M. und Carolyn G. Madden (eds.) (1985), *Input in second language acquisition*, Rowley, Mass.: Newbury House.

Gass, Susan M. und Joyce Neu (eds.) (1996), *Speech Acts across Cultures: Challenges to Communication in a Second Language*, Berlin: Mouton de Gruyter.

Gass, Susan M. und Noël Houck (1999), *Interlanguage Refusals*, Berlin/New York: Mouton de Gruyter.

Geertz, Clifford (1995), *Dichte Beschreibung. Beiträge zum Verstehen kultureller Systeme*, 4. Auflage, Franfurt/M: Suhrkamp.

George, S. (ed.) (1985), *From the linguistic to the social context,* Bologna, Italy: CLUEB.

Goffmann, Erving (1967), *Interaction ritual: essays on face to face behaviour*, Garden City: New York.

Goffmann, Erving (1971), *Relations in Public: Microstudies of the public order*, New York: Basic Books.

Goody, Esther N. (ed.) (1978), *Questions and politeness: Strategies in social interaction*, Cambridge: Cambridge University Press.

Green, Georgia (1975), „How to get people to do things with words: the whimperative question", in Cole, Peter und Jerry L. Morgan (eds.), 107-142.

Greenberg, Joseph Harold (1966), „Some universals of grammar with particular reference to the order of meaningful element", in Greenberg, J. H. (ed.), 13-113.

Greenberg, Joseph Harold (ed.) (1966), *Universals of language*, Cambridge: MIT Press.

Grice, H. Paul (1975), „Logic and Conversation", in Cole, Peter und Jerry L. Morgan (eds.), 41-58.

Gu, Yueguo (1990), „Politeness phenomena in modern Chinese", *Journal of Pragmatics* 14, 237-257.

Gumperz, John Joseph (1977), „Sociocultural knowledge in conversational inference", in Saveille-Troike, M. (ed.), 191-211.

Gumperz, John Joseph (1982), *Discourse Strategies*, Cambridge, England: Cambridge University Press.

Gumperz, John Joseph (1992), „Contextualization and Understanding", in Duranti, A. und Goodwin, C. (eds.), 229-252.

Gumperz, John Joseph und Dell Hymes (eds.) (1972), *Directions in Sociolinguistics. The ethnography of communication*, New York: Holt, Reinhart & Winston.

Günthner, Susanne (1992), *German Chinese Interactions: differences in contextualization conventions and resulting miscommunication*, Konstanz.

Günthner, Susanne und Helga Kotthoff (eds.) (1991), *Von fremden Stimmen. Weibliches und männliches Sprechen im Kulturvergleich*, Frankfurt/M: Suhrkamp.

Habermas, Jürgen (1970), „Introductory remarks to a theory of communicative competence", *Inquiry* 13 (3).

Heilmann, Christa M. (1993), „Geschlechtsspezifische Aspekte des Zurückweisens", in Pawlowski, Klaus (ed.), 72-80.

Herbert, Robert K. (1989), „The Ethnography of English Compliments and Compliment Responses: A contrastive Sketch", in Oleksy, Wieslaw (ed.), 3-35.

Herbert, Robert K. (1990), „Sex-based Differences in Compliment Behaviour", *Language in Society* 19, 201-224.

Herbert, Robert K. (1991), „The Sociology of Compliment Work: An Ethnocontrastive Study of Polish and English Compliments", *Multilingua* 10 (4), 381-402.

Herbert, Robert K. und H. Stephen Straight (1989), „Compliment-rejection vs. Compliment-avoidance", *Language and Communication* 9, 35-47.

Hill, Beverly, Sachiko Ide, Sohoko Ikuta, Akiko Kawasaki und Tusnao Ogino (1986), „Universals of Linguistic Politeness: Quantitative evidence from Japanese and American English", *Journal of Pragmatics* 10, 347-371.

Holmes, Janet (1988a), „Compliments and Compliment Responses in New Zealand English", *Anthropological Linguistics* 28, 485-508.

Holmes, Janet (1988b), „Paying Compliments: A sex-preferential Positive Politeness Strategy", *Journal of Pragmatics* 12, 445-465.

Houck, Noël und Susan M. Gass (1996), „Non-native refusals: A methodological perspective", in Gass, Susan M. und Joyce Neu, (eds.), 45-64.

House, Juliane (1978), „Interaktionsnormen in deutschen und englischen Alltagsdialogen", *Linguistische Berichte* 59, 76-90.

House, Juliane (1982), „Opening und closing phases in English and German dialogues", *Grazer Linguistische Studien* 16, 52-83.

House, Juliane (1998), „Kontrastive Pragmatik und interkulturelle Kompetenz im Fremdsprachenunterricht", in Börner, Wolfgang und Klaus Vogel (eds.), 62-88.

House, Juliane und Gabriele Kasper (1981), „Politeness Markers in English and German", in Coulmas, Florian (ed.), 157-185.

175

House, Juliane und Gabriele Kasper (1987), „Interlanguage pragmatics. Requesting in a foreign language", in Lörscher, Wolfgang und Rainer Schulze (eds.), 1250-1288.

Hu, Adelheid (1999), „Interkulturelles Lernen. Eine Auseinandersetzung mit der Kritik an einem umstrittenen Konzept", *Zeitschrift für Fremdsprachenforschung* 10 (2), 277-303.

Hymes, Dell (1972), „On communicative competence", in Pride J. B. und Janet Holmes (eds.), 269-293.

Hymes, Dell (1974), *Foundations in Sociolinguistics: an ethnographic approach*, Philadelphia: University of Pennsylvania Press.

Jaworski, Adam (1995), „This is not an empty compliment! Polish com-pliments and the expression of solidarity", *International Journal of Applied Linguistics* 5, 63-94.

Jespersen, Otto (1922), *Language, its nature, development, and origin*, London: G. Allen & Unwin.

Kasper, Gabriele (1981), *Pragmatische Aspekte in der Interimsprache*, Tübingen: Narr.

Kasper, Gabriele (1990), „Linguistic Politeness: Current Research Issues", *Journal of Pragmatics* 14, 193-218.

Kasper, Gabriele (1992), „Pragmatic Transfer", *Second Language Research* 8 (3), 203-231.

Kasper, Gabriele (1995), „Wessen Pragmatik? Für eine Neubestimmung fremd-sprachlicher Handlungskompetenz", *Zeitschrift für Fremd-sprachenforschung* 6 (1), 69-94.

Kasper, Gabriele (ed.) (1995a), *Pragmatics of Chinese as Native and Target Language* (Technical Report #5), Manoa, HI: University of Hawaii Press.

Kasper, Gabriele (1998), „Datenerhebungsverfahren in der Lerner-sprachenpragmatik", *Zeitschrift für Fremdsprachenforshcung* 9 (1), 85-118.

Kasper, Gabriele und Merete Dahl (1991), „Research Methods in Interlanguage Pragmatics", *Studies in Second Language Acquisition* 13, 215-247.

Kasper, Gabriele und Shoshana Blum-Kulka (eds.) (1993), *Interlanguage Pragmatics*, Oxford: Oxford University Press.

Kellerman, Eric (1977), „Towards a characterization of the strategy of transfer in second language learning", *Interlanguage Studies Bulletin* 2 (1), 58-145.

Kellerman, Eric (1983), „Now you see it, now you don't", in Gass, Susan M. und Larry Selinker (eds.), 112-134.

Kellerman, Eric (1986), „An Eye for an Eye: Crosslinguistic Constraints on the Development of the L2 Lexicon", in Kellermann, Eric und Michael S. Sharwood (eds.), 35-48.

Kellermann, Eric und Michael S. Sharwood (eds.) (1986), *Crosslinguistic influence in second language acquisition*, Pergamon Press Ltd.

Key, Mary Ritchie (1975), *Male/Female Language*, Metuchen, N. J.

Kinjo, Hiromi (1987), „Oral refusals of invitations and requests in English and Japanese", *Journal of Asian Culture* 1, 83-106.

Knapp, Karlfried und Annelie Knapp-Potthoff (1990), „Interkulturelle Kommunikation", *Zeitschrift für Fremdsprachenforschung* 1(1), 62-93.

Kohl, K-H. (1993), *Ethnologie – die Wissenschaft vom kulturell Fremden*, München.

Kohnen, Thomas (1987), „Zurückweisungen in Diskussionen", *Europäische Hochschulschriften*, Band 60, Bern/New York/Paris/Frankfurt/M.

Kühlwein, Wolfgang und Albert Raasch (eds.) (1978), *Kongressberichte der 8. Jahrestagung der Gesellschaft für Angewandte Linguistic Gal e.V. Mainz 1977*, Stuttgart: Hochschulverlag.

Labov, William (1971), „Variation in Language", in Caroll, E. Reed (ed.), 187-221.

Labov, William (1972a), *Sociolinguistic patterns*, Oxford, England: Basil Blackwell.

Labov, William und D. David Fanshel (1977), *Therapeutic Discourse: Psychotherapy as Conversation*, New York: Academic Press.

Lado, Robert (1957), *Linguistics Across Cultures: Applied linguistics for language teachers*, Ann Arbor, Michigan: University of Michigan.

Lakoff, Robin (1973), „The logic of politeness; or minding your p's und q's", in *Papers from the Ninth Regional Meeting of the Chicago Linguistic Society*, Chicago: University of Chicago Press, 292-305.

Lakoff, Robin (1975), *Language und woman's place*, New York: Harper and Row.

Larsen-Freeman, Diane und Michael Long (1991), *An introduction to Second Language Acquisition Research*, London: Longman.

Leech, Geoffrey (1977), „Language and Tact", *L.A.U.T.* Paper 46, Trier.

Leech, Geoffrey (1983), *Principles of Pragmatics*, London/New York: Longman.

Levine, M. (1975), *A cognitive Theory of Learning: Research in Hypothesis Testing*, Hillsdale, N. J.: Lawrence Erlbaum Associates.

Levinson, Stephen C. (1983), *Pragmatics*, Cambridge textbooks in linguistics: Cambridge University Press, deutsche Ausgabe (2000), Tübingen: Niemeyer.

Lewandowska-Tomaszczyk, Barbara (1989), „Praising and complimenting", in Oleksy, Wieslaw (ed.), 73-100.

Liao, Chao-chih (1994), *A study on the Strategies, Maxims, and Development of Refusal in Mandarin Chinese*, Taiwan: The Crane Publishing Company.

Linke, Angelika, Markus Nussbaumer und Paul R. Portmann (1991), *Studienbuch Linguistik*, Tübingen: Niemeyer.

Linton, Ralph (1945), *The cultural background of personality*, London: Paul.

Lorenzo-Dus, N. (2001), „Compliment responses among British and Spanish university students: A contrastive study", *Journal of Pragmatics* 33, 107-127.

Lörscher, Wolfgang und Rainer Schulze (eds.) (1987), *Perspectives on language in performance*, Tübingen: Narr.

Maltz, Daniel N. und Ruth A. Borker (1991), „Missverständnisse zwischen Männern und Frauen – kulturell betrachtet", in Günthner, Susanne und Helga Kotthoff (eds.), 52-74, (zuerst engl. 1982).

Manes, Joan (1983), „Compliments: A Mirror of Cultural Values", in Wolfson, Nessa und Elizabeth Judd (eds.), 96-102.

Manes, Joan und Nessa Wolfson (1981), „The compliment Formula", in Coulmas, Florian (ed.), 115-132.

Mathuna, L. Mac und D. Singleton (eds.) (1984), *Language Across Cultures*, Dublin: Irish Association for Applied Linguistics.

Matsumoto, Y. (1988), „Reexamination of the universality of face: Politeness phenomena in Japanese", *Journal of Pragmatics* 12, 403-426.

Matsumoto, Y. (1989), „Politeness and conversational universals – observations from Japanese", *Multilingua* 8, 207-221.

Mauthner, Fritz (1921), *Beiträge zu einer Kritik der Sprache. Band 1 (Zur Sprache und zur Psychologie)*, 3. Auflage, Stuttgart und Berlin.

McKay, Sandra und Nancy H. Hornberger (eds.) (1996), *Sociolinguistics and language learning*, Cambridge: Cambridge University Press.

Meierewert, Sylvia (1999), „Tschechische Kulturstandards aus der Sicht österreichischer Manager", *Kultursoziologie* 8 (2), 149-172.

Morris, Charles W. (1938), „Foundations of the theory of signs", in Neurath O., R. Carnap und C. Morris (eds.), 77-138.

Morrow, Christopher (1995), *The pragmatic effects of instruction on ESL learners' production of complaint and refusal speech acts*, Ph.D. dissertation, State University of New York at Buffalo.

Nelson, Gayle L, Waguida El Bakary und Mahmoud Al Batal (1996), „Egyptian and American compliments: Focus on second language learners", in Gass, Susan M. und Joyce Neu (eds.), 109-128.

Neurath, O., R. Carnap und C. Morris (eds.) (1938), *International Encyclopedia of Unified Science, Vol. 1*, Chicago: University of Chicago Press.

Odlin, Terence (1989), *Language Transfer. Cross-linguistic influence in language learning*, Cambridge: Cambridge University Press.

Oleksy, Wieslaw (ed.) (1989), *Contrastive Pragmatics*, Amsterdam: Benjamins.

Olshtain, Elite und Andrew D. Cohen (1983), „Apology: A speech act set", in Wolfson, Nessa und Eliot Judd (eds.), 18-35.

Olshtain, Elite und Shoshana Blum-Kulka (1984), „Cross-linguistic Speech Act Studies: Theoretical and empirical issues", in Mathuna L. Mac und D. Singleton (eds.), 235-248.

Olshtain, Elite und Shoshana Blum-Kulka (1985), „Degree of approxi-mation: Nonnative reactions to native speech behaviour", in Gass, Susan M. und Carolyn G. Madden (eds.), 303-325.

Pawlowski, Klaus (ed.) (1993), *Sprechen Hören Sehen. Rundfunk und Fernsehen in Wissenschaft und Praxis*, München/Basel: Reinhardt.

Plag, Ingo und Rüdiger Zimmermann (1998), „Worstellungsprobleme in der Lernersprache Englisch – Frontierung und Inversion", in Börner, Wolfgang und Klaus Vogel (eds.), 208-232.

Pomerantz, Anita (1978), „Compliment responses. Notes on the Cooperation of multiple Constraints", in Schenkein, Jim (ed.), 79-112.

Preisler, Bent (1986), *Linguistic Sex Roles in Conversation: Social Variation in the Expression of tentativeness in English*, Berlin: Mouton de Gruyter.

Pride, J. B. und Janet Holmes (eds.) (1972), *Sociolinguistics*, Harmonds-worth: Penguin.

Rathmayr, Renata (1996), „Sprachliche Höflichkeit. Am Beispiel expliziter und impliziter Höflichkeit im Russischen", in *Slavistische Linguistik* (ed. W. Girke), München, 362-391.

Rathmayr, Renata (1996a), *Pragmatik der Entschuldigungen. Vergleichende Untersuchung am Beispiel der russischen Sprache und Kultur*, Köln/Weimar/Wien: Böhlau Verlag.

Rathmayr, Renata (1989), „Ein ‚net' ist noch lange kein ‚net'. Ablehnen und Insistieren im Russischen", in *Slavistische Linguistik* (ed. W. Girke), München, 245-270.

Reuther, Hanna (1999), *Compliment responses in English and German L1 and L2*, MA-Arbeit, Marburg.

Rintell, Ellen und Candace Mitchell (1989), „Studying requests and apologies: An inquiry into method", in Blum-Kulka, Shoshana, Juliane House und Gabriele Kasper (eds.), 248-272.

Rose, Kennenth R. (1994), „On the Validity of Discourse Completion Tests in Non-Western contexts", *Applied Linguistics* 15, 1-14.

Rubin, Joan (1983), „How to tell when someone is saying ‚no' revisited", in Wolfson, Nessa und Eliot Judd (eds.), 10-17.

Sacks, Harvey (1972), „On the analyzability of stories by children", in Gumperz, John Joseph und Dell Hymes (eds.), 325-345.

Sadock, Jerrold M. (1974), *Towards a linguistic theory of speech acts*, New York: AP.

Samel, Ingrid (1995), *Einführung in die feministische Sprachwissenschaft*, Berlin: Erich Schmidt.

Sarangi, Srikant (1993), „Intercultural or not? Beyond celebration of cultural differences in miscommunication analysis", *Pragmatics* 4 (3), 409-427.

Saveille-Troike, M. (ed.) (1977), *Linguistics and Anthropology*, Washington: Georgetown University Press.

Scarcella Robin C., Elaine S. Andersen und Stephen D. Krashen (eds.) (1990), *Developing Communicative Competence in a Second Language*, New York: Newbury House.

Schachter, Jacqueline (1992), „A new account of language transfer", in Gass, Susan M. und Larry Selinker (eds.), 32-46.

Schank, Roger C. (1972), „Conceptual Dependency: a theory of natural language understanding", *Cognitive Psychology* 3, 552-631.

Schank, Roger C. und Abelson, R. P. (1977), *Scripts, plans, goals and understanding*, Hillsdale, N. J.: Lawrence Erlbaum Associates.

Schegloff, Emanuel A. (1972b), „Notes on a conversational practice: formulating place", in Sudnow, D. (ed.), 75-119.

Schegloff, Emanuel A. und Harvey Sacks (1973), „Opening Up Closings", *Semiotica* 8, 289-327.

Schenkein, Jim (ed.) (1978), *Studies on the Organization of Conversational Interaction,* New York: Academic Press.

Schneider, Klaus Peter (1999), „Compliment responses across Cultures" in Wysocka, Maria (ed.), 162-172.

Schwitalla, Johannes (1976), „Dialogsteuerung. Vorschläge zur Untersuchung", in Berens, Franz-Josef et al., 73-104.

Searle, John Rogers (1969), *Speech acts*, Cambridge: Cambridge University Press.

Searle, John Rogers (1975), „Indirect speech acts", in Cole, Peter und Jerry L. Morgan (eds.), 59-82.

Searle, John Rogers (1976), „The classification of illocutionary acts", *Language in Society* 5, 1-24.

Seliger, Herbert W. und Elana Shohamy (1989), *Second Language Research Methods*, Oxford: Oxford University Press.

Selinker, Larry (1972), „Interlanguage", *International Review of Applied Linguistics* 10, 209-230.

Spencer-Oatey, H. D. M. (1992), *Cross-cultural Politeness: British and Chinese conceptions of the tutor-student relationship*, Unpublished Ph.D. Thesis, Lancaster University.

Sperber Dan und Deidre Wilson (1986), *Relevance, Communication and Cognition*, Oxford: Blackwell.

Sudnow, David (ed.) (1972), *Studies in Social Interaction*, New York: Free Press.

Takahashi, Tomoko und Leslie Beebe (1987), „The development of pragmatic competence by Japanese learners of English", *JALT [Japanese Association of Language Teachers] Journal* 8, 131-155.

Tannen, Deborah (1990), *You Just Don't Understand*, New York: William Morrow and Company, Inc.

Tarone, Elaine, Susan M. Gass und Andrew Cohen (eds.) (1994), *Research Methodology in Second Language Acquisition*, Hillsdale, N. J.: Lawrence Erlbaum Associates.

Taylor, Talbot und Deborah Cameron (1987), *Analysing Conversation. Rules and Units in the Structure of Talk*, Oxford: Pergamon.

Thomas, Alexander (ed.) (1988a), *Interkulturelles Lernen im Schüleraustausch*, Saarbrücken: Breitenbach.

Thomas, Alexander (1989), „Sozialisationsprobleme im Akkulturationsprozess", in Trommsdorf, Gisela (ed.), 174-195.

Thomas, Jenny (1983), „Cross-Cultural Pragmatic Failure", *Applied Linguistics* 4, 91-112.

Thomas, Jenny (1995), *Meaning in interaction: An introduction to Pragmatics*, Longman.

Traugott, Elizabeth C. und Mary L. Pratt (1980), *Linguistics for Students of Literature*, New York: Harcout.

Trommsdorf, Gisela (ed.) (1989), *Sozialisation im Kulturvergleich*, Stuttgart: Enke.

Trosborg, Anna (1995), *Interlanguage Pragmatics: requests, complaints, and apologies*, Berlin: Mouton de Gruyter.

Valdés, Guadalupe und Cecilia Pino (1981), „Muy a tus órdenes: Compliment responses among Mexican-American bilinguals", *Language in Society* 10, 101-120.

Watts, R., A. Ide und Ehlich, K. (eds.) (1992), "Politeness in Language. Studies in History, Theory and Practice", in *Trends in Linguistics: Studies and monographs 59*, Berlin/New York: Mouton de Gruyter.

Wendt, Hartmut (ed.) (1998), „Zuwanderung nach Deutschland – Prozesse und Herausforderungen", *Materialien zur Bevölkerungswissenschaft*, Heft 94 (1999).

Werkhover, K. (1992), „Traditional and Modern Views: the social Constitution and the Power of Politeness", in Watts, R., A. Ide und Ehlich, K. (eds.), 155-199.

Werth, Paul (ed.) (1981), *Conversation and Discourse*, London: Croom Helm.

Wierzbicka, Anna (1985a), „Different cultures, different languages, different speech acts", *Journal of Pragmatics* 9, 145-178.

Wierzbicka, Anna (1985b), „A semantic metalanguage for cross-cultural composition of speech acts and speech genres", *Language in Society* 14, 491-514.

Wierzbicka, Anna (1991), *Cross-cultural Pragmatics. The semantics of human interaction*, Berlin/New York: Mouton de Gruyter.

Wilson, Deidre und Dan Sperber (1981), „On Grice's Theory of Conversation", in Werth, P. (ed.), 155-178.

Wittgenstein, Ludwig (1958), *Philosophical Investigations*, 2. Auflage Oxford: Blackwell.

Wolfson, Nessa (1981), „Compliments in Cross-Cultural Perspective", *TESOL Quarterly* 15 (2), 117-124.

Wolfson, Nessa (1983), „An empirically based analysis of complimenting in American English", in Wolfson, Nessa und Elizabeth Judd (eds.), 82-95.

Wolfson, Nessa (1984), „Pretty Is As Pretty Does: A speech Act View of Sex Roles", *Applied Linguistics* 5, 236-244.

Wolfson, Nessa (1989), „The social dynamics of native and nonnative variation in complimenting behaviour", in Eisenstein, Miriam (ed.), 219-236.

Wolfson, Nessa und Joan Manes (1980), „The compliment as a social strategy", *Papers in Linguistics* 13 (3), 391-410.

Wolfson, Nessa und Eliot Judd (eds.) (1983), *Sociolinguistics and language acquisition*, Rowley, Mass: Newbury House.

Wolfson, Nessa, Thomas Marmor und Steve Jones (1989), „Problems in the comparison of speech acts across cultures", in Blum-Kulka, Shoshana, Juliane House und Gabriele Kasper (eds.), 174-196.

Wunderlich, Dieter (1976), *Studien zur Sprechakttheorie*, Frankfurt/M.: Suhrkamp.

Wysocka, Maria (ed.) (1999), *On Language Theory and Practice. In Honour of Janusz Arabski on the Ocassion of his 60th Birthday. Language Acquisition, Learning and Teaching, Vol. 2*, Katowice: Uniwersytet Śląski.

Zemskaja, E. A. (1994), „Kategorija vežlivosti v kontekste rečevych dejstvij", in Arutjunova, N. D. und N. K. Rjabceva (eds.), 131-136.

Zoubareva, Nina (1999), *Höflichkeitsstrategien bei Komplimenterwiderungen. Empirische Untersuchung zum Deutschen und Russischen*, MA-Arbeit, Marburg.

Anhang

Erhebungsbogen

Beispielantworten

Tabellen

Inhaltsverzeichnis zum Anhang

Erhebungsbogen

Sie nehmen an einem Forschungsprojekt des Instituts für Anglistik und Amerikanistik der Philipps-Universität Marburg teil. Die Datenerhebung ist anonym und die gewonnenen Daten werden nur für Forschungszwecke verwendet.

Bitte sprechen Sie nicht mit Mitstudierenden über den Inhalt der Datenerhebung, da diese vielleicht auch als InformantInnen mitmachen werden.

Vorab vielen Dank für Ihre Mitarbeit.

■■

Hintergrundinformationen

Alter: _____   Geschlecht: _____

Wie viele Jahre lernen Sie bereits englisch?

in der Schule: _____ an der Uni: _____ anderswo: _____

Haben Sie Auslandserfahrungen in einem englischsprachigen Land?

_____ Monate/Jahre

Welche Sprache(n) beherrschen Sie noch auf gutem Niveau?_____

Diskursergänzungsfragebogen zur Elizitierung von Komplimenterwiderungen[1]

Stellen Sie sich bitte folgende Situation vor, und schreiben Sie auf, wie Sie antworten würden. Geben Sie bitte 3-4 Varianten einer Komplimenterwiderung an.

Sie tragen eine Jacke. Auf dem Weg zur Uni treffen Sie einen Freund/eine Freundin. Er/sie sagt zu Ihnen: „Du hast aber eine tolle Jacke. Die steht Dir sehr." Sie antworten:

A. _____
B. _____
C. _____
D. _____

---

[1] Vgl. Zoubareva (1999: 54).

Ratingskala und Auswahlantworten zur Evaluierung von Komplimenterwiderungen

Stellen Sie sich bitte folgende Situation vor, und bewerten Sie jede Antwort von

1 = weniger passend in dieser Situation bis 5 = sehr passend in dieser Situation.

(Schulnotensystem umgekehrt!)[2]

Sie tragen eine Jacke. Auf dem Weg zur Uni treffen Sie einen Freund/eine Freundin. Er/sie sagt zu Ihnen: „Du hast aber eine tolle Jacke. Die steht Dir sehr." Sie antworten:

	1	2	3	4	5
1. Find' ich nicht.					
2. Findest Du wirklich?					
3. Danke, es freut mich, das zu hören.					
4. Klar, ich sehe immer gut aus.					
5. Ja, die ist echt klasse.					
6. Oh, Danke, die ist neu.					
7. Danke, Deine gefällt mir aber auch.					

Welche Antwort passt aus Ihrer Sicht am *besten*?

Antwort Nummer _____

Diskursergänzungsfragebogen zur Elizitierung von Ablehnungen

Stellen Sie sich bitte folgende Situation vor, in der Sie ein Angebot ABLEHNEN. Geben Sie bitte 3-4 Varianten einer Ablehnung an.

Sie sind bei einem Freund/einer Freundin zum Essen eingeladen. Er/sie sagt zu Ihnen: „Möchtest Du noch ein Stück Kuchen?" Sie möchten ablehnen und sagen deswegen:

A. _____

B. _____

C. _____

D. _____

[2] Für die deutschen und die russischen Studenten erwies sich dieser Hinweis als hilfreich. Die Skala entspricht in diesem Fragebogen dem russischen Schulnotensystem.

Ratingskala und Auswahlantworten zur Evaluierung von Ablehnungen

Stellen Sie sich bitte folgende Situation vor, und bewerten Sie jede Antwort von

1 = weniger passend in dieser Situation bis 5 = sehr passend in dieser Situation.

(Schulnotensystem umgekehrt!)

Sie sind bei einem Freund/einer Freundin zum Essen eingeladen. Er/sie sagt zu Ihnen: „Möchtest Du noch ein Stück Kuchen?" Sie antworten:

	1	2	3	4	5
1. Danke, ich will nicht mehr.					
2. Sehr gerne, aber ich bin satt.					
3. Ich hätte lieber noch eine Tasse Kaffee.					
4. Vielleicht später, danke.					
5. Nein, danke.					

Welche Antwort passt aus Ihrer Sicht am *besten*?

Antwort Nummer ____

Übertragung ins Englische

Ratingskala und Auswahlantworten zur Evaluierung von Komplimenterwiderungen

You are on the way to the university wearing a jacket. You meet up with a friend.
He/she says, "You've got a really nice jacket. It looks great on you." You respond:

	1	2	3	4	5
1. No, it's awful!					
2. Do you think so? I wasn't too sure.					
3. Oh, thanks. I am glad you think so.					
4. I know, most things look great on me.					
5. Yes, I love this jacket.					
6. Oh thanks, it's new.					
7. Thank you, and you look nice, too.					

Diskursergänzungsfragebogen zur Elizitierung von Ablehnungen

You are at a friend's house for lunch. He/she says, "How about another piece of cake?" You don't want to accept the offer and therefore say:

A. _____
B. _____
C. _____
D. _____

Ratingskala und Auswahlantworten zur Evaluierung von Ablehnungen

You are at a friend's house for lunch and he/she offers you another piece of cake.
He/she says, "How about another piece of cake?" You respond:

	1	2	3	4	5
1. Thanks a lot, I don't want any.					
2. I'd love to, but I really had enough.					
3. I'd prefer another cup of coffee instead.					
4. Well, not now – maybe later.					
5. No, thanks.					

Übertragung ins Russische

Diskursergänzungsfragebogen zur Elizitierung von Komplimenterwiderungen [3]

*Вы направляетесь в университет. По пути Вы встречаете друга/подругу,
который/ая говорит Вам: „У тебя такая классная куртка. Тебе кстати очень
идет." Вы отвечаете:*

A. – D. _____

Ratingskala und Auswahlantworten zur Evaluierung von Komplimenterwiderungen

*Вы направляетесь в университет. По пути Вы встречаете друга/подругу,
который/ая говорит Вам: „У тебя такая классная куртка. Тебе, кстати,
очень идет." Вы отвечаете:*

	1	2	3	4	5
1. Да ну, она ужасная.					
2. Ты правда так считаешь?					
3. Спасибо большое, мне очень приятно.					
4. Я знаю, мне все идет.					
5. Мне самой/ому нравится.					
6. Ой, спасибо, она новая.					
7. Спасибо, у тебя тоже классная.					

Diskursergänzungsfragebogen zur Elizitierung von Ablehnungen

*Вы на дне рождения у друга/подруги. Он/она говорит Вам: „Еще кусочек
торта хочешь?" Вы хотите отказаться и поэтому отвечаете:*

A. _____
B. _____
C. _____
D. _____

---

[3] Vgl. Zoubareva (1999: 54).

Diskursergänzungsfragebogen zur Evaluierung von Ablehnungen

Вы на Дне Рождения у друга/подруги. Он/она предлагает Вам еще кусочек торта: „Еще кусочек торта хочешь?" Вы отвечаете:

	1	2	3	4	5
1. Спасибо, я больше не хочу.					
2. С удовольствием, но я уже сыт/сыта.					
3. Лучше бы еще чаю.					
4. Может попозже, спасибо.					
5. Нет, спасибо.					

Beispielantworten für Komplimenterwiderungen[4]

russische Muttersprachler

Да, тёплая куртка.

    Da, tëplaja kurtka.

        (Ja, eine warme Jacke).

Да, она мне самой нравится.

    Da, ona mne samoj nravitsja.

        (Ja, die gefällt mir selber.)

Спасибо. Я рада.

    Spasibo. Ja rada.

        (Danke. Es freut mich.)

Спасибо, очень приятно.

    Spasibo, očen' prijatno.

        (Danke, sehr angenehm.)

Ну, так другого и не собирался услышать.

    Nu, tak drugogo i ne sobiralsja uslyšat'.

        (Nun ja, ich hab' nicht erwartet, etwas Anderes zu hören.)

Другого не носим.

    Drugogo ne nosim.

        (Anderes tragen wir nicht.)

У тебя тоже ничего.

    U tebja tože ničego.

        (Deine ist auch nicht schlecht.)

Могу рассказать, где купила, если хочешь.

    Mogu rasskazat', gde kupila, esli chočeš.

        (Ich kann Dir sagen, wo ich sie gekauft hab', wenn Du willst.)

Она десять лет пролежала в шкафу и опять стала модной.

    Ona desjat' let proležala v škafu i opjat' stala modnoj.

        (Sie lag zehn Jahre lang im Schrank und ist jetzt wieder modern.)

Да, это я недавно купила.

---

[4] S. Zoubareva (1999: 55-58).

Da, éto ja nedavno kupila.

(Ja, die hab' ich vor kurzem gekauft.)

Да? Спасибо.

Da? Spasibo.

(Ja? Danke.)

Да, классная?

Da, klassnaja?

(Ja, ist sie nicht klasse?)

Какая разница, какая у меня куртка.

Kakja raznica, kakaja u menja kurtka.

(Was macht das für einen Unterschied, was für eine Jacke ich trag'.)

deutsche Muttersprachler

Find' ich auch.

Ja, genau.

Ich glaub, die steht mir.

Freut mich. Besonders die Farbe, was?

Tut gut zu hören.

Klar doch!

Siehst selber klasse aus.

Kann ich Dir gerne mal ausleihen.

Kannst Dir doch auch so eine holen.

Ist von H&M.

Hab ich seit gestern.

Ach, die hab' ich schon lange.

Findest Du?

Meinst Du echt? Danke.

Echt witzig.

Ah, nicht doch.

deutsche Lerner des Russischen

Я знаю. Это моя любимая куртка.

Ja znaju. Ėto moja ljubimaja kurtka.

(Ich weiss. Das ist meine Lieblingsjacke.)

Я тоже так думаю. Мне нужна была новая.

Ja tože tak dumaju. Mne nužna byla novaja.

(Ich denke auch so. Ich brauchte eine neue.)

Спасибо. Мне тоже она нравится.

Spasibo. Mne tože ona nravitsja.

(Danke. Mir gefällt sie auch.)

Спасибо. Очень приятно.

Spasibo. Očen' prijatno.

(Danke. Sehr angenehm.)

Спасибо. Приятно услышать это.

Spasibo. Prijatno uslyšat' ėto.

(Danke, es freut mich zu hören.)

Ты ещё не знаешь?

Ty ešče ne znaješ?

(Wusstest Du noch nicht?)

Спасибо за цветы. Я тебя тоже люблю.

Spasibo za cvety. Ja tebja tože ljublju.

(Danke für die Blumen. Ich lieb' Dich auch.)

Ты права, особенно по сравнению с твоей.

Ty prava, osobenno po sravneniju s tvoej.

(Hast recht, besonders im Vergleich mit Deiner.)

Твоя тебе тоже идёт.

Tvoja tebe tože idët.

(Deine steht Dir auch.)

У тебя куртка тоже очень красивая.

U tebja kurtka tože očen' krasivaja.

(Du hast auch eine sehr schöne Jacke.)

У тебя тоже, мы можем менять.

U tebja tože, mi možem menjat'.

(Deine auch, können wir mal tauschen.)

Да, это подарок моего друга.

Da, eto podarok moego druga.

(Ja, das ist ein Geschenk von meinem Freund.)

Спасибо. Я купил в ГУМЕ.

Spasibo. Ja kupil v GUME.

(Danke. Hab' ich im GUM gekauft.)

Я купил в Питере.

Ja kupil v Pitere.

(Hab' ich in St. Petersburg gekauft.)

Спасибо, и она недорогая.

Spasibo, i ona nedorogaja.

(Danke und sie ist nicht teuer.)

Спасибо, но она неудобная.

Spasibo, no ona neudobnaja.

(Danke, sie ist aber nicht bequem.)

Правда?

Pravda?

(Echt?)

Ты так считаешь?

Ty tak sčitaješ?

(Meinst Du?)

Ты что, пьян?

Ty čto, pjan?

(Bist Du betrunken?)

russische Lerner des Deutschen

Ja, die Farbe passt mir gut.

Danke. Mir gefällt sie auch.

Danke, ich denke, sie passt mir.

Es freut mich sehr.

Danke. Es ist sehr angenehm das zu hören.

Toll, dass es Dir gefällt.

Danke. Ich bin froh, dass es nicht nur mir gefällt.

Wie immer.

Soll ich Dir auch eine kaufen?

Danke. Du siehst auch erstklassig aus.

Dein Rock gefällt mir auch sehr.

Deine auch.

Ja, magst Du sie anprobieren?

Gibt's noch bei Ahrens.

Echte Antiquität. Opas Erbe.

Vielen Dank. Ich hab' dieses Ding ziemlich lange ausgewählt.

Danke. Hat mir meine Mutter geschenkt.

Danke. Und die ist sogar sehr warm.

Echt?

Findest Du? Aber ich trag' sie schon seit fünf Jahren.

Ich bin heute schlechter Laune. Deshalb halt die Klappe.

Es ist doch nicht Dein Ernst.

Beispielantworten für Ablehnungen

deutsche Muttersprachler

(weiblich)

Ach nein, ich kann nicht mehr. Danke.

Danke, aber ich schaff' es nicht mehr.

Danke, ich bin satt.

Danke, ich möchte nicht mehr.

Danke, ich muß auf meine Figur achten.

Danke, mir reicht eins.

Danke. Für mich ist es jetzt genug.

Das ist nett, aber ich kann echt nicht mehr.

Der Kuchen war sehr lecker, aber ich bin satt.

Er schmeckt ganz ausgezeichnet, aber ich möchte keins mehr.
Erst einmal nicht. Vielleicht nehm' ich etwas später noch ein Stück.
Ich bin satt, danke.
Ich bin schon satt.
Ich esse nie Kuchen.
Ich hab' schon genug, danke.
Ich hätte lieber noch einen Tee, wenn's geht.
Ich würde gerne, aber ich kann wirklich nicht mehr.
Ich würde gerne, bin aber leider schon satt.
Im Moment nicht, vielleicht später, danke.
Laß uns lieber etwas spazieren gehen, oder?
Nein danke, ich bin satt.
Nein danke, ich trinke lieber noch eine Tasse Kaffee.
Nein, danke schön.
Nein, danke, ich hab' doch schon ein Stück gegessen.
Nein, danke, ich mag keine Erdbeeren.
Nein, danke.
Nein, wirklich nicht mehr.
Schmeckt sehr lecker, aber nein, danke.
Vielen Dank, ich vertrag' nicht so viel.
Vielen Dank. Ich bin schon satt.
Vielen Dank. Ich hab' schon genug.

(männlich)

Ach, nein, ich kann nicht mehr, danke.
Auf gar keinen Fall.
Danke - nein.
Danke, ich bin satt.
Danke, mir ist schon schlecht.
Danke, nein! Ich bin weg vom Essen. *
Danke, nein, ich bin schon satt.
Danke, später vielleicht.

Danke. Aber ich bin schon satt.

Das reicht.

Eigentlich nicht, da ich gerade ein Bier getrunken hab'.

Hab' noch.

Ich bin voll.

Ich hab' keinen Hunger mehr.

Ich hatte schon ein Stück.

Ich kann nicht mehr.

Ich würde gerne, aber ich kann wirklich nicht mehr.

Lieber nicht, ich hatte schon zwei.

Nachher vielleicht.

Nee, es schmeckt mir nicht.

Nein, danke, ich bin satt.

Nein, danke, mir ist jetzt nicht danach.

Nein, danke.

Nein, danke. Ich möchte noch den Salat probieren.

Nein, danke. Ich trinke nur noch den Kaffee aus.

Nein, gib mir lieber noch einen Schluck Tee.

Nein, vielen Dank, aber der Kuchen war wirklich gut.

Nein, vielen Dank, er war sehr gut, aber ich kann nicht mehr.

Nein.

Oh, nein, Danke, ich muß jetzt gleich gehen.

Ooch, nein bloß nicht.

Schade, ich bin schon so voll. Trotzdem danke.

Tut mir leid. Ich kann nicht mehr.

Von dem Kuchen? Da sei mal Gott vor.

englische Muttersprachler

(weiblich)

Better not – I'm watching my weight.

Better not, I'm on a diet.

I couldn't eat another bite.

I couldn't fit another one in.

I really couldn't eat any more.

I think, I'll explode if I eat any more!

I wasn't that keen on it, actually.

I'd love one but I'm on a diet!

I'd love to but I'm allergic to chocolate.

I'd really like to, but I can't.

I'll pass thanks.

I'm alright thank you.

I'm full thanks.

I'm not feeling very well.

I'm on a diet actually.

I'm sure person X would like another piece.

I'm very full.

It was delicious, but I couldn't manage another slice.

It was lovely but I can't manage any more.

It's really good, but I'm full, thanks.

Maybe later.

No – I shouldn't – I'm on a diet.

No – or there won't be any left for you.

No I couldn't, I'm stuffed.

No I couldn't.

No thank you – your cake is very nice though.

No thank you I haven't got room for anymore.

No thank you, but it was gorgeous.

No thank you, it was lovely but I'm full.

No thank you, maybe later.

No thanks, I can't eat any more.

No thanks, I'd better watch the waistline.

No thanks, I'm full.

No thanks, I'm stuffed.

No thanks. Lunch was great.

No, I better not.

No, I shouldn't really.

No, I'm alright thanks.

No, I'm fine thanks.

No, I'm trying to cut down.

No, sorry, I'm full.

No, thanks, I don't really like cake.

No, thanks, someone else may want some more.

Not for me, thanks.

Not just now thank you.

Oh, that sounds lovely … but I really shouldn't.

Thank you ever so much but I'm alright.

Thanks a lot but I don't feel hungry.

Thanks for the offer but no.

Thanks, but I already had three.

Thanks, but I couldn't possibly.

Thanks. I've hade enough.

There's only one left – you have it.

Um ... No thank you. I'd better not.

Very kind of you, but I'm full thanks.

We'd better save some for somebody else.

(männlich)

Absolutely not, I'm on a diet.

Cheers, but I'm not hungry.

I can't, I'm on a diet.

I couldn't eat any more.

I don't like cake.

I would, but I'm on a diet.

I'm fine, thanks.

I'm full.

I've had sufficient thank you.

I've only just eaten.

It was delicious, but no thanks.

Let somebody else have some.

No ta. I'm full.

No thank you – cake isn't really my thing.

No thank you – I'm not very hungry.

No thank you, I'm quite full already.

No thank you.

Not for me cheers.

Not for me.

Thank you, but I couldn't eat another thing.

Thanks, but I'm full.

That's very kind but I'm full.

The cake was very nice, but I'm full.

Umm, see whether I'm still hungry after this bit.

You'll make me fat!

russische Muttersprachler

(weiblich)

Нет, спасибо, очень вкусно, но больше не могу.

    Net, spasibo, očen' vkusno, no bol'še ne mogu.

        (Nein, danke, sehr lecker, aber ich kann nicht mehr.)

Нет, спасибо.

    Net, spasibo.

        (Nein, danke.)

Нет, извините, попозже.

    Net, izvinite, popozže.

        (Nein, verzeihen Sie, später.)

Ой, ты знаешь, так вкусно, но не могу больше.

    Oj, ty znaeš, tak vkusno, no ne mogu bol'še.

        (Ach, weisst Du, so lecker, aber ich kann nicht mehr.)

Спасибо, позже.

Spasibo, pozže.

(Danke, später.)

Спасибо, я больше не съем.

Spasibo, ja bol'še ne s-em.

(Danke, mehr werde ich nicht essen können.)

Очень вкусно, но я наелась.

Očen' vkusno, no ja naelas'.

(Sehr lecker, aber ich bin satt.)

Сейчас нет, а позже обязательно.

Sejčas net, a pozže objazatel'no.

(Jetzt nicht, aber später unbedingt.)

Спасибо, мне хватит.

Spasibo, mne chvatit.

(Danke, mir reicht's.)

О, нет, больше не лезет.

O, net, bol'še ne lezet.

(Oh, nein, mehr passt nicht hinein.)

Нет, больше не могу.

Net, bol'še ne mogu.

(Nein, mehr kann ich nicht.)

О нет, я так наелась.

O net, ja tak naelas'.

(Oh, nein, ich bin so satt.)

Спасибо, больше не могу.

Spasibo, bol'še ne mogu.

(Danke, ich kann nicht mehr.)

Спасибо, я только что съела три пирожных.

Spasibo, ja tol'ko čto s-ela tri pirožnych.

(Danke, ich hab' gerade drei Törtchen gegessen.)

Спасибо, чуть-чуть позже.

Spasibo, čut'-čut' pozže.

(Danke, ein wenig später.)

Ой, он последний, а мой друг еще ни одного не скушал.

Oj, on poslednij, a moj drug eščë ni odnogo ne skušal.

(Ach, das ist das letzte und mein Freund hat noch keins gegessen.)

Спасибо, можно я лучше чего-нибудь алкогольного.

Spasibo, možno ja lučše čego-nibud' alkogol'nogo.

(Danke, darf ich lieber was Alkoholisches.)

Большое спасибо, но я хотела бы попробовать другого торта.

Bol'šoe spasibo, no ja chotela by poprobovat' drugogo torta.

(Danke sehr, aber ich würde gerne von der anderen Torte probieren.)

Нет, спасибо, я на диете.

Net, spasibo, ja na diete.

(Nein, danke, ich mach' Diät.)

Спасибо большое, но с меня, пожалуй, на сегодня хватит.

Spasibo bol'šoe, no s menja požaluj na segodnja chvatit.

(Vielen Dank, aber mir reicht's wohl für heute.)

Нет, спасибо, я лучше съем еще одну конфетку.

Net, spasibo, ja lučše s-em eščë odnu konfetku.

(Nein, danke, ich esse lieber noch einen Bonbon.)

Извини, очень вкусно, но больше не могу.

Izvini, očen' vkusno, no bol'še ne mogu.

(Entschuldige, sehr lecker, aber ich kann nicht mehr.)

Ой нет, он такой сладкий.

Oj net, on takoj sladkij.

(Ach, nein, der ist so süß.)

Я сейчас ещё чуть-чуть посижу, а потом, может, и съем.

Ja sejčas eščë čut'-čut' posižu, a potom, možet, i s-em.

(Ich sitze erstmal ein Weilchen und esse dann vielleicht noch.)

Спасибо, я худею.

Spasibo, ja chudeju.

(Danke, ich nehm' ab.)

Спасибо, больше не хочу.

Spasibo, bol'še ne choču.

(Danke, ich möchte nicht mehr.)

Спасибо большое, мне больше не хочется.

Spasibo bol'šoe, mne bol'še ne chočetsja.

(Danke sehr, aber ich möchte nicht mehr.)

Нет, спасибо, мне достаточно.

Net, spasibo, mne dostatočno.

(Nein, danke, mir reicht's.)

Нет, достаточно, спасибо.

Net, dostatočno, spasibo.

(Nein, es reicht, danke.)

Я думаю, мне достаточно.

Ja dumaju, mne dostatočno.

(Ich denke, mir reicht's.)

Спасибо, мне уже слишком много.

Spasibo, mne uže sliškom mnogo.

(Danke, mir ist es schon viel zu viel.)

Я больше не могу есть сладкое.

Ja bol'še ne mogu est' sladkoe.

(Ich kann keine Süßigkeiten mehr essen.)

Спасибо, может быть попозже.

Spasibo, možet byt' popozže.

(Danke, vielleicht später.)

Ой, спасибо огромное, но я уже объелась.

Oj, spasibo ogromnoe, no ja uže ob-elas'.

(Ach, vielen Dank, aber ich bin schon mehr als satt.)

Я стараюсь поддерживать фигуру.

Ja starajus' podderživat' figuru.

(Ich versuche, auf meine Figur zu achten.)

Ой, огромное спасибо, но я правда уже наелась.

Oj, ogromnoe spasibo, no ja pravda uže naelas'.

(Ach, vielen Dank, aber ich bin echt schon satt.)

Слушай, он жутко вкусный, но я уже больше просто не могу.

Slušaj, on žutko vkusnyj, no ja uže bol'še prosto ne mogu.

(Hör mal, er ist wahnsinnig lecker, aber ich kann wirklich nicht mehr.)

Думаю, больше я не осилю.

    Dumaju, bol'še ja ne osilju.

        (Denke ich schaff nicht mehr.)

Всё очень вкусно, но в меня больше не влезет.

    Vsë očen' vkusno, no v menja bol'še ne vlezet.

        (Alles ist sehr lecker, aber in mich passt nichts mehr hinein.)

С удовольствием, но позже.

    S udovol'stviem, no pozže.

        (Mit Vergnügen, aber später.)

Ой, я совсем забыла, у меня пост.

    Oj, ja sovsem zabyla, u menja post.

        (Ach, ich hab' ganz vergessen, ich hab' Fastenzeit.)

А ещё что-нибудь есть?

    A eščë čto-nibud' est'?

        (Gibt's noch etwas?)

Мне хватит, спасибо.

    Mne chvatit, spasibo.

        (Mir reicht's, danke.)

(männlich)

Я сейчас на строгой диете.

    Ja sejčas na strogoj diete.

        (Ich mach' momentan ein strikte Diät.)

Лучше сама съешь.

    Lučše sama s-eš'.

        (Iss lieber selbst.)

Нет, не люблю сладкое.

    Net, ne ljublju sladkoe.

        (Nein, mag keine Süßigkeiten.)

Немного попозже.

    Nemnogo popozže.

        (Ein bißchen später.)

Может ты сама съешь?

Možet ty sama s-eš'?

(Vielleicht lieber Du?)

Не хочу растолстеть.

Ne choču rastolstet'.

(Will nicht zunehmen.)

Спасибо, но боюсь, что после 2-ого у меня будет изжога.

Spasibo, no bojus', čto posle vtorogo u menja budet izžoga.

(Danke, ich befürchte, nach dem zweiten werde ich Sodbrennen haben.)

Через три дня у меня будет сложный боксёрский поединок.

Čerez tri dnja u menja budet složnyj boksërskij poedinok.

(In drei Tagen hab' ich einen schwierigen Boxkampf.)

Мучное полнит.

Mučnoe polnit.

(Mehliges macht dick.)

От сладкого портятся зубы.

Ot sladkogo portjatsja zuby.

(Von Süßem werden die Zähne schlecht.)

Больше не могу.

Bol'še ne mogu.

(Kann nicht mehr.)

Спасибо, я больше не хочу.

Spasibo, ja bol'še ne choču.

(Danke, ich möchte nicht mehr.)

Благодарю вас, я сыт.

Blagodarju vas, ja syt.

(Ich bedanke mich bei Ihnen, ich bin satt.)

Спасибо, я потом съем.

Spasibo, ja potom s-em.

(Danke, ich esse ihn nachher.)

Нет, спасибо, я уже сыт.

Net, spasibo, ja uže syt.

(Nein, danke, ich bin schon satt.)

Благодарю, я на диете.

Blagodarju, ja na diete.

(Ich bedanke mich, ich mach' Diät.)

Нет, я уже съел 5 кусков.

Net, ja uže s-el 5 kuskov.

(Nein, ich hab' schon 5 Stück gegessen).

Спасибо, может быть позже.

Spasibo, možet byt' pozže.

(Danke, vielleicht später.)

Спасибо, я больше не могу!

Spasibo, ja bol'še ne mogu!

(Danke, ich kann nicht mehr!)

Спасибо, я уже сыт!

Spasibo, ja uže syt!

(Danke, ich bin schon satt!)

Спасибо, торт очень вкусный, но я его уже пробовал.

Spasibo, tort očen' vkusnyj, no ja ego uže proboval.

(Danke, der Kuchen ist sehr lecker, aber ich hab' ihn schon probiert.)

Как-нибудь в другой раз.

Kak-nibud' v drugoj raz.

(Ein anderes Mal.)

Слушай, ты пойми, в меня уже не лезет! (шутка)

Slušaj, ty pojmi, v menja uže ne lezet! (šutka)

(Hör mal, versteh bitte, in mich passt es nicht mehr hinein! (Scherz))

Спасибо, торт очень вкусный, но я уже сыт.

Spasibo, tort očen' vkusnyj, no ja uže syt.

(Danke, der Kuchen ist sehr lecker, aber ich bin schon satt.)

Благодарю вас, но мне уже хватит.

Blagodarju vas, no mne uže chvatit.

(Ich bedanke mich bei Ihnen, aber mir reicht's.)

Глазами бы съел, но нет, спасибо.

Glazami by s-el, no net, spasibo.

(Mit den Augen hätte ich ihn gegessen, aber nein, danke.)

deutsche Lerner des Englischen

(weiblich)

I am not hungry any more.

I don't want another piece of cake, thank you.

I have already eaten 3 pieces, now it's enough.

I urgently have to go the toilet.

I'm sorry, but I've had enough.

It's very friendly, but I'm satisfied.

No thanks, I can't eat another piece (anything more).

No, I have enough, thank you.

No, I've just had a piece.

No, no, nice cake but I am not hungry at all.

No, please no more.

No, thank you, but I'd like to have st. to drink.

No, thank you. I'll might have more later.

No, thanks a lot, but I've had enough.

No, there is not enough for the other persons.

Not, perhaps a little bit later.

Oh no – thank you very much.

Sorry, but I am really full.

Sorry, but I don't want one.

Sorry, but I have eaten at home.

Sorry, I don't feel like it.

Thank you but I prefer a glass of wine.

Thank you, but I am fulfilled.

Thank you, but I don't like at the moment.

Thank you, but I don't want any.

Thank you, maybe later.

Thanks, but I had already enough.

Thanks, I am not hungry.

Thanks, it's very good, but I'm not hungry.

Thanks, perhaps later.

(männlich)

Do you have another one?

I am full up.

I ate too much.

I can't eat any more, sorry!

I don't like sweets.

I eat no cake.

I'd like to have one, but at the moment I'm looking for the other one (person) in the next room.

I'm sorry, but I'll try it later.

I'm too fad.

It was delicious, but I'm fed up.

No thank you, but I think it's too sweet.

No, I don't want to.

No, I hate drugs.

No, no - my body – you know?

No, no, nice cake but I am not hungry at all.

No, thank you. I'm thirsty only.

No, thanks I'm just on the way to kitchen to eat some another!

No, thanks, but they are great, really.

Not when I have to drive.

Sorry, I'm at weight watches.

Thank you, but I don't like at the moment.

Thank you, I'd like to have a cup of coffee – no cakes.

Thanks, but it's enough.

Thanks, maybe later.

Thanks, there is no need to eat another one.

deutsche Lerner des Russischen

(weiblich)

Нет, спасибо, они очень хороший, но уже много.

Net, spasibo, oni očen' chorošij, no uže mnogo.

(Nein, danke, sie sind sehr gut, aber schon zu viel.)

Нет, спасибо. Торт очень вкусный, но я уже сыта.

Net, spasibo. Tort očen' vkusnyj, no ja uže syta.

(Nein, danke. Der Kuchen ist sehr lecker, aber ich bin schon satt.)

Благодарю.

Blagodarju.

(Ich bedanke mich.)

Большое спасибо, я кусочек хлеб возьму.

Bol'šoe spasibo, ja kusoček chleb voz'mu.

(Vielen Dank, ich nehm' ein Stückchen Brot.)

В следующий раз.

V sledujuščij raz.

(Nächstes Mal.)

Вы очень добры. Но, к сожалению, я сыта.

Vy očen' dobry. No, k sožaleniju, ja syta.

(Sie sind sehr nett. Aber, leider bin ich satt.)

Да нет, очень вкусная, но уже села всего три.

Da net, očen' vkusnaja, no uže sela vsego tri.

(Ach nein, sehr lecker, aber ich hab' schon drei genommen.)

Мне очень не удобно, но мне столько сладкого нельзя.

Mne očen' ne udobno, no mne stol'ko sladkogo nel'zja.

(Es ist sehr peinlich für mich, aber so viel Süßes darf ich nicht essen.)

Не надо, я уже наелась.

Ne nado, ja uže naelas'.

(Bitte nicht, ich bin schon satt.)

Нет спасибо, не хочу.

Net spasibo, ne choču.

(Nein, danke, möchte nicht.)

Нет.

Net.

(Nein.)

Нет, большое спасибо.

Net, bol'šoe spasibo.

(Nein, vielen Dank.)

Нет, лучше наливай мне вина, кофе, воду...

Net, lučše nalivaj mne vina, kofe, vodu...

(Nein, gib mir lieber Wein, Kaffee, Wasser...)

Нет, не хочу.

Net, ne choču.

(Nein, möchte nicht.)

Нет, но наверное попозже.

Net, no navernoe popozže.

(Nein, aber vielleicht später.)

Нет, спасибо, но было очень вкусно.

Net, spasibo, no bylo očen' vkusno

(Nein, aber es war sehr lecker.).

Нет, спасибо, я съела уже два куска.

Net, spasibo, ja s-ela uže dva kuska.

(Nein, danke, ich hab' schon zwei Stücke gegessen.)

Нет, спасибо. Я себя не очень чувствую.

Net, spasibo. Ja sebja ne očen' čuvstvuju.

(Nein, danke. Ich fühle mich gerade nicht wohl.)

Нет, спасибо. Я сита.

Net, spasibo. Ja sita.

(Nein, danke. Ich bin satt.)

Нет, я уже ела три кусочка.

Net, ja uže ela tri kusočka.

(Nein, ich aß bereits drei Stückchen.)

Очень благодарю, но больше не могу.

Očen' blagodarju, no bol'še ne mogu.

(Ich bedanke mich sehr, aber ich kann nicht mehr.)

Очень вкусно, но я наелась.

Očen' vkusno, no ja naelas'.

(Sehr lecker, aber ich bin satt.)

Спасибо большое, нет.

Spasibo bol'šoe, net.

(Danke sehr, nein.)

Спасибо, был не только вкусный торт, но и сытный.

Spasibo, byl ne tol'ko vkusnyj tort, no i sytnyj.

(Danke, der Kuchen war nicht nur lecker, sondern auch sättigend.)

Спасибо, всё очень вкусно, но если я ещё что-нибудь возьму, со мной плохо скончится.

Spasibo, vsë očen' vkusno, no esli ja eščё čto-nibud' voz'mu, so mnoi plocho skončitsja.

(Danke, alles ist sehr lecker, aber falls ich noch etwas nehme, wird es schlecht mit mir enden.)

Спасибо, ещё есть.

Spasibo, eščё est'.

(Danke, ich hab' noch.)

Спасибо, мне очень вкусно, но я больше не могу.

Spasibo, mne očen' vkusno, no ja bol'še ne mogu.

(Danke, mir schmeckts sehr, aber ich kann nicht mehr.)

Спасибо, нет, я не люблю торт.

Spasibo, net, ja ne ljublju tort.

(Danke, nein, ich mag Kuchen nicht.)

Спасибо, нет. Я не могу.

Spasibo, net. Ja ne mogu.

(Danke, nein. Ich kann nicht.)

Спасибо, но я объелась.

Spasibo, no ja ob_elas'.

(Danke, aber ich bin mehr als voll.)

Спасибо, очень вкусно, но я сейчас лопну.

Spasibo, očen' vkusno, no ja sejčas lopnu.

(Danke, sehr lecker, aber ich platze gleich.)

Спасибо, торт вкусный, а я сыта.

Spasibo, tort vkusnyj, a ja syta.

(Danke, der Kuchen ist lecker, aber ich bin satt.)

Спасибо, я делаю маленький перерыв.

Spasibo, ja delaju malen'kij pereryv.

(Danke, ich mach' eine kleine Pause.)

Спасибо, я уже не хочу.

Spasibo, ja uže ne choču.

(Danke, ich mag bereits nichts mehr.)

Спасибо. Больше не хочу.

Spasibo. Bol'še ne choču.

(Danke, mehr möchte ich nicht.)

Спасибо. Было очень вкусно, но я наелась.

Spasibo. Bilo očen' vkusno, no ja naelas'.

(Danke. Es war sehr lecker, aber ich bin satt.)

Спасибо. Но я уже больше есть не могу.

Spasibo. No ja uže bol'še est' ne mogu.

(Danke. Aber mehr kann ich nicht essen.)

(männlich)

Благодарю, на чай места не будет.

Blagodarju, na čaj mesta ne budet.

(Ich bedanke mich. Für den Tee wird kein Platz sein.)

Всё так вкусно, я уже наелся.

Vsë tak vkusno, ja uže naelsja.

(Alles ist so lecker, ich bin bereits satt.)

Вы видите, какая у меня ужасная фигура. Кроме того, от вашей торты у меня всегда ужасные ветры.

Vy vidite, kakaja u menja užasnaja figura. Krome togo, ot vašei torty u menja vsegda užasnye vetry.

(Sehen Sie nicht, was für eine schreckliche Figur ich hab'. Außerdem

„pupse ich von Torten.")

Господи, Боже мой, я лопну.

Gospodi, Bože moi, ja lopnu.

(Mein Gott, ich werde platzen.)

Ещё кусочек? Да ну...

Eščё kusoček? Da nu…

(Noch ein Stück? Ach nee...)

Наверно попозже. Спасибо.

Naverno popozže. Spasibo.

(Vielleicht später. Danke.)

Нет спасибо, но торт классный.

Net spasibo. No tort klassnyj.

(Nein danke. Aber der Kuchen ist klasse.)

Нет, лучше немножко салата.

Net, lučše nemnožko salata.

(Nein, ich nehm' lieber ein bißchen Salat.)

Нет, мне не хочется, спасибо.

Net, mne ne chočetsja, spasibo.

(Nein, ich möchte nicht, danke.)

Нет, но может быть, что моя подруга хочет ещё кусочек.

Net, no možet byt', čto moja podruga chočet eščё kusoček.

(Nein, aber vielleicht möchte meine Freundin noch ein Stückchen.)

Нет, спасибо, мне бы ещё мороженое.

Net, spasibo, mne by eščё moroženoe.

(Nein, danke, ich möchte noch Eis.)

Нет, спасибо, но я торт не очень люблю.

Net, spasibo, no ja tort ne očen' ljublju.

(Nein, danke, aber Kuchen mag ich nicht besonders.)

Нет, спасибо, я уже наелся.

Net, spasibo, ja uže naelsja.

(Nein, danke, ich bin schon satt.)

Ой, спасибо, но я уже слишком много ел.

Oj, spasibo, no ja uže sliškom mnogo el.

(Ach, danke, aber ich hab' schon viel zu viel gegessen.)

Ой, спасибо, уже не могу.

Oj spasibo, uže ne mogu.

(Ach, danke, kann nicht mehr.)

Очень вкусно, но я уже сыт.

Očen' vkusno, no ja uže syt.

(Sehr lecker, aber ich bin satt.)

Сейчас лопну.

Sejčas lopnu.

(Ich platze gleich.)

Спасибо, но доктор мне не разрешает.

Spasibo, no doktor mne ne razrešaet.

(Danke, aber mein Doktor erlaubt es mir nicht.)

Спасибо, он очень вкусен...

Spasibo, on očen' vkusen…

(Danke, der ist sehr lecker...)

Спасибо. (но не беру)

Spasibo. (no ne beru)

(Danke. (nehme aber nicht))

Ужасно вкусно. Но я уже столько съел, что прямо не могу.

Užasno vkusno. No ja uže stol'ko s_el, čto prjamo ne mogu.

(Sehr lecker. Aber ich hab' bereits schon so viel gegessen, dass ich nicht mehr kann.)

Это для вашей жены.

Èto dlja vašej ženy.

(Für Ihre Frau.)

Я лучше пью вино.

Ja lučše p'ju vino.

(Lieber trinke ich Wein.)

Я уже слишком много ел. Спасибо.

Ja uže sliškom mnogo el. Spasibo.

(Ich hab' bereits viel gegessen. Danke.)

Я уже наелся, спасибо.

Ja uže naelsja, spasibo.

    (Ich bin schon satt, danke.)

Простите, я больше не могу.

    Prostite, ja bol'še ne mogu.

        (Entschuldigen Sie, ich kann nicht mehr.)

Хочу, но не могу.

    Choču, no ne mogu.

        (Möchte, kann aber nicht.)

englische Lerner des Deutschen

(weiblich)

Danke schön, aber nein.

Das ist lieb von dir, aber im Moment nicht.

Das ist lieb, aber ich hab' schon genug gegessen.

Das könnte ich nicht schaffen!

Es ist köstlich, aber ich mach' Diät.

Ich hab' genug gegessen.

Ich kann nicht mehr essen, sonst werde ich explodieren.

Ich kann nicht mehr zur Zeit essen – vielleicht später.

Ich will kein Stückchen mehr.

Nee danke.

Nein Danke – ich fühle mich nicht wohl.

Nein danke, aber vielleicht später.

Nein danke, ich hab' schon zuviel gegessen.

Nein danke, ich sollte nicht.

Nein, danke, aber dürfte ich noch eine Tasse Kaffe haben, bitte?

Nein, Danke, aber ich bin satt.

Nein, Danke, aber ich kann nicht mehr.

Nein, danke, aber nein.

Nein, danke, es war lecker, aber das reicht.

Nein, danke, hat aber lecker geschmeckt.

Nein, danke, ich achte ein bißchen auf mein Figur.

Nein, danke, ich bin total satt!

Nein, danke, ich hatte genug gegessen.

Nein, danke, ich mach' gerade Diät.

Nein, danke. Es ist sehr lecker, aber ich bin satt.

Nein, ich hab' kein Hunger.

Nein, ich hab' schon genug gegessen.

Nein, ich könnte nicht, aber es war lecker.

Nein. Danke.

Nicht im Moment, vielleicht später.

Sehr nett, aber nein, danke.

Vielen Dank, aber ich hab' keinen Hunger mehr.

Vielleicht ein bisschen später.

(männlich)

Danke, aber ich bin satt!

Danke, aber ich bin total voll.

Danke, aber ich bin völlig satt.

Danke, aber ich hab' kein Hunger mehr.

Danke, aber nein.

Der Kuchen ist sehr köstlich, aber ich bin zu satt.

Der Kuchen schmeckt wunderbar, aber ich muss nein sagen.

Es schmeckt herrlich, aber ich kann nichts mehr essen.

Gerne, aber ich hab' schon zu viel gegessen.

Ich bin satt!

Ich hab' schon drei Stücke gegessen.

Ich konnte kein Stück mehr essen, aber danke.

Nein danke – ich bin schon satt.

Nein danke, ich hab' eben gegessen.

Nein Danke.

Nein, danke, es geht schon.

Nein, ich bin satt, danke.

Nein, ich mag keinen Kuchen.

Nein, mir reicht's, aber danke.

Nein. Es ist zu süß!

Nicht zur Zeit danke, vielleicht später.

Vielleicht später.

Vielleicht, wenn ich dieses Stück gegessen hab'.

englische Lerner des Russischen

(weiblich)

Спасибо, нет.

    Spasibo, net.

        (Danke, nein.)

Я сыта, спасибо.

    Ja syta, spasibo.

        (Ich bin satt, danke.)

Я не могу, спасибо.

    Ja ne mogu, spasibo.

        (Ich kann nicht, danke.)

Я наелась, спасибо.

    Ja naelas', spasibo.

        (Ich hab' genug, danke.)

Нет, спасибо, я не хочу, но было очень вкусно!

    Net, spasibo, ja ne choču, no bylo očen' vkusno!

        (Nein, danke, ich möchte nicht, aber es war sehr lecker.)

Я уже слишком много покушила, спасибо.

    Ja uže sliškom mnogo pokušila, spasibo.

        (Ich hab' bereits sehr viel gegessen, danke.)

Ещё кусочек мне не хотела бы, а ещё водку я хочу!

    Eščë kusoček mne ne chotela by, a eščë vodku ja choču!

        (Noch ein Stück möchte ich nicht, aber noch Wodka schon!)

Нет спасибо.

Net spasibo.

(Nein danke.)

Я не хочу еще кусочек торта.

Ja ne choču ešče kusoček torta.

(Ich möchte kein Stückchen Kuchen mehr.)

С удовольствием но я уже сыта.

S udovol'stviem no ja uže syta.

(Gerne, aber ich bin satt.)

Нет, я не буду еще торт, спасибо.

Net, ja ne budu ešče tort, spasibo.

(Nein, möchte ich nicht mehr, danke.)

Пожалуйста, нет! Я не привыкла к торту в России.

Požalujsta, net! Ja ne privykla k tortu v Rossii.

(Bitte, nicht! Ich bin an Kuchen in Russland nicht gewöhnt.)

Я сыта.

Ja syta.

(Ich bin satt.)

Я не хочу больше есть.

Ja ne choču bol'še est'.

(Ich möchte nicht mehr essen.)

Нет, нет, и еще раз нет! Спасибо.

Net, net, i ešče raz net! Spasibo.

(Nein, nein und nochmals nein! Danke.)

Торт хороший, а я сыта.

Tort chorošij, a ja syta.

(Der Kuchen ist lecker und ich bin satt.)

Нет, а можно еще икра, пожалуйста?

Net, a možno ešče ikra, požalujsta?

(Nein, aber darf ich noch Kaviar bitte?)

Да нет, лучше еще чаю.

Da net, lučše ešče čaju.

(Nein, lieber noch Tee.)

Нет спасибо, мне не нравится эта торта.

Net spasibo, mne ne nravitsja ėta torta.

(Nein danke, ich mag diesen Kuchen nicht.)

Я очень устало, и я не хочу кушать.

Ja očen' ustalo, i ja ne choču kušat'.

(Ich bin sehr müde und ich möchte nicht essen.)

У меня аллергия на торт.

U menja allergija na tort.

(Ich hab Allergie gegen Torten.)

К сожалению, я на диете.

K sožaleniju, ja na diete.

(Leider mach' ich eine Diät.)

Мне хватило первого куска.

Mne chvatilo pervogo kuska.

(Das erste Stück hat mir gereicht.)

К сожалению, я не очень голодная.

K sožaleniju, ja ne očen' golodnaja.

(Leider bin ich nicht besonders hungrig.)

Может попозже, спасибо.

Možet popozže, spasibo.

(Vielleicht später, danke.)

Нет спасибо я уже кушела.

Net spasibo ja uže kušela.

(Nein danke, ich hab schon gegessen.)

Нет спасибо. Я уже ела три куска.

Net spasivo. Ja uže ela tri kuska.

(Nein danke. Ich hab' bereits drei Stück gegessen.)

Мне нельзя.

Mne nel'zja.

(Ich darf nicht.)

Мне не нравятся торты.

Mne ne nravjatsja torty.

(Ich mag keinen Kuchen.)

Я не хочу торт, спасибо.

Ja ne choču tort, spasibo.

(Ich möchte keinen Kuchen, danke.)

Он бы вкусным, но один кусочек достаточно.

On by vkusnym, no odin kusoček dostatočno.

(Er war lecker, aber ein Stück reicht's.)

Наелась, спасибо.

Naelas', spasibo.

(Ich bin satt, danke.)

Спасибо, нет – больше мне не съесть.

Spasibo, net - bol'še mne ne s-est'.

(Danke, nein – mehr schaff' ich nicht.)

Был очень вкусен, но я сыта.

Byl očen' vkusen, no ja syta.

(War sehr lecker, aber ich bin satt.)

Ещё не могу есть, спасибо.

Eščë ne mogu est', spasibo.

(Mehr kann ich nicht essen, danke.)

Ну потом.

Nu potom.

(Ach, später.)

Я просто не могу.

Ja prosto ne mogu.

(Ich kann einfach nicht.)

Нет, но это очень вкусно.

Net, no èto očen' vkusno.

(Nein, aber es ist lecker.)

(männlich)

Спасибо, я больше не хочу.

Spasibo, ja bol'še ne choču.

(Danke, ich möchte nicht mehr.)

Может попозже, спасибо.

Možet popozže, spasibo.

    (Vielleicht später, danke.)

Не хочу, я уже сыт, спасибо.

    Ne choču, ja uže syt, spasibo.

    (Möchte nicht, ich bin schon satt, danke.)

Я сыт.

    Ja syt.

    (Ich bin satt.)

Спасиво, торт не вкусно.

    Spasivo, tort ne vkusno.

    (Danke, der Kuchen schmeckt mir nicht.)

Возми сам!

    Vozmi sam!

    (Nimm selber!)

Было очень вкусно, но я уже сыт.

    Bylo očen' vkusno, no ja uže syt.

    (War sehr lecker, aber ich bin schon satt.)

Достаточно.

    Dostatočno.

    (Es reicht.)

Нет спасибо, я больше не могу.

    Net spasibo, ja bol'še ne mogu.

    (Nein, danke, ich kann nicht mehr.)

Спасибо нет, может быть попозже.

    Spasibo net, možet byt' popozže.

    (Danke, nein, vielleicht später.)

Нет, мне не хочется, спасибо.

    Net, mne ne chočetsja, spasibo.

    (Nein, ich möchte nicht, danke.)

Было вкусно, но я сыт.

    Bylo vkusno, no ja syt.

    (War lecker, aber ich bin satt.)

Да нет, лучше еще кофе.

Da net, lučše eščë kofe.

(Nein, lieber noch Kaffee.)

Спасиба, но нет.

Spasiba, no net.

(Danke, aber nein.)

Абсолютно не, я на диете.

Absoljutno ne, ja na diete.

(Definitiv nicht, ich mach' Diät.)

К сожалению я болен.

K sožaleniju ja bolen.

(Leider bin ich krank.)

Извените, - я уже полен!

Izvenite, - ja uže polen!

(Entschuldigen Sie, aber ich bin schon voll.)

Нет, спасибо, я переел уже итак.

Net, spasibo, ja pereel uže itak.

(Nein, danke, ich bin eher schon zu voll.)

Нет, спасибо. Этот торт мне не нравится.

Net, spasibo. Ėtot tort mne ne nravitsja.

(Nein, danke. Dieser Kuchen gefällt mir nicht so.)

Нет, спасибо. Я доволен.

Net, spasibo. Ja dovolen.

(Nein, danke, ich bin zufrieden.)

Я хотел бы еще кусочек кушать, но мой врач сказал мне что я должен меньше есть.

Ja chotel by eščë kusoček kušat', no moj vrač skazal mne čto ja dolžen men'še est'.

(Ich würde gerne noch ein Stück essen, aber mein Arzt sagte mir, ich muss weniger essen.)

Торт очень вкусный, но к сожалению это невозможно мне много торта есть, потому что у меня болит живот когда я слишком много сладкой пищи кушать.

Tort očen' vkusnyj, no k sožaleniju ėto nevozmožno mne mnogo torta est', potomu čto u menja bolit život kogda ja sliškom mnogo sladkoj pišči kušat'.

(Der Kuchen ist sehr lecker, aber leider ist es unmöglich für mich viel
Kuchen zu essen, weil ich Bauchschmerzen habe, wenn ich viel Süßes
esse.)

russische Lerner des Englischen

(weiblich)

Do you really think it's useful for my figure?

Don't try to tempt me.

Don't you see I'm sick of your cake?

Find someone else to eat this stuff.

I am afraid I can't, I am on a diet.

I don't know exactly ...

I don't like cakes very much.

I don't like this cake very much.

I don't want it, thank you.

I don't want, really.

I'd love it, but I am on a diet now.

I'd love to, but I am not hungry any more.

I'd love to, but I can't.

I'd love to, but I really had enough.

I'm on a diet, and a little piece of cake for me is a whole problem.

It could be a great pleasure for me, but to tell you the truth I'm on a diet.

It was tasty, but I don't want any.

It's a very tasty cake but I am not hungry.

Maybe later, thank you.

No thank you ... you see .. my diet.

No thanks, I 'm full.

No thanks, I am supposed to be on a diet.

No, I don't want it.

No, I don't want to eat too much in the evening.

No, it's very tasty, but I think it's enough for me.

No, thank you, it would be superfluous.

No-no-no (with fear).

Oh no, thanks. It's very delicious, but I'm afraid I can't take any more.

Oh thanks, but I want to drink (or smth. else).

Oh thanks, it' really nice, but I'd rather have a piece of chocolate.

Thank you very much, but a little bit later.

Thank you! No!

Thank you, but I'd like a cup of tea.

Thank you, but I'm ready to sacrifice this piece to Mary. She's hungry.

Thank you, let's postpone.

Thank you, my stomach is full.

Thank you, we'll eat a cake next time.

Thanks, but I'm fed up.

Thanks, but my mother doesn't advise me to eat a lot of cakes.

The last was enough.

Well, you know, that I just don't like sweat things. I just wouldn't be able to appreciate it!

With pleasure but I promised my boyfriend not to eat sweat thing.

(männlich)

Another one, are you kidding?

Err ... Mmm ... Thanks, I am not hungry.

Find someone else to eat this stuff.

Go away, please ...

I prefer to drink ...

I'm already too fat ...

It sounds perfectly but I'm on a sliming diet.

No, I should think about my weight.

No, not now!

No, thank you very much.

No, thank you.

Sorry, buddy, I do not want indeed. Thank you.

Thank you, but I don't want any more.

Thank you, but it is enough for me.

Thank you, I think it's too much for me.

Thanks a lot but I wouldn't like to eat cake at the moment!

Thanks, but I don't want any cake.

Thanks, but I'd like to taste your pudding.

Thanks, but I'll visit Elena this evening. She is organizing a big party.

Thanks, but may be later?

Thanks, but no, I'm stuffed.

russische Lerner des Deutschen

(weiblich)

Ah, nein. Danke. Ich bin schon satt.

Danke schön, aber ich bin schon satt.

Danke schön, aber ich möchte keins. Ich bin nämlich schon satt.

Danke schön, das ist sehr nett von Dir, aber für heute wäre es schon genug.

Danke sehr. Ich bin schon satt.

Danke, aber ich esse nicht viele Süssigkeiten.

Danke, aber ich kann wirklich nicht mehr.

Danke, aber ich möchte keinen Kuchen.

Danke, aber leider kann ich nicht mehr annehmen.

Danke, aber nein.

Danke, aber vielleicht später.

Danke, der Kuchen schmeckt sehr gut, aber ich möchte nicht mehr.

Danke, es reicht.

Danke, es schmeckt so gut, aber vielleicht später.

Danke, ich hab schon vollen Magen.

Danke, ich hab' schon genug davon gegessen.

Danke, ich möchte lieber eine Tasse Kaffee.

Danke, ich möchte nicht.

Danke, noch ein Stückchen aber wäre für mich viel zu viel.

Das ist sehr nett von dir, aber ich bin nicht hungrig.

Dein Kuchen mag ich sehr gerne, aber ich esse nicht so viel Süßigkeiten.

Der Kuchen ist super, aber ich hab' leider schon viel gegessen.

Es ist so lieb von Ihnen. Ich möchte aber noch ein Bonbon probieren.

Ich bin voll genug.

Ich danke Dir. Nächstes Mal werde ich es unbedingt probieren.

Ich würde noch eine Tasse Kaffee trinken.

Jetzt möchte ich nicht, aber etwas später werde ich bestimmt noch ein Stück nehmen.

Mit Vergnügen. Aber ich bin schon satt.

Nein, Danke, das war schon gut.

Nein, danke. Der Kuchen hat super geschmeckt.

Nein, danke. Ich hab' keinen Hunger mehr.

Nein, danke. Ich hab' schon zwei gegessen.

Nein, danke. Ich muss schon gehen.

Nein, danke. Würden Sie nicht so lieb sein, mir noch eine Tasse Tee einzuschenken?

Nein, mir gefällt mehr anderen Kuchen.

Noch ein Stück? Ich bin schon satt.

Oh, danke, aber ich halte auf meine Figur.

Riecht echt super, aber ich möchte nicht.

Vielen Dank für das Angebot, ich schaff' es aber nicht.

Vielen Dank, aber ich ...

Vielen Dank, ich hätte gerne ein, aber ich bin sehr satt.

Vielen Dank, ich muss aber doch auf die schlanke Linie achten.

Vielen Dank, nicht, ich bin schon satt.

Was? Noch ein Stück Kuchen? Du bist verrückt.

Was? Noch ein Stück? Für mich ist es schon unmöglich.

Welches meinst Du?

russische Lerner des Deutschen, Gruppe RL2-D*

(weiblich)

Danke schön, ich hab' gerade viel gegessen.

Danke, aber ich bin satt und möchte nichts mehr essen.
Danke, aber ich kann es mir nicht mehr gönnen.
Danke, aber kann ich das mitnehmen?
Danke, erstmal nicht.
Danke, ich bin schon satt.
Danke, ich hab' jetzt kein Hunger.
Danke, vielleicht später.
Danke. Aber ich bin satt.
Erstmal eine Pause.
Es ist nett, aber ich möchte keins mehr.
Gern, aber ich bin schon voll.
Ich esse noch später ...
Im Moment nicht, aber ich denk drüber nach, Danke!
Nein, danke, die anderen sollen auch was bekommen.
Noch ein Stück? Nein, das reicht.
Nun ist es aber eine Versuchung, aber nein, danke.
Vielen Dank, ich esse nicht so viel.
Vielen Dank, später vielleicht.

(männlich)

Danke, ich bin satt.
Danke, ich esse keine Süßigkeiten.
Danke, ich hab' genug.
Danke, ich hätte gerne noch eine Tasse Kaffee.
Danke, ich kann nicht mehr.
Danke, vielleicht später.
Ich hab' schon probiert.
Ja, gern, aber ich mach' eine Diät.
Nee, ich mag nicht mehr.
Nein, Danke.
Oh, danke, nein.

Produktion – Diskursergänzung

Distribution der Strategien (N) in Ablehnungen

Tabelle a-1: deutsche Muttersprachler, (N in Positionen 1, 2, 3, 1-3, %)

STRATEGIE	weiblich					männlich					Gesamt				
	Anzahl				%	Anzahl				%	Anzahl				%
Position:	1	2	3	1-3		1	2	3	1-3		1	2	3	1-3	
Danke	18	36	2	56	36%	15	26	1	42	30%	33	62	3	98	34%
Lob	6	2	2	10	6%	3	1	1	5	4%	9	3	3	15	5%
ADJUNKTE	**24**	**38**	**4**	**66**	**43%**	**18**	**27**	**2**	**47**	**34%**	**42**	**65**	**6**	**113**	**39%**
Nein	34	4	-	38	25%	37	5	1	43	31%	71	11	2	81	29%
Will nicht	-	2	1	3	2%	nicht vorhanden					-	2	1	3	1%
DIREKT	**34**	**6**	**1**	**41**	**27%**	**37**	**5**	**1**	**43**	**31%**	**71**	**11**	**2**	**84**	**29%**
- Kann nicht	-	2	-	2	1%	3	3	-	6	4%	3	5	-	8	3%
- Genug	4	12	9	25	16%	8	14	4	26	19%	12	26	13	51	17%
- Objekt	1	-	3	4	3%	1	-	-	1	1%	2	-	3	5	2%
- Diät	-	2	2	4	3%	-	1	-	1	1%	-	3	2	5	2%
Erklärung	5	16	14	35	23%	12	18	4	34	25%	17	34	18	69	24%
Bedauern	1	-	-	1	1%	1	1	-	1	1%	2	1	-	3	1%
Alternative	1	1	1	3	2%	-	1	2	3	2%	1	2	3	6	2%
Angriff	-	1	-	1	1%	nicht vorhanden					-	1	-	1	0%
- Verschiebung	3	2	1	6	4%	4	1	-	5	4%	7	3	1	11	4%
- Themenwechsel	1	-	-	1	1%	-	-	1	1	1%	1	-	1	2	1%
- Wiederholung	nicht vorhanden														
- Witz	nicht vorhanden					1	-	2	3	2%	1	-	2	3	1%
Vermeidung	4	2	1	7	5%	5	1	3	9	7%	9	3	4	16	5%
INDIREKT	**11**	**20**	**16**	**47**	**31%**	**18**	**21**	**9**	**48**	**35%**	**29**	**41**	**25**	**95**	**33%**
Gesamt	**69**	**64**	**21**	**154**	**100%**	**73**	**53**	**12**	**138**	**100**	**142**	**117**	**33**	**292**	**100%**

(Die hervorgehobenen Zahlen 69, 73, 142 in der Zeile „Gesamt" bezeichnen die Anzahl der Ablehnungen in der Stichprobe.)

Produktion – Diskursergänzung

Distribution der Strategien (N) in Ablehnungen

Tabelle a-2: englische Muttersprachler, (N in Positionen 1, 2, 3, 1-3, %)

STRATEGIE	weiblich					männlich					Gesamt				
	Anzahl				%	Anzahl				%	Anzahl				%
Position:	1	2	3	1-3		1	2	3	1-3		1	2	3	1-3	
Danke	8	58	8	74	31%	5	21	4	30	34%	13	79	12	104	32%
Lob	7	1	3	11	5%	2	-	-	2	2%	9	1	3	13	4%
ADJUNKTE	**15**	**59**	**11**	**85**	**36%**	**7**	**21**	**4**	**32**	**36%**	**22**	**80**	**15**	**117**	**36%**
Nein	71	2	1	74	31%	24	1	-	25	28%	95	3	1	99	30%
Will nicht						nicht vorhanden									
DIREKT	**71**	**2**	**1**	**74**	**31%**	**24**	**1**	**-**	**25**	**28%**	**95**	**3**	**1**	**99**	**30%**
- Kann nicht	3	6	3	12	5%	2	1	-	3	3%	5	7	3	15	5%
- Genug	8	17	21	46	19%	7	11	3	21	24%	15	28	24	67	20%
- Objekt	1	-	1	2	1%	-	-	1	1	1%	1	-	2	3	1%
- Diät	2	6	2	10	4%	nicht vorhanden					2	6	2	10	3%
Erklärung	14	29	27	70	29%	9	12	4	25	28%	23	41	31	95	29%
Bedauern	-	1	-	1	0%	2	-	-	2	2%	2	1	-	3	1%
Alternative	2	1	1	4	2%	1	-	-	1	1%	3	1	1	5	2%
Angriff	-	1	-	1	0%	2	-	-	2	2%	2	1	-	3	1%
- Verschiebung	2	1	1	4	2%	1	-	-	1	1%	3	1	1	5	2%
- Themenwechsel						nicht vorhanden									
- Wiederholung						nicht vorhanden									
- Witz	nicht vorhanden					-	1	-	1	1%	-	1	-	1	0%
Vermeidung	2	1	1	4	2%	1	1	-	2	2%	3	2	1	6	2%
INDIREKT	**18**	**33**	**29**	**80**	**33%**	**15**	**13**	**4**	**32**	**36%**	**33**	**46**	**33**	**112**	**34%**
Gesamt	**104**	**94**	**41**	**239**	**100%**	**46**	**35**	**8**	**89**	**100%**	**150**	**129**	**49**	**328**	**100%**

(Die hervorgehobenen Zahlen 104, 46, 150 in der Zeile „Gesamt" bezeichnen die Anzahl der Ablehnungen in der Stichprobe.)

235

Produktion – Diskursergänzung

Distribution der Strategien (N) in Ablehnungen

Tabelle a-3: russische Muttersprachler, (N in Positionen 1, 2, 3, 1-3, %)

STRATEGIE	weiblich					männlich					Gesamt				
	Anzahl				%	Anzahl				%	Anzahl				%
Position:	1	2	3	1-3		1	2	3	1-3		1	2	3	1-3	
Danke	36	31	1	68	34%	17	9	1	27	35%	53	40	2	95	34%
Lob	7	4	-	11	5%	1	2	-	3	4%	8	6	-	14	5%
ADJUNKTE	**43**	**35**	**1**	**79**	**39%**	**18**	**11**	**1**	**30**	**38%**	**61**	**46**	**2**	**109**	**39%**
Nein	38	3	-	41	20%	14	2	-	16	21%	52	5	-	57	20%
Will nicht	1	5	2	8	4%	-	4	-	4	5%	1	9	2	12	4%
DIREKT	**39**	**8**	**2**	**49**	**24%**	**14**	**6**	**-**	**20**	**26%**	**53**	**14**	**2**	**69**	**25%**
- Kann nicht	1	10	3	14	7%	1	1	-	2	3%	2	11	3	16	6%
- Genug	2	22	6	30	15%	-	6	3	9	12%	2	28	9	39	14%
- Objekt	-	1	1	2	1%	-	1	-	1	1%	-	2	1	3	1%
- Diät	3	5	2	10	5%	nicht vorhanden					3	5	2	10	4%
Erklärung	6	38	12	56	28%	1	8	3	12	15%	7	46	15	68	24%
Bedauern	1	1	-	2	1%	nicht vorhanden					1	1	-	2	1%
Alternative	2	2	1	5	2%	2	-	-	2	3%	4	2	1	7	3%
Angriff	2	-	-	2	1%	1	-	-	1	1%	3	-	-	3	1%
- Verschiebung	2	4	1	7	3%	2	2	-	4	5%	4	6	1	11	4%
- Themenwechsel	nicht vorhanden														
- Wiederholung	nicht vorhanden														
- Witz	nicht vorhanden					5	4	-	9	12%	5	4	-	9	3%
Vermeidung	2	4	1	7	3%	7	6	-	13	17%	9	10	1	20	7%
INDIREKT	**13**	**46**	**14**	**73**	**36%**	**11**	**14**	**3**	**28**	**36%**	**24**	**60**	**17**	**101**	**36%**
Gesamt	**95**	**89**	**17**	**201**	**100%**	**43**	**31**	**4**	**78**	**100%**	**138**	**120**	**21**	**279**	**100%**

(Die hervorgehobenen Zahlen 95, 43, 138 in der Zeile „Gesamt" bezeichnen die Anzahl der Ablehnungen in der Stichprobe.)

Lightning Source UK Ltd.
Milton Keynes UK
UKHW010645250820
368797UK00003B/1182

HOW TO BECOME A
BUSINESS ANGEL

PRACTICAL ADVICE FOR ASPIRING
INVESTORS IN UNQUOTED COMPANIES

BY RICHARD HARGREAVES

HARRIMAN HOUSE LTD

3A Penns Road
Petersfield
Hampshire
GU32 2EW
GREAT BRITAIN

Tel: +44 (0)1730 233870
Fax: +44 (0)1730 233880
Email: enquiries@harriman-house.com
Website: www.harriman-house.com

First published in Great Britain in 2012

ISBN: 9780857191731

British Library Cataloguing in Publication Data
A CIP catalogue record for this book can be obtained from the British Library.

Set in Minion, Bebas Neue and FrutigerMW Cond.
Printed and bound in the UK by CPI Antony Rowe.

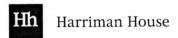 Harriman House

CONTENTS

ABOUT THE AUTHOR

D r Richard Hargreaves was educated as an engineer and conducted research in materials science before entering the world of venture capital with the 3i, as it is now called, which was at the time the largest investor in private companies in the UK. After ten years of making investments in unquoted companies, he left to start Baronsmead plc which he developed over 13 years until its sale in 1995. During this period Richard was involved in the development of the venture capital industry through the BVCA (the leading industry body and public policy advocate for the private equity and venture capital industry in the UK), where he became chairman. During that period he was involved in the BVCA's tax lobbying, which saw the birth of the VCT and Baronsmead's name is still on several of the best performing VCTs.

After its sale, he managed Baronsmead for two years before he started Classic Fund Management Ltd. He sold that company in 2004 and co-founded Endeavour Ventures Ltd, which invests in young technology companies for its 250-strong client base of high-net-worth individuals.

Richard has nearly 40 years' experience investing in young companies and helping them grow. He is a highly experienced non-executive director and business angel.

PREFACE

Angel investment has become the UK's most important source of equity capital for companies seeking up to as much as £2m. That alone makes it a very topical subject.

Nowadays, it is frequently mentioned in the media and its importance to the economy has become apparent to government. In recognition of this, increasingly attractive tax breaks have been made available and government-supported funds, which match angel investment, have been launched.

This book covers all aspects of investing in unquoted companies as a private individual, or *business angel*, as such investors are often called.

It offers practical guidance, both to those who wish to make angel investments for the first time and to those have invested before but who would like to develop a more systematic approach than they have used previously. If you are looking to build a portfolio of investments in unquoted companies, wish to learn more about the technical side of investment – such as share capital structures and investors' legal rights, or have capital to invest in entrepreneurial ventures and wish to do this in the most effective way, then this book is for you. It aims to help you find investments, how to assess them, how to structure them, how to manage them and finally – and very importantly – how to exit from them.

If the book encourages some of its readers to become involved – or more deeply involved – with this fascinating activity and, at the same time, helps them avoid a few of the many pitfalls and thus improve their chances of success it will have served its purpose.

INTRODUCTION

Many people find the idea of helping entrepreneurs enticing and are attracted to the potential financial rewards it can offer. And, as a bonus, helping a young venture succeed – be it with money, contacts or mentoring – can be very satisfying. There are thus great attractions to being an angel.

On the other side of the coin, the UK needs angels. Most of the economic growth and job creation in the UK comes from innovation and, in turn, much of that takes place in early-stage entrepreneurial businesses. These ventures are increasingly badly served by both banks and professional venture capital and the growing importance of angel financing to small companies, and thus to the health of the economy, is being recognised by many people – including government. As a result the government has provided increasingly attractive tax incentives to those who are prepared to take the high risks involved in angel investing.

These risks are not always immediately evident because any promoter of an investment opportunity will stress the upside of the deal. This book will take you through many of the problems you may face and offer you practical help with understanding them and finding ways to take sensible precautions to minimise risk.

Whatever your investment approach, you can always learn something from the experiences of others. The book draws on my own experiences as a venture capitalist as well as my own wide experience as an active angel and non-executive director. Over the years I have been involved with 100s of ventures many of which, latterly, have been angel financed using the tax benefits available for such deals in the UK. As a result, there is little I have not seen as companies have started in life, raised money, grown, dealt with challenges and exited. I have tried to convey the essence of these to the reader, both in main body of the text and in the many examples and case studies.

I have had many successes and I have had many failures. So I do know a lot about the ups and downs of backing smaller companies. And I would not swap the excitement and satisfaction of that for something less absorbing.

PART A

ANGEL INVESTING

CHAPTER 1

THE BASICS

Introduction

In this chapter I discuss what a business angel is and how they fit into the overall spectrum of sources of long-term capital. I also look at why entrepreneurs like angels and often prefer them to venture capitalists.

The importance of angels

Angels

The term *angel* was first used to describe wealthy individuals who provided money for Broadway productions. Then in 1978, William Wetzel published a study on how entrepreneurs raised seed capital in the USA and used the term *angel* to describe the investors.

Today, *business angel*, or just *angel*, is a term widely used to mean a private individual who invests his or her own money in early stage growth companies. The other principal source of long-term investment in such companies is venture capitalists (VCs).

There are two fundamental differences between these two groups:

1. Angels invest their own money whereas VCs manage and invest a pool of money belonging to others.

2. The individual angel makes their own investment decisions whereas a VC firm will have an investment committee of partners who make decisions collectively.

The scale of angel financing

You may be surprised to learn that in the USA angel financing accounts for almost as much money invested as all venture capital funds combined – but into more than 60 times as many companies.

In 2010, angel funding totalled $20 billion into 61,900 companies compared to $23 billion of VC funding into 1,012 companies. The average amount of money raised from angels was approximately $300,000, compared to nearly $23m from VCs, which shows that angels are much more important than VCs at the smaller end of the market.

Technology dominates the type of venture backed but where the investment is made varies widely from year to year. For example, in 2010 investments in healthcare rose to 30% (from 19% in 2007) and investments in software were down to 16% (from 27% in 2007). In the USA, Silicon Valley businesses account for the lion's share of all angel investments and in the States there are more than 250,000 active angels.

In the UK a 2009 research report 'Siding with the Angels', published by NESTA (an independent body with a mission to make the UK more innovative), concluded that business angels have grown in importance in the UK since 2000. The percentage of all early-stage deals with angel involvement increased from 16% in 2000 to 41% in 2007. Indeed, the report concluded angels are often the only source of capital at the smaller end of the market. The report estimated that there were between 4,000 and 6,000 angel investors in the UK with an average investment size of £42,000 per investment.

In contrast, the UK Business Angels Association (UKBAA) said on its website in 2012:

> "an estimated £850m per annum is invested by angels annually in the UK. This is more than 2.5x the amount of venture capital invested in early stage small businesses annually. Whilst it is also estimated that there about 18,000 angel investors around the country, there is a need for more individuals to become business angels to provide finance to meet the needs of the growth potential entrepreneur".

Obviously there is disagreement in the figures here and I do not have an explanation for the discrepancy in these two estimates of the market size. Suffice it to say, however, that the UK angel market is large and growing.

There is no doubt that tax advantaged schemes, developed over many years by successive governments, have been a major factor in the growth of UK angel activity. In a 2011 Budget Commentary, NESTA referred to the impact of the Enterprise Investment Scheme (EIS, see Chapter 6) and stated:

- "Since its inception, EIS had provided 48% more finance to early stage businesses than the VC industry; and

- "EIS provided more funds than VC for amounts less than £2m. In 2006-7, for amounts up to £2m, EIS provided 63% more funding than the VC industry."

The commentary also cited a survey in which 80% of business angels said they had used the EIS at least once. Notably, 53% of them would have made fewer investments without EIS tax incentives.

Angels and innovation

Innovation and the founding of new ventures are crucial to economic development because successful new companies create both wealth and jobs.

'The Vital 6 Per Cent', a 2009 NESTA report, highlighted the importance of the small number of fast-growing businesses that between 2002 and 2008 generated the lion's share of employment growth in the UK. These businesses were in all sectors and included established firms and start-ups, small businesses and large ones.

A follow-on report in 2011 entitled 'Vital Growth' argued that high-growth businesses remain vital to the economy. However, it highlighted some challenges that such businesses face. In particular, they have both a greater need for capital than lower growth firms and, ironically, may find banking harder. Coupled with this, the report found there had been a sharp decline in risk capital funding in the UK since 2008.

Angels are an essential and growing source of funding to the smaller and younger members (and potential members) of this high-growth group because of the absence of alternative sources of equity capital.

Where angels fit within the financing spectrum

Investment by angels is a vital bridge between start-up finance from 'friends and family' and venture capital.

Friends and family

Ever since aspiring entrepreneurs have started new ventures they have needed money to pay for goods, staff and other things. It is a rare venture that does not need financial help in some way or other. The first port of call is usually the piggy bank – which is often empty – followed in short order by family and friends or, as the Americans jokingly call, it FFF (friends, family and fools).

Family and friends are excellent investors as they are loyal and helpful. Indeed, in some cultures it is common for families to work closely together in businesses that then manage without external help partly because salaries only get paid when there is money to do so.

However, many would-be entrepreneurs today have business ideas that cannot be developed without substantial amounts of cash and their families, however supportive, do not have sufficient money to help them beyond a very early point.

Banks

Having exhausted the support of family and friends, the entrepreneur naturally looks to their bank – or used to. In reality, though, banks have never been very helpful with early stage ventures. They want readily realisable security for the money they lend and firm evidence that it can be returned from the cash flow of the business. Many start-ups simply cannot provide this.

Having failed with their bank, the entrepreneur often next thinks, or used to think, of venture capital firms – an institutional rather than personal source of equity capital – if only because they are easy to find.

Venture capital

The provision of venture capital in the UK evolved dramatically during the second half of the twentieth century.

In the 1970s, the principal source of venture capital in the UK was what was then called ICFC (now 3i). ICFC was started in 1945 with a government push and the backing of the then clearing banks. Its role was to provide long-term capital to private companies. ICFC dominated the market until the mid-1980s when independent venture capital firms (VCs) started to spring up like mushrooms.

These venture capital firms backed many start-ups and small ventures in the early days of the industry's growth. Over time though most of the industry migrated upmarket to become today's private equity groups because of the easier pickings. As a result venture capital for early stage companies became harder to find.

In contrast to venture capital, private equity groups typically buy – not back – existing large companies with predictable cash flows and partly use huge sums borrowed from banks to do so. They then hire new management who are incentivised with significant equity stakes.

The reasons for this are compelling from the private equity firm's point of view. The large size of the deals means the management fees (1% to 2% on the capital raised from institutions) pay the private equity team fat salaries. Added to this are performance fees (typically 20% of profits made after the benefits – in good times – of heavy leverage from bank debt) that are also large on big and successful deals.

All of this means the private equity principals get rich provided they hire the right management to run their companies and the economy is stable so that leverage works for, and not against, them. The financial collapse in 2008 did, however, bring the risks of the highly leveraged deal into sharp focus.

Regrettably, today there is only a small and declining number of specialised venture capital firms who will consider investing in small start-up or early-stage ventures and they do very few deals.

Government-sponsored funds

Successive governments have expressed alarm at the decreasing number of VCs who make smaller investments. To counteract this trend, both the UK government and the European Community have sponsored a wide range of providers of equity capital for young businesses. Often, though, the availability of this capital depends on where a business is based, or is to be based, and the investment focus is often driven by job creation.

The problem with such funds is they are institutional in nature. They can be obsessed with due process – no doubt because they are accountable for the public funds they invest. They thus tend to be slow and bureaucratic. Added to this, almost none of these funds, in my experience, seems to understand how to structure a young company's balance sheet.

The angel investor

The bottom line for companies wanting to raise less than £2m (and some would say rather more) is that they find it very hard to raise equity finance from the VC world. Which is where the angel investor comes in. Even though angels are rather harder to find than VC funds, they are a vital source of capital for smaller ventures.

As an angel, it is worth remembering how important your money can be to the venture when you are asked to invest. You, and your fellow syndicate members, may be the only source of equity capital available.

Government stimulus for angel investing

Throughout this book you will find many references to the Enterprise Investment Scheme (EIS), which is a series of tax advantages for private individuals investing in smaller companies. It is described in detail in Chapter 6.

To complement the EIS, in 2011 the government launched the Angel CoFund for companies based in England – with Scotland and Wales having their own regional funding through Scottish Enterprise and Finance Wales. It is a £50m fund which is prepared to invest amounts from £100,000 to £1m alongside a syndicate of angels and on the same terms. It is of particular importance that applications to it must come from the angel syndicate and not from the company that needs money.

The CoFund is discussed further under 'Angels and syndicates' in Chapter 3.

Why angels are attractive investors

How entrepreneurs compare angels and VCs

There is no doubt that VCs have an image problem.

In May 2012 Coutts – a bank with many entrepreneurial clients – published the results of a survey amongst those clients. The results were interesting. Nearly 25% of those who had never used venture capital believed it would increase the risk of their business failing compared to 19% who believed VC would help deliver sustainable growth. Ironically, of those who had used VC only 13% regretted it. This boiled down to previous users of VC being twice as likely to use it again compared to those with no experience of it.

Coutts acknowledged that for many fast growing companies seeking less than £2m venture capital is not the best form of funding and that capital from wealthy individuals or investment syndicates (i.e. angels) is a better alternative. The research showed a real reluctance amongst many ambitious entrepreneurs even to consider VC support.

The VC community should be deeply concerned by these results. On the other hand the increasing opportunities for angels to prosper are clearly apparent when the once main supplier of equity capital is held in such low regard.

How angels and VCs differ

It would be wrong to think of angels as just another source of capital because angels have a number of characteristics which are quite different to other investor groups – particularly VCs.

I touched on these differences earlier in the chapter and I shall now amplify them, together with their consequences from the entrepreneur's point of view:

1. Angels invest their own money whereas VCs invest other people's money structured into a fund

This makes the angel a more sympathetic and supportive investor. He can be more loyal and less brutal when hard decisions have to be made. He will also work harder to protect his own money – a normal human trait. An angel rarely invests only for financial motives.

2. Angels are quick decision makers. They don't need to consult others when they invest – in contrast to VCs

Many angels make decisions based on an informed view of the opportunity and a liking for the management team. Due diligence is usually a softer and less bureaucratic process than with venture capital.

3. Angel syndicates can be difficult to pull together because they make decisions independently of each other whereas a VC writes one cheque once he and his colleagues have agreed to invest

A major issue with angels is pulling the syndicate together. It can be very helpful to have a facilitator involved – which is what many angels' networks and syndicate managers do.

Despite this, the VC's ability to write one cheque does not mean he is faster to invest. The reality is that the VC can be the slowest of all funders (see the case study later in the chapter).

4. Angels will usually opt for a simple investment structure (the EIS requires it) and ask for simpler controls on decision making as the venture develops

In the UK it is common to see a small amount in equity and most of the money in a loan stock with interest and repayment. This is the method preferred by many VCs but it is an inappropriate structure for early stage investments (see 'The benefits of ordinary shares' in Chapter 5).

On the other hand angels will usually invest in some kind of ordinary shares and are required to do so if they want EIS tax reliefs. This is without doubt the best structure from the early-stage investee company's point of view.

5. Angels can add value from their own experiences and contacts. All VCs say they can but it is not always true

In the UK, angels are often older and more experienced than most executives in VC firms. They can offer valuable advice, mentoring and contacts to the entrepreneurs.

All VCs argue they add value but most don't. In contrast angels are often more modest about what they can offer, though they can be the source of a great deal of help.

The VC industry is characterised by the arrogance of its executives. In this area too angels are preferable, as they can appear much more approachable and sympathetic to deal with.

6. Angels are less punitive in their approach to further investment when things don't go well

VCs are notorious for being nothing less than vindictive if projections are not met and further funding is required. That is, of course, not a good moment for a company to go to its investors with cap in hand.

Angels, on the other hand, tend to be more understanding in those circumstances and the terms they then demand are often much less punitive.

***

Most of these characteristics make angels a very attractive source of capital.

The combination of quick decisions and the ability to bring directly relevant experience to the table is particularly appealing to entrepreneurs. So is the relative simplicity of the investment documentation.

Angels are also good at following on with further money when the business needs it. The only major negative is that it can be difficult to pull a syndicate of angel investors together which is the reason the government launched the Angel CoFund referred to above (and discussed in Chapter 3).

Increasing numbers of entrepreneurs recognise these very positive features of angel investment. And that puts the angel in a strong position when it comes to negotiating investment terms.

Case Study

This case study is an extreme illustration of the slowness of VCs compared to angels.

I began negotiating with one such VC firm on behalf of a young technology company for a £500,000 investment in February and it completed in August. However, it was August the following year – a total of 20 months. It even took until December to have an agreed terms sheet.

In the meantime a number of angels looked at the opportunity and invested, taking on average six weeks to do so.

As you might expect given the take time taken, the documentation was as complicated and onerous as it gets. I don't believe for a second that this protected the fund investor better in any meaningful way. It was, though, a sure way to start the relationship between entrepreneur and investor badly.

Learning point

As an angel you need to be concerned with whether all the expected money will be available and when. The lesson of this story is never take any potential funder's comments about timescale at face value. Sometimes you can check with others who have previously worked with prospective investors how fast (or slow) they are. Always be prepared for a much slower process than you would like.

Summary

This chapter has discussed the importance of angels to the UK economy in the development of innovative early-stage companies. The angel is a growing presence amongst the providers of long-term capital and is vital when ventures need £2m or less of equity capital.

The angel is often the most welcome of all investors in a company because of decision-making speed, simplicity of investment structure and the ability to add value. And angels are friendly and supportive, which is regrettably not true of all VCs.

CHAPTER 2

DECIDING WHETHER TO BE AN ANGEL

Introduction

This chapter considers the issues you should address when deciding whether to either become an angel or to expand your angel investing.

I describe some research evidence on the investment returns that can be made by angels, the positive effect on these returns of available tax reliefs, strategies that can enhance investment returns and the characteristics that I believe angels need.

Also discussed is the need for portfolio diversification to offset the large risks involved in any one investment.

Finally, the chapter discusses other ways of investing in the early-stage growth company sector without the level of involvement required of an angel. This will suit some people better than angel investing would and it can appeal to the angel who wants further diversification of some of their risks.

Are angel investments for you?

Published research on UK angels

Whilst venture capital and angel investing are similar in many ways, much less is known about angel investing. This is because venture capital is largely financed by major institutions who have demanded full reporting. That, in turn, has led to systematic published research. On the other hand, the private nature of angel investing means it is harder to research.

There is, though, some published UK research which offers useful insights into why others have chosen to make angel investments. This may prove a helpful guide to making your own decision. This research includes the report 'Siding with the Angels' I have already referred to in Chapter 1. It is well worth reading and can be downloaded free from the NESTA website (**www.nesta.org.uk/assets/documents/siding_with_the_angels**).

The report's findings can be summarised under three main headings:

1. Investment outcomes

2. Characteristics of UK angel investors

3. Strategies which improve investment outcomes

1. Investment outcomes

The investment returns made by angel investors can be attractive. In the sample of investments looked at in the study:

- 56% of the investments made were either completely lost or failed to return the amount invested

- 35% of investments realised between one and five times the initial investment

- 9% realised ten times or more

The mean return was a 2.2 multiple of investment in 3.6 years and an approximate internal rate of return (IRR) of 22% before tax.

Enhancing the returns using EIS

It is interesting to look at the impact EIS reliefs would have had on the NESTA research results described above. I have used a simple model to illustrate this. In the table the NESTA numbers are in bold. The model uses a four-year period. It assumes 50% of money is lost and so is broadly in line with the NESTA results.

A model to illustrate the effect of EIS reliefs on angel investing

Investor returns	Multiple	IRR
Without EIS		
Before tax	**2.2**	**22%**
After tax	1.9	17%
With EIS		
After tax	3.4	32%

The table shows how EIS can enhance returns by more than 80% after tax.

Nevertheless, it must be stressed that angel investment is high risk – the research results clearly show that more than 50% of all investments fail to return invested capital. This means an angel must seek a very high return on individual investments to make a satisfactory overall profit. And he must make several investments as he will not know in advance which of them will be the big winners.

This volatile performance is a fundamental characteristic of early-stage investing.

2. Characteristics of UK angel investors

The characteristics of the surveyed angels investments were:

- 57% of investments made use of EIS
- The average investment took three years to fail and six years to succeed
- The average investment size was £42,000

And as far as the angels themselves were concerned:

- On average six angels invested in each venture
- The angels were mostly men with big company experience and many had founded entrepreneurial ventures

At my firm, Endeavour Ventures Ltd, the profile of our angels is slightly different. We have two primary groups which dominate our client list. Both of these have money and are comfortable with risk.

The first group consists of financial services industry people (both current and ex) who have money and understand risk due to their day job.

The second group comprises exited entrepreneurs who understand risk as a result of building a business and have money because they have exited from previous ventures.

A third, but much smaller, group is well paid big company executives whose business experience has taught them how to balance risk and reward. They have money to spare and often hanker for some taste of the entrepreneurial experience.

3. Strategies which improve investment outcomes

There are strategies that can materially improve the chances of success:

- An angel should stay close to his entrepreneurial and industry expertise in choosing investments.

- Even a relatively small amount of due diligence can help avoid failures.

- Post-investment interaction is valuable but close involvement in a managerial role is to be viewed with caution.

- Follow-on investments are significantly related to lower returns because of the tendency to try to save a failing investment.

Points 1 and 2 are related. If you know about an industry from experience you will be aware of proven business models, market dynamics, obvious pitfalls and what innovations are likely – which is what due diligence seeks to learn.

Requirements to be an angel

When considering whether or not to make angel investments you need to note the above strategies. I have also listed below my own more detailed list of requirements to become a successful angel.

1. Accept the risks

You must have cash available that can be locked into highly illiquid investments and which you can afford to lose.

2. Spread the risks

You should spread risk and increase the chance of successful investments by planning to make at least ten investments. This important point is discussed in the next section.

3. Invest systematically

You should stick to an investment amount consistent with points 1 and 2.

4. Take advantage of available tax reliefs

Recent changes to tax legislation have increasingly encouraged investment via the EIS. Not only have the tax reliefs been enhanced, but the amount an individual can invest in a SIPP has been severely restricted.

As a result of these changes some people who have not previously invested in private companies are being encouraged to do so. This may lead to the development of a new wave of angels.

5. Invest mostly in things you understand

Most investment opportunities need a group of angels who invest, say, £500,000 in total. Ideally you should have some experience of the venture's sector but if not you can take comfort from the presence of those who have.

6. Do some due diligence

Intelligent questioning and verification of claims made goes a long way. If one member of an investment syndicate has deep knowledge of the venture's industrial context he can add value to the due diligence process for the benefit of all.

7. Only invest when you like and respect the management

This crucial issue is discussed in Chapter 4.

8. Plan to offer your experience when and where it may be of value to a venture but don't impose it

An angel can provide huge added value to a young company. An early stage venture may need help with sales contacts, recruiting, pricing strategies, financial management and more. If mistakes that are obvious to the experienced angel can be avoided that saves time, money and maybe even failure.

9. Avoid investing good money after bad when things don't go to plan

This is discussed below under 'How big should a portfolio be?'

10. Enjoy being an angel

Whatever their backgrounds and reasons for investing, all angels need to be sceptical and have their eyes open as angel investing can be dangerous. Angel investing is full of stress and disappointment as well as having high points. Only a sense of humour can keep you sane as you ride this roller coaster.

So you must find it fun or you should not do it. The high points are not just making a lot of money from an investment, nice as that is, but they include the satisfaction of helping others to succeed in their plans.

***

In the final analysis if you cannot feel comfortable with most of the list of attributes described above, angel investing may not be a wise choice for you. There are, though, other approaches you might consider if you wish to invest in small unquoted companies without the same level of risk and involvement. These are discussed later in the chapter.

Portfolio considerations

Before you make unquoted investments you should give serious thought to the importance of spreading your risk through a portfolio rather than making one or two isolated investments in an unstructured way.

Modern portfolio theory

Modern portfolio theory (MPT) is one of the most influential economic theories about investment returns. It was first published in 1952 and has been widely used ever since. It addresses the concept of spreading risk through several investments and was developed for investors in quoted stocks who invest in large markets with many investment opportunities.

The theory says that it is not enough to look at the expected risk and return of one particular stock. The risk with each individual investment is that the return will be lower than expected. The risk in a portfolio of diverse individual stocks will be less than the risk in holding any one of the individual stocks.

MPT quantifies these benefits mathematically but put simply the theory argues for not putting all of your eggs in one basket, which brings us to the angel investor.

The relevance of the theory to the angel investor

Earlier in the chapter, I drew attention to angel investment returns reported in an academic research study. That data, together with my own simple analysis of the enhancement to investment returns from use of EIS tax reliefs, showed that angel investing can make attractive returns.

However, 56% of investments in that study failed to return the amount invested and most of those lost it all. At the other extreme, around 10% of investments returned more than ten times the amount invested. This means that 80% of the total cash flow from the investments came from less than 10% of them. If the angels in the research sample had known which investments would return more than ten times their money they would not have made the others.

These results starkly illustrate just how hard it is to pick winners and that money needs to be spread across a number of ventures to have a decent chance of enjoying an attractive overall return.

It is clear then that you must spread risk by investing in a portfolio of opportunities if you want to make an attractive overall return with a minimised risk of losing all your money, which is exactly what MPT says you should do.

How big should a portfolio be?

How many investments?

The range of possible returns on a single investment is from zero to ten or more times the money invested, with perhaps only 10% of investments achieving the highest returns. So a sensible strategy is to invest in at least ten ventures and to invest roughly equal amounts in each.

How much to invest in each?

Alongside the decision to diversify your risks, you need to give thought to how much you are prepared to invest in your portfolio. As part of this thinking you should consider the difference between the amount you invest and the net cost of that investment after tax reliefs, as it may well influence the decision on the amount you invest.

For example, you might decide you are prepared to invest a total of £250,000 before tax reliefs. That will cost you £175,000 after upfront EIS income tax relief of 30%.

However, if you had paid capital gains tax at 28% in the preceding three years or are expecting to do so in the next 12 months, you can claim capital gains tax rollover relief as well. That might reduce the upfront net cost of the investments by a further 28%, or from 70% to 42% of the amount invested.

So were you to decide to make approximately ten investments with your £250,000 that would imply a unit investment size of £25,000 at a net cost of £17,500 per investment without rollover relief and £10,500 with it.

However, you also need to plan for further investment rounds. There are lots of good reasons you might invest more in your developing portfolio and sometimes you have little choice unless you are prepared to accept a complete write-off. If your total risk amount before tax reliefs is £250,000 you might put aside from £50,000 to £100,000 to invest in further rounds. This could reduce your typical initial investment unit to £15,000.

If, on the other hand, you decided to risk £250,000 net of upfront tax reliefs and you can claim rollover relief the unit size could rise to over £35,000 (£15,000 divided by 42%) on the same analysis.

Whether to invest more

As the ventures develop and ask for more money, there are easy decisions such as how much to invest in a rights issue when the venture is developing well. There are also hard decisions, such as do you invest more in a venture which has missed its plans and needs more money just to survive?

The decision to invest more and still see the venture fail – the good money after bad scenario – clearly lowers returns in a portfolio.

It is always easy to invest more. The company executives argue passionately that they will achieve success with just one more round of investment and the investor wants to believe them or he loses all his investment. The decision is made harder if the investment terms are such that those who don't invest are effectively diluted to valueless stakes – this is often referred to as the *wipe-out* or *put up or shut up* round.

Other portfolio issues

Alongside a plan to offset the high risks of any one venture by building a portfolio, you need to be clear about sector and stage of investment.

You might decide to only invest in software because you understand it. Whilst your risk would then be concentrated in one industrial sector, that may be more than offset by your sector knowledge, your ability to do due diligence and to understand exit valuations, and the possibility of adding value post investment.

On the other hand, you may decide to invest across a number of sectors of which you have no intimate knowledge. In that case, one way of offsetting risk is to only invest in companies that are already established with customers and revenue. Another is only to invest alongside people who do understand the sector.

It goes without saying that the earlier stage that a venture is at, the higher the risk of failure and vice versa. Though if an established company has large amounts of debt it too can be in the higher risk category.

Time spent deciding how much to invest, in how many companies, at what stage of development and in what sectors is time well spent. As is reviewing this profile from time to time.

Other approaches to investing in unquoted companies

You may decide that being an angel is a step too far for you but you still wish to have exposure to unquoted companies in your portfolio. Or, as an angel, you may want to diversify the risk in your unquoted portfolio with some fund investments.

In either case, there are many opportunities to invest which are less time consuming than angel investing – though also much less fun and satisfying.

Funds

There are two main types of funds available to individuals, namely VCTs and EIS funds.

What they have in common is that participants invest in a blind pool managed by professional fund managers and receive significant tax benefits.

Both funds are the result of successive governments' encouragement of entrepreneurial activity via tax advantages.

The diversification of risk that funds offer, coupled with the inevitably high fees charged by managers and promoters, does mean you cannot expect the level of return that angel investment can deliver.

In practice, and it is very sad to say this, many of these funds are thinly disguised tax shelter schemes. These are designed to give investors an investment return through the use of tax reliefs in the safest way that can be squeezed through the legislation – in other words the economy sees little or no benefit. That to me is an abuse – albeit legal – of the tax system and hard to defend morally. It illustrates, though, how much smarter the tax shelter industry is than the public servants who design these schemes.

A minority of these funds – and it is a minority – do back real growth businesses in the full spirit of the legislation.

The key differences between funds and angel investing are that the investor has no say in which companies will be in the portfolio nor how they are helped post-investment. The investor in the fund has to trust the fund manager to do what they have said they will.

Let's look in more detail at VCTs and EIS funds, taking them in turn.

Venture Capital Trusts (VCTs)

A VCT is a company whose shares are listed on the London Stock Exchange which must invest in qualifying companies – broadly smaller UK businesses carrying out a permitted trade. The investor subscribes for shares and receives income tax relief on his investment. All dividends and capital gains on the shares are tax free if certain rules are obeyed.

The VCT has become a central part of the tax shelter industry and very large sums of money have been raised. The most successful fundraising year was the tax year 2005-06, when £779m was raised and, more recently, £330m was raised in 2011-12.

However, following the close of the 2010-11 season, one IFA was quoted as believing that only around 30% of new VCT money goes into investment in small unquoted companies: "Much of the rest is going into other investments which, while allowable under VCT rules, are not so much in the spirit of what VCTs were originally intended for," he said. One example he cited was the pre-sale financing of annual season tickets for premier league football clubs. "So, while the headline VCT sales figures may appear to be very good news for small British companies, the overall reality is likely to be somewhat different," he commented.

If you want to learn more about the rules VCTs operate under, a good starting point is the HMRC guidance notes available from its website (**www.hmrc.gov.uk/guidance/vct.htm**).

Enterprise Investment Scheme (EIS) funds

Unlike the VCT, the EIS fund is not really a fund at all in the sense of being a discrete investment vehicle. Instead, it is a series of parallel investment mandates controlled by a fund manager – but this technicality is not important to the investor. Like VCTs these funds are generally marketed to the general public.

Despite having a flexible and attractive set of tax benefits, EIS funds have historically raised much less money than VCTs. However, over the past few years there has been increasing government commitment to EIS – reflected in improved tax benefits – and government disenchantment with VCTs – reflected in reduced tax benefits.

Taken together with the increased highest rate of income tax and sharp reductions of the amounts that can now be invested in SIPPs, the EIS has become more and more appealing. As a result EIS funds are now the tax advantaged vehicle of choice.

The amount raised by EIS funds overtook that raised by VCTs in the tax year 2007-8. The tax changes made by the coalition government since it came to power can only reinforce the trend.

Approved and Unapproved funds

There are two types of EIS fund, the Approved and Unapproved. These formal HMRC terms are ill-chosen as they imply the Approved fund is lower risk. It does offer certainty of getting EIS reliefs, which some might see as a benefit. However, from an investment standpoint, the Unapproved fund is lower risk because it does not have artificial time pressures forced upon it by the rules.

In return for the Approved fund investing at least 90% of its money in at least four EIS qualifying companies within 12 months of the fund being closed,

HMRC will allow EIS income tax relief to be claimed at the point of investment in the fund.

The Unapproved fund is more flexible. It can invest when it likes and in as many or as few investments as it likes, but EIS relief is only available on a deal-by-deal basis from the date individual investments are made.

Finally, there is the EIS portfolio service which is specific to one investor and has some greater flexibilities such as the right to withdraw from the service at any time.

HMRC publishes guidance notes on EIS and EIS funds, which are available from its website (**www.hmrc.gov.uk/eis**).

Pros and cons of EIS funds and VCTs

One positive feature of EIS funds is that the proceeds of investment sales or dividends from them are returned to investors, less fees due, more or less as soon as they are received by the fund. The fund manager can only invest an investor's money once and must launch a new fund each time a fund is fully invested.

The constant need to raise new EIS funds as old ones are fully invested is one of the reasons many fund managers prefer the VCT. The VCT is by contrast an evergreen vehicle (unless shareholders insist it is liquidated) and so capital availability and fees continue indefinitely – which is music to a fund manager's ears.

There are also drawbacks to the typical EIS fund or portfolio:

- **15% or more of an investor's money does not receive EIS reliefs. This is because 5% goes to pay the costs of launch (including IFA commissions) and around 10% may be held back for fund management fees.** Ironically, the VCT is less cost-efficient as an investment vehicle due to the expense of its stock market listing and compliance but, as all costs are borne by the VCT itself, the investor receives tax reliefs on their gross investment.

- **An EIS fund is very poor at investing further in a particular venture – especially if it is an Approved Fund – so it needs to favour investments that will not need more money.** If the fund manager has a series of EIS funds he can invest further in earlier deals but there are grave conflicts of interest. These may result from the temptation to support a weaker investment in an older fund which he might not support as a new investment or from an inability to make an independent decision on the investment price for the newer fund. In the professional venture capital world a fund manager would be barred from follow-on investments from a new fund for just that reason.

Prospectus EIS deals

Prospectus EIS deals are investment opportunities which are promoted to the general public using formal prospectuses. The fact that prospectuses are available to the public means they are subject to strict legal rules but that does not mean they are safe investments.

The issuer, or promoter, of any prospectus has a legal duty of *utmost good faith* so as to not mislead potential investors and he must disclose all material facts about the company's business. But that is completely different to the promoter believing the company will succeed. In the unquoted market, promoters often do deals simply because they think the public will buy them. Many promoters are fee driven and have little interest in the company succeeding once they have pocketed their fees and moved on to the next deal.

The prospectus route can also be a very expensive way of raising capital and I have seen total costs as high as 30% of investors' money. Entrepreneurs will accept such high costs as high share valuations can more than offset them. For example, if an entrepreneur is prepared to raise money at, say, £5 per share but a promoter says he can raise it at £10 with costs of £3 giving the company £7 per share net, then the entrepreneur gains. It is the investor who suffers. So investors need to be vigilant.

None of this is to say there are not excellent prospectus offers and Case Study 3 describes one of these.

Loans to companies

Finally, there are ways of lending to small companies and receiving an attractive headline rate of interest whilst making a secured and credit risk assessed loan. That idea may appeal as part of the diversification of your portfolio.

I am aware of two organisations that organise lending by individuals to companies using online techniques:

1. Funding Circle (**www.fundingcircle.com**) offers lenders a portfolio of small stakes in several credit agency risk-assessed loans.

2. **Thincats.com** takes a different approach and instead uses experienced sponsors (for example ex-bank managers) who directly assess a loan application, which might be for as much as £1m over five years.

With both these organisations, once a potential lender has decided they like a particular opportunity they can bid an amount and an interest rate to join the syndicate. Those lenders offering the best interest rates are selected to make up the lending syndicate and get the interest rate they have asked for.

In both cases the deal completion, including legal documents and security, are arranged for the lender. Because the costs and profit margin of a bank are missing, both borrower and lender benefit. At least that is the theory.

I do need to end on a cautionary note. The headline interest rates quoted by websites such as these are very misleading. They take no account of costs or bad debts. Proper allowance for these may easily halve the headline rate and then the returns do not look at all attractive. Coupled to this is the lack of certainty of the timing of repayment, which may make bank savings accounts seem a better bet.

Case studies

1. Cautionary tales

I can't resist offering a warning about how people can ignore the simple principles discussed in this chapter.

Two unrelated software entrepreneurs I know made a great deal of money from their specialty. They each then invested in other things besides the industry they know because the investments seemed easy to understand. One lost a lot of money on Spanish property when the market crashed. The other invested in Indonesian rubber trees that are thousands of miles and many time zone hours away, and in a wildly different culture, and had huge problems as a result.

Learning point

Investing outside your area of expertise is risky. Success in a particular venture does not guarantee future success in a different venture.

2. An example of an angel portfolio

I have summarised below the portfolio that one of our clients at Endeavour Ventures has assembled by investing through us over five years. It illustrates some of the points I have made in this chapter. It is not his complete portfolio but only those made through us. He has other angel investments that I am aware of and has also diversified risk by investing in funds.

Portfolio

- The client has looked at 18 investment opportunities shown to him by us.
- All were early stage companies which were not yet profitable.
- He has invested £750,000 in 11 investments and turned down seven.
- He has typically invested £30,000 to £50,000 initially.
- He has followed on with more money in later financing rounds in six companies.
- Four of the seven rejections were retail or property, neither of which sectors he likes.
- The remaining three were rejected as he just did not like them.

Progress to date

- One has gone bust.

- One has been sold at double his money.

- One is in the process of filing an IPO.

- Three are at breakeven or in profit.

- Two are developing nicely.

- Three are still at an early stage of development.

Involvement

The client is a busy man who sits on many boards. He has, though, been on the board of two of these investments.

In the context of this chapter you should note:

- He has decided on sectors to avoid.

- He initially invests a broadly similar amount.

- He often follows on.

- He only occasionally gets involved after the investment is made but he is an active investor who goes to all update meetings of the companies.

Learning point

A well-planned approach is sensible and a strong deal flow is a necessity.

3. An example of an excellent EIS prospectus offer

One example of an excellent prospectus offer in which I invested was Telecom Plus PLC. I did have the advantage of knowing and respecting the promoter, Matrix Corporate Finance, and meeting the impressive management.

The company was also already well established at the time, though not profitable, and the costs of the prospectus offer were under 5% of money raised. That combination made it a rarity.

Telecom Plus operates the Utility Warehouse Discount Club. It was founded in 1996, raised £5m in 1999 via the prospectus in question and was listed on the London Stock Exchange a year later. Initially it offered cheap phone calls by routing calls to alternative networks but now offers landline and mobile telephony, broadband, gas and electricity and a cash-back card.

The company has grown quite exceptionally. Turnover in the year ending 31 March 1999 (just before the date of the prospectus offering) was £6m with a loss of £1m. This grew to £471m and a profit before tax of £31m for the year ending 31 March 2012 year. At the time of the prospectus offer, the company was valued at £10m before raising £5m, whereas mid 2012 it was valued at approximately £600m.

Investors who subscribed for shares in 1999 at 30p per share would have seen those same shares worth nearly £8.50 in mid 2012, a gain of 28 times. For the EIS investor that would have been close to 40 times their net investment tax free – a serious success story.

Learning point

The best prospectus deals can deliver big returns but be careful in your choice of deal promoter.

4. A rogue EIS operator

Having described a hugely successful offering from a reputable promoter in Case Study 3, I will now illustrate the other extreme.

Arc Fund Management (in various guises) promoted a series of prospectus offerings to its 100,000 strong mailing list. A few of these were successful but many were not. They were characterised by high share prices and costs.

It transpired that the chief executive of Arc was taking huge personal benefits by buying shares cheaply in small formative ventures and selling them at large profits in their prospectus offerings. He was eventually disqualified as a company director having conned many people, myself included.

Arc Fund Management went into administration at the end of 2009 but it was not alone in being unscrupulous when it offered shares to the public, so do beware.

Learning point

Dubious operators abound in the tax planning area and all public offerings should be viewed with great caution.

Summary

This chapter has discussed a number of the issues which you need to think about if you are considering either becoming a business angel for the first time or a more serious investor than you are now.

I would urge you to carefully think through my list of requirements to be an angel. This is not an activity to be undertaken lightly. It involves great risks, though these are coupled with the possibility of large profits – both of which can be helped by tax reliefs.

Even serial angels might consider some of the alternative approaches to investing in unquoted companies, such as VCTs or EIS funds, as a means of balancing their overall portfolio.

Throughout the chapter, I have emphasised the critical importance of understanding the risks of angel investing, of controlling those risks and of diversifying to reduce them. I make no apologies for repeating that angel investing is a dangerous game but with great scope for fun and satisfaction.

PART B

INVESTMENT OPPORTUNITIES

CHAPTER 3

FINDING INVESTMENT OPPORTUNITIES

Introduction

Finding good opportunities is key to good performance from your portfolio. At any one time, there are many entrepreneurs looking for funding and many angels interested in investment opportunities; the problem is finding each other, which is the challenge this chapter addresses.

Angels find deals in many different ways. Some meet an entrepreneur in a pub and invest in an enthusiastically described venture, some are invited to invest in a venture by a friend or financial adviser, and others have a structured approach and work their contacts or join angel networks or syndicates to access a stream of opportunities. This chapter urges you to take a structured approach.

Matching entrepreneurs and angels

Matching angels and entrepreneurs is a bit like young people dating – both parties are looking for a compatible partner, sometimes desperately. But there are differences. In the case of dating each party is broadly looking for the same thing, but this is not so in the angel world.

The *entrepreneur* wants money. He knows it is hard to find and presents his ideas in the way he feels will maximise his chances of success. If he not only gets the money he seeks but also gets the benefits of added value that is a bonus. But, first and foremost, he wants money and the terms, though important, are less important than the money itself. He believes his venture will succeed and so he sees the investment risks as low. He is not choosy about his investors and he is in a hurry.

The *angel*, on the other hand, wants to invest in several deals he feels comfortable with. He is aware he will lock his money into the venture and may lose all of it. He wants to spend time asking questions and considering the risks of failure and the chances of success. He may have value to add post investment. So he is choosy about his investments and he is in no hurry.

Due to these differences, there is an inevitable tension between entrepreneurs and angels (or any other investor) when a deal is being done and it is important not to allow a tough negotiation to damage the forward relationship on which success depends.

The importance of deal flow

Deal flow is a term used in the VC industry to describe the number of investment opportunities which a fund sees and is often quoted for a particular period.

The more opportunities you see, the more likely it is you can chose the ones you really like. As I stressed in Chapter 2, a portfolio of at least ten investments is needed to increase your chances of the occasional big winner. Only then can you expect angel investing to become financially rewarding.

The UK Business Angels Association (UKBAA) suggests on their website that "a typical business angel makes one or two investments in a three-year period". If that is so the typical angel is not making enough investments to optimise his chances of an attractive overall return. By way of comparison, a professionally-run venture capital fund may take five years to invest its pool of capital in 20 deals. That is four a year and all VCs will tell you they screen hundreds of opportunities – though they would say that to justify their fees to investors.

The commonest complaint angels make when surveyed is that it is hard to find a broad range of opportunities – they can obviously only invest in what they see. Investing in the occasional opportunity that passes your way (which is what the "typical business angel" cited by the UKBAA appears to do) is fundamentally more risky than sifting through a steady flow of ideas looking for the gems and making ten or more investments.

So you should do everything you can to increase your deal flow.

How to find opportunities

Contacts

As with most things in business, the single best source of opportunities is your own contacts. As soon as people know you are interested in seeing deals they will start to come your way. Some of your friends probably already make angel investments and may introduce you to some of their portfolio companies.

Introductions from contacts will usually be pre-screened in some way so your time is less likely to be wasted than it would be with cold introductions.

The unsolicited deal

Once you invest in the unquoted company area, you will be targeted by mailshots. The companies behind these mailshots scour public records such as the Companies House returns of shareholders in VCTs and individual unquoted companies. As a result you can expect cold and often unwelcome mail to drop through your door.

One common type of unsolicited mail is a prospectus inviting you to invest in an unquoted company. Unfortunately, as I pointed out in the previous chapter, this legal framework often hides a poor and expensive investment opportunity.

Most unsolicited deals are best avoided.

The internet

Today a Google search is the most common starting point for many people's enquiries about anything. If you make a search of "business angels" or something similar you will you will find many helpful leads.

Cautionary note

Before discussing internet searches further I need to offer a cautionary note. There are strict legal rules about offering financial investments to the public (I explain these under 'FSA rules' below). They apply to all forms of communication.

I have looked at several internet sites offering investment opportunities in unquoted companies. Many of these are not regulated by the FSA – they are obliged to clearly say so if they are – and as such they are operating illegally. This means there is a risk they could be closed down at any time.

However, a bigger concern it is that as they show a blatant disregard for the law then you might expect them to be equally cavalier with investors. So beware the unregulated deal promoter.

Crowd funding

There are a growing number of websites offering investments in private companies to individuals. Such websites are examples of the current fashion for *crowd funding* where an individual is invited to invest in equity or debt in amounts from as little as £100. As a result, the money sought by a company can come from many investors, which is far from ideal.

Such funding is becoming popular with companies seeking money because venture capital, debt and angels are hard to find.

All crowd funding sites need to be viewed with the greatest caution by the prospective investor. Most are not authorised by the FSA and are thus operating illegally as they promote investments to the public. All that I have looked at offer poor protections to the investor and inadequate disclosure of important information. Many people would see them as a means of gambling rather than investing. So beware.

Angels dating companies

There are several websites which operate in a similar way to personal dating sites.

The usual format is the investor registers free and the entrepreneur pays to advertise his venture. Some of these sites are interesting sources of information on the subject of investing, but they do not seem to attract the better deals.

From my own research, they are characterised by entrepreneurs looking for one or two investors for a venture that does not seek to be very scalable. And there is often an air of online *Dragon's Den* about the whole thing, so I fight shy of these sites.

LinkedIn

LinkedIn is Facebook for professionals. It had 160m members by autumn 2012. Anybody can join free and put their profile on the site and you can search through other member's profiles in many ways. Members can then build a network and communicate with that network, but the general rule is that a new member of your network has to accept a connection to you before you can send them emails.

I know people who use LinkedIn to run or benefit their business – recruiting is a good example. If you pay for the service you get more freedom of usage. You can then advertise and reach others with whom you are not already connected.

You can also join 'Groups' and communicate within that group. There are three LinkedIn Groups which seem to me to be of particular relevance to angel investors, namely:

1. Angel Investor Group
2. Venture Capital Group
3. Venture Capital Café

In reality I found all three groups rather US-centric and full of naïve and unattractive sounding fundraising opportunities. However, you should try Groups such as these for yourself as you may find a better way to use this network than I have done.

Angel networks and syndicates

Increasing numbers of angels form angel groups or join angel networks or organised syndicates. This pooling of capital brings clear benefits, including:

- An improved deal flow
- An ability to do larger deals
- The opportunity to share due diligence
- The chance to invest alongside more knowledgeable investors
- The combined experience of the group when it comes to helping the venture succeed

- The best networks and syndicate managers do due diligence, negotiate terms, process legal documentation, and ensure that the whole of the money sought is raised.

- Good networks and syndicate managers also provide strong aftercare support to their companies and report to investors.

These are compelling advantages.

There is nothing to stop you belonging to several groups to increase your deal flow.

The UKBAA lists 18 angel network members on its website (**www.bbaa.org.uk**) as at July 2012. It has not had the success of the BVCA in attracting almost all relevant organisations to become members and as a result its statements are inevitably less authoritative than if it represented the whole of the market.

There are many more professional angel networks or syndicates than listed by the UKBAA. These can be found by internet searching and you should not feel that membership of the UKBAA is necessarily the route to your preferred investment partner.

Fees

Some networks and syndicate managers charge membership fees, but most do not. Some also charge entrepreneurs upfront fees to process deals, but again most of the best do not make upfront charges as this deters many of the better entrepreneurs as they may feel they will be able to find a network that will work with them and not charge upfront fees.

Of course these organisations will charge for their services but they usually do this by charging a success fee to the company. This has two principal advantages:

1. The company only pays when it receives finance.

2. All of the angels' money attracts EIS reliefs, which would not be so if they were charged fees directly.

FSA rules

It is helpful to have some basic understanding of the Financial Services Authority (FSA) rules if only to judge whether the organisation you are dealing with operates within them – and thus legally.

It is clear that a number of websites and networks which are focused on angels operate outside these rules. A quick check is that those who are within the rules will prominently state they are "authorised and regulated by the FSA" – as they are required to do. If they do not you need to be vigilant as contempt for the rules implies contempt for the customer, which in this case is you.

The only FSA rule of concern to the angel relates to financial promotion. To quote from the FSA's website:

> "A financial promotion is any communication that is an invitation or an inducement to engage in investment activity. In other words, there is an element of persuasion. An inducement is intended to lead, ultimately, to an agreement to engage in investment activity. So an advertisement by a firm claiming customers will make a fortune by investing in securities, and that the firm can help them invest, is an inducement to engage in investment activity."

The FSA imposes strict rules on those who seek to promote financial investments to individuals because of the risks associated with inappropriate advertising to consumers. This is designed to protect members of the public from unscrupulous selling.

The FSA rules used to make the promotion of unquoted investment opportunities both difficult and expensive. However, the rules relating to approaching high-net-worth or sophisticated individuals were relaxed to remove barriers to business angel activity.

It is possible to self-certify yourself as a high-net-worth (HNW) or sophisticated investor and you need to do so to join all reputable angel networks or syndicates.

Self-certifying

To self-certify as HNW you have to earn at least £100,000 per year or have net assets (excluding your property) of at least £250,000.

To self-certify as a sophisticated investor you must:

- Have been a member of a business angels network for at least six months; or

- Have made at least one investment in an unlisted security in the previous two years; or

- Have worked in a professional capacity in the provision of finance to small or medium-sized businesses in the last two years, or in the provision of private equity; or

- Be or have been within the last two years a director of a company with a turnover of at least £1m.

These particular tests are close to nonsense – for example how does being a director of a small company imply sophistication as an investor? – but these are the tests nonetheless. If you can't honestly self-certify as a HNW individual or sophisticated investor I doubt that you should seriously consider angel investments.

The self-certification has to be in writing and you can easily find examples of these certificates by putting "high net worth self certification" into a Google search. When accepted as a HNW or sophisticated investor, the protections available for investors from the promotion of securities by a person authorised under the Financial Services Act are removed, so you will have limited comeback against the deal promoter if they are found to be in breach.

The other thing you will have to do when becoming a client of a network or syndicate manager is to produce the standard anti-money laundering information, such as a certified copy of your passport and a recent utility bill.

The Angel CoFund

The government-backed £50m Business Angel Co Investment Fund (the Angel CoFund) was launched in November 2011. Its aim is to boost the quality and quantity of business angel investing in England by investing alongside business angel syndicates. It provides a very promising source of help for putting angel-based financing packages together because its money can facilitate investment by syndicates.

Whilst this fund is not a source of deal flow, I have included it in this chapter because of its close link to angel networks and syndicates. You may come across it when you join a syndicate of investors and you may approach it if you are putting your own angel syndicate together.

The principal features of the CoFund are:

- It can make initial equity or quasi-equity investments of between £100K and £1m in SMEs alongside syndicates of business angels.

- Companies must not be in the 25% most wealthy wards, which can be checked with a postcode check on the CoFund's website (**www.angelcofund.co.uk/looking-for-investment/post-code-look-up.htm**). This test is not as demanding as it sounds as there are three factors taken into account (Employment, Income and Education) and the address must only not fail on all three tests. For example, my own office near Harley Street passes the test.

- There is an upper limit of investment of 49% of any investment round.

- The size of the investment proposed needs to be significant enough to properly fund the business and to allow for the cost of proper due diligence and legal advice.

- The investment needs to be a new investment for the syndicate, rather than supporting an existing investment, which will help to ensure that the syndicate and the CoFund's objectives are broadly aligned.

- The CoFund will, to the extent possible, follow the terms of the syndicate including the structure and price of any investment.

- Once invested the CoFund will be able to make follow-on investments alongside syndicates in companies that are already within its portfolio.

You can see full details on the CoFund's website (**www.angelcofund.co.uk**).

At the time of writing I have completed three deals with the CoFund and have two others in process so I do have detailed knowledge of how the fund works. Its management team is professional, personable and pragmatic. Importantly, in the deals I have handled, their investment has fitted in well with the investment structures which were already in place.

I am encouraged by my experiences with the CoFund. I have had lots of dealings with public sector supported funds and this is one of only two that has been a straightforward experience – and the other is also an angels matching fund.

Summary

One of the biggest challenges an angel faces is deal flow. I have stressed how important it is to have strong deal flow if you want to build a portfolio with a good chance of achieving attractive financial returns. I am quite clear that the two best routes to this are to work with your existing network of contacts and to join a small number of reputable angel networks or syndicate groups.

Membership of one or more good angel networks is an excellent way not only to see good deal flow but also to solve many of the problems you might otherwise face – such as those discussed in Chapter 2.

As far as choosing your deals is concerned, do above all else be patient and do not just rush into the first things you see. We will move on to look at assessing and choosing deals in more detail in Chapter 4.

CHAPTER 4

ASSESSING AN OPPORTUNITY

Introduction

Once you have found some investment opportunities you need to assess them to decide if you wish to invest. In this chapter I focus on how to balance the upside potential of an investment against the risk of its failure.

Assessing an opportunity is hard but time spent on it is worthwhile because once you invest there is no easy way out. Unlike marriage, angel investing has no divorce clause. Nor can there be any guarantee that huge amounts of due diligence will give you a winner. Even the best professional venture capital firms specialising in early stage ventures expect around 40% to fail, 40% to become living dead and, if they are lucky, 20% to become big successes which pay for the losses and make the overall profits. There will be many features of a business plan that you will want to understand and challenge, and we look at these here.

In the end your decision is likely to boil down to your confidence in the management and their vision, though you are unwise if you do not also ensure you have proper legal protection in place for you and your co-investors.

The balance between risk and reward

When you invest in a company you put your own money at risk and you will not be able to control when you can get it out. If the company succeeds you may make lots of money and, indeed, the attraction of equity investment is that there is no limit to the amount of money you might make. That will be part of the reason why you choose to invest. On the other hand, if the company fails the harsh reality is that you will lose all your investment – though with the benefit of EIS tax relief it is possible to reduce your loss to 35% of your total investment (see Chapter 6). Thus, there is a balance to be judged between risk and reward if you are to avoid throwing money away.

Even with a diversified portfolio, you still need to reduce the chances of any individual investment failing – diversification is not a substitute for the investigative work you should do in assessing an investment.

This investigation process is known as due diligence. The expression has a formal meaning to a lawyer but here it is used to mean a process you go through to ensure you are satisfied that everything is as you would wish it to be – on balance. In investment never is everything just as you would wish it to be, so the key question you have to ask yourself when you assess an opportunity is whether you can live with the risks you have identified as an acceptable price for the upside opportunity you believe might exist.

It is possible to find reasons to turn down every investment opportunity, so it all comes down to carefully balanced judgment.

Initial screening checklist

The following is a checklist of some time-saving points which are useful when you first see an opportunity.

1. Use clear personal parameters

In Chapter 2 I urged you to spread your risks by building a portfolio with clear parameters. If the business does not meet your set criteria don't even read the business plan or you may be tempted to stray from your personal strategy.

2. Read the executive summary first

All entrepreneurs prepare full business plans but if you don't like the executive summary don't read the rest. If there isn't an executive summary the team has no idea how to present their case and are best avoided.

3. Check the length of the business plan

Business plans are almost always too long. You might reject the possible deal because the plan is 60 pages long. I certainly would because it tells me the entrepreneurs have no idea how to communicate and that is one critical element of success. An overly long document implies a lack of clear thinking and too little time spent in preparation.

It has become increasingly popular to present investment opportunities with a PowerPoint deck of maybe 20 pages, which I find to be a good starting point.

4. Financial projections

All business plans have financial projections. If they say the company will be turning over £50m in three years and make £20m profit it will not only not happen but it tells you how unrealistic the entrepreneurs are. You will be surprised how often projections look like that. If entrepreneurs are unrealistic before they start the business, what will they be like later?

Detailed 20-page Excel spreadsheets of projections are also a turn-off as a communication tool.

5. Cash requirement

All financial projections should incorporate a cash flow. This needs close attention as you need to know how long the business can survive before it runs out of cash. If it is a start-up business you should look at the time the company can survive without further investment if there are no sales at all in the period – this is called its *runway*. This is a deliberate worst case scenario based only on known cash flows.

6. Legacy issues

If the company is already up and running you need to understand its balance sheet. You probably expect the majority, if not all, of your money to help with the future development of the business, not to pay off old creditors or deal with other liabilities relating to the past, such as – in the worst case – unquantifiable legal claims.

7. Market share fallacy

A common mistake entrepreneurs make is to try to assess the size of the market – which can be very difficult – and then to believe they will get, say, 5% of it. An early stage business is in no position to make this kind of analysis.

When Proctor & Gamble is selling laundry detergents and, as market leader, has over 33% of the Western Europe market it is another matter. They cannot realistically grow faster than the overall market without taking market share from their competitors and this puts severe restraints on how they achieve growth – which in the case of P&G has been by acquisitions.

Life is not like that for an early stage company and a plan driven by assumed market share is best avoided.

8. Entrepreneur's investment terms

For me a big turn-off is the entrepreneur who tells you what the investment terms are. When he does so they are usually extremely expensive. The VC industry hates this as, just like banks, they like to offer terms that are acceptable to them – the entrepreneur is of course free to reject them if he has a better offer.

It is always helpful to test your broad ideas on terms quite early as if there is an unbridgeable gap in expectations further investigation of the opportunity is pointless.

9. The management

The single most important thing you will back is the management and their ability to achieve their vision; if you don't like the management stop right there.

Big company experience is often poor training for starting or building a new company. Big company executives are used to having help at the end of a telephone line and are unaccustomed to the pressures of the cash shortage that characterises smaller companies. They also may well be completely unused to innovation. Later when the company is growing fast, big company skills may become an asset but these can then be acquired by hiring new members to the team.

Management team and its vision

The team is crucial to any venture because it is they who will make the venture succeed or let it fail. If you don't like them or can't see how they will achieve their goals you should not invest.

It is essential that you meet the team and form a clear view of them, based on close questioning of their vision and strategy, before you commit to invest.

Previous success and failure

There is a conventional British view that a person is not backable if they have failed in a previous venture. And likewise if they have succeeded once it is assumed they will succeed again. Both of these views need to be treated with great caution.

In Silicon Valley, California, the home of early stage technology investment, failure is tolerated in a way that it would not be in the UK. I heard a US entrepreneur saying that Silicon Valley is not so much about success as about failure – many more of the companies started there fail than succeed. Though when they do succeed, they succeed beyond most people's dreams – which is why their backers accept the failures. Indeed, failure in a previous venture is seen as a valuable learning experience.

On the other hand it is dangerous to view previous success as a guarantee of future success; there can be a great deal of unacknowledged luck in business success. Some entrepreneurs do indeed have the Midas touch, but it is not easy to judge which ones.

Vision

Great successes require vision and/or an enormous amount of luck. Vision is often the province of relatively young people, particularly if the ideas are completely new. Older people have experience and insight which can be vital to the development of young companies but that is a different skill set. Balancing the two is a serious challenge.

An absolutely outstanding example of vision is Steve Jobs, one of the two founders of Apple. His company was not only visionary from the outset but it has stood the test of time, being over 35 years old now and the world's most valuable company – and still it has vision. Case Study 3 below quotes Jobs on the topic.

Nowadays, big successes made by young, inexperienced and brash entrepreneurs seem all too common. Google, Facebook, Twitter and YouTube are prime examples. That said, none of those major visionary successes are British.

If you are going to invest in young people you must believe in the team's vision and then do everything you can to make sure they avoid common business mistakes whilst the venture is still formative.

Focus

Any successful venture requires focus. The management team needs to be focused on its plan – driven by a clear vision. That means, for example, not trying to develop too many products before each is successful, not trying to sell a product via too many sales channels and not being distracted by other tasks.

The fable in Case Study 1 below illustrates the point well.

Commitment

All successful entrepreneurs have commitment. As with anything in life, entrepreneurs are unlikely to succeed without persistence and determination, and they will need to spend almost all their waking hours on their venture. Often, they will have few other interests – or time for them – as their business vision becomes all-consuming.

Once you are invested in a venture you will become very aware of this. Before you invest you may have to observe the entrepreneurs closely and rely on your judgment.

Referencing

If the members of the team have past experience you should speak to some of the people they have been involved with to get a better picture of them. This may tell you little but it never hurts.

When you look at some of the appalling mistakes big companies have made in hiring the wrong chief executives you do wonder why they spend so much money on expensive headhunters who do stacks of referencing.

I know somebody who always pays an agency to research the honesty of a person's CV. He tells me it is astonishing how many people lie about their basic qualifications. That is a clear danger signal.

Ultimately your view of the team is the most important judgment call you will make when you decide to invest.

Business model

All businesses have a business model. This defines the manner by which the business delivers value to customers, persuades customers to pay for value, and converts those payments to profit.

It reflects the management's belief about:

- What customers want
- How they want it
- How the company will be organised to meet those needs
- How the company will get paid for doing so
- How it will make a profit

You must buy into the entrepreneurs' business model if you are to invest; part of the process of assessment (or due diligence) is about making yourself comfortable with that model. You need to decide whether, in your view, the model is achievable and sustainable with the resources available – including, critically, the investment being sought.

Product and market

Product and market are intimately linked. A product, or service, is nothing without a market and you can't satisfy a market need without a product. Early-stage entrepreneurs always believe they have a product, or product concept, that others will want. They also believe their product is the best. They are often wrong and the prospective investor has to decide whether they are.

These are interesting investment opportunities in many markets, but it hard to compete with the digital world if fast growth, scalability and an early exit are the goals.

Market need

The critical thing for a new product is that there should be a clear and current market need at the price the product can be sold to make an adequate profit.

During the dotcom bubble many entrepreneurs and investors believed first mover advantage was the sole secret of success. That was but one of many mistakes made during that period of insanity. If a market is not yet ready for a product sales will be hard to achieve. Selling then becomes a missionary task – people first have to be convinced they need the new product.

Is the product a must have?

On the other hand, if the product is seen as a must have, selling is much easier and the focus becomes delivery of a working product of acceptable quality and price in the face of what will be growing competition.

The mobile phone is an example of a product that has become a must have. Everybody now believes they need one – at the end of 2011 in the UK there were 122 phones for every 100 people. That has made the market large and attractive, and as a result there is enormous competition and large companies abound.

However, despite the dominance of huge and well-funded mobile network companies and handset manufacturers, there are myriad opportunities for entrepreneurs. They can target new content, apps and all sorts of services which for the time being are below the radar of the big boys.

When you assess an early stage opportunity you will have to decide whether or not you accept the entrepreneur's assertion that the product is wanted and will sell. That can be difficult to judge and Case Study 4 gives an example of this.

Of course, if the product is established and has growing sales it will be easier to make a judgment. On the other hand, the investment price will be higher, thus presenting a different risk (to be discussed in Chapter 5).

Intellectual property

Many innovatory companies have a product or process that is unique. The unique process or product is commonly called intellectual property (or IP) and some understanding of it is central to the assessment of an early-stage technology company.

Patents

When an early-stage company believes it has intellectual property it has the possibility of filing patents to protect itself from imitators. A patent is a set of exclusive rights granted by a government to an inventor for a limited period of time in exchange for public disclosure of that invention. The procedure for the grant of patents, and the extent of the rights granted, varies widely between countries.

A patent application must describe the invention and it must be new, non-obvious, and useful or industrially applicable. Many countries exclude some areas of innovation such as business methods.

In today's globalised world any company wishing to file a patent must consider filing it in several countries.

The benefit of patents

If the patent application is successful, the exclusive rights granted prevent others from making, using, selling, or distributing the invention without permission.

In the UK patent protection lasts for up to 20 years. This gives the patent holder a significant competitive advantage for that protected period. However, the rules for granting patents are very strict and the company must be able to demonstrate the innovation is truly unique. This includes demonstrating that nobody else has published *prior art* – in other words there are no examples of the same or very similar idea already in the public domain.

Drug companies are major users of patents. A block-buster drug can take many years and multi-millions of dollars to be fully developed and approved by the regulators. Patents are then crucial to protect that massive investment against companies who would otherwise copy the product and will certainly do so the moment the patent protected period expires. At that point the price of the drug will drop sharply as competition and manufacturing costs take over the pricing.

Finally, patents in the hands of large well funded companies – who can afford to defend them aggressively – are very valuable as a weapon to see off competitors. By way of illustration, 2012 saw a series of very public patent battles between Apple and Samsung resulting in restrictions on selling products in some territories, rejection of patent infringement claims in others, and one damages award in the USA of $1bn.

As a result of these benefits, sought-after patents can lead to huge exit values for young companies and thus, for many innovatory companies, patents are a valuable asset. So it is important that the system works well.

The cost of patents

Unfortunately patents come at a price. They cost money to file and money to maintain. As an investor you need to understand these costs as they can be an important part of the overhead of an early stage business.

Important decisions have to be taken, such as which territories to file in, and all this takes time and energy. In addition, detailed information about the product will go into the public arena, which is not always desirable. For these reasons specialist advice is needed.

Then again, once a company has a patent it may need to defend it against infringers. This is much more expensive than filing the patent in the first place and the infringer may have a great deal more money to throw at the matter.

However, even a small company can still benefit as the very existence of a patent erects barriers against copying the company's innovations. Most companies will think twice before deliberate infringement and lawyers' threatening letters cost little.

Exit value

In 2005, *The Economist* estimated that up to 75% of the value of US public companies was based on their intellectual property, a substantial increase from 40% in 1980.

Often, all of a start-up company's value lies in its intellectual property. In which case it is important to develop a strategy to protect that IP as early as possible.

It is the enhanced exit price a company can fetch which makes all the time and cost involved worthwhile. The new owner will pay more because it has a legal barrier protecting its competitive position. A large new owner with ample funds at its disposal can aggressively defend its patents and thus its competitive position.

Development risks

The further away a venture is from having established sales, the greater the risk the investor faces.

Earlier in the chapter I considered the important issue of whether the market is ready for a product. Another risk is if the product is not yet fully developed, can it be done within the budget and timescale that the entrepreneurs claim? Product development almost always takes longer (often much longer) and costs more (much more) than is planned. You only have to look at the frequent delays to new software releases that are endemic in the computer world.

The lower-risk option is to avoid investing if a product is not yet developed and its market is unproven. However, there are examples where large amounts of money have been made by taking such a risk because the entry price to the investment is much lower than it would have been later. As ever, the ultimate judgment is whether the risk is acceptable given the upside, but much more due diligence is sensible in these cases.

The risks in developing a business include many things beside product development, such as the hiring of suitable sales people, whether sales can be developed as fast as is planned, whether the pricing model is right, and so on.

Put simply, the plan may not be achieved and time delays always cost money. It is a rare early-stage business that achieves its original growth plan. Such a plan is inevitably so full of assumptions that many will prove to be wrong or over-optimistic. The need for more cash than planned will then almost certainly arise.

Financial planning

Every business comes with a financial plan. It will predict the future of the business from a financial standpoint. At the heart of the plan will be sales, selling prices and gross margin, leading to the contribution that the sales will make to profit.

When a company is mature, it is common in venture capital circles to ask accountants to review the historical performance of the business, its balance sheet and projections. In a very early-stage business though this is, in my view, largely a waste of time and money. Accountants will do little more than tell you that the projections "are consistent with the directors' assumptions" and "are prepared in accordance with accepted accounting principles." They are likely to add that "the directors have sole responsibility for the assumptions," which takes you back to the starting position.

If you want somebody to check the accuracy and integrity of the spreadsheets used that is fine, but if you want to establish whether the assumptions are reasonable that is another matter. You should, of course, do whatever you can to check whether you believe the assumptions are reasonable. This will be central to your decision to invest but reliance on others, especially those who don't offer opinions, can be unwise.

Cash requirement

It is all too easy to focus your attention on the product, market, team and other matters but to forget the balance sheet. However, you must not do this as it is important to consider the financial structure of a company when you invest. If it is poor that can seriously reduce the chances of success.

Here are three key points to address:

1. **How long will it be until the company needs more money?** If there is inadequate *runway* the company will be back for more money before it can prove its business model is working.

2. **Will all the proposed investment be there?** This is crucial knowledge if you are not to find yourself unwittingly exposed.

3. **What are the legacy liabilities in the business?** These will be shown on the balance sheet and are directly relevant to the amount of money the business needs before it moves forward.

Points 1 and 3 are discussed in more detail below and point 2 is discussed in Chapter 5.

Cash flow

In a start-up plan, one of the more reliable financial features is the projected overhead for the first 12 months. This allows you to take a reasonable view of how long it will take before the cash raised from you and others will be exhausted. It is a good discipline to assume no sales unless these are already contracted. The actual cash flow should then be no worse than this base case.

Experienced investors like to see a nice long runway before more money is needed. This allows performance to be measured against plan. Experience says things will almost always go slower than plan with sales projections, in particular, being notorious for their optimism.

Thinking about how long the runway should be, I would suggest that the initial investment needs to last for a minimum of six months, and preferably 12, to allow progress to be assessed before the next tranche of money is sought. If the interval is as short as six months the CEO is in danger of spending all his time raising money just when you want him to concentrate on growth issues.

Legacy issues

You probably expect the majority, if not all, of your money to help with future development of the business and not pay off old creditors. You must be clear about how the business will use the funds invested; a study of the current balance sheet will reveal any existing liabilities that need to be paid off.

If there is already debt in the business you must understand why it is there and on what terms. You should be wary of loans from directors. These are often found in early-stage companies and you are unlikely to want your investment to be used to repay them. Indeed, a particular pitfall is that repayment of debt from EIS money is prohibited and would disqualify you from the tax reliefs you could otherwise get (see Chapter 6).

Another legacy issue is litigation, which is not directly shown on a balance sheet (though should be in the notes to it) as the liability is contingent and not actual. If there is any litigation, threatened or actual, you need to understand it. That may not be easy as the likely cost of litigation – both win and lose – is notoriously hard to assess. It could be relatively simple and containable, such as an ex-employee claiming he has been wrongfully dismissed, or much more complicated and unquantifiable, such as a company claiming its patent rights have been breached. In the latter case the maximum cost to the business may be impossible to assess with confidence and the same applies to the cost of fighting the claim.

Important initial questions you need to have answered about litigation threats are:

- What is it about?

- Has legal advice been taken?

- Where might liability lie?

- What is the maximum exposure?

- What might the legal costs be?

- At what stage is it and how long might it take to resolve matters?

This is an area that can easily become a showstopper for an intended investment.

Pricing model

Pricing and cash flow are closely related. You have to decide whether the company has the right pricing model or the right approach to finding the best one. A retailer's may be simple – such as to sell products at twice the cost of goods bought, except to get rid of unwanted stock. Full payment is taken at the time of sale.

A software business, on the other hand, can have lots of choices. It might sell a license for £X upfront and then, say, 20% of £X per annum as a maintenance fee. This is the traditional enterprise model. Or there is the more recent *Software as a Service* (SaaS) model which will typically be £X for setup costs and £Y per unit of time for use of the product per person who uses it. It can be far from easy to decide on the actual pricing model.

For example:

- How much is £X?

- How much is £Y?

- How often is payment made?

- How long is the commitment?

- Is there a discount for a longer commitment than the standard?

- Are payments made in advance or arrears?

- If an internet company handles transactions for its clients, should it charge a fixed price per transaction, by transaction value or a mixture of both? And what is each price?

The enterprise software and SaaS pricing models described above are quite different. The enterprise sale is more cash positive in the short term unless the SaaS sale is negotiated to have a large payment upfront to cover perhaps two years' worth of monthly payments. On the other hand it may be much easier to make a SaaS sale as the buyer makes smaller payments that may seem better value or simply fall outside budgetary controls.

For a new venture, it is less important that the pricing model is right from the start than that there is a process to keep it under review and to modify it to increase business growth. Entrepreneurs can be pigheaded, which is one reason why they succeed, but it is also a risk as not all can see the need for change and not all can make necessary changes. For some reason, in my experience, they can be particularly obstinate about pricing changes.

Scalability

When I look at an early stage company I am interested to know how it can be scaled. For example, a bricks and mortar retail formula can be scalable as new stores are opened in new areas using the same formula. Starbucks is a perfect illustration of this. Each store will have similar characteristics and costs. Economies of scale can occur through centralised buying and management but this does not usually lead to fast growing net margins as each store has its own significant overheads.

However, much more powerful examples of scalability can be seen in the digital world. Here you see companies that can get much bigger without the need for the workforce (and all the overhead that goes with it) to grow in proportion to sales. Internet ventures are often characterised this way, though that is not true for some such as Ocado, the online food company, which has huge logistics infrastructure in its own fleet of delivery vans and large central distribution depots.

When this scalability is linked to a subscription pricing model where buyers pay a relatively small monthly subscription – as is the case with SaaS – stable income can result. Not only does monthly income and cash flow on autopilot, but customers tend not to leave. In other words churn is low. The result can be steady growing income and net profit margins that increase with turnover.

Exit

Without an exit – a sale or flotation of the whole company – you are unlikely to get your money back even when a company grows in value. The reason you can't easily sell shares is the absence of buyers.

A company is always more interested in new investors than finding buyers for existing investors' shares. This is exacerbated by the attractive tax reliefs the EIS provides for new investors (see Chapter 6) which are not available to those who buy shares from other shareholders.

So a central part of your assessment must be what you believe the exit might be, to whom, at what price and when. Without that you have no idea of what your return might be. It is also critical to believe the management is motivated to achieve an exit for investors. If they draw large salaries and huge bonuses as the company grows they may prefer that to an exit, which could see them lose their jobs.

Unfortunately, exit is one of the areas entrepreneurs can be most unrealistic about. All business plans refer to a three to five year time horizon, which is generally nonsense for a start-up. In reality, successful early stage companies are more likely to take five to eight years, or even longer, to the point of exit.

The most important point you should establish before investing is that management and investors are aligned in their desire for eventual exit. Otherwise you could find yourself completely stuck in a company which survives but grows slowly and may never exit – referred to by American VCs as *living dead*.

This subject is developed in Chapters 11, 12 and 13.

Case studies

1. An illustration of the entrepreneur's challenge

This fable comes from Scott Maxwell, a founder of OpenView Venture Partners (**openviewpartners.com**), a highly regarded Boston-based VC. They publish an excellent weekly email newsletter full of tips for early stage and growth companies. You can register for it at no cost at **openviewpartners.com/newsletter-landing**.

The fable illustrates the issues an entrepreneur faces as he launches or grows a business.

It goes like this:

> I noticed a restaurant went out of business the other day. I looked at the sign which read, "Market Leading Food Here". I looked down and saw the entrepreneur soaping the windows of his empty store and I walked over to ask him about the sign.
>
> He told me that the restaurant served the best food, so he thought that the sign was clear on what they offered. I asked him what kind of food he served before he went out of business. He explained that they served all kinds of food. I tried to get more specific.
>
> "Did you serve Italian?" I asked.
>
> "Yes," he said.
>
> "Did you serve French?"
>
> "Yes."
>
> "Mexican?"
>
> "Yes."
>
> The questioning went on until I ran out of ideas for types of food and it was clear that they covered everything.
>
> I asked him why he served all those different types of food. He pointed next door to the Italian restaurant and said that he needed to compete with them. Then he pointed across the street at the French restaurant and said that he needed to compete with them. He kept pointing at his different 'competitors' up and down the street until he finally said "that is why we served so many types of food."

Then I asked him about his target customer segment. "So, what kinds of people are you targeting?" I asked.

He answered, "People who are hungry."

I asked him if there was any single type of customer that he aimed his business at – a customer segment of which he could own a dominant market share. He said that aiming at a particular type of customer would reduce the potential size of his business. [I hear that a lot from entrepreneurs.]

I asked him if he had done any research to determine what kinds of people come to the restaurants on the street to eat, what their interests are, what types of restaurants (including the food, decor, mood, speed, and other attributes) appeal to them, and how much they are looking to spend on food. I also asked him where the hole was in the local restaurant market (the brand position that he could own given the tastes of the customers that eat in the area and the positioning of the other restaurants in the area).

He said that they didn't do any research, but that he copied the menus from the other restaurants and he priced his food at a lower price than the other restaurants. He figured that he would be able to attract everyone to his restaurant given that he offered the same food at a lower price.

Next, I asked him about the interior of his restaurant and his waiting staff. He told me that in order to offer the food at lower prices he needed to purchase low-cost tables, chairs, and artwork and that he needed to pay his waiters low rates. He said that the result was fine. He got some complaints about the service, but overall it seemed to work okay. I asked him if he got much referral business and he told me that most of the people came in when the street was busy and the other restaurants were packed.

Finally, I asked him about his economic model. He told me that their margins were lower than the other restaurants, but that his was going to make it up on volume. Ultimately, the volume didn't come in, so he lost his money and was closing the restaurant.

Learning point

This story is a fable, of course, but the situation plays itself out in businesses of all types every day. I won't give the blow-by-blow of all the things that the guy in this story did wrong in my view, but if a business does not understand its target customers, offer them something that is unique and valuable, have a good way of marketing its offering, and have a good economic model, it is going to either limp along or fail. It is that simple.

2. Backing unproven young people

An American venture capital friend of mine used to lunch regularly with another VC. One day the VC told him he had just broken all the rules and backed two college dropouts – one of whom never washed – who were going to put a computer on everybody's desk. He was quite embarrassed about it.

A year later he lunched with my friend again and was too embarrassed to say just how much money he had made by investing in Apple.

Learning point

Important innovations do not always – if ever – come from seasoned business executives.

3. The vision of Steve Jobs

Steve Jobs was one of the founders of Apple and was an acknowledged product genius who eventually built the world's most valuable company. In Walter Isaacson's biography, Jobs is quoted on the subject of what drove him as an entrepreneur and what his approach to product development was.

His vision

"My passion has been to build an enduring company where people were motivated to make great products. Everything else was secondary. Sure, it was great to make a profit because that was what allowed you to make great products. But the products, not the profits, were the motivation. Sculley (the ex-Pepsi Cola executive hired by Jobs to run Apple who nearly ran the company into the ground) flipped these priorities to where the goal was to make money. It's a subtle difference, but it ends up meaning everything: the people you hire, who gets promoted, what you discuss in meetings."

Product development

"Some people say, 'Give the customers what they want.' But that's not my approach. Our job is to figure out what they're going to want before they do. I think Henry Ford once said, 'If I'd asked customers what they wanted they would have said "A faster horse".' People don't know what they want until you show it to them. That's why I never rely on market research. Our task is to read things that are not on the page."

Learning point

As you read this book you will discover I am a huge admirer of Steve Jobs. If the entrepreneurs we as angels back could get close to his passion, vision, focus and achievement we would all be very rich.

4. Establishing a must-have product

One company in my portfolio has a patented system for delivering an electronic document securely without either the sender or the recipient needing to have special software on their computer or to hold security keys.

As one example of the opportunity, it has been clear for some time that the Financial Services Authority will soon be insisting on all independent financial advisers' (IFAs) client communications being delivered securely. So you might have thought the company's product would be a must-have for IFAs.

The harsh reality is that the product is not yet a must-have as many IFAs are saying they will only comply with the requirement once it is mandatory and in the meantime they won't bother.

Learning point

A product is not a must-have until the customer says so.

5. IP opportunities

One company in my portfolio has significant amounts of IP at the heart of its value and exit strategy. It is based in California and has a portfolio of nearly 30 patents and patents pending on which approximately $1.5m has been spent over the years.

The company's technology enables efficient and rapid delivery – streaming – of large computer applications from the Cloud. When it is activated the software streams only the vital 5% or so needed to start the application to the target computer. As the application is used the software predicts, on a continuous basis, which additional segment of the application needs to be downloaded.

This results in application speed that is as good as if it were installed and yet it never is. Instead, the application's instructions are held in a *sandbox* which means they do not interact with the operating system. Microsoft operating systems are notorious for creating conflicts between applications and thus necessitating the involvement of IT experts to sort out the tangle.

Crucially, the company can now deliver a huge application (commercial or a game) without streaming the whole application to the target device with all the cost and time that involves. This is seen as game changing by many analysts.

So we hope we have technology that will be badly wanted by major businesses. The key to the potential exit is that these large businesses do not like licensing technology from others and much prefer outright ownership. In the fullness of time we hope this will mean one of them will buy us out for a large sum of money.

Learning point

IP can be central to exit value.

6. Scalability in the internet world

An illustration of scalability from my portfolio was Protx Group Ltd, which developed a payment gateway. This handles the credit card transaction when an internet purchase is made.

Protx became the preferred supplier to a major bank. Small retailers went to the bank and said they wanted to launch an e-commerce enabled website. Besides the website itself they needed a merchant ID, which the bank supplied, and a payment gateway. Protx was recommended as that payment gateway.

As a result, Protx needed neither a sales force nor significant marketing costs. The new customer who had been referred by the bank simply filled in an online form. Once the account was opened, little customer support from Protx was necessary.

Protx did, however, need technology that did not fail and security systems to protect against cyber attacks. So highly reliable and secure computers, a small central team including limited development and support staff, and small offices were its main overheads. But that cost did not directly relate to trading volume.

Protx received at least £20 per month from each customer for an indefinite period. Churn, as customer loss is known, was around 1% per annum. This resulted in stable growth of income. At the time of its sale to Sage plc income was growing at 6% per month and overheads at 10% per annum so strong and predictable growth in cash and profits was coming through and that continued in Sage's hands.

That is the kind of scalability that appeals to me.

Learning point

The internet has created a whole series of scalable opportunities for innovative companies.

Summary

Ultimately, as an angel you have to make your own judgment as to whether a venture is worthy of inclusion in your portfolio. I have raised many questions in this chapter that you should address to help you make informed investment decisions. As I said in the introduction, assessing an opportunity is hard but time spent on it is worthwhile.

To bring it all down to just two things, you must feel comfortable with the business model and its vision and, even more importantly, you must feel confident about the entrepreneurs. They are crucial to your chances of making a successful investment.

CHAPTER 5

INVESTMENT TERMS

Introduction

This chapter discusses the terms on which you might invest in a venture. Unless these are acceptable you should pass, however much you like the fundamentals of a business.

Valuation of the business is at the heart of this topic and is an obvious possible deal breaker. However, the subject of investment terms is much more complex than just that. By way of a template, I have included my own preferred early stage deal terms against which I measure any actual proposed deal.

From an angel's point of view, EIS reliefs are central to any assessment of terms today because of the huge tax advantages. These are discussed in this chapter but the scheme itself is fully described in Chapter 6.

I have included a brief review of the types of investment instruments that can be used as these are not always fully understood and their names can mislead the unwary. Even ordinary shares are not always what they seem to be. A good knowledge of investment terms will help you when other investors invest, or seek to invest, on a different basis.

In the section 'Cash requirement' in Chapter 4 I discussed two important questions relating to the assessment of a venture. These questions are "How long will the proposed investment last until the company needs more money?" and "What are the legacy liabilities in the business?" The answers are closely linked with this chapter as they directly relate to investment terms.

When do you write your cheque?

This may seem an odd question in a chapter on investment terms. However, it is important as it closely relates to risk and thus directly affects the terms on which your investment might be made.

Most angel funded investment opportunities need contributions from several investors to get to the total required. As an angel you need to understand when all that money will arrive – if at all – and where your own investment fits in to that process. At the extreme, if you write a cheque for £25,000 when the company needs £500,000 and none of the rest of the money is in place your risk is that the rest never arrives. You will then almost certainly lose your investment.

The benefit of a shareholders' agreement

If the investment is made using a shareholders' agreement (see Chapter 7) the timing of investments will be made clear. The agreement will specify the rules governing the conduct of the investment and will list the investors and how much they are to invest on completion of legal formalities, or later. So you will know how much money will be present on completion (or *close*, as it is often known).

It is not uncommon to have more than one close, in which case the investment agreement will tell you who is investing at the first close (the minimum funding) and what further amount can or must be invested later to reach the maximum agreed level.

If you invest at the minimum level you need to be aware that:

1. No more money might be raised and accept the consequences of this, and

2. The maximum amount will dilute your percentage holding in the company.

When this approach is used, it is not uncommon for the first close investors to have slightly better terms to offset the risk of the additional money not being raised. Case Study 1 at the end of the chapter illustrates this.

The risks with no legal agreement

If all you do is to write a cheque for part of the money needed you must be very careful – the rest of the money may not appear from other investors and you could find yourself much more financially exposed than you had planned.

That, in turn, can lead to the very uncomfortable question of whether to invest further in an unplanned way and without adequate progress metrics having been established. The tough decision will then be whether to invest further and risk an increased loss or write off your original investment and cut your losses.

You will also have no rights other than those provided by law. If you do not even read the existing articles of association you could find yourself in for a rude shock later (see Case Study 1 in Chapter 7).

Structural matters and investment instruments

Now we can consider how the investment is to be structured.

At one extreme, if all of the investment is in ordinary shares there are no committed payments for the company to make and no risk that certain shareholders can demand their money back. This is nirvana for the management team provided they are happy to accept the dilution of their equity percentage. The resulting balance sheet strength also has significant advantage for investors by reducing the risk of failure and aligning the interests of all shareholders.

At the other extreme, if the company has loans (from shareholders or others) there is likely to be interest to pay and repayments to make. Importantly this also means, if a loan is secured and there is a default, there is a risk that the lender can take control of the assets or appoint an administrator to do so on its behalf. Shareholders will almost inevitably lose their whole investment at that point.

A public example of shareholder loss of control was seen in 2011 when Citigroup took over control of EMI. The company had been backed by private equity group Terra Firma with Citigroup as a substantial lender. When EMI defaulted on its loan terms Citigroup took complete control of the company despite public litigation by Terra Firma to try to avoid this happening.

Convertible loans are sometimes used to protect investors from equity dilution or to guarantee the equity investment is made at a prescribed discount to the next financing round. However, they are sometimes used carelessly and can inhibit further equity funding. Case Study 2 gives examples of this.

Investors with different terms

You must be absolutely clear whether or not all investors are investing on the same terms. If not, you need to understand what is going on and decide whether you are comfortable.

For example, it is a common VC trick to insist on ranking ahead of others on exit, sometimes to the extent of up to two or three times their investment. You should never expect mercy or fair treatment from a VC investor – you may get it but be wary as you often will not. If you become a prolific angel and see VC money in the deals you do, you may encounter all sorts of exotic financial instruments and it is helpful to understand them. I have described the main features of the basic types of instrument you may see below.

There are ways of coping with some differences in different structures for different investors, which are discussed later.

Shares

A cautionary note

An important point to be made about shares is that names can mislead. You must always read the company's articles of association (these are described in detail in Chapter 7) to be clear on the rights of each and every class of share. There are no fixed rules and it easy to badly misunderstand who gets what on exit (for example) if you do not do this.

The articles of any company must be filed at Companies House and can be downloaded from their website (**www.companieshouse.gov.uk**) so there is no excuse to not read them before you invest and only learn their pitfalls later when you can do nothing about them.

Ordinary shares

You need to have a clear understanding about ordinary shares as it is the most common type of share found in UK companies.

HMRC has a specific definition which is important when EIS tax reliefs are considered later:

> "Ordinary share capital, in relation to a company, means all the issued share capital (by whatever name called) of the company, other than capital the holders of which have a right to a dividend at a fixed rate but have no other right to share in the profits of the company."

Thus all of the issued share capital of a company is ordinary shares apart from capital carrying a right to a dividend at a fixed rate. You should note the words "by whatever name called" in the HMRC definition as companies often issue various classes of ordinary shares (A ordinary shares or B ordinary shares for example) with differences in their detailed rights. You should note that not all classes of ordinary share carry the right to vote.

In summary, the combination of an entitlement to a share of the profits and a share of voting control of a company means that ordinary shareholders are the owners of the company.

The benefits of ordinary shares

For an early-stage venture there are substantial benefits for all if it is financed solely with ordinary shares. These include:

- A strong balance sheet, which is helpful in dealing with both creditors and customers.

- Much less risk of the company defaulting on its obligations to investors.

- The availability of the EIS scheme (see Chapter 6) for the investor.

- The entrepreneurs can focus on growth issues rather than worry about defaults on financial obligations.

There can, or course, be circumstances where debt is appropriate in an investment structure. Generally this is so when a company is expected to generate cash very early on in its life, is close to the point of being cash positive, or is established and generates cash already. Early-stage growth companies do not fall into any of these categories.

Premium protection

As a matter of principle, I like a company's articles to contain a clause that says that the first distribution of capital to ordinary shares should give each shareholder back the amount he has subscribed for his shares. Thereafter each shareholder receives equal amounts per share. This is called *subscription protection* or *premium protection* and it is an acceptable ordinary share right for EIS relief purposes.

This is how it works:

1. Assume management subscribes for 50,000 shares at £1 per share and investors for 50,000 shares at £10 (being totals of £50,000 and £500,000 respectively). So each group has 50% of the shares;

2. Then the first £550,000 of money on exit is distributed to each shareholder according to the amount they subscribed. At that point every subscriber has had their investment back; and

3. Further proceeds are split in equal amounts per share.

With premium protection, if the company were sold for £550,000 each group just gets their money back. It is hard for management to argue against the fairness of this approach. Without it, each group would receive £275,000 – the management would make a profit of £225,000 and the investors a loss of the same amount.

The section 'Sharing exit proceeds with premium protection' in Chapter 13 illustrates how this concept affects the payments to management and investors as valuation rises.

One interesting feature of premium protection which is easy to miss is that the exercise price of staff options is irrelevant – it is only the number of shares that matters. This is because when the options are exercised the first distribution of money recovers the cost of the options just as with any other investor.

Preference shares

The most common preference share rights are:

- A fixed dividend ranking ahead of any payment to the ordinary shares.

- In a liquidation or sale, capital will be paid back (perhaps at a premium) ahead of any distribution to the ordinary shares.

- Holders have no votes in company meetings other than if their dividends are in arrears or if there is a proposed change to their class rights.

However, there are many variants.

Other rights preference shares may have include:

- They may be convertible into ordinary shares if the preference shareholders so decide. These are usually called Convertible Preference Shares and are similar to what is described in the US as Series A (or B) Preferred Shares;

- They may have cumulative (meaning they accumulate if not paid at the time they are due) or non-cumulative dividends or dividends linked to profits;

- They may be redeemable and be due to be repaid to a schedule just like debt; or

- They may have votes whether or not dividends are in arrears.

Deferred shares

Deferred shares usually result from some action designed to make other shares worthless. The need for them arises from UK legal constraints on simply cancelling shares, though since the Companies Act 2006 a private company does not need a court order to do this.

For example, shares acquired under an employee incentive plan might be rendered valueless by conversion into deferred shares if performance targets are not met. They usually receive no dividends or no capital payment except for a nominal amount on exit.

You must read the articles to understand their rights – which is a mantra I repeat frequently in this book – as deferred share rights can vary widely.

Employee options

It is common for companies to have employee option schemes. These entitle employees to subscribe for ordinary shares at an agreed price per share and in certain circumstances. It is the commonest way of incentivising members of the management team who don't already have shareholdings.

Employee options are widely used in public companies but are more important in private companies where they serve to align the interests of management and investors, particularly when an exit occurs.

The investor wants to see a company sold for a lot of money to realise his profit. However, the management risk losing their jobs at that point. So it is important that the key members of the team make enough money on exit to want it to happen. The exit will simply not happen if the management is not on side as there are numerous ways they can frustrate the process.

The Enterprise Management Incentive scheme

The Enterprise Management Incentive (EMI) scheme is of considerable importance to the angel as without a motivated management team your investment is unlikely to succeed. Options can provide an incentive as a large capital gain will far outweigh any bonus arrangement, especially when tax is taken into account. Options also serve to align the interests of management and investors.

Employee options in the UK are usually granted through the EMI scheme. This HMRC-approved arrangement ensures the employee will have no income tax to pay on the grant of the options and will only pay capital gains tax when they are exercised and sold. If an EMI scheme is not used employees risk the grant of options being seen as income taxable and all gains on exit being subject to income tax. This will lead to far higher tax charges and much grief.

EMI schemes do have important restrictions. The detailed rules can be downloaded from the HMRC website. The most important of these are:

- The company must qualify. These rules are very similar to those for EIS (see Chapter 6).

- The scheme is only open to employees (including directors) who work for the company (or a subsidiary) at least 25 hours each week or, if less, 75% of their working time.

- The share price at which options are granted needs to be agreed with HMRC. They will agree two share prices:

- The *unrestricted market value per share* (UMV) which determines the maximum value of options that can be issued in total and to any individual.

- The *actual market value per share* (AMV) is the price at which options may be exercised and could be around 10% less than the UMV.

- The maximum value of the options any individual can receive is £250,000 (the UMV times the number of shares). The price at which the options can be exercised, however, can be set at the AMV.

- The total value of options granted must not exceed £3m, being the UMV times the number of shares under option.

An EMI scheme often has a vesting schedule. It might, for example, say that one-third of the options vest after one year, a further third after two years and the final third at the end of year three from the date of the grant of the option.

Once vested, options are exercisable. If the employee leaves he will have, say, 60 days to exercise the vested options or they will expire, as will any unvested ones at the point of departure.

This is meaningful in a public company where options can be exercised and the shares sold. However, I have never seen a private company employee exercise options except on a sale or IPO of the company at which point they will usually all vest anyway. So, in my view, there is little point in complicated vesting rules.

Other options and warrants

There may be other options giving non-employees the right to subscribe for shares at a price and for a period of time. These can exist for a number of reasons. For example, investors may receive them (for example at the rate of one option for every five shares held) for agreeing to invest before all the money for a funding round has been secured, as illustrated in Case Study 1.

The term *warrant* is often used for a similar right.

An alternative incentive approach for senior management

It is not uncommon to find the EMI scheme is not ideal for senior management and board members for two principal reasons:

1. The £250,000 limit may be insufficient to provide the desired level of incentive

2. The individual may not pass the working time test – a part time chairman for example

Most other option ideas (referred to as *unapproved* options to contrast with the HMRC approved EMI) do not work well as any gain is likely to be income taxable.

An alternative is to issue a special class of ordinary shares for a low price but with restricted rights. These rights need to be cleared with HMRC but then any gain is only subject to CGT. The following is an example of how the shares might work (calling them B Ordinary Shares):

- They are issued at a relatively nominal price well below current ordinary share value.

- An Investment Return Threshold is set which will be an agreed current valuation of the company.

- On exit, the first distribution of value is a very small one to the B shares – say 1% of the Investment Return Threshold.

- Then value is distributed so that the B shares receive the amount per share the other ordinary shares receive less the share price used in calculating the Investment Return Threshold less the amount received in the third bullet.

- The shares may be cancelled or bought back if the holder leaves before exit

The result is a similar effect to an EMI option.

Debt linked to equity

It is not unusual to see debt linked to equity when money is raised by a company. An investment structure might be that investors subscribe for units of, say, one ordinary share for £1 and £4 of long-term debt, being units of £5. A unit might instead be one ordinary share at £1 and four preference shares at £1 each.

In the UK venture capital companies often like this structure. If a company is trading profitably and has positive cash flow it is a means of recovering most of the capital invested without selling the company. All the potential profit then remains in place through their shareholding, which cost only a fraction of the total original investment.

The structure does not work well for angels because the non-equity element will not qualify for EIS relief. Nor is it ideal for an early stage growth company.

Bank lending

Debt with no link to equity is frequently used in funding packages for well established companies. The major source of such loans are banks. However, nowadays it is comparatively rare to see bank loans in early-stage companies as the risks are seen as too high. Nevertheless you should be aware of the basics of bank lending – both benefits and risks – as you will see it from time to time.

Overdraft facilities

At one extreme, a bank grants a company an overdraft facility. Such facilities are always *at call*, i.e. repayable on demand. A bank expects the use of an overdraft facility to fluctuate which means that sometimes during the month the bank account is overdrawn and at others it is in credit. The bank will want security which, for an early-stage company, is likely to be a debenture on all the assets of the business and personal guarantees from directors.

Debenture security (which is common) means the bank can seize and sell the assets via an *administrator* if it calls the overdraft and it is not repaid. *Personal guarantees* mean that named individuals are responsible for the debt and the bank can call upon them to repay it from their personal assets. This is dangerous territory when most people's sole valuable asset is their house.

Term lending

At the other extreme, a bank might, for example, make a five-year loan repayable in equal quarterly instalments. It will again require security just as with an overdraft facility and with the same consequences if there is default in making interest payments or loan repayments.

This is a safer form of borrowing because the bank cannot simply demand repayment on a whim provided that payments are up to date and no lending covenants have been breached. In reality, it is highly unlikely a bank will make such a loan to an early-stage company which has no long-term assets (such as property) and no history of stable and profitable trading unless the directors provide personal guarantees.

EFGs

One well publicised alternative to a normal bank loan is the Enterprise Finance Guarantee (EFG) loan. This is a targeted measure introduced by government and intended to help viable SMEs unable to obtain a normal commercial loan due to having insufficient security. The government guarantees 75% of the debt (in return for a quarterly fee) leaving the bank to seek normal security to cover the remaining 25%. Loans can be between £1,000 and £1m and for varying terms.

You might thus be excused for thinking the EFG is perfect for early-stage ventures. However, that is far from the case. According to official statistics, only 919 loans were offered to small businesses through the scheme between April and June 2011 – a reduction of 40% from the same period a year previously. I have only seen one EFG loan in any of the companies with which I am associated so whilst they are worth seeking, the chances of being offered one are low. Indeed, my colleagues and I have had much better luck raising loans from private individuals.

R&D tax credits

R&D tax credits are a cash incentive from HMRC to encourage companies to do R&D and, as a result, are of particular value to innovative early-stage technology companies. They are not a form of investment but as they can provide cash to a company they may reduce the amount of money investors will need to provide. It is therefore helpful to understand whether these tax credits might be available to companies that you back.

For the purposes of the tax credits R&D is broadly defined and the credits are not hard to claim. Essentially a company has to demonstrate that it has done R&D work in a past accounting period. That will usually be the cost of employing developers.

The process is then relatively straightforward. HMRC has first to agree that the activity was qualifying R&D and then it has to agree the appropriate development costs. Once this is established, a claim will entitle the company to a tax credit payable in cash if it has no tax bill to pay.

The amounts can be substantial. In 2012-13, for a company employing less than 50 people, the amount is equal to the agreed development cost multiplied by the company's tax rate multiplied by 225%. So if the development cost is £100,000 and the company's tax rate is 20%, the amount claimable is £45,000. This can be a substantial contribution to the capital needs of the business but do note the time delay – it can only be claimed after the end of an accounting period.

Further details are available from the HMRC website:
www.hmrc.gov.uk/ct/forms-rates/claims/randd-vaa-pilot.htm

Grants

Grants are awards of money which are not repayable provided certain rules are obeyed. They are thus a desirable source of capital. They can be hard to get but there are a number of organisations which will help source them. Good starting points for information are **www.smallbusiness.co.uk** and Business Link (**www.businesslink.gov.uk**).

Grants mainly come from the UK government (in one form or another) but the European Union also makes them. Most are linked to a business activity, an industry sector or a geographic area and many are designed to encourage innovation. Grants are usually only for projects which have not started and they are likely to be restricted to a percentage of the total project cost.

In England (Scotland and Wales being different) several types of grants for R&D were available to SMEs following the 2011 budget:

- *Proof of Market* – up to £20,000 to test the commercial potential of an innovative idea.
- *Micro Projects* – simple low-cost development projects shorter than 12 months.

- *Research Projects from 6 to 18 months* – up to £100,000 to investigate the technical and commercial feasibility of innovative technology and last 6 to 18 months.

- *Development Projects from 6 to 36 months* – up to £250,000 for pre-production prototypes of significantly advanced technology.

- *Exceptional Development Projects from 6 to 36 months* – up to £500,000 for technologically advanced developments for a particular technology or industrial sector.

Available grants change all the time with the political wind so you always need to check the latest position.

One source of grants is The Technology Strategy Board (**www.innovateuk.org**). It provides research and development grants to help develop new products and services.

Finally, NESTA supports projects for innovative products, services or techniques.

Entry valuation

The valuation at which you invest is critical to your potential profit from the investment. If you invest in ordinary shares valuing a business after the new money is invested at £X, no more equity is raised and the shares in the business are sold for £Y, you will get back Y/X times your money.

It is an obvious point, but if the entry price doubles the exit multiple halves. So you must always pay great attention to valuation as you need the big winners to pay for the failures. The only time entry price does not matter is when a business fails – though that is no consolation.

There are many ways of valuing a business. It is, however, important to note that selling a business in entirety – as happens when investors and entrepreneurs exit – and raising equity finance are two quite different things when it comes to valuation.

The buyer of a business may have all kinds of reasons for buying it and may pay a price that is not related to its turnover or its profits. That is discussed further in Chapter 12. At the other end of spectrum, an angel needs to establish a valuation of a company for the purpose of making a minority equity investment. Even if a group of investors will collectively hold the majority of the shares, the valuation metrics are quite different to those at exit.

There are many ways of addressing this question but ultimately it is a matter of what the investors will pay and what the entrepreneurs will accept.

Investment valuation

Internal rate of return (IRR)

I shall start with discussing IRR as a basis for valuing a proposed investment because it is so widely used as a performance measurement tool – and as justification for an entry valuation – that it is helpful to have some understanding of it. It is, however, to be treated with great care – if not disregarded completely – when assessing early-stage investments.

IRR can be defined as the discount rate at which the net present value of costs (negative cash flows) of the investment equals the net present value of the benefits (positive cash flows) of the investment. The higher the internal rate of return, the more attractive is an investment opportunity, provided the risks are the same when compared to another.

It is a concept widely used in measuring investment performance. It has greatest value when measuring and comparing actual performances – in other words when no assumptions are involved. However, it is also widely used to evaluate possible investments, which requires assumptions about the future.

What is a good IRR?

IRR can easily confuse because of the importance of time in the calculation. For example, an investment which doubles in value in one year has an IRR of 100% – rather good but not too unusual you might think. However, if you could keep repeating the feat of doubling your money each year your long-term performance would be better than anybody in the world has ever achieved.

So what is a good IRR measured over longer intervals than one year?

Most observers would agree that the American Warren Buffet is one of the world's most successful long-term investors. The return from the time of launch of his investment vehicle Berkshire Hathaway in 1965 to 2010 was an IRR of 20%. That doesn't sound so impressive does it? However, the period is over 45 years and a shareholder who invested $10,000 at launch would now have a holding worth over $50m – a massive 5,000 times their investment.

In the UK many people acknowledge Anthony Bolton, who ran the Fidelity Special Situations Fund for over 25 years, as one of the best fund managers the UK has produced. In the 25 years from launch to 2004 he returned an average compound rate of return of 20% per annum (similar to Buffet but over a shorter time frame), against 13.5% for his benchmark, the FTSE All-Share index. £1,000 invested at launch would have become £90,000. That is more than 3.5 times what the index returned and more than double the cash return recorded by the second best performing fund in his peer group, UK equity unit trusts.

The significance of time is well illustrated by these two examples. Both Buffett and Bolton averaged approximately 20% IRR. Bolton's fund multiplied 90 times in 25 years and Buffett's 5,000 times in 45 years.

The research I cited in Chapter 1 showed angels achieving an average IRR of 22% before the benefit of tax reliefs. This is good but the timescale was only 3.6 years so it cannot begin to be compared with the performance of these superstar investors.

Limitations of IRR

The principal reasons the IRR technique is little used by angels in establishing the initial valuation of an early stage investment opportunity are:

- *There are very difficult assumptions fundamental to its calculation.* An exit date and an exit value (based, no doubt, on some multiple of assumed profits) have to be assumed. Such assumptions will be suspect and the IRR is very sensitive to them so the answer is close to useless. IRR is rather like the accountant who says "tell me what profit you want to show and I'll do the accounting that way".

- *It takes no account of risk.* The higher the risks, the higher the IRR would need to be to justify the risk, but the relationship is not mathematical unless the risks can be quantified.

- *The IRR approach is not a tool an individual uses.* An individual is usually aware of time value but generally thinks in terms of how much money he made or what multiple of his investment he achieved. Who has ever heard a person saying he made an IRR of 50% on the sale of their house?

When you might see IRR used

The private equity industry likes to calculate the IRR that their money would make from the point of investment to the point of exit and this influences their view of the company valuation at the point of investment. Vital inputs to the calculation are the expected exit value and its date, which can be challenging assumptions even for a mature and sizeable company.

The reason private equity uses IRR to measure projected performance is that the actual performance of their funds is measured using the same tool. The *score* is then compared to other private equity fund performances by their institutional backers. This approach has the particular merit that the performance of different fund investments can be compared easily. As a result, all research on fund performance uses IRR as a measure of performance.

You will often see business plans that offer shares at a certain valuation of the business on the basis the projections would achieve a certain IRR for investors. As we have seen, this is nonsense and must not distract you from establishing an entry value with which you are happy.

Case Study 3 below gives an example of the use of IRR in determining how exit proceeds are divided amongst shareholders using actual and not projected performance.

Early-stage valuation guidelines

As you will have gathered by now, early-stage valuation cannot be reduced to a simple calculation and is more an art than a science. Indeed, other factors besides headline valuation can be very important – see 'Deal benchmark' below.

Here are some simple guidelines which can help when you come to consider how equity might be allocated between entrepreneurs and investors:

1. If you can't see the possibility of making ten times your investment from the proposed valuation don't invest.

As covered earlier, individual investments need to offer the potential to return ten times your investment if you are to get an attractive overall return.

2. When investors provide all the money a good rule of thumb if up to, say, £1m is invested is that the effort and commitment by the management is worth 50% and the money from investors 50%.

So the valuation is twice the money invested and investors have 50% of the company.

3. In bigger ventures, it is worth being aware of the standard venture capital fund deal.

Managers of a VC fund of around £20-50m usually receive 20% of the profits, i.e. they have an effective stake of 20%, for which they will often pay 1% of the size of the fund. That can be a helpful benchmark.

4. It is helpful to do some basic research on the exit valuations of businesses in the same sector

You must not be over influenced by huge US public company deals.

***

Having been conservative in your view of exit valuation it is wise to make an allowance for dilution from further financing rounds. This then leads to an estimate of the maximum valuation at which it would make any sense to invest.

There are a number of other features of a deal which can be as important as the simple headline valuation, examples of which are discussed next.

Deal benchmark

For me, as an early-stage investor, there is considerable merit in simplicity. There are two principal reasons for this:

1. It is likely that the venture will need more money and the initial structure must facilitate rather than hinder this. A pure ordinary share structure clearly does that. A structure with complex instruments and debt components does not.

2. Things go wrong and changes then often need to be made. A complex structure can handicap this.

I have listed below 14 guidelines that form a benchmark for how I prefer to see an early-stage deal structured. Many deals deviate from this ideal but it is the benchmark against which I compare all deals. It assumes angels provide somewhere between £0.5m and £1m, which is a common need. It also assumes that the ambition is to build a valuable growth company, not a cake shop.

1. The valuation has to be sensible

I am looking for the possibility of ten times my money or more and use the guidelines listed above to help establish the entry valuation.

2. The whole of the investment should be in ordinary shares

This has the huge advantage of unifying the interests of all shareholders and avoids conflicts between them. The ordinary share rights should include premium protection.

3. The investment must qualify for EIS tax reliefs

This tax advantaged scheme offers a reduction in the net cost of investment, a write-off of net losses against income tax if a venture fails and freedom from capital gains tax on successful exit. Taken together, these can substantially enhance investment returns, as we saw in Chapter 1.

In summary, the EIS investor has to subscribe for ordinary shares – though since changes in the 2012 budget some preferred dividends rights are allowed. In addition, there are certain restrictions on the company, its trade and structure which must be adhered to. These are seldom a problem with early-stage growth companies.

4. The articles should have certain standard clauses

The standard clauses that articles should have are:

- *Pre-emption* – the right to take up a proportionate number of any shares offered later
- *Tag-along* – the right to be included in any offer to buy control of the business

- *Drag-along* – the obligation of residual shareholders to accept an offer for the company agreed by the clear majority

These are discussed in Chapter 7.

A further important issue is *good leaver/bad leaver* provisions that govern how employee shares are dealt with if they leave. These are expanded in point 8 below.

5. The founders should have made a sensible financial commitment

I would expect to see a commitment that is real in the personal circumstances of the company's founders. It should hurt them to lose the money but not cause personal bankruptcy.

On the one hand, you want the entrepreneurs to feel the pain if the company fails (nobody looks after others' money as well as their own). On the other hand, if the company hits problems, you want them worrying about the company's problems not their own possible financial difficulties.

A good rule of thumb is that they should have invested around once their salaries.

6. There should be an option scheme of at least 10% of issued share capital to incentivise members of the team who are not shareholders

It is important to incentivise all members of the team to welcome an exit because of the money they will make from their options. An option scheme of 10% of the issued share capital is common and 15% is not unusual.

7. The salaries of founders must be agreed with service agreements in place

Founders seldom invest more than a small proportion of the total money required and it is only reasonable for their salaries to be restricted in the early days to a level that is well below what they might earn were they to be employed elsewhere.

The principle is to trade lower salary now for the possibility of large capital gains later.

It is also a waste of money to ask them to invest higher amounts in return for higher salaries. Every pound of salary attracts Employer's National Insurance and the employee has to pay Employee's National Insurance and tax before he has net salary to invest. This means 50% of gross salary could be paid to HMRC – and effectively provided by investors.

8. There should be appropriate good leaver/bad leaver provisions

It is usual in a private company to have a requirement that any shares held by an employee are put up for sale on his departure. It will be specified in the articles as good leaver/bad leaver rules (see 'Compulsory transfers' in Chapter 7).

For me the most important point here is that there are rules, rather than what the rules should be. They need to be thought through carefully. For example, continuing members of the team will not feel positive towards an outgoing member if he has let them down and keeps his shares. The arguments for all the shares being sold are both to avoid having a possible hostile shareholder and to have shares available for the replacement member of the team.

A good leaver may be allowed to keep a certain number of shares under vesting rules. For example, a founder may have to sell all his shares if he leaves within one year, two-thirds if he leaves in the second year and one-third if he leaves in the third year. He will usually get a better deal on price and be able to offer his shares at the higher of cost and value. This contrasts with the bad leaver whose price is the lower of cost and value.

9. Investors should have a majority of the voting shares

This allows for simpler legal documents as the management cannot just act as it choses and it is clear that the company does not belong to the management.

10. There must be non-executive directors on the board, one of whom should be chairman

This makes it is clear that the management reports to the board. The often sought-after role of 'chairman and chief executive' is separated by best practice in UK quoted companies for good reasons. It means that the power of the CEO is reduced and it is clear that he reports to, not dominates, the board. It is thus excellent discipline in a private company also.

The non-executives need to be able to add value and should not be closely connected to the management to avoid conflicts of interest.

11. There must be a shareholders' agreement

This sets out the rules of play and governs matters such as what decisions require investor consent and are not merely for the executives.

12. Directors should fill in a legal questionnaire

This questionnaire is used as part of the legal documentation. It asks a range of basic questions. It will draw attention to failed businesses the directors have been involved with and other matters of possible interest such as personal bankruptcy.

13. Keyman insurance should be in place

In the early days a founder may be close to irreplaceable but life insurance does mean there will be money in the company to give breathing space whilst a replacement is found. A common level of cover is £500,000 to £1m. It is not expensive for a five-year period. It has the additional merit that if key executive has health problems they should become apparent in the medical.

14. Trust

Central to the decision as to whether you will back the management is whether you feel you can trust them. It is not essential to like them but you must feel you can trust them. There will be much scope for disagreement and conflicts of interest as the company develops and without trust it will be much harder, if not impossible, to resolve issues.

Common issues when negotiating terms

When negotiating investment terms, as in all negotiations, some things will be more important to one party than the other and the trick is to try to learn what matters most to the other side but is less important to you. In theory you can then protect your own important issues by making concessions on matters which aren't key for you but are for the entrepreneurs.

Here are number of issues which are frequently important to the entrepreneurs:

1. Control

It is common for entrepreneurs to want more than 50% of the equity so as to give them control of the company. This is a false worry as if the company is progressing well control is unnecessary. If, on the other hand, the company runs out of money voting control is of no value. In any event, the shareholders' agreement will probably override much of the apparent value of voting control.

2. EIS

It is not uncommon for the entrepreneurs or other investors to suggest that those investors who can claim EIS relief should pay a higher entry price because of their tax advantages. You should never agree to such a demand. Your tax affairs are your concern and all shareholders will have differing tax positions. EIS may indeed be a fundamental part of your willingness to invest – after all the purpose of the scheme is to incentivise investors – but don't sacrifice its benefits in a valuation discussion.

I discussed tax shelter deals using EIS reliefs in 'Other approaches to investing in unquoted companies' in Chapter 2. If you look closely at one of those deals you will always find the promoter takes high fees as do the lawyers and IFAs. As a result a significant part of the EIS benefits are lost. You should seek to avoid doing that in your deals.

3. Equity percentage and ratchets

Entrepreneurs are invariably sensitive to their equity percentage. So are investors. A solution I sometimes use is a ratchet, which varies the shareholdings in certain circumstances.

You should never agree to a ratchet based on trading performance. They can create scope for the key executives behaving in such a way as to maximise their shareholding percentage, which may not be consistent with maximising the long-term value of the company.

For example, a test such as levels of profit is subject to accounting policies and how cost is incurred in building overhead (such as marketing) ahead of sales. The company may grow faster and acquire greater value by deliberately hiring people and depressing profit.

The only ratchet that makes sense is the exit ratchet. This means it only applies on exit when all want to see maximum value. An example is described in Case Study 4 below.

4. Money on the table

Linked to equity sensitivity is the question of whether to take in more money than sought if it is offered by prospective investors.

A good general rule is that if money is on the table it should always be taken as you never know whether more can be raised later nor at what price. Unfortunately, more money means a greater equity dilution for the entrepreneurs and so they will often fight it, believing firmly (but usually unwisely) in their projections.

5. High salaries and bonus arrangements

High salaries are unacceptable in an early-stage venture. Indeed you should expect salaries to be somewhat less than the main shareholding executives could earn elsewhere without the prospect of significant capital gain. Fixed bonus arrangements are also unacceptable. This is a game where everybody is hoping to get rich through the value of their shares. Discretionary bonuses awarded by the non-executives are another matter.

By the same token long notice periods are not acceptable. If an executive has to be asked to leave nobody wants to invest more money just to pay out his contract. I would not expect the period to be longer than six months and three is preferable.

Case Study 5 below gives an example of a bonus offered by the board to the founders of a young company.

6. Good leaver, bad leaver

There is seldom a significant issue with the concept of good and bad leaver, see Point 8 under 'Deal benchmark'. All shareholders except the departing one benefit as either they have the chance to acquire more shares or shares are available for a replacement without diluting shareholders.

The issue that does arise though is how many shares a founder has to put on the table on departure. He will fight for none and a helpful compromise is 50%. This is an area where vesting rules can be useful. For example, if a founder shareholder leaves within one year all his shares might be on the table, after one year this might drop to 75% and after two years 50%.

Case studies

1. A staged investment

This example was a start-up company still proving its business concept.

The founders believed it needed £500,000 to reach breakeven. £250,000 was quickly offered by seven investors and the founders, who were anxious to continue developing the company, asked to have a first close before the rest of the money was committed.

The investors agreed to this in return for one option to buy an extra share for every five shares they held. This allowed money raising to continue at the same price per share but gave the first investors some compensation for the extra risk they took. The shareholders' agreement covered this and allowed for the second £250,000 to be raised.

Learning point

Investors may risk funding a venture when it is known more money will be needed soon but they will often expect some benefit in return.

2. Traps with convertible loans

I have recently seen a company financed by US angels in its early stages which was seeking further investment. The US angels invested in a convertible loan which could convert at a 30% discount to the next round and had to convert if that round were greater than £500,000.

The loan structure avoided valuing the company at the time and gave a guaranteed discount to the next round. However, for me it was a flawed solution as the next round might have been at a much higher price than they could have negotiated at the time of their investment. A better approach might have been to have invested in equity at an agreed price with some kind of anti-dilution mechanism which could have reflected the 30% discount idea.

I have also recently seen a UK company largely funded by angels which used a similar convertible loan. The loan was a handicap to further equity funding but, as in the US example, could be forced to convert in certain circumstances. However, the investors did not qualify for EIS relief on making the loan and would not on its conversion into equity. That made little sense to me.

Learning point

An investor loan is often seen as a clever way of protecting investors. However, it can restrict further funding, does not attract EIS relief and may result in worse terms later. It should also be remembered that if the company fails investors' loans do not usually have any value despite ranking ahead of the share capital.

3. The use of IRR in an exit calculation

I have seen IRR used to determine how exit proceeds are divided amongst shareholders in a deal funded largely by angels.

In one case an institutional investor wanted to have its shares ranking in priority to the angels who had already invested. That meant the institution would receive its money back before the other shareholders received a penny and then they would share in the surplus.

Unsurprisingly, this was not appealing to other shareholders – who had provided substantial funding – but a compromise was reached. It was agreed that if the institution achieved an IRR of over 35% as measured on exit without the priority applying then it would not apply. This was a test that the company would easily pass if its achieved its plans but it left the institution feeling it had protected its downside.

Learning point

An exit ratchet – of which this is a relatively unusual example – will often use a test based on IRR when VCs are involved.

4. An exit ratchet

I have an investment where the founders have 49.9% of the equity and votes. If the company were to be sold for less than £5m the proceeds are to be distributed 50:50. For amounts between £5m and £10m the proceeds are distributed 55:45 in favour of the founders, and between £10m and £15m it is 60:40, which is the cap on the arrangement.

This was achieved by having two classes of ordinary share and the rights of the A ordinary shares (held by the founders) define their entitlement to the proceeds of sales. As a result no shares ever need to change hands and there are no complicated option arrangements or tax issues.

Learning point

It is easy to design a tax efficient exit ratchet with two classes of share. This can solve problems with a mismatch of equity aspirations between funders and entrepreneurs.

5. A discretionary bonus

I am involved in a company which was backed as a complete start-up. After two years it had exceeded expectations and was close to cash breakeven, with 75% of sales coming from the USA.

The board decided to offer the two founders a bonus based on the achievement of a budget which showed sales more or less twice those of the previous year. There were two reasons – the founders were doing an outstanding job and it was known one was in some financial difficulty which the non-executive directors wanted to ease.

Interestingly, and quite unprecedented in my experience, the other founder spoke against the bonus as he was "not there for his salary".

Learning point

Bonuses in early-stage ventures should only ever be at the discretion of the board. They can however be a useful tool for the NXDs to use.

Summary

The central message of this chapter is that the subject of investment terms is much more complex than at first meets the eye. Even the rights of ordinary shares cannot be taken for granted.

Whilst valuation will always be critical to your decision to invest there are many there other aspects of a deal that need close attention.

A deal has to be struck that leaves all parties comfortable with the outcome. It is not wise to take advantage of founders who have nowhere else to turn for money as they will resent that and not work in harmony with you. A sense of partnership based on trust and fairness is vital, just as in any other long-term relationship.

CHAPTER 6

THE ENTERPRISE INVESTMENT SCHEME (EIS)

Introduction

The Enterprise Investment Scheme has developed into one of the most powerful tax advantaged schemes ever available in the UK.

Its purpose is to encourage private individuals to invest in smaller unquoted companies which find it hard to raise money from elsewhere. The scheme has been gradually made more attractive as successive governments have increasingly recognised the critical importance of angels to the financing of smaller companies.

The EIS offers an angel four main tax benefits. It:

1. Reduces the cost of making the investment

2. Reduces the loss if an investment fails

3. Reduces the tax paid on successful investments

4. Allows capital gains tax from another investment to be reclaimed or deferred

This is a compelling range of benefits. Many angels will not invest without these benefits and you should always seek them because of their powerful enhancement to your investment returns.

This chapter describes the scheme in some detail but is not intended to cover every aspect. The details of the scheme and its tax reliefs tend to change at each budget – governments love to tinker – so you must always check the current position. To do this you should start with the HMRC website which has a download called 'An Introduction to the Enterprise Investment Scheme (EIS)' (**www.hmrc.gov.uk/eis/guidance.pdf**). You must be careful to check the date it was last modified as budget changes often take months to be reflected.

For full detail you should consult the 'Enterprise Investment Scheme Manual (VCM25000)' (**www.hmrc.gov.uk/manuals/vcmmanual/vcm25000.htm**). It is well laid out and is the definitive source of information.

Historical note

The EIS has evolved over three decades and has been supported in its various guises by all governments since its inception. The original scheme was launched in 1981 as the Business Start-Up Scheme and was intended to attract individuals to back new enterprises. Two years later the Business Expansion Scheme (BES) extended the range of investments to include established unquoted trading companies.

That scheme was modified over the years and was replaced in 1993 by the Enterprise Investment Scheme which offered a broader range of tax reliefs. Since then it has been modified by various governments but at the heart it is the same scheme with the same intent.

The HMRC publication 'An Introduction to the Enterprise Investment Scheme' sums it up nicely:

> "The Enterprise Investment Scheme (EIS) is designed to help smaller higher-risk trading companies to raise finance by offering a range of tax reliefs to investors who purchase new shares in those companies."

Then in 2012 the EIS was joined by a junior partner called the Seed Enterprise Investment Scheme (SEIS), whose features are also described in this chapter. It is closely modelled on the EIS and offers enhanced tax benefits for small, early-stage investments. Of particular note is that employee directors can benefit for the first time.

The EIS tax benefits

As mentioned, the benefits of the EIS change with time. The benefits available at the time of writing are described below.

Income tax relief

You and your spouse can each claim 30% of the amount subscribed for shares up to £1,000,000 from the tax year 2011-12. You can only set this off against your actual income tax liability so you do need to have sufficient income.

Exemption from CGT

Provided you hold your EIS shares and they continue to qualify for three years, capital gains tax is zero on any profit you make.

CGT deferral

You can defer your liability to CGT arising from any capital gain made up to three years before the investment and up to one year after that date. That means you can defer the payment if you have not made it or you can reclaim a payment already made.

There is no limit on the amount of gains that can be deferred. It is deferred until either the shares are sold or there is a breach of EIS rules when it will have to be paid at the then ruling rate of CGT.

This benefit can be claimed even if you are connected with the company (see 'Connection with the company' below).

Loss Relief

You can offset any loss on an EIS investment against either capital gains or income tax – the latter often being a more attractive option because of the higher tax rates.

Inheritance tax

Your EIS shares will fall outside your estate for inheritance tax provided you have held them for at least two years.

EIS carry back relief

You can chose to carry back all of the income tax relief to the tax year prior to your investment. As most investors will not invest anything like the £1m limit this gives great flexibility. The particular advantage is that you can receive your tax relief earlier if you carry back to the previous tax year. Provided you have already paid that year's tax you can reclaim the EIS relief immediately through self assessment.

How EIS can enhance your returns

As we saw in 'Returns from angel investing' in Chapter 1, taken together the tax reliefs can significantly increase returns on a portfolio of EIS investments. However, it is also worth looking at a simple example of the effect of the EIS on one investment to see how powerful it can be.

The tables below illustrate the tax effects for an investor paying income tax at the highest rate based on the tax rates ruling during the 2011-12 tax year. You need to note that those tax rates may change and may differ by individual investor.

The following tables show the cash flows for an investor who either reclaims or defers capital gains tax (CGT) and after three years sells his shares for five times the gross amount he paid.

Table 6.1 – example investment in company shares with and without EIS reliefs

	EIS	No EIS
Investment	£10,000	£10,000
Income tax relief (30%)	£3,000	
Reclaim of CGT paid (28%)	£2,800	
Net investment	£4,200	£10,000
Proportion of gross cost	42%	100%

Table 6.2 – sale of shares for five times amount paid after three years

	EIS	No EIS
Sale multiple (times gross cost)	5	5
Sale proceeds	£50,000	£50,000
CGT to pay on gain	(0%) £0	(28%) £14,000
CGT to pay on deferred gain*	(28%) £2,800	
After tax return	£47,200	£36,000
Multiple of net investment cost	11.2	3.6

*Tax is payable on the capital gain rolled over into the investment and which must be paid when the investment is realised.

Table 6.3 – company goes bust and investment is lost

	EIS	No EIS
Sale proceeds	£0	£0
CGT to pay on deferred gain	£2,800	
Loss offset against income tax	(50%) £3,500	£0
Net tax reclaim	£700	
Net loss	£3,500	£10,000
Proportion of gross investment lost	35%	100%

To explain this line by line:

- The £10,000 capital gain that was deferred by rolling it over into this investment is now subject to tax at the current rate (assumed as 28%), so £2,800 of tax is payable.

- The net investment (and loss) is £7,000 after the 30% income tax relief. The investor can elect to set this net loss against income tax, which at 50% reduces the loss to £3,500.

- The difference is £700 of tax to reclaim which does not affect the net loss as the capital gain was always taxable – the CGT has simply been deferred.

The most important points for a 50% income tax paying investor to draw from these calculations are:

- He only has to invest 42% of his gross investment. However, 100% has to be invested initially as the tax reliefs can only be claimed after investment so there is a time delay.

- If the investment fails he only loses 35% of his investment having offset his net loss of £7,000 against his income tax.

- If the investment is sold for five times the gross investment the after tax return is 11.2 times his net investment.

These are huge benefits.

This compares with the non-EIS investor who:

- Must invest 100% of the money required.

- Loses 100% of a failed investment unless he has capital gains against which to offset the loss – which could reduce it to 72%.

- Receives an after-tax return of 3.6 times his investment unless he has capital losses he can offset against the gain.

The following tables show the cash flows if CGT is not deferred.

Table 6.4 – example investment in company shares with and without EIS relief

	EIS	No EIS
Investment	£10,000	£10,000
Income tax relief (30%)	£3,000	
Reclaim of CGT paid (0%)	£0	
Net investment	£7,000	£10,000
Proportion of gross cost	70%	100%

Table 6.5 – sale of shares for five times amount paid after three years

	EIS	No EIS
Sale multiple (times gross cost)	5	5
Sale proceeds	£50,000	£50,000
CGT to pay on gain	£0	(28%) £14,000
CGT to pay on deferred gain	(0%) £0	
After tax return	£50,000	£36,000
Multiple of net investment cost	7.1	3.6

Table 6.6 – company goes bust and investment is lost

	EIS	No EIS
Sale proceeds	£0	£0
Income tax relief	(50%) £3,500	
Net loss	£3,500	£10,000
Loss as a portion of gross cost	35%	100%

Here the most important points for the investor are:

- He only has to invest 70% of his gross investment, and the time delay remains.

- If the investment fails he loses 35% of his investment, the same as in Table 1.

- If the investment is sold on the same assumptions as in Table 1 the after tax return is 7.1 times his net investment.

The position for the non-EIS investor is unchanged and so the benefits for the EIS investor remain substantial.

Qualifying for EIS benefits

The EIS benefits are only available to *qualifying individuals* who make *qualifying investments* in *qualifying companies*. So there are three tests to pass before you can claim the benefits.

1. Qualifying investors

To qualify for EIS relief you:

- Must be a UK income tax payer

- Must not be *connected* with the company (see the next section)

- Can invest through a nominee company

- Need to be careful if you become a director

You can be an unpaid director without triggering the connected person restrictions. However, there is a proviso that you must not have previously been involved in carrying on the trade of the company at the time you invest. So, for example, if you were an EIS investing director of a business that fails you cannot claim EIS relief in a similar role in the reborn business. The EIS relief will not be withdrawn if you subsequently become a paid director providing the remuneration is reasonable.

You can also claim income tax relief on investments made after becoming a paid director.

Connected investors who don't qualify

The EIS was designed to encourage investors to invest in companies with which they previously were not *connected*. You can be connected in two ways and in both cases the conditions apply from two years before you invest to three years after (or three years after trading starts if that is later).

Financial interest

You are connected with the company if any of the following are true:

- You control the company
- You hold more than 30% of the shares
- You have more than 30% of the voting rights
- You are entitled to more than 30% of the assets available to shareholders in any winding up

If you make large investments you need to be very careful with these restrictions. You may breach the rules unwittingly if your first investment is less than 30% but a later investment takes you over 30% – in this case you will lose relief on the earlier investment as well as not getting it on the later one.

The shareholdings/voting rights/rights to assets in a winding up held by your *associates* are included in the 30% test.

Associates are business partners, trustees of any settlement where you are a settlor or beneficiary and relatives. *Relatives* are spouses or civil partners, parents and grandparents, and children and grandchildren. Brothers and sisters are not counted.

Employment

You are connected if you are either:

- A partner, director (though if you invest and take a seat on the board you can be treated as an exception to these rules provided you take care about being paid) or an employee of the company

- An associate (defined above)

2. Qualifying investments

- It was previously the case that the only permitted investment under the EIS was fully paid up ordinary shares with no preferential rights to dividends or to the company's assets in the event of a winding up. That changed from 6 April 2012 and shares may now have a non-cumulative preferential dividend provided the amount and timing of the dividend may not depend on a decision of either the company or another party. *Non-cumulative* means the dividend has to be paid when it is due (which might not be legally possible) and cannot be carried forward to a later date.

- As of 6 April 2012 there is no longer a minimum amount you have to invest. The maximum you can invest in total is £1,000,000 per tax year but your spouse can do the same. The upfront relief on larger investments may, however, be affected by the government's proposals to restrict income tax reliefs to the greater of £50,000 or 25% of income from 6 April 2013. However, at the moment the proposal seems only to apply to unrestricted reliefs and thus may not affect EIS.

- Companies cannot raise more than £5m in any 12-month period from EIS and VCT sources combined.

- An investment only qualifies when a company has been trading for four months.

- The shares must be held for three years from the later of the date of investment or the date the company started trading or the reliefs will be withdrawn.

- There must be no arrangements to protect the investor from normal shareholding risks.

- There must not be any arrangements for the shares to be purchased by anyone else even after the end of the three-year qualifying period.

3. Qualifying companies

At first sight the following list is daunting but, in reality, it does not exclude many companies in which you might wish to invest. To qualify for the EIS a company:

1. Must be unquoted

That means it cannot be listed on the London Stock Exchange or any other recognised stock exchange. AIM, PLUS Quoted and PLUS Traded Markets are not recognised exchanges, so a company listed on them can qualify.

2. Must not be controlled by another company

Nor can it be controlled by another company together with any person connected with that company (as defined in 'Connected investors who don't qualify').

Nor can there be any arrangements, however far in the future, for it to be controlled by another company at the time of you invest.

3. May have subsidiaries

If it does, it must hold more than 50% of the ordinary share capital of each and any subsidiary must not be controlled by other means by another company.

If the EIS company has a property management subsidiary that must be at least 90% owned.

4. Must be a small company

The measure of this is the gross assets test. The gross assets (broadly all assets before the deduction of any liabilities) of the company (or group if the company is the parent of a group) must not exceed £15m immediately before you invest.

5. Must have fewer than 250 full-time employees

6. Must carry on a qualifying trade

It can be either the company itself that does so or the company can be the parent company of a trading group. If it is carried on by a subsidiary it must be at least a 90% subsidiary.

7. Does not have to carry on the trade in the UK

8. Does not have to be resident in the UK

However, the company must have a *permanent establishment* in the UK.

Rules 2, 3 and 6 must be met throughout the whole of the three-year qualifying period or you will lose your tax reliefs. The others only have to be met at the time of your investment.

Qualifying trades

There are restrictions on acceptable trading activities. That said most trades qualify, but those that do not include:

- Financial activities
- Receiving royalties or licence fees except when exploiting an intangible asset (such as software) which the company itself has created
- Providing legal or accountancy services
- Property development
- Operating or managing hotels
- Operating or managing nursing homes or residential care homes

If you are concerned that a company in which you wish to invest may be in breach of these rules you should look at the definitive HMRC document VCM17000 (**www.hmrc.gov.uk/manuals/vcmmanual/vcm17000.htm**). You can also seek *advance assurance* as described below in 'How to claim EIS relief'.

A company can carry on some excluded activities, but these must not account for more than 20% of the company's trade.

How the money must be used

The money raised can be used either for the development of an existing qualifying trade or to prepare to carry on one, which includes research and development.

The money raised must be used within two years of your investment or within two years of the trade commencing if that is later. Trading must start within two years of your investment.

This means you must ensure that planned use of cash qualifies for an EIS relief. You should insist the company provides evidence of this.

How to claim EIS relief

The EIS is handled by the Small Company Enterprise Centre (SCEC) of HMRC. It has tax inspectors who are experts in this area. They respond to letters quickly and will give opinions over the phone. In short they are very helpful.

The SCEC operates an *advance assurance* scheme. Advance assurance is not a requirement but it can be used to spot problems and resolve grey areas. Companies can submit their plans for advice on whether a planned share issue is likely to qualify. The SCEC prefer to see the request on Form EIS(AA), which is available from the HMRC website (**www.hmrc.gov.uk/forms/eis-aa-bw.pdf**).

Once the EIS shares have been issued the company has to complete an EIS1 form (www.hmrc.gov.uk/forms/eis1.pdf). If all the EIS requirements are met the SCEC will then issue an EIS2 form to the company together with sufficient EIS3 forms to be issued to the investors so they can claim tax relief. You cannot claim relief until the company sends you an EIS3 form.

Claims can be made up to five years after the first 31 January following the tax year in which the investment was made.

How to lose EIS relief

It is easy to lose EIS relief by not paying full attention to the rules. It will also be withdrawn if, during the three-year period from the date of your investment or the date of first trading (if that is later):

- You, or an associate, become connected with the company.

- You dispose of any shares (unless to a spouse or civil partner). EIS relief on shares you still hold will not be affected.

- You, or an associate, *receive value* from either the company or a connected person. Receiving value includes things such as receiving a loan or benefit from the company, or the company selling an asset to you at less than market value (though dividends can be paid).

- The company loses its qualifying status.

Cautionary notes

The restrictions and pitfalls may seem daunting but in reality they are seldom major obstacles to angel investment. However, there are a number of practical difficulties I have encountered in my experience of many EIS deals:

1. You may be concerned that all the money raised might not seem to be invested within the required timescale

This can happen because the company starts to generate cash from trading earlier than expected. The solution to this is to open a bank account into which all EIS investment goes. The company should cover expenses from this account until it is exhausted and pay income into a separate account.

2. It is not hard for a company to lose its qualifying status

If you are not on the board you must make sure that a director is tasked with monitoring any changes that might affect EIS relief. Proposed changes in corporate structure and ownership of subsidiaries are the most common pitfalls.

3. An easy way to cease to be qualifying is the formation of a new subsidiary which is not more than 50% owned

Joint ventures are dangerous as they are often setup as 50:50 arrangements.

4. It is quite common to wish to form a holding company for commercial reasons

This is not a problem provided all shares in the old company are exchanged for shares of the same kind in the new holding company. The tax relief applicable to the old shares will be effectively transferred to the new shares.

5. It is important to make sure no arrangements are created allowing another company to either take control, or to have the right to take control, at any time in the future

It is very easy to think an option to take control after the three-year period is acceptable. It is not.

6. At first sight the takeover for shares of one EIS qualifying company by another might seem to be acceptable

Within the three-year qualifying period it is not so, but for the exception described in point 4.

7. The 30% rule needs to be watched if there is a large investor

The rule aggregating an investor's holding with an associate is easy to break. If the rule is broken it does only affect that investor.

8. As an angel you will be investing for capital gain and so you are interested in the company being sold at a profit

If this happens within the three-year qualifying period you will lose your EIS relief.

However, if the sale generates enough profit this may be acceptable as protection of EIS relief should not be a reason for turning down an attractive exit price which might not be available later.

9. The company has several financing rounds before the exit

Some of these may have taken place more than three years before the exit and some may have not. If so, EIS relief will be preserved on the shares held for more than three years. It will be lost though on all shares held for less than three years.

The withdrawal of relief on some shares means you have to repay the income tax relief together with interest from the date you claimed it and the gain on those shares will be subject to CGT. Any CGT rollover will crystallise on all your shares at the point of exit.

The Seed Enterprise Investment Scheme (SEIS)

The SEIS was introduced with effect from 6 April 2012. It is very similar to the EIS but is focused on smaller, early-stage companies. Most of rules are the same as for the EIS.

Points of difference between EIS and SEIS

The principal points of difference between the SEIS and the EIS are covered below. For a company to qualify for SEIS:

- It must have 25 or fewer employees

- Gross assets before investment must be less than £200,000

- It must be less than two years old

- It must not have raised money under the EIS or VCT schemes

- Investment is restricted to a cumulative limit of £150,000 per company

- The money raised must be used within three years on qualifying business activities and 75% must be used before the company raises funding under the EIS or VCT schemes

- Qualifying business activities are broadly the same as the EIS rules, except that the qualifying trade must be a *genuine new venture*

For the investor:

- Income tax relief of 50% of the amount invested is available to investors with less than 30% of the equity.
- The relief is available to all directors but not employees who are not directors.
- Investment is limited to £100,000 per annum per investor. Unused annual amounts can be carried back to the previous year as with the EIS.
- By way of *special offer* in the first tax year (2012-13), capital gains realised on the disposal of assets in that year that are re-invested through SEIS in the same year will be exempt from CGT.

Comment

This scheme is restricted to very low levels of fund raising and so will be best used at the *friends and family* stage of a company's development. Used with care it is a helpful bridge to the EIS which is likely to be the source of the next significant funds raised by a company.

Perhaps most positive of all the scheme's features is that for the first time an employee director can have the same tax benefits as an outside investor. It would have been nice if employees who are not directors had been included. Nevertheless, this is a welcome move towards reducing the tax disadvantages for an employee investing in their company.

Summary

This chapter has examined the EIS rules and their effect.

One important cautionary point is that the chapter is not intended to give tax advice but merely to be a guide and commentary. This is an area where some aspects of the rules change at almost every budget. Once you have a broad grasp of the scheme you need to study the full details of the latest rules and/or consult a tax adviser.

The good news is that you can do a sensible DIY job because of the advance assurance process, the publication of detailed rules in plain English and the helpful attitude of the SCEC.

Although the rules seem daunting at first sight that is not generally so for investors in real businesses. For investors in an early-stage company conducting a proper trade they are relatively simple.

CHAPTER 7
LEGAL DOCUMENTATION

Introduction

This chapter neither attempts to teach you the law nor to advise you on it. Instead, its aim is to give you a clear understanding of what you, as an angel investor, should expect and why, in each of the main legal documents of a typical deal, together with a commentary based on my own experiences. I have kept the emphasis on ordinary share investments as this the most common structure used in angel financed deals.

If you already have some understanding of company law but are not up to date, it helps to be aware of the main changes introduced by the Companies Act 2006 – some of which only became operative in late 2009.

You may chose to invest without concern for the legal protections discussed in this chapter but, if you do, your risks may increase considerably in ways you did not anticipate. So some knowledge of this subject is useful.

Changed rules for private companies

The Companies Act 2006 (the Companies Act) completely overhauled the corporate legal framework in the UK. It did, however, have the dubious distinction of being the longest act in British history when it was introduced – it is nearly 700 pages long.

Ironically, despite its length, one of its aims was to simplify matters for small, privately-held companies. These companies, for example:

- No longer need a company secretary

- Have a simplified mechanism for shareholders' written resolutions

- No longer need to hold Annual General Meetings

- Can call shareholder meetings at short notice

- Can reduce their share capital without the need to obtain a court order

- Can allow their directors unlimited authority to allot shares

In this chapter I have only considered the rules that apply to private companies – a number of the rules are different for public companies.

The legal framework

A professionally organised investment in an early-stage company will involve at least four documents:

1. *Terms sheet.* The terms sheet lays out the basis of the deal in some detail and summarises the agreement between investors and the company before full legal documents are prepared. It does not form part of the set of legal documents that cement the deal but it does act as a briefing for the lawyers.

2. *Articles of association.* These are the rules by which the company is governed.

3. *Subscription and shareholders' agreement.* This sets out the rules between investors and the company.

4. *Senior executives service agreements.* These determine the terms of employment of the management team.

1. Terms sheet

A terms sheet is not in itself legally binding (with one or two points of exception). It is better thought of as a summary of the agreed commercial terms and a briefing document for the lawyers to write the formal deal documentation. If you are part of an investing syndicate organised by somebody else you may not see it, nor indeed feel the need to do so.

2. Articles of association

The articles of association are commonly referred to as the *articles*. Since the Companies Act 2006 was adopted, they have become the single constitutional document required by law for the establishment of a UK company. It is a foolish investor who does not read them as they may contain all kinds of traps for the unwary. They are not short documents – the model articles referred to below are 60 pages long.

The principle behind articles is that a company is run by its directors on behalf of the shareholders. The shareholders are only directly involved when a general meeting is called to consider one or more resolutions to change the articles or some other matter required by the articles.

In the UK it is common to base the articles on published model articles which can be found online and are formally called:

'The Companies (Model Articles) Regulations 2008' (**www.legislation.gov.uk/uksi/2008/3229/contents/made**). The model has various options including one for *private companies limited by shares.*

The articles can cover topics not required by law. The law does, however, often lay down a minimum standard (for example an ordinary resolution) which the articles may go beyond (for example to a special resolution).

The following list covers the most important topics and how they are typically handled.

Share capital

The full rights of all classes of share capital will be spelt out. That will include matters such as:

- Dividends;

- Capital ranking on liquidation;

- Convertibility into another class of share;

- Redemption and how and when it is due;

- Votes; and

- How these rights can be varied

New issues of shares and pre-emption

The directors of private companies which have only one class of shares have unlimited authority to allot shares unless the articles otherwise provide. However, it is normal for private companies to have *pre-emption* rights in the articles. This means any shares issued must be first offered to existing shareholders in proportion to their existing holdings.

When it is planned to issue shares to new investors the existing shareholders must first waive their pre-emption rights. This means all shareholders can have a say in decisions to allow outsiders to invest.

There will often be a certain number of shares which the directors have been authorised to issue without the pre-emption rules applying, to cover future needs such as an employee option scheme.

Share transfers

There will always be some general restrictions on transfers of shares. For example, directors' approval will be required and any pre-emption rules will have to be followed. However, there will be certain permitted transfers which fall outside the pre-emption rules.

Provided proper process is followed it is common to allow transfers with no price restriction between persons such as:

- Spouses or civil partners.

- Family trusts.

- On death, bankruptcy or similar event, to the person who oversees the consequences of that event. The subsequent transfer onwards to new holders will be subject to the pre-emption rules.

- If there are corporate or VC fund investors, transfers will often be permitted to other related parties such as subsidiaries.

All other transfers will be subject to the pre-emption rules.

The rules can be quite complicated. They will involve giving the directors notice of the intended transfer including the number of shares, the price and the transferee. The shares are then offered to all other shareholders with each being entitled to buy the number that corresponds to his percentage of the shares of that class.

There will also be rules about establishing value if a value is not given on the transfer notice or the transfer is compulsory.

Compulsory transfers

Compulsory transfers can be triggered when employee shareholders leave, in which case they are usually described as good leavers or bad leavers.

A good leaver is often defined as somebody who leaves:

- As a result of permanent incapacity, death, retirement at normal retirement age or redundancy, or

- In circumstances where the board at its discretion agrees to treat the employee as a good leaver.

By default every other leaver is a bad leaver.

The usual difference between a good and a bad leaver is the percentage of their shares they have to offer for sale and the price of that sale. A common price formula is the higher of cost and value for good a leaver and the lower of these two for a bad leaver.

Drag-along

Experience has taught investors that it can be difficult to persuade all shareholders to sell their shares when an offer is made to buy the company.

When a public company receives a takeover approach and the offer is recommended by the board the acquirer hopes to get at least 90% acceptances. It can then force the remaining 10% to sell through the court. However, no buyer of a private company wants that hassle so it is common to have drag-along in the articles to ensure the company can deliver 100%.

Drag-along obliges minority shareholders to sell at the offered price provided, say, 80% have agreed to sell. It is then up to the board to either achieve 100% acceptances or to trigger the drag-along clause – which does take time.

Case Study 2 illustrates these principles.

Tag-along

This is the opposite of drag-along as it ensures shareholders receive offers they might not otherwise receive.

If an offer has been received for more than 50% of the shares, tag-along gives other shareholders the right to receive the same offer. This allows all shareholders to exit at the same price as the majority shareholder(s).

Arms length corporate buyers almost invariably want 100% of a company. That makes future conduct easier for them as they do not have minority shareholders – who have certain legal rights – to take into account. In these cases tag-along is not important.

On the other hand, if the buyer is not at arms length tag-along can be important. For example, a shareholder may offer to buy shares from others at a high price to gain control. He is happy to control the board and may choose to ignore the minority shareholders whatever the law says. The high price for shares that give control has the effect of making pre-emption rights ineffective as nobody else will buy at that price. However, the buyer has bought control relatively cheaply as he has not had to buy all the shares.

General meetings

Many of the rules concerning general meetings of shareholders have statutory requirements. They cover matters such as:

- Notice required
- Quorum
- Proxies
- The conduct of the meeting

A general meeting may be called by the directors or shareholders may oblige the directors to call a meeting. Most are called voluntarily by the directors but they are required to call a general meeting once the company has received requests to do so from members representing at least 10% of the voting shares (though there are special cases).

The minimum notice is 14 days but the articles can insist on more and there are two ways to effectively shorten this period:

1. Shareholders can agree to shorter notice if at least 90% agree, or
2. Shareholders can sign a written resolution (see below).

Private companies no longer have to hold annual general meetings (commonly called AGMs) unless their articles require them to do so.

Resolutions

A resolution is a decision of the shareholders (or a class of shareholders) and the company is bound by it.

Ordinary resolutions are used for all matters unless either the Companies Act or the articles require another type of resolution. An ordinary resolution can be passed either by more than 50% of the votes cast at a general meeting or by written resolution of more than 50% of the shares in issue. Clearly the latter is a tougher test, but for many private companies with few shareholders it is usually easy to obtain. For a *special resolution* 75% of the votes are needed.

If any provision of the Companies Act requires a resolution but it does not specify what kind of resolution, an ordinary resolution is allowed unless the articles require a higher majority.

The articles will contain rules for lodging your votes by proxy. This means when you receive notice of a general meeting you can chose to lodge your voting intentions in writing without the need to attend the meeting.

Borrowing powers

All companies have the power to borrow money. The articles will dictate how this power can be exercised – whether in general meeting or delegated to the board. It is unwise for shareholders to give the directors unrestricted borrowing powers even though in an early-stage company it may be of little use to them.

Directors

There are many rules concerning directors laid down by law but the articles may also impose others so you should look at them carefully if you plan to become a director.

Duties and responsibilities

There are seven statutory and rather daunting duties of a director defined in the Companies Act. These are:

1. To act in accordance with the company's articles
2. To promote the success of the company for the benefit of its members
3. To exercise independent judgment
4. To exercise reasonable care, skill and diligence
5. To avoid conflicts of interest (except as in point 7 below)
6. Not to accept benefits from third parties
7. To declare to the board any interest in a proposed transaction with the company

Appointment and removal

Directors can be appointed by the shareholders or by the board. However, they cannot be removed by the other directors – only by an ordinary resolution of the shareholders.

If any investor has the right to appoint a director it will be specified in the articles. If you are to go on the board as a condition of your investment, you need to consider whether you want to be there by right. If so, that right should be in the articles to ensure the company is bound by it.

No formal qualifications are needed to become a director but a person must not:

- Have been disqualified by a court from being a director

- Be an undischarged bankrupt

- Be under 16

The principal reasons a person may become disqualified by a court can broadly be described as corporate mismanagement. They include:

- Allowing a company to trade while insolvent

- Not keeping proper accounting records

- Failing to prepare and file accounts

- Not sending returns to Companies House

- Failing to submit tax returns and pay tax

Number

The law says there must be at least one director and at least one director must be a person. It is common for articles to restrict the total number of directors and this is a practical point anyway as meetings need to be efficient. The number that has to be present for a board meeting to be quorate (i.e. empowered to conduct business and make decisions) will be specified.

A common limit is seven directors.

Alternates

If you are a director, it is sometimes helpful to be able to appoint another person as an alternate. Your alternate will have the same powers to attend, speak and vote at board meetings as you would have had.

Proceedings

Directors generally agree dates, times and places to meet and they only need to check they are quorate on the rare occasions some directors are missing and a formal decision needs to be made.

It is particularly important to read the rules about meetings when an urgent matter needs board approval. Then notice and quorum become very important, particularly if there is any risk of disagreement. If the procedure for meetings becomes an issue, it is a sure sign the board is not working as a harmonious unit and is a sign of bigger problems to come.

Conflicts of interest

As an investor you will be concerned to be fully aware of all conflicts of interest – indeed it should be part of your due diligence before you invest. It is also an area where the law is strict.

A director has a clear statutory duty to avoid a "situation in which he has, or can have, a direct or indirect interest that conflicts, or possibly may conflict, with the interests of the company".

Examples of possible conflicts occur if a director or somebody connected with him:

- Holds other directorships – such as of a supplier or customer.

- Is appointed by a major shareholder in a joint venture arrangement.

- Is appointed by an investor whose interests are not common with the other shareholders, perhaps through holding loan capital.

There are three exemptions to this. The duty is not infringed if:

1. The conflict relates to a transaction with the company – but it must be disclosed

2. The situation cannot reasonably give rise to a conflict of interest

3. The matter has been authorised by the directors who are not conflicted

For companies formed on or after 1 October 2008 the board can authorise a conflict of interest unless the articles say not. For companies formed earlier the company must either pass a resolution or amend its articles to give the directors this authority.

3. Shareholder agreements

Relationships between shareholders, and between shareholders and the company, are regulated by its articles. However, investors will also usually insist on a *subscription and shareholders' agreement* (SSA) to supplement the articles because:

- It is confidential

- Contractual matters are easier to handle there than in the articles

- They want more powers and protections than their share rights alone would give them

The main areas covered by an SSA are as follows.

Subscription

As I noted in 'When is the investment to be made?' in Chapter 5, the SSA will specify who is investing, when, how much and in what form. This is a major protection for you because of the clarity that results.

Completion

There will be a list of completion requirements. These are the conditions that must be satisfied before money changes hands. This may include appointing new directors, signing new service agreements and so on.

Warranties

Warranties are at the heart of shareholder agreements. They can cause much contention so the subject is worth considering in some detail.

Even if you have never made an angel investment before you will be familiar with the warranties that you receive when you buy retail products such as cars or televisions. The buyer warrants the product is in full working order and the remedy for breach within a stated time is that it will be replaced or repaired free of charge. A warranty in an SSA is similar – it sets out specific facts and conditions that can be relied upon by the investors who are party to that agreement.

When warranties arise

For an investor there are two important times that warranties arise:

1. The first is when the investment is made and the company and its directors (the warrantors) give warranties on information they have supplied. These are discussed in this chapter.

2. The other is when a company is sold and the directors and shareholders give warranties to the buyer. These are discussed in Chapter 13.

Standard investment warranties

It is conventional to have a standard list of warranties which will oblige the directors to reveal detailed information about the business. The warranty list paints an ideal picture of what the investor wants to see. The reality never matches the ideal case and the points of difference are handled with a *disclosure letter* to which there will be a – quite often lengthy – series of attachments referred to as a disclosure bundle.

For example, a warranty may say there is "no litigation actual or threatened". If that is not true the disclosure letter will describe, say, a dispute with a former employee, or whatever the litigation might be.

A typical set of warranty headings

The standard list of warranties is long and daunting, and is designed to reveal full details about a company. The headings below are taken from a particular early stage deal but they are typical:

1. Share capital details

2. Disclosure letter

3. Business plan

4. Accounts

5. Management accounts

6. Events since the accounts date

7. Taxation

8. Litigation

9. Properties and the environment

10. Intellectual property

11. Assets, debts and stock

12. Contracts with connected persons

13. Employment arrangements

14. Statutory and legal requirements

15. Records and registers

16. Insurance

17. Group structure

18. Agreements and capital commitments

19. Borrowings and facilities

20. Social obligations

The warranties themselves took 11 pages, which is short by many standards.

An example warranty clause

As an example I have used the business plan warranties taken from the deal whose warranty headings are above. I have chosen the business plan because it is the central piece of information about any venture and therefore central to the warranties.

1. The Business Plan has been diligently prepared and each of the warrantors believes that, as at the date of this agreement, it represents a realistic plan in relation to the future progress, expansion and development of the Business.

2. All factual information contained in the Business Plan was when given and is at the date of this agreement true, complete and accurate in all material respects and not misleading.

3. The financial forecasts, projections or estimates contained in the Business Plan have been diligently prepared, are fair, valid and reasonable nor have they been disproved in the light of any events or circumstances which have arisen subsequent to the preparation of the Business Plan up to the date of this agreement.

4. The assumptions upon which the Business Plan has been prepared, as stated in the Business Plan, are set out in the Disclosure Letter and have

been carefully considered and are honestly believed to be reasonable, having regard to the information available and to the market conditions prevailing at the time of their preparation.

5. Each statement of opinion in the Business Plan is believed by each of the warrantors to be fair and reasonable, accurately to represent the opinion held by him and not to be misleading.

6. So far as each of the warrantors are aware, all matters within management control which could materially and adversely affect the achievement of the financial forecasts in the Business Plan (other than general economic factors) are referred to in the Business Plan and have been taken into account in the preparation of such forecasts.

A short form example of warranties

At the other extreme, here is an example of a complete set of much shorter warranties which I find more appropriate for an early stage deal. The key statements in these warranties are in the penultimate paragraph under 'Information'.

THE WARRANTIES

1. THE MANAGEMENT TEAM

1.1 No member of the Management Team has ever been charged with or convicted of any criminal offence other than a road traffic offence (not involving a custodial sentence, whether suspended or not).

1.2 No member of the Management Team has ever been the subject of any order under the Company Directors Disqualification Act 1986 and has never been adjudged bankrupt or been the subject of a petition for a bankruptcy order duly presented to the court or entered into a voluntary arrangement (within the meaning given in section 253 of the Insolvency Act 1986) or been the subject of an interim order under section 252 of that Act.

1.3 No member of the Management Team will be in breach of any express or implied term of any contract or of any obligation binding upon him by virtue of performing his obligations under this Agreement or his Service Agreement or by virtue of being an officer of or interested in shares in the Company.

2. THE COMPANY

2.1 The details of the Company set out in Schedule 2 are correct.

2.2 No order has been made or petition presented or resolution passed for the winding-up of the Company and no distress, execution or other process has been levied on any of the assets of the Company.

2.3 The Company has not stopped payment and is not insolvent or unable to pay its debts for the purpose of section 123 of the Insolvency Act 1986 and no administrative receiver, or receiver, or receiver and manager has been appointed by any person over the business or assets of the Company or any part thereof.

2.4 There is no unfulfilled or unsatisfied judgment or court order outstanding against the Company and there has been no delay by the Company in the payment of any obligation due for payment.

3. DISPUTES

3.1 The Company is not the subject of any material litigation existing or so far as the Management Team and the Company are aware pending, including any judgments which have not been satisfied or discharged.

4. INFORMATION

4.1 All factual information contained in the Information Pack was when given and is at the date hereof true and accurate in all material respects and none of the Warrantors are aware of any fact or matter which may render such information untrue, incorrect or misleading in any material respect.

4.2 The Warrantors have carefully reviewed the Information Pack and:

4.3 all statements of opinion, forecasts, projections and budgets contained or referred to in the Information Pack:

have been honestly and reasonably made;

have been properly prepared on bases and assumptions which are fair and reasonable; and

are believed by the Warrantors to be fair and reasonable in the circumstances.

Attachments:

1. Details of the Company

2. Information Pack

The Information Pack contains an agreed set of documents which are likely to include:

1. The business plan

2. Any investment summary or presentation marketing the investment to investors

3. Latest annual accounts

4. Management accounts to date

5. Financial projections

6. EIS correspondence with HMRC

7. Directors service contracts

8. A *cap table* which names all the investors and the amount of their investment and gives a complete guide to the number of shares issued and to be issued and at what price

Disclosure letter

The disclosure letter with its attachments is an important part of the due diligence process as it may reveal things the investors have not thought to ask about or for which they do not have full details.

One common attachment to the letter is set of director's questionnaires. These give personal details of the directors and disclose details of any:

- Other directorships
- Directorships of failed companies
- Conflicts of interest
- Bankruptcy
- Significant civil action
- Disqualification as a director
- Disciplinary matters
- Criminal convictions

If any of the answers the director gives in the questionnaire proves to be wrong the company would have grounds for his summary dismissal.

What warranties achieve

In an investment deal, warranties are given by the company and the management team to the investors. Their main purpose is to flush out information that has either not been disclosed before or has changed. The language used causes responsible people to think hard about what they have, and might not have, disclosed. That for me is the most valuable part of the exercise.

Once the deal is completed, if some material point proves to be wrong the investors have the right to make claims against the warrantors. However, if that happens the vital relationship between investors and management has broken down and the investment will be in deep trouble.

If aggrieved investors feel they should claim money it can be hard to see where it comes from. The company is most likely in trouble and has no money and the management team are usually men of straw in an early-stage venture. So financial recovery from warranty claims is unlikely.

Hopefully once the warranties have got everything on the table that an investor should know, they will never be looked at again.

Case Study 3 describes a rare example of a warranty claim made following an investment.

Common issues with agreeing warranties

There are a number of important points to make in relation to agreeing warranties:

- Warranties can be a field day for lawyers. They can be overly long and badly written.

- Legal costs can escalate if two opposing sets of lawyers are allowed to indulge in lengthy legal arguments.

- The disclosure letter is a vital document and is just as rich an area for lengthy legal debate.

- Much debate can centre around whether the warranty is an absolute assurance or is qualified by statements such "so far as the warrantors are aware" or "so far as the warrantors might reasonably be aware".

- The limits on claims can be difficult to agree. There are two important limits – the minimum that can be claimed (for one or more breaches) and the maximum overall claim.

- Pragmatism should be used when it comes to keeping this process under control.

Employee share options

It is common for investors to have agreed that an employee option scheme may be adopted. Indeed, most investors encourage such schemes to unify the interests of staff and investors at exit.

Option schemes take time to implement as there are formal steps to take if the employees are to be protected against the risk of income tax charges. So the shareholders' agreement will usually give approval to the concept and to the number of options that can be issued rather than approve the actual scheme – which the board does later.

In the UK, almost all employee options are awarded under the Enterprise Management Incentive (EMI) scheme, discussed in Chapter 5.

Investor directors

If investors have a formal right to be represented on the board that will be spelt out here. It may also appear in the articles.

Information rights

If investors are represented on the board they will see all the information that goes to the board and have access to any other information they might require.

Investors who are more remotely involved would normally be kept informed with periodic progress reports – maybe six monthly – and management presentations. They may also be invited to some board meetings as observers.

It is not normal for all investors to see full board packs. They may not want that depth of information and it is not easy for the company to be sure that confidential information does not fall into the wrong hands.

Investor consents

All shareholders' agreements have a list of matters which require the consent of either the investor directors (who are formally appointed to represent specific investors) or the investors themselves. When there is a large angel syndicate it is common for them to appoint a director who has similar powers to an investor director.

These restrictions override the articles and give more – sometimes much more – power to the investors than their voting percentage would do.

The list below is typical of the matters that might be controlled in this way:

1. Changes in share capital or rights

2. Option schemes

3. Changes to the articles

4. Dividends

5. Investment in other companies

6. Acquisitions or disposals of companies

7. Cessation of trading

8. Giving of guarantees or indemnities

9. Appointment of financial advisers

10. Dealing with intellectual property except in the ordinary course of business

11. Adopting a budget

12. Non-budgeted expenditure

13. Material changes to the nature of the business

14. Change of auditors or accounting policies

15. Borrowing money

16. Creating charges over the company's assets

17. Entering into any onerous contracts

18. Employing people above a certain salary

19. Varying the terms of the directors' employment

20. Appointing or removing a director

21. Conducting litigation

22. Leasing or purchasing property

If the investors have a majority of the voting shares and a majority on the board the consent list is not necessary as they control the company. It is necessary though to be clear what powers the board has delegated to the executive directors.

My own preference is to have strong investor board representation and clear rules so that the consent list is merely an aide memoire.

Restrictive covenants

As discussed below in the section 'Service agreements', directors' service agreements include covenants restricting their actions whilst they are directors and after they leave.

These restrictions are usually repeated in the shareholders' agreement as they can be enforced for longer after departure than is possible in an employment agreement.

Deed of adherence

Shareholder agreements often allow for investors to invest after the agreement itself is signed. It is usual for new investors to sign a Deed of adherence, which gives them the same benefits as other investors.

Variations

Unless the SSA says otherwise, it can only be changed with the consent of all parties. When there are lots of shareholders this can be cumbersome. In that case it is helpful if the agreement can be changed by consent of, say, 75% of them by number of shares held – in a similar way to a resolution of shareholders.

4. Service agreements

Everybody has seen employment agreements. They give details of salary, expenses, benefits, hours of work, place of work, holidays, sick pay, notice period, etc. The central points to watch are salary (including any proposed bonus clause), notice period and benefits. However, as we are concerned here with protecting investors, there are some important issues relating to dismissal and restrictions on executives to discuss.

Dismissal

Besides clauses relating to normal notice periods and how notice is given, an important issue is the grounds for immediate dismissal if something goes badly wrong.

Here is a simplified list of grounds for immediate dismissal with no pay in lieu of notice:

- Any act of dishonesty, gross misconduct or wilful neglect of duty
- Anything which is detrimental to the company
- Any breach of the service agreement
- Conviction for a criminal offence

IP and inventions

It is usual for all employee agreements (not just senior members of management) to acknowledge that all intellectual property and inventions developed by the employee during his employment is the property of the company. This is designed to protect against theft of vital ideas. Patents registered in the name of the company make it very clear who owns what.

Restrictive covenants

These covenants are designed to protect the company and its business from improper and highly damaging actions by its executives. They apply both during employment and for a period after termination of employment.

There is a general legal principle that a person's right to obtain employment cannot be unreasonably restricted and it is hard to enforce restrictions that last for more than six months. However, by repeating these restrictions in a shareholders' agreement is it possible to extend this period significantly but only for those executives who are parties to that agreement.

The two areas of restriction that apply after departure are non-competition and non-solicitation.

1. Non-Competition

Not to:

- Be involved in any way with any competing business; or
- Provide any advice to any competing business.

2. Non-Solicitation

Not to:

- Attempt to entice away any customer; or

- Accept the custom or business of any customer; or

- Solicit any potential customer; or

- Attempt to entice away any employee; or

- Encourage any supplier to cease to be a supplier; or

- Represent himself as being in any way currently connected with or interested in the business of the company (other than as a shareholder, director, employee or consultant if that is so).

Case studies

1. Traps for the unwary

A private example

I have urged investors who do not insist on a full set of legal documents to read a company's articles at the very least. I am alarmed at how often they do not take this simple precaution against unexpected disadvantages for investors.

I am involved with a company where the articles were inspired by one of the founders and were not challenged until after considerable funding from angels had been raised. They contained two types of ordinary share:

1. A Ordinary Shares (A Ords). These were the ordinary shares that investors received. There were 1.3m in issue.

2. B Ordinary Shares (B Ords). These were held by the founders and could each convert into four A Ords on payment of a modest amount of money. There were 872,000 in issue.

B Ords conversion would have had the effect of raising the B Ords from 40% to 73% of the equity. Put another way around, the investors' entry valuation of the company for the A Ords was 81% higher than they thought had been agreed. To make matters worse for investors, only B Ords could vote on the appointment of directors and they had an embedded right to appoint three directors. So they had complete control of the company.

When I met the company, all the many investors to date had invested blindly and thus were unaware of these rights which could have had very dangerous and expensive consequences. Fortunately, a new chairman was appointed by the largest shareholder. He approached me to see whether I would help with further fund raising and we discussed how it was essential to change the rules, and rebalance power and excessive value away from the founders. Inevitably, he had a difficult time of this but he did prevail and much improved articles resulted.

Ironically, in the meantime, the broker who had raised all the earlier investment found all the new money needed but his flock of equity dealers and existing investors (including professional footballers) remained largely unaware of the structure they had accepted by default. However, now they have the benefit of sensible share rights and powers.

A public example

For a public example of insanity where investors who should know better have ignored normal corporate governance rules you need look no further than Facebook. It went public in the spring of 2012 valued at approximately $100bn, raising $16bn in the process. It was the biggest ever technology IPO.

Quite extraordinarily Mark Zuckerberg, the 28-year-old founder and CEO, still has 55% of the votes though he owns 25%. This was achieved through the use of A shares which have ten votes per share compared with the IPO B shares which have one. The IPO subscribers acquired 4% of the votes for $16bn. Zuckerberg also has complete power over who can be appointed to the board, a right he holds for life!

This beggars belief and is a prime example of greed overriding caution. It can only be a recipe for later problems. The subsequent collapse in the share price by autumn 2012 to around 50% of the issue price illustrates just how badly the advisors got things wrong.

Learning point

Investors will take unbelievable risks by either not understanding (or indeed even reading) the rules governing a company's conduct and, at the extreme, will accept completely nonsensical rules because of greed. Clearly angels and investors in the Facebook IPO are quite different but my point is that all investors will sometimes take silly risks. As an angel it is particularly unwise not to study the rules.

2: The value of drag-along clauses

Example 1

My first example illustrates what can happen when there is no drag-along. This company had not achieved its objectives and was being sold to preserve some value for shareholders and protect employees' jobs. Some time prior to the sale the CEO had been fired and was a hostile though small shareholder – he had just 2%.

The buyer was clear the deal required 100% of the shares so the ex-CEO thought he could get a higher price as he spotted the crucial importance of his signature. In the end he gave way but the company's articles had left it hostage to fortune.

Example 2

My second example illustrates how the existence of drag-along can help resolve disagreements. In this case the company had a drag-along clause set at 75%. A large offer was received which was in the region of ten times the money invested.

Certain shareholders who had more than 50% of the shares – but not 75% – were determined to sell as they saw large commercial risks ahead. Others were equally determined not to sell as they thought the price was too low. A very difficult shareholders meeting took place at which it eventually became clear that more than 75% were prepared to accept the offer. The other shareholders then accepted the offer as it was clear they could be dragged along anyway.

Learning point

Always insist on drag-along clauses in articles.

3. An investment warranty claim

In my investment life, which has involved awareness of several hundred deals, I have seen many corporate failures and major underperformance to plan. Yet I can only recall investment warranty litigation on one occasion. In this case misleading financial information was supplied via the company's advisers.

The investor, who lost all its investment when the company failed, did not expect to recover money from litigation but did want to make a public statement that it would not tolerate a partner in a firm of accountants (who were its main source of investment opportunities) being party to misrepresentation. The matter never went to court and the partner in question was never heard of again.

Learning point

Claims against investment warranties are extremely rare but the warranties do have teeth.

Summary

This chapter has reviewed the legal issues that a serious investor has to consider when making an equity investment in a private company.

Of course many successful angel investments have been made in pure ordinary shares and with no other legal documentation than standard model articles. The fuller legal structure I have described here is designed to make the rules of encounter clear to all parties and to predetermine what happens in many situations where there is otherwise significant scope for disagreement.

None of this says you must use legal documentation. It does, though, say you are unwise not to. And, at the very least, to not read the articles is extremely foolish.

PART C
MANAGING INVESTMENTS

Unless you are lucky, it is a long hard road from the moment of first investment in a company to successful exit and there is likely to be the need for many changes such as product development, market re-positioning and management evolution. Thus I now turn to how to manage your investments once you have made them.

Part C considers important aspects of managing investments actively:

- Chapter 8 deals with how best to look after your investments, with the role of the non-executive director at its heart;

- Chapter 9 considers the most common corporate problems you might encounter and offers ideas on how to deal with them; and

- Chapter 10 looks specifically at the issue of dealing with other investors, which is regrettably sometimes more challenging than dealing with corporate issues.

Intriguingly, and encouragingly, a Harvard report suggested that angel-funded start-up companies were less likely to fail than companies that relied on other forms of initial financing. Maybe this is due to normal human behaviour – people take more care of their own money than they do of other peoples' – and some angels certainly do put considerable effort into managing their investments.

If you have relevant skills or contacts your contribution could be valuable. However, it was noted in Chapter 2 that research has shown that whilst post-investment interaction is valuable, too close involvement in a managerial role can be counter productive.

I will develop these points in the next three chapters.

CHAPTER 8

ACTIVE INVESTMENT MANAGEMENT

Introduction

This chapter will look at the framework you need if you want to actively manage your investments. At its heart is a discussion about the role of non-executive director. This role does involve legal formalities and some personal risks but it is the best way for an angel investor to be close to all that goes on in the company they have invested in.

In the chapter I look in depth at what value a non-executive director can add and how this might be done.

Initial formalities

Having just invested in a company, you need first to check the bureaucracy:

- You should have a share certificate and a copy of all legal documents.

- If the investment is EIS qualifying, the company is responsible for providing you with an EIS3 form which you will need to make your tax claims. You should get this within a few weeks of making the investment unless the company is not trading. In that case it cannot be issued until at least four months after trading has started (see Chapter 6).

- If you are planning to become a non-executive director you need to have noted the EIS rules for angels in this area. Once you are appointed you will need to sign a form AP01 and the company must file this at Companies House.

- Finally, the dates and frequency of board meetings need to be agreed and it is helpful to have an early meeting to set the scene.

What you should expect from the company – and they from you

You need to decide and agree with the management how you will relate to the venture as early as possible. The early days are likely to determine the quality of the long-term relationship.

If you are a relatively remote and non-active investor you should, as a minimum, expect a written report on progress every six months and the chance to meet the team and hear them present progress at similar intervals. You should also expect the managing director to be happy to speak to you on the phone from time to time. If, on the other hand, you are more actively involved the relationship is more complex.

It is important you seek to build a relationship based on mutual trust and respect. Only in these circumstances can you expect the management team to treat you as important to them and their goals. As everybody knows from personal experience, once trust is damaged it is very hard to rebuild.

You must listen carefully to the entrepreneurs. They will have a passionate vision of where the company is going, or you should not have backed them in the first place. Telling them they have it wrong and you know better it is not the best way to communicate your ideas and persuade them to change. And your ideas may be wrong.

By the same token, the entrepreneurs need to be prepared to listen to you. You probably have experience they do not and your skills may not be affordable in an employee. It is unhelpful, for example, if they accept you on to the board solely as a price of getting the money and not because they think you might have value to offer.

Mentoring

An important role you may find yourself with is that of mentor to young entrepreneurs. The key to mentoring is to listen and then to offer expertise in a digestible way to those with less experience. It needs to be done with care and sensitivity.

The entrepreneurs may be doing something you have not and may never have had the courage to do, and so you do need to respect that by not being too pushy or know-it-all. On the other hand, you may have useful experience of something the business needs to do better and can therefore provide valuable guidance.

The key to success is to establish a trusting relationship with each party respecting the other. And to listen to what the entrepreneurs have to say.

The board

It is common for investors to either sit on the board or to be represented on it. Any investor may insist on a board seat as a condition of investment and almost every VC will.

I explained in Chapter 5 that I would not invest in a company without competent independent non-executive directors (NXDs) being in place; the word *competent* needs to be stressed. That applies whether or not I am a director myself.

The non-executive director (NXD)

A non-executive director is exactly what it says. He does not have an executive role and is not involved directly in running the business. His job is to monitor and challenge the executive team on the performance of the business, mostly in the monthly board meetings. He does, however, carry the full legal responsibilities of any other director. The NXD role is an excellent way to contribute to a company's development and to keep closely informed. I would expect a syndicate of angels to be represented on the board by at least one of its members.

Many angels never become NXDs, preferring to make investments passively. On the other hand some will only invest when they can sit on the board and be actively involved with the company's development. In the middle ground there are many who take board seats from time to time, perhaps when they have special skills to bring to the board table. This section takes a detailed look at the legal responsibilities and the pros and cons of such roles.

Central to a director's legal responsibilities is that he must act in the best interests of all the shareholders. Some directors representing investors forget that they also have responsibilities to all other shareholders.

An NXD needs to be:

- Independent of the management team (not married to one of its members for example).

- Capable of constructive criticism made in a way that does not cause offense.

- Able to be a positive member of a team striving for common goals.

- Able to empathise with the difficulties the team will face.

- Capable of seeing the bigger picture when the executives get bogged down in detail – as can easily happen.

- Able to bring to the table skills and experience that are not present in the management team and not completely replicated by another NXD.

As a company grows, the time will come for two sub-committees of the board which are normal in larger corporate life:

1. An audit committee which interfaces with the auditors and discusses income recognition, treatment of goodwill and other accounting niceties. It is usual for such a committee to be comprised of NXDs with the finance director attending, reporting to it and providing data.

2. A remuneration committee which considers senior executive pay, general pay rises and any bonus or long-term incentive plans. This committee will have proposals put to it by the CFO or HR director but they may be asked not to be present when senior executive remuneration is decided.

Clearly it is far from ideal for such committees to have one member and three makes for a better discussion than two. That is one good reason for a developing company to have three NXDs.

Personal risks

Early stage companies have a high risk of failing or facing failure, maybe on more than one occasion. It is not uncommon for the board to have to consider whether continuing trading would be *wrongful trading*.

Directors are wrongfully trading when they:

- Know, or ought to conclude, that there is no reasonable prospect of avoiding insolvent liquidation; and

- Do not take every step to minimise the potential loss to creditors.

Put another way, it occurs when directors should have realised that the creditors' position is likely to deteriorate.

You may find it surprising that it is not an offence to trade a company while it is insolvent. Instead, it is the protection of creditors that is the central principle. If the directors genuinely believe that things will change for the better and the position of creditors will improve, continuing trading is the correct thing to do. A common example of this is when a further funding is in prospect which, when and if it arrives, would secure the creditors' position.

There are two principal personal risks if wrongful trading seems to have occurred:

1. If the company fails and it appears to the liquidator that wrongful trading has occurred, he can apply for a court order against anybody who was a knowing party to contribute any amount to the company's assets that the court thinks fit. That could be very expensive.

2. There is the possibility of being disqualified from being a director, having to face the stigma that involves, and resign from any other boards on which you sit.

That could be very embarrassing.

As an NXD of young businesses you can be sure to face the wrongful trading dilemma from time to time. The most important thing to do once you realise a company is insolvent – in other words it cannot pay its debts as they fall due – is to seek immediate professional advice from a licensed insolvency practitioner.

I have been on the board of a number of companies which have faced failure and a number that have failed. By acting responsibly alongside my co-directors that has never led to formal criticism. Nor should it for you.

The size and make-up of the board

There is a difficult balance to strike between the number of executives and non-executives around the table. My own preference is two or maybe three executives (CEO, CFO and one other) and three NXDs.

Five works well as a group because everyone can contribute. There will be other important executives in a growing business and they can be invited to join the board discussions on an occasional basis.

Case Study 1 describes one approach to the structure of the board in a company with lots of senior executives.

Building a board

If you are to join an established board you may get little chance to influence its shape. However, if you do have the opportunity to build a board you may find some investors would like to be on it and some will insist if they are to invest. This may restrict your room for manoeuvre but, provided you are not restricted, you can look for people who might have something specific to bring to the party and with skills others do not have.

Case Study 3 gives an example of this.

Board meetings

I am used to monthly meetings, with August missed out because of holidays. If meetings are less frequent a great deal can happen between meetings. This is less than ideal, particularly in a young venture. It is also hard for the board to work as a team if their meetings are too infrequent.

The board should be chaired by an NXD and most professional investors will insist on it. A CEO is a bad chairman as he has too much to present and will receive most of the questions from others. As a result he is not well placed to control the flow of the meeting.

The formal rules for the conduct of meetings will be laid out in the company's articles, including any limit on the size of the board and voting rules. It is common to give the chairman a casting vote if voting is otherwise tied.

Board papers

The board needs to have an agreed approach to the agenda for normal meetings. It is usual for that to be accompanied by an agreed set of papers. These should include a CEO's report and a full set of financial information together with anything else that is seen as appropriate by the board.

Nowadays papers are usually circulated by email. They should be circulated a sensible amount of time ahead of the meeting; the night before gives little time to read them.

The finance report should include the following items:

- Last month's management accounts together with year-to-date accounts, with both compared to budget;

- A balance sheet;

- Information on work in progress, debtor days and so on;

- A forecast to the year end. This might just be actuals to date plus budget for the rest of the year. A more sophisticated approach would involve some degree of forecasting the coming months;

- A report showing the cash flow consistent with the forecast and covering at least six months forward; and

- A commentary on significant features in the numbers.

Only when full information is available can directors make informed financial decisions.

Procedural issues

As mentioned in Chapter 7, the articles will spell out the formalities for things such as calling valid meetings and for voting.

Arranging meetings

Of course meetings have to be called and they have to be quorate as per the rules in the articles but that does not mean there has to be too much formality about this. My own preference is to agree all the next year's normal meeting places, dates, and times sometime before the end of the previous year. At each meeting the next one can then be confirmed or changed.

From time to time there is a need for board meetings between the diary dates – to give formal approval to new funding for example. Often these have to take place at short notice as full details are not available far in advance. There are two approaches commonly used. One is to delegate formalities to a sub-committee who will keep the full board informed. The other involves giving short notice with everybody agreeing to that (which is probably a requirement of the articles) but not all being able to attend. It is important though that enough directors do attend to make the meeting quorate and thus valid. The meeting can be quorate with some or all directors on the telephone.

Meeting formats

The best meeting format by far is a face-to-face meeting with no time pressures. It is inevitable in today's busy and international world that this is not always possible and a common alternative is a telephone conference call.

Conference calls are cheap and easy to arrange. You no longer need even to subscribe to a service. For example Powownow (**www.powownow.co.uk**) will let you chose a PIN and has local access numbers in many countries. Each person dials in and enters the PIN and pays the local access call costs. That is the easy bit.

For me teleconference calls are a terrible way to have a meeting. There is no body language, it is hard to tell what others are thinking and participants often check their emails or do other tasks during the meeting. They are best avoided except for a quick and simple meeting or in an emergency.

Having just one person dial in and using a speaker phone for everybody else who is in a room is almost worse. The disembodied director has a hard time concentrating and it is easy for the room to forget he or she is there.

Many international organisations use video conferencing. This is more expensive and complicated than a dial in teleconference and you do need equipment. However, it is much better as you can see the remote people and can pretend they are in the same room.

Conduct of meetings

One of the chairman's principal roles is to control the progress of the meeting. It is helpful to agree how long the meeting will be before it starts. My experience says that meetings lasting longer than two hours start to lose their value – people get tired and distracted.

The meeting should have a written agenda and it helps if there is appropriate time for each item. That is the chairman's job, as is making sure everybody present has the proper opportunity to contribute. It may be necessary from time to time to cut somebody short if the timetable is to be maintained.

Finally, at the end of the meeting is it important to check if anybody has any other business they wish to raise which is not on the agenda. The date of the next meeting should also be confirmed.

Voting

Of course when a decision appears to have been reached it is right for the chairman to check that all are in agreement. In my view, it is a failure of process if there needs to be an actual vote as opposed to the chairman checking all are in agreement. Ideally, matters should be discussed until either all support the proposal on the table (however reluctantly) or all agree it should be dropped or deferred.

I have little experience of resorting to a vote. The one time I clearly remember it happening there was strong disagreement about whether to accept a certain price for the sale of a company. So strong were these feelings that personal relationships were damaged – something that is best avoided at all costs.

Removal of NXDs

The formal rules for this process were discussed under 'Directors' in Chapter 7. In reality, if the relationship is not working out it is a foolish director who would submit himself to the humiliation of a shareholder vote. So it is usual for NXDs to depart quietly and resign.

Directors who are there by right – which will usually be spelt out in the articles – cannot be removed. The best that can be done in those circumstances is to try to persuade the entity that has the right to appoint the director to change their nominee for one who is more user-friendly.

Executive directors are not legally different to NXDs but there are other matters to settle on their departure including employment contracts, shares and options. This is discussed in the next chapter.

Areas of influence of NXDs

This section discusses a number of important areas in the development of any company which NXDs can influence without being seen to meddle. In the next chapter I discuss how to solve problems that can arise in the same areas.

Strategy

A company's strategy is vital to successful development and needs periodic challenge. Investor-backed entrepreneurs must listen to their backers. They may need their formal approval to change direction and they will need their support if further investment is raised. So it is important to achieve harmony.

It is a good idea to have strategic reviews every so often – at least yearly in my view. It works best for these sessions to either not include a normal board or to keep the normal board meeting short. The meeting itself may well take half a day or more.

Budgets

This is an important area for angels to be fully involved in.

The budget for the coming year is best discussed in outline terms maybe two meetings before the year end and then in detailed format at the last meeting of the financial year. This allows general challenge of the year's business plan to be made in the first meeting without being bogged down by the detail that the second meeting will involve.

Accounting

Proper accounting is a vital part of the information the board will need and it is helpful to understand some of the issues that arise in young companies. It is also essential to have consistent and conventional accounting policies when the company is presented to the world for further funding or, later, for exit.

In the early stages of a company's life close monitoring of cash is crucial. If the cash runs out the company fails. A crude but effective check on how long the *runway* is until cash runs out is to look at *cash burn*, i.e. how much cash the company consumes each month. Provided you know how much cash is in the bank that gives a quick estimate of how long it is until the cash runs out.

Even in the early days a *rolling* cash projection can be made which shows when the company will run out of money or expects to reach cash breakeven. *Rolling* means the forecast is refreshed every month (say) and always covers the next six months (say). Such a cash projection has little value unless it is done conservatively. For example, if sales that are not contracted are included it is easy to present an overly optimistic picture.

Vital as a close knowledge of cash is in the early days, *accrual accounting*, which recognises that economic events and cash movements often do not take place at the same time, gives a much better view of a company's financial position than cash accounting.

Income recognition

At the heart of any company's accounting policy is its approach to income recognition and this will be an important topic for the board to debate and agree on.

For example, if a software license is sold outright it would be normal to take all of the cash received on signing the license to the profit and loss account as income. Here cash and income are the same.

If the payment plan is 50% now and 50% later, the full income is usually recognised at the point of sale provided the second payment is unconditional. Here profit runs ahead of cash. If the second payment is conditional (on delivery of some service for example) it will only be treated as income on its receipt. In this case profit and cash are once more in line.

By way of a more complex example, here is a short summary of a common accounting approach to income used in the enterprise software world:

- When a sale is made, a license fee is charged upfront. This is treated as income received at the point of sale whether or not cash is received at that point (credit may have been given).

- There is also a 20% (say) annual maintenance fee payable yearly (say) in advance.

- The normal accounting treatment of the maintenance fee is to credit the whole fee to cash received and then to credit one month's worth of it to income as each month passes leaving a declining balance as deferred income – a creditor and balancing number.

- Assuming the maintenance fee is £12,000 per annum, in month one £1,000 is credited to the profit and loss account (P&L account) and deferred income is £11,000. At the six month point, £6,000 would have been credited to P&L and £6,000 would still be shown as a creditor.

The importance of full accounts

In the absence of full accounts, directors can easily be deceived through ignorance of the true picture and then their decision-making basis is flawed.

After the very early stage when cash is all, it is important that the company moves to accrual accounting and provides for all likely costs with full accruals and does not take account of income that is not absolutely certain. The place for that is the forecast, not the accounts.

It is probably now clear that I would expect to see a good accountant involved from an early stage. It is much better to have somebody of quality on a part-time basis than a lower level person full-time. There are many good accountants around who have a portfolio of part-time roles so this is not the hardest role to fill.

A common formula when a company is developing is to have a full-time bookkeeper but a part-time financial director. The FD role will eventually need to be become full-time but only when the workload justifies it and the company can afford it.

Funding needs

It is axiomatic that cash should be conserved in the early days. Later, when sales have developed and marketing is the key to fast growth, that might be different, but unwise or uncontrolled expenditure is always a sign of slack management.

A cash plan is central to any budget. This will reveal whether more funding will be needed during the coming year. If the cash flow indicates cash will become tight or run out, there is a host of issues that might need to be debated, including:

- Should, or could, costs be reduced to avoid the need for further funding?

- Would it be sensible to borrow the money and could this be done?

- Would the existing shareholders be prepared to invest further and on what terms?

- Might new shareholders invest and on what terms?

Sometimes there is only one choice; to raise further equity capital from new investors. If so, that needs time to achieve and the founders may be very sensitive to dilution of their share stakes.

Overseas development

It is very tempting to argue that since America is a large English speaking market, British companies must sell their products there. However, as many foreign businesses have learnt to their cost, that market can be a graveyard.

Opening an office overseas can be seriously expensive. There are also legal issues which may not be apparent. And if the office is entirely staffed by locals who have not been in the company before there are cultural and other risks.

This is an area where the executives can easily become over-optimistic and may need to be challenged on their detailed plans.

The need for management evolution

It is a brave, or dishonest, man who says he never makes errors in backing management. When they start a business, many entrepreneurs aspire to run it. For example, even though the founder might be the best salesman in the business he may prefer to be CEO. The founder will also often try to stay in charge even when he no longer has the necessary skills to manage its growth.

As they develop, all businesses have to see management change if they are to succeed or continue succeeding and so it is critical in an early-stage company that the founders can accept the eventual need for management evolution. This is not the same thing as saying they will need to leave. However, they must recognise the need for changing roles and the need to hire others with different skills as the business develops.

When it is time to hire people you need to focus on hiring people who can grow with the role as it develops. I have heard this called *aspirational recruiting* – recruit people who you aspire to have at the next stage of development and not those who are just adequate for the current stage of development.

All the case studies later in the chapter illustrate issues discussed here.

Introductions

One of the most useful roles for the NXD is to make introductions and help bring new blood into the company. That might take several forms including:

- Introducing new customers.

- Finding important resources such as part-time FDs.

- Helping find new members of the management team.

- Sourcing finance.

- Introducing strategic partners.

It is usually quite possible to find new people to join a team, partly via existing contacts and partly by being aware of the need and working on it over a few weeks.

Examples of people I have found in the last year or so include:

- A new management team for a company which had lost its way.

- A new COO who became CEO within nine months.

- An industry specific chairman.

- A coach for a founder who stepped down as CEO.

- A person who could help train and refocus the sales team.

- A corporate turnaround specialist.

The total third-party cost of all these introductions was £5,000.

Salesmen

Once a business has product, early sales and is poised for growth, the single hardest thing in my experience is hiring sales people who can actually deliver sales.

Ironically, it is common for the best salesman in a new business to be the founder. So what does he do? He seeks to run the business, something he may have little experience of, and hires people to do the critical job of selling. Everybody loves being in charge and likes the title CEO but it is easier to hire a person to run the business day to day than to hire a quality salesman.

Why is it so hard to hire good salesmen? Here are some of the reasons:

- Salesmen are good at interviews.

- References are of limited value.

- It takes a while for a salesman to start performing and that can mask inadequacy for quite a long time. This is exacerbated if the sales cycle is long and the customers are large and slow to commit.

- Salesmen often believe their performance at a market leading company was the result of their brilliance rather than the power of the brand they had on their business card.

- Sales staff tend to be stuck in their ways believing the way their previous employer's product was sold is the right or only way, when in fact it is inappropriate. In short they are often not adaptable.

In reality, it is hard developing sales in a new venture, so it should be no surprise that most salespeople are not up to it. The problem is particularly acute if the company's product is novel and new salespeople will not have experience of selling it or something similar.

Since the sales role is hard to fill the NXDs need to be vigilant. The CEO will not want to admit when he gets it wrong and will be tempted to defend bad hires for too long, so the performance of the sales team needs thorough and frequent review. In Case Study 3, the company did rather better hiring recent graduates who accepted they had to learn from scratch than by hiring experienced sales staff.

Try and try again

Starting a business from scratch involves many disappointments and a particular skill. Good entrepreneurs have to persevere when others would have thrown in the towel. The other side of this coin is that they may not be receptive to new ideas. However, if the business is not developing in accordance with the original plan new things have to be tried.

A contribution the NXD can sometimes make is to encourage trial and error rather than letting the executives insist on focusing too narrowly on the original vision. This requires a supportive and trusting relationship if it is to have any chance of success.

Exit

The subject of exit is discussed in depth in Chapters 11 to 13. NXD involvement can and should be a central part of that process.

Case studies

1. Structuring the board when there are many senior executives

I was on the board of a quoted computer software business (the PLC) which grew by making acquisitions – 14 in all before we ourselves were acquired. Each acquisition had at least one senior person to whom presence on the board was important. They had, after all, been CEO or similar of their business.

We made these newcomers directors of the main operating subsidiary and for a while they attended the PLC board meeting en masse and presented their own reports. Over time this made the board pack enormous, the meetings long and we were in need of a ballroom rather than a boardroom.

The eventual, and successful, solution was to only have two of these subsidiary directors attend the PLC board and present their progress reports. The other progress reports were covered in summary in the CEO's report and the detail was appended for reference. The operating board was chaired by the CEO and the PLC NXDs did not attend.

The other advantage of this structure was that few members of the senior team had to sit through the, often boring, PLC formalities such as audit and compliance discussions.

Learning point

A holding company with a main trading subsidiary is a useful structure to deal with the issue of many executives having a claim to be directors.

2. A public example of management change

An interesting, and very visible, example of management change can be seen in the history of Apple Inc.

Steve Jobs was a founder of that company, which began life with a farsighted vision of how the computing world could be changed. The company grew at breakneck speed and went public. It then hired professional management (including a seasoned CEO from Pepsi Cola) and eventually, after a bust-up, Jobs was forced to leave. It is clear from all accounts that he was a genius, though a very difficult person and an obsessive perfectionist – so his failure to stay in control was not unexpected.

After leaving Apple, Jobs started another visionary computer, NeXT – which developed the core of the operating system later adopted by Apple – but the product was too expensive and addressed too small a market. He learned from this relative failure.

Whilst away from Apple, he also funded and ran Pixar, which became a revolutionary force in computer generated animated movies – *Toy Story* being its first and blockbuster film. It went public and was eventually bought by Disney whose animation division it had more or less destroyed. Again Jobs learnt important lessons.

In the 12 years Jobs was away, Apple and its professional management gradually lost their way. Steve Jobs was brought back as CEO and NeXT was acquired in an extraordinary move by the board of directors. Apple then went on to become the most impressive innovator in the consumer electronics world with a string of brilliant market-changing products such as the iMac, iPod, iTunes, iPhone and iPad.

Poignantly, when Jobs' cancer was in its final stages it was he who recognised he had to step aside as CEO. He read a letter to his board that said:

> "I have always said if there ever came a day when I could no longer meet my duties and expectations as Apple's CEO, I would be the first to let you know. Unfortunately that day has come."

Few would argue with Steve Jobs' acknowledged status as a genius of the computing and communications worlds, and as one of the greatest ever American businessmen. In 2012 his company became the most valuable company on the planet, valued at nearly $650bn with more than $100bn in the bank.

Jobs was backed by angels in all his ventures – to back somebody like that is the holy grail of angel investing.

Learning points

1. Steve Jobs became a much more effective manager and leader as the result of his failure at Apple the first time around.

2. Americans are comfortable with failure as a valuable learning experience and many successes have depended on people who have failed previously – one of the founders of PayPal claims to have failed in his previous seven ventures.

3. In Britain, regrettably, it is common to be dismissive of people who have failed and to be reluctant to give them even a second (let alone eighth) chance.

3. A private example of getting management wrong

A number of friends and I bought a small internet business which offered a simple hosted way for small retailers to trade on the internet. The business had failed because the founder lost his way – he had vision but few management skills and plenty of personal greed. We bought the business, of which we had quite a lot of prior knowledge, from the administrator and backed a new CEO.

A year later it was clear we had got it wrong. We fired him and merged the company with a small US business with two seasoned managers. Once more after a year we had to fire one of them and seven months after that two of the

ed
edit

other three managers in the company walked out having lost faith in the CEO. So we fired him and found a new team of two to work with the excellent CTO.

That time we got it right but it took three goes, three wasted years and a great deal more money than planned.

Learning point

1. You must never be shy of changing management even if it makes your earlier decisions look stupid.

4. A story of progress from start-up to established business

This company has faced and dealt with many of the early growth issues you might encounter including:

- Building a board
- Developing a strategy
- Starting up in the USA
- Hiring salesmen
- Management evolution

The company

My partners and I backed a start-up company which had developed an innovative sales tool to help companies with many products and many customers.

The software interrogates a company's database to find the buying pattern of a particular customer. The service is sold using a Software-as-a-Service model (SaaS), which means the customer pays a small amount per day per salesman using the system after initial setup charges.

Their starting point was the office supplies industry. As an example, the customer might be buying a reducing quantity of copier paper and no toner. This information is passed to the salesman via his smartphone, laptop or iPad. He is then much more knowledgeable when he speaks to his customer than he ever was before – and thus in a better position to make sales.

The two founders are talented. One is an excellent salesman and the other has deep technical knowledge though has also developed into an outstanding salesman. However, neither had run a company before and they had no experience of many of the issues which arose.

Building the board

We recruited two NXDs to help. One had a long career in industry and latterly has had a number of experiences of developing small companies. He was asked to be an actively involved chairman. The other was a senior executive in a very large computer business in which he ran a £12bn turnover division. I also sit on the board representing the 20 or so investors.

Our final board member is the ex-CEO of a successful quoted UK software business which developed substantial US activities and was eventually sold to a larger US computer business. He and his business partner invested £750,000 in the company at the second round.

That brought the board to a total of six directors. This structure has allowed the company to move forward with confidence and tackle the many issues it has faced as it has grown.

What the NXDs brought to the table

In my view the NXDs have made a substantial difference to how the company has developed, which is not to take anything away from the talented and dedicated founders.

Board contribution

- The NXDs have very different backgrounds but with plenty of overlap so they work well as a team.
- The chairman takes a mentoring role and works closely with the CEO.
- The ex-software CEO takes a close interest in the numbers and strategy.
- The senior executive sits quietly much of the time but then offers insights into how to tackle a problem – these are always simple, but powerful.

Strategic ecosystems

The company began by selling its product to small office suppliers and similar businesses in automotive spares. Through board strategy sessions the focus of attention came to be towards winning the business of large hubs. These are major distributors who themselves have large numbers of small distributors, thus offering access to bigger and faster-growing accounts.

US sales and move

From a very early stage, sales were achieved in the US and quickly became the majority of new monthly revenue without any direct presence in the US itself. The whole board then became actively involved in the concept of the US office and how to set it up economically.

The salesman founder was relocated there and tasked with building the US business, which was increasingly coming from large companies who needed to be dealt with face to face.

Sales hiring

The company had a fraught time recruiting sales people who were anywhere near as good as either of the founders. The reasons for this and the qualities required in suitable recruits were debated many times as the problem persisted.

The product is not one that new recruits will have sold before and, ironically, some of the best recruits were young and unproven – but also not handicapped by inappropriate habits and beliefs. Fortunately, the CEO became adept at spotting bad hires and accepting mistakes he made. He was thus able to fire quickly when mistakes were made.

Eventually, an effective sales team was built.

Accounting

It was quickly apparent that the company needed quite sophisticated accounting support. Income recognition was not straightforward, work in progress was complex and from an early stage the company was selling in two currencies.

As a result a quality accountant was employed part-time from an early stage.

Pricing

In the early period, the founders had a fixation that the product should be sold for $2 per day per salesman. Yet they did not lose business on price. This argued for higher prices, particularly as larger and richer customers were won.

This remains the subject of many NXD challenges as to what might be the best pricing structure, approach and billing pattern.

Evolution of management roles

The two founders first appeared on our doorstep as equal partners with no idea of how to take their venture forward other than knowing they needed money. Neither had run a company before. One was older and an excellent salesman but with no ambition to be CEO. The younger one had deep technical skills, vision and an eye for detail, but could also be naïve and impetuous. Of the two he was the natural choice for the first CEO – by default.

The salesman of the team did as expected. He was, and is, an excellent salesman and trainer. For that reason he was always the natural choice to open the US office where business opportunities are abundant and a personable front man was needed.

The CEO started in his role rather brashly and I had my doubts about his ability to mature and adapt. I was wrong though and he has developed impressively. Over time it also became apparent that the CEO was the company's second best salesman and was spending too much of his time on general administrative matters.

So we decided – with his agreement – to find a COO who could take over the operating management of the business, leaving the founder free to spend a material part of his time on selling to major accounts.

Discipline

The board structure imposed a discipline on how the company progressed, which contributed to its development. All important matters went through the board for discussion and challenge. Alongside this a team spirit was developed which meant such discussions were light hearted and, as a result, had the right impact. People listened and change resulted.

The more I look at this company the more I like the way the board helped and influenced the management without treading on their toes or damaging their ideas.

And so what next?

The board has a structured approach that can evolve as the company develops. Clearly its needs will change over time but many of the disciplines are already embedded so the company is well placed to manage its growth. When it comes to exit the board will work well as a team.

Learning points

This case study contains many learning points but the dominant lesson is the positive power that a group of well-chosen NXDs can deliver in all areas of a company's development.

Summary

This chapter has focused on how you might manage some of your investments by becoming involved as an active non-executive director. It is possible to have influence without being a director but it is harder. The natural disciplines of the board – its structure, frequent meetings and process – lend themselves to constructive input.

There is no doubt a properly structured board can decrease the likelihood of failure, improve the chances of success and enhance that success. But, as I have cautioned elsewhere, there is a delicate balance between help and interference.

In the next chapter I will consider how you can deal with many of the problems your companies might face.

CHAPTER 9

RESOLVING CORPORATE ISSUES

Introduction

This chapter looks at some of the most common problems that can, and do, arise as a company develops and considers ways in which they can be resolved. There are, of course, many more problems than the ones I discuss here but I have chosen to focus on those that the actively involved investor is most likely to be able to help with. Most of the problems I look at are not new or unique to individual companies, so there are lessons to be learned from the experiences of others.

In the case studies at the end of the chapter I have described solutions adopted in real examples.

Failure to develop to plan

It is almost axiomatic that new ventures do not develop to plan. It is not easy to predict sales even when a company and its market are well established. So it should come as no surprise that early-stage ventures find this very hard indeed – if not impossible.

The seasoned investor knows this will happen and has allowed for it in his investment assessment. Entrepreneurs, though, either don't believe they will not achieve their projections and/or they are blind to the early signs of slippage.

Morale

Once it becomes clear that the initial projections have been too optimistic, the first issue to be concerned about is team morale; if the team loses heart everything is lost. Fortunately, unbridled enthusiasm is a characteristic of entrepreneurs but nevertheless it is crucial to check on their state of mind. The boardroom is a very bad place to do that and private one-on-one meetings are much better.

I have seldom seen this problem but it is potentially so severe you need to be alert to it.

Sales slippage

Overheads are easy to forecast, sales are not. When sales do not develop as planned there are three obvious scenarios:

1. There is demonstrable demand but sales are not developing to plan

- The answer may be as simple as *over-optimistic forecasting*, which means the forecasts need to be revised. It can take a company a long time to learn how to budget sales reliably. The more the forecasts are based on qualified prospects with a clear route to a purchase order the more accurate they are likely to be.

- *The price of the product may just be too low.* If no business is lost on price you always have to ask if prices are too low – and run a trial with higher prices.

- *The pricing model may need to be changed.* If there are many customers but the income is low the solution might lie in either pricing itself or the pricing model. If a pricing model is clearly not working it is not always easy to see what will work better and trials of different approaches might be needed.

- *The sales cycle is longer than was anticipated.* The larger the customers the company is targeting, the longer this is likely to be. There is little that can be done to hassle big companies into quick decisions. Indeed, ill-judged attempts are likely to jeopardise the sale. It is vital the company learns the sales cycles it faces as it cannot forecast properly without this knowledge. One useful test is to check whether the sales opportunities remain live (and not just appear on a wish list) but make slow progress. This may indicate the sales will come through in time and the problem is just large company inertia. Or it may be a result of poor selling to potential customers who would buy if the selling were more skilful. Clearly if opportunities do not convert and names come and go in the sales pipeline there is a more serious problem, which is probably inadequacy of the sales team.

- *The sales team may be ineffective.* This usually signals a need for change. You might consider better training rather than risk firing and then hiring more poor performers.

2. Significant sales haven't started despite market interest

- The worst position is that *nobody really wants the product and the market has been badly misjudged.* Hopefully this won't happen to you often as due diligence should have revealed the issue. However, any venture that is pre-revenue faces this risk and is the reason many investors avoid investing in companies which are at this stage.

- *The market may not yet be demanding the product as a must-have.* Missionary selling when the market is not yet ready is very difficult. You have to decide whether it will become easier with time. Sometimes it becomes easier as the market becomes better educated. That may be achieved when a competitor spends a large marketing budget to validate the market and your venture can ride on the surge in interest with its better or cheaper product.

- *The company might not be selling to the easiest sales channel.* Pick the low-hanging fruit first – go for the easy sales initially and worry about the harder ones later.

- *The pricing may just be badly wrong.* When faced with this problem either something has to be changed or something new has to be tried. The process of finding the right price may have to be one of trial and error.

3. There is little interest from potential customers

- This is a sign of a deep-rooted problem and may be a terminal disease. At the least a deep rethink is needed. Is it the product, the price, the way it is being sold or the market it is trying to address? You will need to explore each or all of these to decide whether the venture is worth continuing with.

- If there was some kind of pre-launch market research, did it give misleading indicators? You need to find out why.

Predicting cash needs

Cash is a critical and scarce resource until a company becomes cash positive. When cash runs out the company will have to seek further funding and it is best to do this in a structured way. If cash needs are not regularly and conservatively forecast crises can occur which can lead to failure of the venture. It is therefore of importance to help the entrepreneurs understand the link between sales and cash, and the consequences of sales being significantly different to plan.

In many ventures, any slippage from sales plan will lead to an increased need for cash and thus a shorter than planned time before more money is needed. That is always true of a business such as software once the product is fully developed. Most of the overheads are fixed regardless of the level of sales as are the costs of staff, offices and computers and communications. The corollary of this is that when sales do develop the cash position rapidly improves. If, however, a company manufactures physical products it is common for the problem to be the other way around with increasing sales leading to cash pressure. This is because increasing amounts of cash become tied up in the stock of raw materials, bought-in components, work in progress whilst the product is made and in stock of finished goods.

Overtrading

In due course, the cash received from the higher sales will finance working capital needs (provided the product is sold at a profit) but, in the meantime, the company is *overtrading* or living outside its means.

Overtrading can also occur when a company sells bought-in products. If the customer takes credit that is longer than the credit received from suppliers the need for cash will rise as sales increase. A wholesaler has to solve this problem.

In the past, this cash need would have been financed by a bank whose lending could be secured on stock and debtors. However, all kinds of bank lending to young companies have been rare since the banking crash of 2008.

Retail cash flow

A retailer receives cash immediately on a sale or shortly afterwards if credit cards are used. So if suppliers give credit, increased sales can be very cash positive. It is important though not to have too much cash tied up in slow moving stock – the retailer's nightmare.

A classic example of this is supermarkets. Whilst the store is built and staff are hired and trained a new store is very cash negative. As soon as the doors open though cash pours in and as suppliers give credit the store is suddenly cash positive.

Financing cash needs

One of the commonest problems a young company faces is how to raise further finance.

Developing companies often need more than one round of equity financing. If the board has adequate notice thanks to conservative cash forecasting, they can consider how much should be raised, from whom and at what price per share.

If fundraising beyond both the ability and the appetite of existing investors is planned, it is normal to speak to potential new investors to gauge their appetite and discuss possible terms. Most funders will expect the existing investors to contribute something to the funding as a show of continuing faith in the company.

Further rounds

An ideal fund raising path for a start-up would be friends and family, then angels and finally professional venture capital. The transition from friends and family to angels is usually fairly painless if only because angels who seek EIS relief will invest solely in the same ordinary shares that those friends and family investors hold.

VCs on the other hand are different and can be quite brutal. They are to be viewed with deep caution because of their tendency to want guaranteed returns before others get anything and their demands for restrictions on the decision-making freedom of the board. When this is coupled with the arrogance that pervades the industry it is not pretty. Some of these problems are discussed in the next chapter.

Down rounds

If the need for further investment becomes a crisis there is almost nowhere to go besides existing shareholders. Then it boils down to whether they will offer support and on what terms. If everybody – entrepreneurs included – will participate in line with their shareholdings there is no need for a discussion on share price as everybody will have the same percentage they had before. However, this is a rare situation.

If all shareholders cannot or will not invest further fundraising becomes seriously challenging. It is to be expected that the entrepreneurs have no money and so they will either be diluted by the further funds or (partly) restored to their former share percentages by way of options.

The question then often asked is why some investors should pay a high price not only to support the company but to prop up non-participating investors' investments. As a result, a lower price per share than that last used is often proposed – known as a *down round*. At the extreme these financings dilute those who do not exercise their right to invest to a nominal share percentage – a *wipe-out round*.

I have no direct experience of a wipe-out round leading to a significant success. So I see them rather like a drug that extends the life of a cancer patient but is unlikely to save him. I do though have a US VC friend who backed Fedex. He told me they had five wipe-out rounds as investors lost confidence before the company was scaled up enough to succeed – the key was to be big enough to use jumbo jets as their international freight carriers.

Setting the price

Down rounds are a relatively common feature of life for an active investor. The teasing question for the board is deciding the discount to the previous share price.

It is not ideal to set the price such that non-participating shareholders are wiped out. The psychology is poor and some investors may take the view that the round is essentially a new investment and decide to take the write-off and walk away. You also have to worry about how to treat the entrepreneurs. They can have their positions improved by options, but it is messy. So the complete wipe-out, tempting as it can sometimes be, is best avoided unless the situation is dire. However, it can sometimes be used creatively – see Case Study 5.

A common approach is to take, say, a 50% discount. This has the effect of reducing the holding of non-participants by 50% and increasing the participants' percentage in return for (usually) not very large sums of money.

Most investors don't like down rounds as they are a sign of failure. Some, however, may see them as an opportunity to increase their shareholding cheaply – when they are feeling brave enough that is.

Finally, not all down rounds result from a failure to develop to plan. Here are two alternative scenarios:

1. *The earlier round was priced too high.* Anybody who invested during times of high expectation – the dotcom boom being an extreme example – knows this can happen.

2. *More money is needed and one large investor cannot or will not invest* – its influence (via a reduced shareholding percentage) needs to be diluted as a result.

Insolvency

If existing shareholders will not provide further finance it is highly unlikely others will. In which case there are two options:

1. To seek a quick sale at nominal value (a fire sale) which protects the employees (or some of them) and the creditors. I have experienced this several times and it is not a comfortable thing to do but it is better than insolvency.

2. To acknowledge the company cannot continue and appoint an administrator to recover what he can from selling the assets of the business.

People problems

As with every other activity in life, most of the problems you will face are related to people and their shortcomings. If you can spot problems before they develop you have a chance to avoid turning a natural process into a crisis.

As the company progresses, it will have to hire senior people from outside as the existing staff is likely to be too small for senior appointments to come from within. The trick is to keep things evolutionary – including progress up the executive ladder – and only to see people depart if it cannot be avoided. New hires are always a risk and the people you already have are known quantities and are often loyal.

Unfortunately, you will sometimes have to face up to the need to get rid of somebody. When mistakes are made is vital that action is taken quickly. Inadequate employees slow down progress and it is much easier to get rid of relatively recent hires than longer serving employees under UK employment legislation.

Dismissal

Unfair dismissal

The concept of *unfair dismissal* strikes fear into the heart of any UK employer because it is easy to fall foul of the strict employment law in this area. Once employees have been employed beyond a statutory period they have a right to claim unfair dismissal (helpfully, from 6 April 2012 this period was increased from one to two years). This right encourages legal action by ex-employees, aided and abetted by lawyers working on contingent fees. Ironically, a 2011 government report asserted that the UK legislation in this area works to the detriment of our economic development.

At the heart of the issue is the considerable danger that if correct dismissal procedure is not followed to the letter, the dismissal will be ruled as unfair. Imperfect procedure can thus mean an employer may lose an employment tribunal hearing regardless of the rights and wrongs of the matter.

Employment contracts

Whilst it is not a legal requirement that employment contracts are in writing it is very unwise to not have even the humblest of the company's employees bound by written contracts. Only then are the rules absolutely clear and, in particular, there will definitions of misconduct and incompetence. Also, for a technology business, restrictions on ownership of intellectual property and confidentiality are important.

Contracts for senior staff are discussed in the section 'Service agreements' in Chapter 7.

Legal advice

The best advice I can give you from bitter experience is that as soon as a company wants somebody to leave it must consult a specialist employment lawyer before talking to the employee.

The formal three-step process

If an employer wants to dismiss an employee it cannot be stressed too strongly how important it is to follow the standard three-step dismissal procedure. This can be summarised as follows:

Step 1

The employer must write to the employee setting out the reasons for considering taking action that might lead to dismissal. The letter does not have to state that the employee might be dismissed but it must invite him to a meeting to discuss the matter.

Step 2

A meeting between the employer and employee must take place to discuss matters. Following the meeting, the employer must give the employee its decision. This does not necessarily have to be in writing but the employer must inform the employee of his right to appeal the decision.

Step 3

If the employee chooses to appeal, an appeal meeting must be held. In my experience it is best to have a witness who takes notes at all formal meetings. It also helps to reduce the emotional temperature if an NXD is present when a director is likely to be dismissed or made redundant. Finally, it is a good idea to have any appeal heard by somebody who is as far removed from the matter as possible and is thus relatively dispassionate. In a small company this is probably an NXD.

This is a brief summary and there are plenty of details to get right. So once again I must stress the need for specialist advice from the outset.

My own experience

I have handled a number of situations where a senior member of the team is asked to leave against his will. They are neither easy nor pleasant. The formality of the process does, however, have the helpful side effect that it makes it easier to handle such a sensitive matter.

I always encourage the person to get help from somebody else – not necessarily a lawyer – and to invite that person to the meetings even when the person has no legal right to be there. That reduces the risk of emotions getting out of hand and the adviser or friend may be better placed to negotiate a compromise agreement by being detached from the situation.

Compromise agreements

Once the decision has been made to terminate somebody's employment, whether by redundancy or dismissal, it is always better to agree an acceptable basis for departure than to fight through formal process. The result is that the employer has a less stressful and distracting experience and the employee usually gets a better financial deal – including being paid sooner.

It is important to separate informal discussions from the formal three-step process laid out above. You can have the first formal meeting, make it clear it is finished and then move on to an informal discussion provided the employee agrees. The goal is to move to a formal compromise agreement which is signed by both parties and avoids the possibility of later legal attack.

Payments

Unless the termination is for a major breach of contract which would allow summary dismissal, it is usual to pay the following:

- Full pay in lieu of notice
- Outstanding expenses
- Accrued holiday pay
- Statutory redundancy (if the termination is redundancy)
- Maybe a goodwill amount
- A contribution to legal costs

This may not all be paid at once; staggered payments are not unusual for a small company.

It is possible to pay up to £30,000 by way of an ex gratia payment and thus tax free, which is a major benefit to the departing employee. However the rules are strict and care must be taken.

A properly constructed compromise agreement, written by an employment lawyer, will cover all of this. It will lay out rules regarding return of company property, confidentiality and non-solicitation of employees and customers. These will be mirrored from the employment contract – see 'Restriction covenants' in Chapter 7.

Importantly, not only must the employee receive legal advice but his lawyer must sign the agreement to confirm he has been given that advice.

Shares and options

If the employee has shares there will either be an agreement in place governing what happens to those shares on his departure or there is likely to be a negotiation to buy him out. This is not an employment matter as such and so will not be in the compromise agreement itself, but it is an important part of the commercial negotiation.

Any options an employee holds are likely to die on departure. Even if some are vested the rules of the option scheme are likely to prescribe that they have to be exercised within a short period after departure. I have never seen this happen in an unquoted company as the departing employee is likely to have no money and to bear ill-will towards the company.

Litigation

The last thing any business needs is litigation. It is expensive, emotionally draining and distracting. It can arise for myriad reasons but the main issues a young business might face are:

1. Patent infringement

If another company is believed to be infringing your company's patents it can be expensive to go on the attack. A lawyer's letter might warn off the infringers though.

If it is your company which is accused of infringing somebody else's patent, life is much harder. Others may stop trading with the company if they are threatened by the aggressor and the company may have neither the money nor the time it would take to fight the legal battle.

2. Wrongful dismissal

This was covered above. The good news is that it is avoidable if, but only if, care is taken.

3. Product and public liability

These are areas where a company must be insured. Then if a claim arises the insurers will take over the process.

4. Directors and officers liability

It is possible for directors to become personally liable for wrongful acts in their capacity as directors and officers. These may be shareholder actions or attacks by others who believe the directors have acted improperly. It is usual for the board to be insured against the costs of defending against them.

***

With all litigation threats it is preferable to settle as the costs and risks of going to trial can be substantial. Unfortunately today's world encourages mischievous claims as the new breed of ambulance chasing lawyers seek to make attacks. Such lawyers are a regrettable import from America. They will pursue a claim at no cost to their client in return for a substantial proportion of any award.

Much of this approach to litigation is a cynical exploitation of the costs of the court process. The lawyer works on the basis that it is cheaper for an insurance company to settle rather than to fight the claim. And unlike a lawyer working on an hourly rate, the ambulance chaser's last letter is worth the whole of his fee if it works. So they can be very persistent.

Case studies

1. Sales failing to develop

The vision

This company's vision was to offer offline advertisers who use magazines, billboards, etc., a third sales channel to add to a telephone number and a website.

The product was based around texting a simple word from any mobile to a so-called short code telephone number. A registered customer can make a purchase in less than a minute – which is several times faster than online purchasing – and can do it on impulse. The first purchase takes longer as credit card details have to be collected.

Carphone Warehouse had announced it was to enter the same market, which was seen as validation of the idea and the market. The investment concern was that the idea was neat but relatively easily copied.

Consumer response

What actually happened was that retailers showed plenty of interest but the take-up from advertisements was slow despite texting being a huge and fast-growing use of the mobile.

The evidence suggested that consumers don't think of texting as a route to a purchase. They fear exorbitant text costs and lack of security – much as was the case for online buying in its early days. In other words, they are not yet educated to accept this means of impulse buying. It became clear from market intelligence that the Carphone Warehouse venture had similar issues.

So whilst the vision remained to build a database of consumers who used the service in the belief this would give best long-term value, something else had to be done in the short term.

Alternative ways forward

The founders are aggressive networkers and they found two alternative avenues to pursue. The first was to supply the *text to buy* service to retailers who already had full details of their customers – mobile numbers, credit cards and addresses – as a white label service sold on a fixed monthly fee plus a transaction fee.

The second was to supply it to customers needing a new route to complete a transaction. One of these was a major company selling phone cards to people who wanted to make cheap calls to foreign countries. These cards are sold through small local shops and many owners of the cards want to top-up using cash. The service allowed the retailer to top-up on the customer's behalf using his mobile, having received cash from customers.

Ironically, the cards are intended for online top-up but many customers find this too much of a hassle and prefer to pay cash to the retailer who sold them the card in the first place. In his turn the small retailer is not keen to put a computer on his counter for fear of theft so the mobile solution appeals to him.

As a result the company had the possibility of building a business using the technology they had developed but not addressing the intended market – though that option is still in the vision.

Learning points

1. Sometimes the market is just not ready for a product.

2. If an alternative use of the product can be found to appeal to customers – maybe not the ones originally targeted – this may lead to unexpected success. It may also allow time for the original target market to become established.

2. Management evolution

My partners and I backed a company with a novel and patented tubing system to protect fibre optic cable from being crushed and kinking, both of which can dramatically reduce bandwidth. The customer base is international.

The company was managed by its founder and the manufacturing process was rather basic when I became involved as chairman. At the same time a major new investor had provided funding – see Case Study 4 in Chapter 10. That meant cash was no longer the biggest issue and management development became more important.

The first step

By chance I met an experienced production manager with fibre optic experience who was between jobs. The board decided to recruit him as COO to support the CEO in late 2010.

His first job was to move the manufacturing to a dedicated unit and build modern production lines with the help of the new finance in the business. That left the CEO free to concentrate on sales. He focused those efforts on the USA and the *fibre to the home* opportunity. This is a massive market opportunity to connect individual homes to fibre optic cables laid in the street. A team of five salesmen was recruited and the 2011 budget predicted a large increase in turnover.

The second step

Late in 2010, the NXDs (myself and the two representatives of the VC fund) decided the part-time finance director, who had agreed to go full-time at the time of the new investment, should now do so or be replaced by a new full-time FD. Our thinking was to have a three man central team (CEO, COO and FD) who ran the business and were always on site, except when travelling.

After taking legal advice we planned to make the part-time FD role redundant but to offer a new full-time role to the existing FD. I had the unenviable job of taking this through the formal process that employment law demands. The end result was that the FD decided not to apply for the full-time role and agreed to sign a compromise agreement.

With hindsight his departure was a blessing as we then recruited a much more capable person into the full-time role. He is committed and competent and has had experience of dealing with tightly-managed cash flow and VC backers.

The third step

Early in 2011 it became clear that the budget for that year was wildly optimistic and that the sales plan would be very badly missed. The US sales staff, who were recruited by the CEO, were not performing and the focus on the US meant they had to. The NXDs concluded the founder should be asked to stand down as CEO but become business development director and remain a member of the central three-man management team. The founder agreed to stand down with apparent relief and we promoted the COO to CEO.

A fresh budget was built by the new CEO and the recently joined FD. It was based on a much broader sales approach with the majority of sales expected to come from Europe. The US sales team was reduced from five to three by firing three and hiring one. The sales budget for the year was reduced by 40%, reflecting a much greater sense of realism.

The fourth step

During the second half of 2011 much progress was made towards making the sales more broadly based and predictable. The offices were moved to be alongside the manufacturing unit and a more professional approach began to appear. Although the revised budget was not achieved the outturn was within sight of plan – for the first time ever.

However, it became clear the former CEO was not working as part of the central team. There was no maliciousness, just a lack of unity. So we asked him to leave. We made his role – that of business development director – redundant. He handled himself with dignity and a compromise agreement was signed at the beginning of 2012.

Further steps

The company entered 2012 with a committed and competent two man top team and I expect it to stay that way for the moment. The year 2011 saw sales 40% higher than 2010 and it is hoped 2012 will see a 50% increase on 2011.

Maybe we are now on our way to sales of several tens of millions and a big exit. We shall see.

Learning points

1. I have several times mentioned that founders may not be good CEOs and that was certainly true here. No doubt we should have made changes sooner but we needed to be well funded and we needed professional managers in place first.

2. If team members have to leave it can be done with dignity all round but, as I have said earlier, it would be unwise not to follow proper legal process.

3. A gradual evolution is easier to control than a savage revolution. It is important that momentum is not lost whilst management change is made.

3. Pricing model changes

Background

In Case Study 6 in Chapter 4 I used the example of Protx Group Ltd as an illustration of a scalable business model. It is one of few companies named in the case studies because of its public sale to Sage plc. Its product became SagePay and Protx is still acknowledged on the website. This is the story behind Protx's scalable business model.

The pricing problem

The Protx software was originally developed in a company of the same name which collapsed at the end of the dotcom boom. The old Protx assets and name were purchased to become the Protx described here.

The inherited business model charged its customers a fixed fee of 10p per online purchase. As the average transaction value was around £70, that pricing met with no customer resistance. It did mean though that the company needed to process one million transactions a month to cover its overheads of £100,000.

As the new business established itself, the level of transactions started to grow. However, it became apparent that the growth rate was not fast enough to reach breakeven without more finance than made sense to the shareholders. It also became clear that the preferred supplier link with Lloyds TSB meant that whilst new customers came through the door in increasing numbers, many of the smallest customers' websites did not actually trade online even though the customers wanted an online presence.

We were faced with a situation were we had 1,000 customers making 10,000 transactions a month – a monthly income of £1,000.

The solution

The board agreed that the growth in income was too slow. Whilst customer numbers were starting to increase at 6% per month the average customer only produced ten transactions a month (£1) – but was loyal and the churn was negligible.

A move upmarket to companies with many transactions (such as the gaming sites) did not appeal as they had no reason to be loyal and could always buy a similar service at lower prices elsewhere. So it was decided the company would focus on smaller companies but with a radically changed pricing model. This was a fixed charge of £20 per month with 1,000 transactions a quarter included and 5p a transaction on any excess, all of which was paid by direct debit

This seemed quite risky to adopt for existing customers but in the event 99% agreed to the change and income immediately increased from £1,000 to £5,000 per month. Now an increase in customer numbers of 6% per month looked much more promising.

At the time of its sale to Sage, monthly income was approximately £300,000 from 13,000 customers and the company was highly profitable. On the old pricing model that level of income would have needed more than 100,000 customers.

Learning points

1. A company must charge what its customers will bear if it is to reach profitability without needing more capital than makes sense.

2. If a company doesn't know what that price is it must experiment.

3. A switch in pricing model for existing customers is risky but might be unavoidable.

4. Trading whilst insolvent

One of the most embarrassing situations I have been involved with concerned a company that had various water technologies in its cleantech portfolio. Its main product extracted drinking water from airborne water vapour, even in dry climates. The business failed to develop as the founder predicted, even though international interest in the main products was strong.

The technology originated in an acquired US subsidiary. Machines were made there and control of that company was hard to exert from the UK. Test machines were ordered from all over the world but they had a series of faults due to sloppy manufacturing. The correct voltage power supplies were not used, the machines looked like laboratory hook-ups, and so on. As a result, although the machines could be demonstrated to work well they were not in a saleable form.

The story became worse and worse as the UK board attempted to take firm control of the US subsidiary and were rebuffed. The executives of that company spent most of their time fighting – when not with their UK owners it was amongst themselves. The end result was that we ran out of money and felt we could not return to the shareholders to ask for more.

However, a foreign investor appeared and promised he would fund the company. Due diligence was done on him and he seemed plausible. Heads of terms were signed and an acceptance fee paid. The funding process dragged on and on. Promises of when money would arrive were made but the dates always slipped. In the meantime, the company had clearly become insolvent.

During this period the board did the following:

- We cut expenditure to the bone and none of the directors took salaries.

- We sought advice from an insolvency practitioner.

- We held frequent meetings to discuss whether it was still in the best interests of creditors for the company to continue trading. The argument always was that the promised money would solve its financial problems and we thought it would appear.

- We used every means we could find to track the money we were frequently told was in transit to the company.

- In the end we had to use a final deadline as our decision point that we could continue no further and had no choice but to appoint an administrator. The assets were sold for a nominal sum and that was that.

Learning points

1. The board did not do sufficient due diligence on the US company it acquired. The people were amateur inventors and were impossible to manage.

2. After the company failed and we could reflect, we concluded our foreign investor was a conman. Several checks had been made which seemed to support the view that he was straight and had the money, but all the money transit checks failed at the final hurdle. The con was not easy to fathom. The conman had had an upfront payment from the company that did not seem large enough to justify a con. However, I subsequently heard of other situations where he had been paid an upfront fee and failed to deliver the money.

3. We handled the possible wrongful trading issue with great care and took professional advice at every turn. That helped the board deal with a difficult period.

5. Down rounds

I shall give two examples of where a down round was used to dilute shareholders who, for differing reasons, would cause problems with a plan for going forward.

Example 1

For this example, I will use the same company as in my example of forced management change in Case Study 3 in Chapter 8.

Following the departure of the second of the US managers, the company had 15% of its shares held by the former managers and their friends. It was clear they were not going to support the company further and could be viewed as hostile. The company did, however, need to raise money to support the new management's plan.

The board decided to raise the further finance with a highly dilutive round resulting in a 95% dilution for shareholders who did not participate. We were careful to offer all shareholders the opportunity to subscribe and encouraged them to do so as we did not want a legal attack from our US shareholders arguing they had been unfairly treated.

The level of dilution did not cause a problem with management as the two newcomers had no equity before they joined and the third member of the new team who was already employed by the company had no equity either.

Example 2

This example involves a company that had a public sector financed regional venture fund with 31% of the equity. The company developed much slower than plan and needed shareholders to provide further equity finance at a time when turnover was not well established. It was not a good moment to try and attract new investors.

A central problem with the emergency round – as it became – was that the VC fund was the largest shareholder. Its protestations that it was not allowed to invest further – as it had passed the date by which it could do so – met with little sympathy.

Eventually, one shareholder stepped forward and offered to make a major investment but only if the 31% shareholder was heavily diluted. The VC fund was unable to argue against this and eventually agreed it would not block the round (which would have forced the company into administration). Whilst the managers of the fund had argued hard they did accept the fund's fate with good grace. They knew the problem was the lack of reality in their fund's constitution.

Learning points

1. If management are not material shareholders at the time of a down round it is easier to deal with the effects on them.

2. Professional investors who are unable, for whatever reason, to take part in a financing round in difficult circumstances will often accept their fate with good grace when they are heavily diluted.

6. Litigation

Like the previous case study this one gives two examples.

Example 1

This example involves the same company I used in Case Study 5 in Chapter 4. That company was formed of three subsidiaries of a failed UK quoted company my partners and I bought from its administrator.

Most purchases from administrators or liquidators are corporate assets with no liabilities but, in this case, we had no choice but to buy the shares of subsidiaries which were not in administration. The drawback of buying a company is that its liabilities, both known and unknown, are part of the package and administrators do not give warranties.

One unhappy result of this was that we found ourselves on the receiving end of various litigious attacks in California – where the main subsidiary was based. The first attack arose from deep unhappiness amongst certain shareholders of the failed plc. There was an unfortunate, and coincidental, similarity between my own company's name and the name of the main subsidiary. Internet blogs accused us of fraud (despite the administrator being a partner in one of the world's biggest accounting firms). Then some bright spark spotted that the name of the off-the-shelf company we had used for the purchase, Acresail Ltd, was an acronym of *ace liars*.

All this attracted the support of a Californian ambulance chasing lawyer working on a "no win, no fee" basis.

The matter was heard in a Californian court and involved our frail business with exposure to huge legal costs. This is just what the ambulance chasers want as it then becomes cheaper to settle than to risk the costs of fighting through the courts. However, the CEO was incensed and did fight.

The matter went to court three times before the judge ruled that he never wanted to see the litigants in his court again. Ironically, the weak link in the claimants' case was that the judge ruled the Californian court had no jurisdiction over the case, which he regarded as a UK matter.

A second attack was fronted by the same ambulance chaser. It concerned a former CEO who had been fired three years before we bought the company. He now emerged more than four years after his departure claiming unfair dismissal (this was a man with no credibility who had declared himself bankrupt twice). Had an ex-employee tried that after such a time interval in the UK he would have been laughed out of court.

Here legal jurisdiction was clearly in California. The ambulance chaser was persistent and the costs of defending the actions rose so we reluctantly had to settle. The settlement was $150,000, softened by it not being payable until we had raised funding above a minimum amount.

Example 2

My second example is about a company which had IP but had not patented it. It had established a partnership with a US reseller and sales were beginning to develop nicely. There had been rumours that a US company had developed competing software and was planning to file patents. Unfortunately, the CEO of the UK business made the mistake of not treating this threat seriously enough. He should have made it clear publically that his company had prior art but he did not.

Time passed and the threat seemed to be over until a letter was received by the US reseller. They were told they were selling software in breach of a recently granted US patent. Our company received a similar letter.

The company took legal advice. It was clear the US patent examiner had done a sloppy job as our company's prior art was not acknowledged. We were advised that we had a strong case to have the patent overturned but it would take three years and $750,000. In the meantime our company could not trade as buyers would not be prepared to breach the granted patent.

The company had neither the money nor the time to do this so it was effectively put out of business by a patent examiner's poor work.

Learning points

1. Don't buy a company with unknown liabilities and no warranties if you can avoid it.

2. Foreign countries have different legal rules to our own and local knowledge is vital when legal issues arise.

3. Ambulance chasing lawyers are to be viewed with great caution. They will fight on when any other lawyer would not as their whole fee depends on a settlement or court win.

4. IP matters can be dangerous. Whilst there are costs to filing and maintaining a patent it can be a life or death matter for the company if it does not file.

Summary

This chapter has considered some of the more common problems you might encounter as an active investor involved at board level. Many of these can prove difficult to resolve but the comments I have made in this chapter should be of help.

Clear thinking is always needed, as is a full discussion of the issues with others. In many cases, outside professional help may be either advisable or even essential. At all times the central question is what is best for the business and how can you get there most quickly, cheaply and painlessly. It is also extremely important to retain the team's faith in what they are doing and in you.

All of these matters can be challenging.

CHAPTER 10

RESOLVING PROBLEMS
WITH OTHER INVESTORS

Introduction

In the previous two chapters I discussed managing investments and how to resolve some of the common corporate problems that you are likely to encounter. Dealing with your fellow investors is a completely different issue and, as it can cause a great deal of ire, I have devoted a chapter to this thorny subject.

You might think that the investors in a company would have a common motivation to work together towards an agreed goal. You would be wrong though. Sometimes I think resolving issues between investors takes more time than helping with a company's growth ambitions.

The characteristics of different types of investors give the clues to many of the issues that can arise when you invest alongside them. Some of these issues can be very difficult to resolve.

Investor characteristics

I noted in Chapter 1 that the key characteristic of angels is that they invest their own money and make their own decisions. This is profoundly different to all other investors. Whether they are banks, venture capital firms or corporates, other investors all invest somebody else's money and have formal processes and reporting lines. The executives are thus custodians of other peoples' money, with all the restrictions and rules that this can entail. This is the root cause of many of the problems you may encounter.

Other angels

Other angels are likely to behave in ways you will understand because like you they are investing their own money and will be happy with relatively simple legal structures and documentation. However, not all angels qualify for EIS tax reliefs and so there may be differing approaches to proposed corporate changes that might endanger those reliefs. Further, some angels like close involvement, others do not.

VCs

I was a venture capitalist for much of my career so I feel I am well placed to comment on them. They invest funds provided by others in return for a management fee and a share of profits called a *carried interest*.

For the purposes of this book we are concerned only with those who will take minority stakes in early-stage ventures. The private equity investors who take majority stakes in large established companies partly funded by debt are quite different animals.

There are three broad categories of VC in the UK market:

1. Funds which come entirely from private sources

These operate solely with financial motives.

2. Funds partly backed by public sector money

Here the motivation will include some degree of economic strategy (e.g. job creation) imposed by the public sector backers. They will also have restrictions on what they can and can't invest in.

An important characteristic of both private and public funded VCs is that, like mainstream VC funds, they are usually structured as limited partnerships with an obligation to wind-up and distribute all their assets to investing partners within, say, ten years. All repayments and realisations are distributed as they occur. Thus the money can only be invested once and there is eventual pressure to exit from investments as the wind-up date approaches.

3. Tax advantaged funds

These are EIS Funds and VCTs which are something of a hybrid between the previous two categories. Investors are private individuals who receive tax advantages in return for government imposed restrictions on what the funds can invest in.

These funds were fully discussed in Chapter 2. The EIS fund operates rather like a limited partnership but the VCT is a company which can, if its constitution allows, continue indefinitely.

The VC process

The VC firm is likely to have several partners and will make decisions through an investment committee which will include more people than those who work on a particular deal. This is inevitably a slower decision process than for an angel.

A paper will be prepared and submitted to the investment committee. Often the process will involve reference to the committee more than once – perhaps at the *in principle* stage, after due diligence has been done, and after terms are agreed. The team may need to meet the committee or partners other than those doing the deal. All in all this is a deliberately lengthy process and clear feedback to the company seeking finance may not be given at intermediate points.

Most VCs will insist on being represented on the board, or at least to have *observer* rights. Observers have the right to attend board meetings but are not directors. Terms are likely to include prior repayment of their investment before others get theirs back. There will be full legal documentation and the requirement for lots of investor consents, which override normal shareholder rights.

VCs can be the best and they can be the worst of investors. Some are supportive with lots of value to add with a smile. Regrettably, many are arrogant, add little value and are hard to deal with. So you and your company must do due diligence on them before any deal is signed. Of course if there is only the one offer you simply have to make the best of it.

Chapter 1 looks at other attributes of these investors.

Corporate investors

Some large corporates have established their own dedicated VC funds to allow them to keep a close eye on what innovations are happening in their world. They will generally only invest in ventures that relate to their business in some way. They use their own funds and tend to model their activities on the professional VC world. They may have a direct interest in acquiring some of the companies they invest in or licensing their technology. Other corporates occasionally invest for direct strategic reasons and their behaviour is less easy to predict.

Corporates may have a somewhat opaque process of approval to make investments but the executive who negotiates the deal is not likely to have investment authority.

Banks and other lenders

Banks and other lenders are quite different to equity investors. They lend with a view to getting their money back over a defined period of time and with a defined return through interest and fees. Such lending generally ranks ahead of any from the equity investors and is likely to be secured on the assets of the company. It is most unlikely the bank's executive has the authority to invest without sanction from a remote credit committee that you will not meet.

Crucially, and unlike equity funders, the bank will have the power to demand its money back if the loan agreement is not honoured. That can lead to corporate liquidation.

Lenders are to be treated with great respect because of their preferred position. Of all financiers of a business they can be the worst behaved. To make matters worse it is hard to develop a relationship with a bank manager because they change like the seasons and, regrettably, banks are not as strong on customer care as they used to be.

Case Study 1 below is an example of bad behaviour by a bank.

Relationships between investors

Venture investing is a long-term business. It has many pitfalls and investors have to work hard throughout the life of an investment to ensure its success. When several investors are involved they need to be united to achieve that common goal and they must be capable of making group decisions – or civil war will result.

Good relationships between investors are made harder (often much harder) when they invest in differing structures. So it helps to understand their structural preferences and how these interact with others.

Approaches to structure

I noted under 'Structural matters and investment instruments' in Chapter 5 that VCs and angels like different investment structures, and I shall now develop that more fully. There are two common approaches used by VCs:

1. Preferred shares

Preferred shares are almost universally used by US VCs investing in early-stage deals. The investment is made in shares that are effectively *convertible preference shares* (see Chapter 5). Their four characteristics are that they:

1. Rank ahead of all other shares in the event of liquidation or sale for once, or sometimes a higher multiple, of their subscription price. It is common for each subsequent round of finance to rank ahead of all other rounds in the event of liquidation or sale of the company at a low price.

2. Convert into ordinary shares at a pre-agreed price (which is usually higher than for previous rounds) and will always convert if the exit price is high enough.

3. May have preferred dividend rights but often will not.

4. Will often have dilution protection such that if ordinary shares are subsequently raised at a lower price than the conversion price then it will be reset to that lower figure.

This is a sensible and proven structure for an early-stage company as it easily allows for further rounds at higher prices where the new investor wants to rank first in any liquidation. The same cannot be said of the second approach.

2. Ordinary shares and loan stock

In the UK a common approach, which was originally used for development capital deals, is to invest in a mixture of ordinary shares and loan stock.

The characteristics of this structure are:

- The loan stock bears interest and may even be secured.

- It is repayable, perhaps with a repayment holiday followed by several periodic instalments.

- The ordinary shares are subscribed at the lowest price possible (which in UK law is the par value prescribed in the articles) so their subsequent exit value is almost all profit.

In a cash positive company – such as a management buyout – interest can be paid and the loan can be repaid leaving the VC with almost all their money back without the need for exit. Then they can take their profit from the low cost equity shares at exit. That is eminently sensible.

Regrettably, many UK VCs like to use this structure for early-stage technology ventures which are cash negative and which expect to raise more money before exit. This is an unthinking approach because it inhibits the growth of the business and is not easy to deal with when further financing rounds are needed.

A variant of this structure is ordinary shares and redeemable preference shares – and even both loan stock and preference shares together is not unknown.

Interaction between ordinary shares and VCs' terms

The best way to handle both these approaches and keep the deal equitable is for angels to invest in *premium protected* ordinary shares (see Chapter 5). This is how the concept works alongside other investment instruments:

Preferred shares

The price paid per preferred share will be the price at which they can convert into ordinary shares. The *waterfall* on the sale of the business is as follows:

1. The preferred shares receive their amount subscribed back in priority to all other shares.

2. All ordinary shares receive the amount subscribed per share ahead of pari passu distribution.

3. The preferred shares and ordinary shares rank equally for all further distributions.

Loan stock or preference shares

The effective investment price per share is the amount that the VC actually pays per ordinary share plus the amount of loan stock (or preference shares) that the VC gets per ordinary share. The resulting *waterfall* on sale of the business is:

1. The loan stock or preference share is paid out at cost.

2. The ordinary shares receive their subscription price back.

3. All ordinary shares are treated equally for further distributions.

So, in both cases, once the exit price is higher than the amount all shareholders have invested everybody has had their money back and the profit per share is the same for all. A key point to note with EIS shares is that on liquidation they must rank at the bottom of the pile but different rules can be used in a sale or IPO.

This technique can also deal with priority payments that are higher than just paying investors' money back before management share in the proceeds. The negotiation is usually straightforward as the VC gets what he wants.

In my experience, angels have cheerfully accepted the solution I have described provided EIS relief was available. Indeed, I have done a number of deals where the choice offered is either:

- Units of, say, one ordinary share at £1 together (with EIS relief) with £4 of loan stock or four preference shares at £1 each (without EIS relief), or

- One ordinary share at £5 (with EIS relief).

I have never seen an EIS qualifying person take the loan stock deal when the ordinary shares are premium protected.

Investor consents

All professional investors (and I include angels) should insist on a list of non-day-to-day decisions that cannot be made without their consent. That is a sensible precaution to ensure management consult properly before making decisions which might affect the success or failure of the venture.

However, problems can occur when more than one investor group needs to be consulted. If each group is represented around the board table and the representatives have the power to agree that is not usually a problem. However, when remote parties – such as investment committees – have to be consulted that can cause delay. It can also lead to a lack of understanding of the issues and thus difficulties in gaining the required consent.

Probably the best way to deal with this is to acknowledge that a matter requires consent during the board discussion and for the board as a whole to support the proposal which can then be put formally to the investors.

Unfortunately, serious problems can arise when investor groups take wildly different approaches to the way forward. There is nothing more unsightly in venture capital investing than to see two or more investors fighting each other rather than the company's problems. And it happens all too often.

Funding rounds

The angel who invests in ordinary shares to gain EIS tax reliefs is vulnerable in further funding rounds if other investors are unscrupulous. Unfortunately VCs are quite capable of being so. Unless subsequent rounds are straightforward you need to be alert to issues that can easily arise and how they might be tackled. Important points to note are:

1. Pre-emption

It is important to be alert to all your rights when new funding is raised, though they can be of little value if you can't or won't invest further.

Your principal protection is that the articles will – or certainly should – contain pre-emption rights. This means that you have the right to protect your equity percentage by taking up your share of any new funding. However, the new investment structure may not qualify for EIS relief, which you may just have to accept if you invest further. The alternative is to negotiate a structure which does (you may find the case studies at the end of this chapter helpful here).

When a major funding takes place, shareholders will be asked for approval to remove pre-emption rights on that occasion to allow the new investor to subscribe for shares.

2. Dilutive rounds

The share price of a new round of finance can involve serious levels of dilution if either the first round was done at a time of exuberant valuations (such as the dotcom boom) or the company has not developed to plan. You may then have little alternative but to either maintain your equity percentage (in whole or part) by investing further or write off your investment.

A new investor seeking a multiple return on his investment before other shareholders receive anything may have the same effect as the more obvious dilution of equity percentage.

Dilution can be used by unscrupulous investors to effectively get rid of unwanted shareholders who cannot invest further. You need to be particularly alert if the management is not on the same side as you – perhaps because they are being offered options to compensate for dilution.

3. Highly favoured investment instruments

In difficult times the only way forward might be to accept new money which is largely in loan form – perhaps with warrants attached – and is secured on the company's assets and, in particular, its intellectual property. Thus it ranks ahead of all other investments and has high levels of control over what happens with the company. This is the kind of awkward situation you might face as an investor in early-stage companies.

Even if offered a slice of this financing you may still prefer to invest in EIS qualifying shares because of the enhanced tax write-off if the company fails and no money is recovered:

- A highest rate taxpayer would have a capital loss if the investment is in non-EIS qualifying securities. That can only be offset against current or future capital gains reducing the net loss to 78% of the amount invested.

- On the other hand, the loss from EIS shares can be offset against income tax and could reduce the loss to 35% of the amount invested (see Chapter 6).

Time horizons and approaches to exit

Differing time horizons can be one of the more difficult areas to overcome, as I describe in Case Study 2. There are two main problems with predicting the best time to exit:

1. It is hard to know how long it will take for an early-stage company to grow to a particular point that makes it attractive to potential buyers.

2. Economic conditions can change unpredictably both in the world in general and in the company's industry. This means that the future appetite for acquisitions by buyers is more or less impossible to predict.

Alongside this investors have different time horizons. For example:

- The EIS investor prefers exits to happen more than three years after he last invested in order for his profit to be tax free.

- The VC is likely to have a fund with a ten-year life so if an investment is made late in its life he wants to exit sooner rather than later.

These conflicts are not easy to handle. It is unwise to argue against exit when a hard-to-refuse offer is made at a time which is too early to protect EIS relief. Conversely, it is unwise to argue for early exit when a company is just beginning to grow fast.

Changes in investor manager

You can expect a fellow angel to be there throughout the investment's life unless he dies. If that happens the executor of his estate will appear and the dynamics will completely change.

On the other hand, other investors can easily and unpredictably change their executive (and/or their nominated director) charged with overseeing the investment. This can upset group dynamics (and in particular how well the board works) in unhelpful ways as the newcomer has to be absorbed and new relationships established.

Case studies

1. Bad bank behaviour

I am a director of a company that had £1.5m invested by its founders and was in the final stages of closing an investment involving a further £1.5m. The company had a £10,000 overdraft facility and due to a misunderstanding about a direct debit went £312.50 over the limit shortly before the deal closed. A threatening communication arrived that morning.

The bank was told £1.5m was in the hands of the company's lawyers and due to be transferred. The threat that the facility would be cancelled if the limit was still breached by close of business was repeated. The £1.5m duly arrived. There was no hint of an apology. Of course the bank lost the account but it probably still has no idea why.

2. Balance sheet restructure and exit expectations

This company's software helps automate processes with a lot of manual intervention. Part of the power of the software is that a business team can implement the solution without the need for close involvement of the IT department. All customers are very large companies such as banks, mobile network operators and utilities.

Investment

The first outside investment of £550,000 in 2005 came from a regional venture capital fund as the company evolved from a small consultancy to an enterprise software vendor. Further monies were raised in 2006 from two regional VC funds and a number of angels.

By this stage the company had equity investors, preference shares, loan stock and a Small Companies Loan Guarantee Scheme loan from its bank. And yet further money was invested into this structure as the company failed to achieve targets. By 2010 the company had a messy investment structure and, in particular, £800,000 of investor loan stock which was due to be serviced and repaid in instalments.

Performance

At the time of my investment in 2006 the company was expecting turnover of £0.6m in that year, £2.6m in 2007 and £4.6m in 2008. The actuality was £0.3m in 2006 slowly rising to £0.9m in 2009, followed by £1.2m in 2010 and £1.9m in 2011.

Clearly the slower than expected growth was a disappointment but by the end of 2011 the company had £1m in the bank, was profitable and was showing the potential for rapid growth. By then the questions were how fast could it now grow, whether more money could help it achieve fast growth and when the exit might be.

The first investor meeting

In late 2010, a meeting of investors was held to discuss the way forward. The loan stock was due to be serviced and redemptions were due to start. The VCs argued the company had missed its plans – which was true – and then the two funds' managers dropped the bombshell that they needed an exit soon as their funds were reaching their termination dates.

My input was to say growth was now coming through and patience was needed. I argued strongly that any exit attempt at that point would look like a fire sale and investors would be lucky to get their money back. Nothing was resolved.

The second meeting

A second meeting was held in mid-2011, nine months after the date when loan stock started to incur interest and capital repayments were due. The management wanted a strengthened balance sheet and not to have to make loan repayments as accelerating growth needed cash. They also wanted a much better option package as the team expanded. After lengthy debate, the fund managers agreed to consider converting their loan stock (at a premium to reflect unpaid interest) into one ordinary share each.

As the articles required that the subscription price of each ordinary share had to be repaid before further distributions this would have had left them in a substantially unchanged position at exit (see 'Premium protection' in Chapter 6).

After reference back to his investment committee, one fund manager reported back that the proposal did not incentivise the team to exit and they wanted a formal recognition of their fund termination date in 2014. This led to strong exchanges and a serious impasse.

The third meeting

Following difficult exchanges as to whether it was even worthwhile another meeting was finally called. I have never sat in a meeting when I thought it was more likely the parties would come to blows.

The management absolutely rejected any idea of fixed exit dates. They wanted the opportunity to raise more money (a foolish thing to mention at that point) and the enhanced option deal discussed at the previous meeting to remain. Finally, they demanded that nothing should be agreed that would make it hard for employees to understand what they would receive at various exit values, i.e. no rising preferred institutional payout.

The institutions, on the other hand, were adamant about a time-related increased preferred payment on exit as an incentive to exit early, no further fundraising and a formal acknowledgement of the need for an early exit.

Various ideas were raised but the situation became more and more antagonistic. The battle raged – and battle it was – for a long period. Having concluded peace was more important than its terms if the company was not to be destroyed, I sat and waited for the antagonists to wear themselves out.

The solution

When the meeting was about to collapse, I suggested the following:

- Capitalise the loan stock not as ordinary shares but as irredeemable preference shares with a cumulative coupon of 8%.
- Keep the enhanced option unchanged.
- Drop the proposals on fund raising and treat it as separate topic if and when the need arose.
- Forget the need for a formal statement on exit.

This had the following psychological effects:

- The preference share arrangement strengthened the balance sheet by £1.6m as £800,000 of debt became share capital – a victory for the management.

- The cumulative coupon produced a rising redemption amount giving the funds the desired management incentive to exit earlier – a victory for the funds. However, as the loan stock totalled £800,000, the preferred amount accruing to investors was only £64,000 per annum. With hoped for exit values in excess of £10m that was relatively nominal. This dealt with the management's issue of wanting their staff to know what the exit value of their options might be – another victory for the management.

- The unchanged option made everybody feel they were sticking with previous agreements – a victory for all.

- Dropping the formal exit statement was crucial to the management – another victory for them.

- Separating the fund raising discussion meant the need for the funds' formal consent to this remained in the legal documents – another victory for them.

The deal was signed by all parties and we are all friends again. To have failed would have been extremely damaging as I doubt the group could have reconvened such were the strength of the feelings expressed. The end result was peace amongst investors, a much stronger balance sheet and a clear way forward.

Case Study 1 in Chapter 12 develops this story when an unsolicited offer was made to acquire the company.

Learning points

1. Companies often develop much slower than plan, which can interfere with investors' exit expectations and their commitments to their own backers.

2. Difficult problems require creative solutions so all parties feel they have been heard and have won something in the deal. Each party must be allowed to retain their dignity.

3. It is crucial for investors with differing aspirations to find alignment on the way forward or the development of a business can be seriously handicapped or even destroyed.

3. New investors at a high valuation

This company has also been the subject of Case Study 5 in Chapter 4 and Case Study 6 in Chapter 9.

The Series A offer

For its first three years in new ownership the company depended entirely on money raised from angels. Then, as part of the strategy of positioning the company for sale at a high price to a wealthy corporate buyer, corporate investors were sought – partly for their money and partly to establish growing value.

The first of these corporate investors offered money in the form of US Series A shares at a conversion value of more than three times per share than most angels had paid. These shares were similar to UK zero coupon convertible preference shares.

The legacy problem

The company already had both loan stock and ordinary shares in issue. This had arisen because not all early investors qualified for EIS relief. These investors had either rolled over loans from the former parent company which were then converted into shares – which is not permitted for EIS relief – or were simply not qualifying investors.

As a result early investors were offered a choice of investing in units of £5 being either one ordinary share at £1 together with £4 of unsecured interest free loan stock or one ordinary share at £5.

The articles gave ordinary shares subscription protection rights. The result of this was the first £4 of any sale went to the loan stock and the next £6 was distributed as £1 to the loan stock holder's ordinary share and £5 to the EIS investor's share. Or, put another way, once the sale proceeds exceeded the total amount invested each investor had their money back before each received equal amounts per ordinary share. That structure had seemed clever at the time (and my partners and I were the architects) but now it became a problem.

The Series A deal involved the new investor receiving the first distribution in a sale or liquidation and the loan stock would have ranked ahead, which was not acceptable.

The solution

The attraction of the Series A deal to all existing investors was obvious so they were keen to find a solution. Some loan stock holders suggested they would convert their loan stock into ordinary shares to resolve the issue. However, EIS investors pointed out the original deal was a choice of one ordinary share at £1 and £4 of loan stock or one ordinary share at £5, and so a conversion of loan stock to ordinary shares would gain an unfair advantage over the £5 per ordinary share investors.

The solution proposed was that the loan stock should be converted into preference shares ranking behind the Series A shares. The shares would have no dividend rights and only be redeemable at exit. This meant the same broad rules applied as before, namely that once money was available for non-Series A investors they would all receive their money back and then receive equal amounts per ordinary share.

The new preference shares had the following effects for the loan stock holders:

- They ranked behind the Series A shares but ahead of the ordinary shares – the loan stock had ranked ahead of the ordinary shares.

- They had no entitlement to dividends – the loan notes were interest free.

- They had no votes – the loan notes were non-voting.

- They could be redeemed at the company's option at any time in whole or part – that was the same as for the loan notes.

- They had to be redeemed on exit but had no final redemption date – the loan notes were due to be redeemed in 2014.

So the only right the loan notes holders were conceding was the redemption date. This was accepted by all of them as fair. Unlike in Case Study 2 this was not a difficult negotiation because all investors were agreed on the compelling attractions of the new money.

Learning points

1. Even when investors agree on the goal, creative thinking can be needed to find an equitable and acceptable solution.

2. In this case every single loan stock holder had to agree to the deal. Anybody who has dealt with groups of people – not just shareholders – knows how difficult 100% agreement can be to achieve.

4. New investor and the protection of EIS relief

This company is the one discussed in Case Study 2 in Chapter 9. When I first became involved, the company was looking to grow strongly but was plagued by being constantly underfunded.

A VC fund then offered to invest up to £4m but wanted control, which was their normal policy. The problem for the many EIS shareholders was that the company would lose its EIS qualifying status if any other company either had control or had the right to take this at any time in the future. This produced an impasse.

I was asked to negotiate with the VC as it was clear they were about to lose their patience unless a deal was agreed quickly. On the face of it the problem was insoluble. One party would not accept another taking control whereas the other insisted on it.

The clue to the way forward was that the new funder appreciated the EIS issue once it was explained. So there was no argument about the economic split of the proceeds of an eventual exit, only a need to avoid voting control at all times during the EIS qualifying period.

Reassurance on voting control was achieved by making it clear that management did not have control. The board was to be five people in total, being two executives and three NXDs. The fund appointed two of them and I became the third, and chairman, at their request.

The economic split of proceeds was achieved by the fund having 49% of the ordinary shares and warrants to subscribe for a new class of high yielding preference shares. These were preference shares which had no votes and were not convertible – either of which would have disqualified EIS relief.

Learning point

Even apparently insuperable problems can be resolved with goodwill on both sides and creative thinking. This does require a deep understanding of the core of each side's needs – which are not necessarily clear from statements made.

5. Corporate investors with special needs

This company has developed a games portal that has a contracted premium position on all Smart TVs made by the world's major TV manufacturers. The distinguishing feature of these TVs is their ability to connect to the internet.

Remarkably the company secured investment from two major corporates. One has the world's largest network of games developers and the other is the world's largest retailer of computer games. Both had strong strategic reasons to be involved and wanted to actively promote the company through their respective networks. However, neither of them had invested outside the USA before and insisted on the presence of UK investors to allow the investment to be locally monitored.

The corporates wanted to invest in Series A shares because they understood that widely used US instrument. They also wanted to see one UK investor investing a similar amount of money at the same price and who would be represented on the board. Unfortunately, the UK VC who was to fill this role fell out with the management team which meant the deal was at serious risk of collapsing.

The challenges

I was asked to help and I had three principal tasks. These were to persuade the corporates:

1. That the deal could still happen;

2. That angel investors investing through a nominee company were capable of being loyal and supportive shareholders; and

3. To raise the money.

There were three less important points to be agreed:

1. That the angels' investment could be in ordinary shares without creating conflicts between investors;

2. That an appropriate board could be assembled to look after their interests; and

3. That other aspects of the deal could be agreed to their satisfaction.

Each of these was achieved (in the same numbered sequence):

1. The key was that the corporates did not want the deal to die as they both had strong strategic reasons for it happening.

2. The starting point was to reassure them that UK money could be found and that angels could be supportive shareholders. A telling argument was that if one or two did not like progress and refused to participate in a later round that would not matter provided the majority followed on. In contrast a VC is only one party and thus any funding decision is binary, i.e. in or out.

3. In the event the angel round was well oversubscribed and we were one of the first investments made by the Angel CoFund (which is described in Chapter 3).

4. Once legal documents were drafted it became clear there was no real conflict between the investors. All investor consents were common and only if the company were sold for very low values would differences between their respective legal rights matter. It was accepted that the deal was likely either to be a complete write-off or a success and that a low value exit was a remote possibility.

5. We appointed two UK NXDs and, astonishingly, one corporate appointed its president.

6. Other aspects of the deal were straightforward as all parties were keen to see it close.

Learning point

If potential investors want to do a deal it will happen provided they are listened to and their particular needs are addressed.

Summary

The message I have tried to convey in this chapter is that when there are apparently mutually incompatible needs you have to seek a solution that lets each party feel their wishes have been respected. That can be very hard. For example, a particular difficulty with VCs is that they are, as a breed, not very sensitive to the needs of others. When that is combined with arrogance, it makes them believe they should have their way at the expense of others if needs be.

As in all negotiations the key with these problems is to find a solution where each stakeholder comes away from the table believing they have won some of the things they sought. It helps to listen carefully to all and to understand exactly what it is that is most important to them. Only then is it possible to propose a creative solution that might be acceptable to everybody.

Any proposal must be made in a way that is not seen as threatening, nor must it be seen as undermining any one party's position. The confrontational approach – such as "this is our final offer" – is unhelpful. And the solution must allow everybody to retain their dignity. Remember that all parties will want to find a way forward, so a solution should be possible.

PART D
THE EXIT

Introduction

Those who invest in private companies do so with a view to making a profit. There are many businesses that develop into solid generators of cash, which allows shareholders to receive a steady and growing flow of dividends. However, in this book I have focused on fast-growth ventures. They can be very valuable to prospective new owners well before they are able to be dividend payers and it is into funding these types of companies that most of today's angel money goes. The angel investor makes his money from the sale of his shares and that is the exit that matters most to you.

Part D focuses on exiting from investments you have made. Chapter 11 sets the scene and then discusses flotation or initial public offering (IPO). Chapters 12 and 13 discuss a sale of the business – which is easily the most important exit route for angels – in all its variants.

CHAPTER 11

GENERAL PRINCIPLES OF EXITS AND IPOS

What is an exit?

An exit (sometimes called a *liquidity event*) is an opportunity for investors to sell shares in the business they have backed. It does not always mean they will make a profit. There are several types of exit:

1. Flotation or IPO

This is often cited as the holy grail. Regrettably, in the UK it is nowadays a rare exit for an early-stage, growth business.

2. The sale to a trade buyer or private equity

This is by far the most likely exit you will experience.

3. A partial sale

This involves selling only a percentage of the company and means the shareholders continue to have an ongoing interest.

4. A distressed sale

Sometimes investors sell a business because they have lost patience with it or are unwilling to provide further money. In a distressed sale (or *fire sale*) it is unlikely the investors will recover all their money. Any money they do receive will offset their losses and they can then claim the same tax rebate as in point 5 below. The sale process is exactly the same as for any other trade sale.

5. A complete failure of the business

This is an exit in the sense that shareholders have no further interest in the business. It does have the merit of crystallising a shareholder's losses:

- A non-EIS investor can offset his loss against any other capital gain he has made. The tax rate on that gain would be 28% so the loss effectively reduces to 72% of cost.

- The EIS investor is in a much better position as he has the alternative of offsetting his loss (his cost less the upfront income tax relief) against his taxable income (where his current top rate of tax could be 50%). This can reduce his loss to 35% of his investment and is fully explained in 'How much can EIS enhance your returns?' in Chapter 6.

IPOs are discussed in this chapter and the other types of exit are discussed in the subsequent two chapters.

Flotation or initial public offering

An IPO – the occasion when a company is listed on a stock exchange and shares are sold publicly – allows a company to tap a wide range of investors to provide capital for future growth.

Benefits and drawbacks

The benefits of an IPO can be substantial if a company is large enough for there to be both many buyers and sellers of its shares. In particular:

- Once a company is listed it is able to raise additional share capital with relative ease, either for organic expansion or to acquire other companies.

- The public market allows shareholders to sell as well as buy shares.

- It offers liquidity to investors who pre-date the IPO, to those who invested in the IPO itself and to those who buy shares later in the market.

Unfortunately, there are significant drawbacks:

- The legal, accounting and marketing costs are substantial.

- There is a serious risk the IPO will be aborted for reasons completely outside the control of the company because stock markets are fickle places. In this case the costs can be considerable.

- There is a substantial commitment required from senior management during the IPO process, which will distract them from running the business.

- There are onerous ongoing requirements to disclose financial and business information to the market.

In the UK, the most important markets are the London Stock Exchange and its smaller sub-market AIM (Alternative Investment Market). These markets are regulated by the UKLA (the UK Listing Authority) which is part of the

FSA. The main market is highly regulated and is the home of large public companies.

AIM is a more recent and junior market that was set up to cater for smaller companies. When angel-backed companies do go public they are most likely to do so on AIM, though, as described below, there are now serious doubts about AIM as a viable market for small companies. I will now move on to describe AIM in more detail.

AIM

The Alternative Investment Market (AIM) is a sub-market of the London Stock Exchange. It was established in 1995 to make it easier and cheaper for smaller companies to go public as AIM is less highly regulated than the main market. As a result, during most of the last 15 years or so it has been the market of choice for IPOs for smaller young companies and, ironically and increasingly, many large foreign enterprises.

Tax advantages

AIM has significant tax advantages for investors. These include:

- The market is defined as *unquoted* for the purposes of the EIS and VCT rules. So companies which qualify can offer shares to EIS investors and VCTs at the IPO. An IPO does not interfere with the three-year holding rule for existing EIS investors.

- The *unquoted* definition also means that shares held for more than two years are exempt from inheritance tax. This is one reason the market is favoured by companies with large family shareholdings.

Scale of the AIM market

By the end of 2011 approximately £77bn had been raised by more than 2,700 companies on AIM. The total value of AIM companies at the end of 2011 was £63bn, compared to a peak of £97bn at the end of 2007.

At the end of its first year there were 121 companies on AIM, of which three were foreign. That number had grown to 1,694 by the end of 2007, but this figure fell to 1,150 at the end of 2011. By that time, at the end 2011, 227 companies (20%) were foreign.

Admissions to AIM show a similar pattern of decline. In 1995, 123 companies joined AIM (raising £0.8bn). The numbers joining peaked at 519 in 2005 (raising £10bn at an average amount of £19m). However, by 2011 the number had fallen to 86 companies (raising £4bn at an average amount of £46m) – a shocking decline to 17% of the peak number.

As these statistics starkly illustrate, AIM has moved from offering a home to small companies to attracting increasingly large, but fewer, companies raising increasingly large amounts – and with many of them being foreign.

Movements to and from AIM

In the early days, it was seen as a natural progression that larger companies would move to the main market. However, in the last few years, significantly more companies have gone in the opposite direction.

AIM's move towards being an international exchange for large companies is partly due to its relatively light regulatory burden. This compares to the US where the Sarbanes-Oxley Act has become a notorious deterrent to flotation. Ironically, we now have a situation where the largest AIM company would qualify to be in the FTSE 100 were it to be listed on the Main Market. And each of the top six is valued at over £1bn.

The downside of AIM

Despite the good intentions and the early success of AIM, there are those who argue the market has now had its day as a way for smaller growth companies to go public – and thus as an exit for angel-backed companies. The statistics quoted above reinforce this view. There are several reasons for this situation, increasing costs being the dominant one.

Costs and regulation

In 2006 the cost of smaller IPOs increased sharply as a result of the growing regulatory concerns of professional advisory firms. In that year costs for companies looking to raise up to £2m rose from 24% of capital raised to 37%. For those looking to raise between £2m and £10m, the increase was from 15% to 18%. Since then the costs have continued to rise further.

It comes as no surprise then that today the market is no longer the vibrant home of smaller growth companies that it was in the late 1990s and early 2000s.

Shareholder liquidity

Another major problem with an AIM listing is the liquidity of shares post IPO. Unless a company has a capitalisation of £50m or more, liquidity can be very restricted. One expected source of buyers is funds, but Small Cap specialist funds like to invest at least, say, £2m in a company and hold less than, say, 5% of the equity. This would mean a company would have to be valued at £40m to come on to their radar screens and many AIM companies are not valued this highly.

Further, when a company floats its existing shareholders are inevitably net sellers. In other words, however supportive they are, some wish to sell at least part of their holding to realise profits and balance the risk in their portfolio. If there are insufficient buyers the attempts to sell will cause the share price to drift downwards as brokers mark the price down to try to balance buyers and sellers.

For this reason the sponsors – called Nominated Advisers (or NOMADs) on the AIM market – will insist that the board and major shareholders agree to be restricted from selling shares for a period of time following the IPO.

So a small AIM IPO is not the liquidity opportunity many shareholders seek.

Restrictions on directors' dealings

Apart from the selling restrictions imposed by NOMADs, there are also serious obligations placed on directors by the UK Listing Rules, which also restrict dealing in the company's shares. As part of its continuing obligations under these rules, a quoted company must comply with the Model Code and "restrict the ability of persons discharging managerial responsibilities from dealing in the company's securities."

The Model Code prescribes certain *close periods*. These are periods during which certain persons (which includes all directors) are prohibited from dealing in the company's securities.

In brief, the close periods are:

- The 60 days before a preliminary announcement of the company's annual results.

- The 60 days before the publication of the annual financial report.

- If the company reports on a half-yearly basis, the period from the half year date to the date of publication.

To make matters worse, directors are precluded from dealing in a company's shares if they are in possession of any price sensitive information. Information is considered to be price sensitive if it might affect the share price positively or negatively were it known to the market. For example, an acquisition or major contract might be under negotiation but not announced to the market.

Case study

From IPO, via growth by acquisition, to sale to private equity

This case study concerns a small computer software company which was called Software For Sport plc when it went public on AIM in August 2000. I became a non-executive director and personal investor shortly after the IPO.

In the year ending in February 2000 it turned over £2.5m and made a loss of £2.4m. The company had a narrow focus, providing websites and services such as season ticket management primarily to English Premier League football clubs. Later, as it broadened its activities, the name was changed to Computer Software Group plc.

The flotation

In the IPO it raised £2.4m net of costs from a mixture of VCTs and EIS investors. It was capitalised at £7.5m after the money was raised. The costs were £192,000, being 7% of the gross amount raised. This contrasts sharply with today when costs might exceed £500,000. This flotation was at the tail end of the dotcom boom and could not be repeated today.

The early period

The start was very shaky. The business did not develop as planned and cash became so tight that the management had to make loans to allow the company to continue trading. During this period the share price drifted slowly downwards as there were no buyers of shares – the company being far too small and with no clear route to growth. At least the EIS investors were not sellers as they were in their qualifying periods and the VCTs saw themselves as long-term investors.

New management

One result of this poor start was a change of CEO to one with a brief to grow the company by acquisition. What followed was a sustained period of growth over the next six years during which 14 acquisitions were made.

Acquisitions were all small, privately-owned software companies with the common characteristic of established products and slow growth. However, in each case, there was a high level of repeat turnover resulting from charging customers annual maintenance or license renewal fees. The other common feature was that the management had either run out of ideas or just wanted to exit.

Turnovers of the targets at acquisition were in the range £1m to £5m.

The attractions of this strategy were:

- There were almost no other buyers of businesses like this so, with patience, attractive prices could be negotiated.

- When consolidated with the existing businesses, costs could be reduced and cross selling across divisions was relatively easy.

- The company had two currencies, cash and quoted shares, to offer sellers. Later it also had a substantial bank facility which was never used.

Shareholder liquidity

There was, however, one important problem. For much of this period of growth the shares did not perform well because there were few buyers. This was corrected by the CEO visiting ten or so Small Cap fund managers. They almost all said they liked the story but the company was too small as they wanted to invest £2m or more and that would have given them too large an equity percentage. However, some said they would buy on a smaller scale with an intention to increase their holding over time as the capitalisation increased.

This achieved the board's goal of having committed buyers and the capitalisation increased to £70m by late 2006 as a result of acquisitions, underlying growth and positive share price movement.

Another, though much less important, problem was that the board was constantly in possession of price sensitive information in addition to the formal close periods so directors were often restricted from dealing in the company's shares – and several of us wanted to buy.

Had we taken the view that any acquisition in sight or under consideration would trigger the dealing restriction we could never have bought or sold shares. Our decision was that dealings in shares would be acceptable unless we had signed heads of agreement for an acquisition – provided all dealings were first cleared by the finance director.

Any share sales by directors would have sent a negative signal to the market so the board only bought shares. So in reality the liquidity available to other shareholders was just not there for the directors.

The sale

By 2006 turnover had grown to £50m and EBITDA was £10m. The company was valued at £70m. In the autumn of that year an approach was received from a private equity fund which was prepared to pay £100m plus costs to buy the company.

The management was to continue to run the business and so was conflicted in assessing the bid. That conflict extended to the chairman. This necessitated a committee of the three NXDs taking responsibility for assessing the bid and recommending it to shareholders. This is a serious responsibility and not to be taken lightly.

Choosing advisers

The committee had to have a Rule 3 adviser – "an independent adviser appointed under Rule 3.1 of the Takeover Code who must give advice on the merits of an offer to the board of the target company and whose advice must be made known to shareholders in the offer document on a recommended bid".

We held a beauty parade, felt there was little to chose between the candidates and chose the one who would charge least if the bid did not go through. That was £40,000 but the fee for success was 0.5%, or £500,000. That is an outrageous amount but the City operates as a cartel and everybody on the beauty parade wanted the same amount. Ironically, our shareholders would not pay the success fee – the bid was £1.50 per share with the buyer paying all costs. We chose lawyers on the same basis and there the numbers were £40,000 if the bid failed and £100,000 if it was successful.

One part of the Rule 3 adviser's role was to see whether a higher offer could be found. There were two thrusts to this – to seek a new bidder and to negotiate with the existing bidder to get a higher price. The adviser was unsuccessful with both. Possible trade buyers were not interested as they found the group too much of a ragbag of product offerings with no excitement in the underlying organic growth, which was only 7% per annum. As for getting the bid raised, the adviser clearly did not understand street trading and insisted on reciting to us all the reasons why a higher price should not be paid rather than persuading the buyer to increase its bid.

The legal process

The sale of a public company produces a great deal of paperwork. At the centre of this is a circular from the board giving shareholders details of the offer and either recommending it or not as the case may be. In this case the independent directors' committee recommended the bid and had the support of a Rule 3 adviser's report which also recommended it. Our auditors were also closely involved as considerable quantities of accounting information had to be disclosed.

We recommended the bid somewhat reluctantly. Despite the adviser's recommendation we felt the price was only just acceptable. We would have preferred to see the company develop further as we felt it was poised to move forward sharply by starting to buy quoted businesses – some of which it already had in its sights. Against this the management wanted to sell and our largest shareholder was a private equity fund for whom it was a vital investment in terms of demonstrating their track record. So we had little choice but to recommend the bid.

Bid documents are weighty tomes and they have to comply with a large number of regulatory requirements including the Companies Act and the

City Code. This took several weeks to prepare and involved many hours of the NXDs time.

Finally, the circular was published and the deal went through with all shareholders receiving cash for their shares. That was a considerable success.

Events after the sale

The company was sold and merged into a group with another company owned by the same private equity group. Within eight weeks of that happening the combined entity was sold at a substantial premium to a US private equity group. This was a source of some embarrassment to the NXDs as it raised the questions of whether we should have realised what might happen and whether the management had known but not told us.

The postmortem

Faced with the news of the onward sale at a large premium, the NXDs met to conduct a postmortem. We had been legally advised we could do little but we were anxious to consider whether we felt we had let the shareholders down.

The bid process had been formal and complied with all the regulations. For us the central question was whether we had been taken for suckers or whether the US buyers were the suckers. We did have the reassurance that our Rule 3 adviser could not find a buyer at a better price but they clearly had not done the best of jobs as they failed to identify the eventual buyer.

The management were questioned and they denied any knowledge of the onward sale plans and, we were told, they were largely cut out of the premium price paid by the US buyer.

In the end we concluded we had no evidence of sharp practice and could not see what else we could have done so we left it there. Nevertheless the outcome left a sour taste.

Learning points – a personal view

1. I made a lot of money because I had invested several times during the company's development. However, like my NXD colleagues, I would have preferred to see the company develop further for a few more years. That did not happen because both the management and the major shareholder wanted to sell.

2. I was uncomfortable with the formal process. Both our Rule 3 adviser and our lawyers were incentivised to see the bid succeed, which created conflicts of interest.

3. I am quite clear that next time I would not use advisers who knew well the advisers on the other side. There were too many occasions when the NXDs (a knowledgeable, experienced and somewhat awkward bunch) queried something and were told "that is how it is done in the City". The advisers became uncomfortable whenever we were unhappy and asked them if they would sign their names were they to be in our shoes.

4. The final insult in this process stemmed from the NXDs having share options. They had been made a one-off grant of options in return for having forgone salaries in the early period. The exercise amount was £100,000 each. In the late stages of the legal process we were told we had to exercise the options before the bid was formally launched. That involved each of us finding £100,000 with no guarantee our shares would be sold. When we asked why we could not exercise the options at the point of the bid closing we were told that it suited the buyer's tax position to do it the other way. We were incandescent but our lawyers had agreed with the other side and we had no alternative. And our lawyers were supposed to be acting for us!

5. I was very disappointed with our advisers. The whole process was far too cosy and too often defended by "this is how we do it" rather than "it is the best solution because...". I came away with a lowered opinion of the City and its advisers and processes. It became very clear that City advisers do not get paid a lot of money because they are particularly good at their jobs but because an unwritten cartel exists. You might take the same view of bankers.

Summary

Becoming a publically quoted company is fraught with hazard.

The costs are high and increasing and a failure to complete the process will leave a large bill. Life as a publically quoted company also has many drawbacks and does not necessarily give the company's backers easy liquidity which, for many, is what they really seek.

For all these reasons an IPO is no longer the exit route of choice for the majority of young growth companies.

CHAPTER 12

SALE: STRATEGIES AND PROCESS

Introduction

By far the most likely exit for a company in which you are invested is its complete sale. Sometimes though you might have the opportunity to sell part of your holding when a strategic buyer takes a partial stake rather than buys the company outright. The buyer is likely to be corporate but might be private equity.

The sale of a company is a complex subject and is dealt with in this and the next chapter. This chapter takes you through the main strategies and processes in some detail whereas the following chapter concentrates on the possible structures of a sale and their consequences – including tax.

The trade sale

Why the trade sale is attractive

A trade sale is generally seen as the best exit for investors who have backed young companies. The principal reasons for this are:

- The company may not be big enough, or otherwise suitable, for an IPO.

- It is the only way investors can get their whole investment out in cash or cash equivalent.

- It is much less expensive than an IPO and the abort costs are much lower.

- It can be a much more discreet exercise than an IPO.

- A better price can sometimes be obtained than in an IPO.

Strategies to achieve the best trade sale

The best exits usually need a strategy based on careful planning which is implemented long before the hoped for exit time. You can get lucky without planning but that is asking a lot.

Here is a list of strategies to help achieve the best price:

1. The best exits are when companies are bought, not sold

This means a strategic buyer (or preferably more than one) is needed who:

- Notices the company;

- Sees an opportunity with the company in their hands; and

- Wants it badly enough to make an offer the shareholders can't refuse.

That is very hard to achieve and you can't guarantee any single relationship will work. Relationships need to be built with several potential acquirers in the hope of even one working; such relationships take time to establish.

2. Ensure investors' views are aligned

The more investors a company has, the harder it is to get them all to agree on anything and, in particular, on the timing and size of the exit. You should always take this into account when any new investor joins the shareholder group. That is no guarantee on continuing alignment though. Attitudes can change with time and, if the investor is not an angel, the person handling the investment can change and their views may differ from those of their colleagues.

Important factors that affect an investor's view on the preferred exit include:

- How long they have been invested. The longer it is the more difficult they may become.

- The life of their fund if they are VCs – the longer they have been invested, the more pressure there is to exit. And EIS qualifying rules – if angels have invested on that basis – they will prefer at least three years after investment to preserve those reliefs.

- Their return expectation. Is it driven by IRR – the VC's usual mantra – or do they seek a multiple of cash invested – the angel's usual way of looking at life?

- The progress the company has made to date and may make in the coming few years.

- Will more money be needed to achieve more ambitious growth and thus exit valuation? If so, is it worth accepting the dilution and the likely later exit date.

- The business risks that may arise in the future.

- A view of the current state of the economy and the prognosis for the future.

3. Confirm whether exit ambitions relate to market reality

To help decide whether your exit ambitions are realistic you can seek out corporate finance specialists who cover the company's sector and ask their views. They may provide insights into what the market will bear, what acquirers are looking for and the likelihood of getting to the desired exit in the planned time frame.

You can also conduct your own internet research. This can be helpful but it can mislead as many published exit valuations relate to large transactions which have little bearing on the valuation of a smaller company.

4. Try to speak to prospective buyers

It is worth talking to prospective buyers about their priorities, where they are heading strategically and how your company's product might fit with their plans.

This may also give valuable insight into the broader market your company operates in and it may lead to ideas on how to better align the company with their strategies.

The selling process

There are three classic means of selling:

1. A direct approach to a potential buyer

2. Appoint advisers to conduct a structured sale process

3. Be approached by a potential buyer

Each of these is discussed in more detail below.

1. The direct approach

There is nothing to stop the directors drawing up a list of potential buyers and approaching them directly. This is unlikely to result in the best price unless the company is already known to them and on their target acquisition list. Even then it is better if buyers can be teased into making the approach. This gives scope for the reluctant bride strategy.

2. Appoint advisers to conduct a structured sale process

This is arguably the best way to handle a sale when a company wishes to sell and wants to seek out a number of possible bidders at a time that suits it. The sale process is not simple and a great deal of time will be spent on it. The executive team must be able to cope with its demands at the same time as running the business as if no sale will take place. The appointment of an adviser should reduce this stress.

There are several stages in a typical process:

Choosing the adviser

There will be many possible advisers. They will range from small specialist corporate finance teams to divisions of large international accounting firms.

The best starting point may be to approach firms which have been recommended by friends or colleagues for a preliminary chat and to gain an understanding of costs and timescale. You can also run an internet search to find names.

Some firms specialise in particular sectors (especially in the technology field) and all have a preferred size range. I would always prefer specialist advice and would aim to be somewhere in the middle of the range of size that the firm handles – if your company is too small they will not be interested, too large and they may be out of their comfort zone.

A beauty parade

It is common to invite several firms to pitch for the business – a beauty parade. You must be very wary of this process; each firm will tell you how wonderful they are and their presentation team is likely to be experienced at beauty parades.

One critical question to ask is who will actually handle the mandate. You do not want to find the person you really liked will either not be involved or will only appear from time to time to sprinkle holy water on the transaction.

It is of the greatest importance to take references on the preferred adviser. By the nature of their role they can all offer compelling arguments why they should be chosen. They will show you an impressive list of sales they have handled as part of this. You should chose a couple of these sales and ask to speak to a member of the seller's team. You might also ask about the deals that did not go through – nobody has a 100% record – and ask to speak to at least one of those companies.

It is a serious commitment to appoint an adviser to sell a company and it is not easy to change in mid-course, so be very careful.

Cost concerns

Of course you need to ask about costs but these are secondary to getting the best price for the company and prices quoted by different advisers may not differ wildly anyway.

An important feature of any quote is what the costs will be if the sale aborts part way through the process. It is particularly upsetting to be presented with a large bill if a sale has not been concluded. On the other hand a percentage of a successful sale price is much easier to swallow.

The best choice

The bottom line is that it is better to have an adviser who gets a large price but takes a high fee than one who gets a lower price at a low fee. The trick is to decide who will get the best net price for the selling shareholders.

Appointing the adviser

The adviser will offer a series of detailed terms and conditions and spell out the expected process and its costs. The board needs to be happy with all aspects as there may be significant problems if they are challenged later.

Any mandate is likely to have features such as:

- A non-returnable fee payable on appointment.

- Fees due at various milestones such as the publication of an information memorandum, the receipt of first bids and the signing of heads of agreement.

- These fees may be supplemented or replaced by a fixed monthly retainer.

- A success fee based on the price achieved against which amounts paid to date may, or may not, be deducted. The classic fee scale is called a Lehman scale and is shaped like this:

> i. 5% on the first £5m;
>
> ii. 4% on the next £5m;
>
> iii. 3% on the next £5m; and
>
> iv. 2% on the balance

So at £5m the fee is £250,000 (5% of the sale price) whereas at £20m it is £700,000 (3.5%). You may find it more appealing to offer higher percentages to the advisers if target prices are exceeded so they are motivated to go the extra mile. It is also not uncommon to have a minimum total fee.

The point here is that fees for advisers are negotiated on a deal-by-deal basis unless the transaction is small and approached by the adviser in a non negotiable way.

The sale process

The information memorandum

In a formal process, the adviser will want to do due diligence and produce an information memorandum which will eventually be warranted by the board of the selling company in the formal legal documents. This needs a large amount of management input.

However, a good adviser will then reduce pressure on the management team by taking responsibility for a great deal of the work that would otherwise have to be done by them.

The bid process

The adviser will agree a list of companies that might be approached as buyers. Each potential buyer will be asked to sign a Non-Disclosure Agreement (or NDA). Despite the legal protections an NDA provides, your company may be sensitive about who sees the information memorandum. This may mean some potential trade buyers are not approached.

It is common to ask for indicative bids based on the information memorandum from which a shortlist can be agreed. The shortlist may then be allowed to do specific due diligence as part of confirming their bids or changing them. As with anything else, some visible competitive tension helps maximise the price.

Legal aspects

The legal documents will be little different whatever means have been used to bring the buyer to the table.

The shortlist of buyers may be offered pre-prepared documents. If these are too rigidly drafted or too one-sided that may affect the price buyers are prepared to offer – or even discourage buyers from proceeding.

There is a case study on a sale using advisers appointed to find the best buyer at the end of the chapter.

3. Be approached by a potential buyer

You may have followed the tips in the earlier section 'Strategies to achieve the best trade sale' and one of those target companies may make an approach. Or perhaps an offer just comes out of the blue. Either way you will have the dilemma of whether or not to approach other potential buyers. The delicate aspect of this is the risk that the potential buyer declines to take part in a bid process and walks away. You should seriously consider appointing an adviser to help with this decision.

If you decide to treat the bid approach as the trigger to invite other bids the process will be similar to that described above. If, however, you decide the indicative bid is too good to lose you will need to consider how best to negotiate it through to completion.

Provided you have suitably skilled board members you may go it alone using only a lawyer to help you. Or you may involve a corporate finance adviser. In that case you need to be wary. The adviser will have a vested interest in trying to persuade you to go through a full bid process because it will result in a larger fee. He may however be right in advising that approach.

You need to fully discuss all aspects of the process and its risks before making your choice.

How a business is valued by a buyer

A buyer may come to their valuation of a business in various different ways and their rationale will not always be obvious. The bottom line is that the buyer needs to believe the acquisition will add to the value of his own business at the price he pays.

If a business is mature, in an established market, profitable and growing at a steady rate, there may be easily available comparative data to help the board reach a view of how much it is worth. In such cases metrics such as turnover, gross profit, net profit and cash flow may dominate the valuation.

However, for early-stage technology businesses life is more complex. There is less likely to be a standard established valuation technique. The value may be dominated by the buyer's view of how the acquisition will help them develop their plans or protect them from competitive attack. This may not easily translate into metrics you can relate to.

You will often see unhelpful metrics quoted. For example, "XYZ sold for eight times turnover". That tells you next to nothing as it is most unlikely that turnover was the driver for the purchase price. It is often merely a way of expressing the price as a multiple of something rather than anything to do with the fundamentals of the purchaser's assessment of value.

So if a competitor is sold for X times turnover do not fall into the trap of believing your business is worth the same multiple. For example, the growth rate of the turnover and what it might become after acquisition is almost certainly more central to the buyer's analysis of value.

Published data can also be less than helpful as it generally relates to much bigger transactions where completely different purchaser rationales may apply.

Ways to enhance value

Strategies to achieve the best trade sale were discussed earlier in the chapter. However, there are also important points about the business itself which may fundamentally affect its value to a buyer:

1. A scalable business model

A scalable business model can attract a very high valuation multiple. That is why it is also central to the decision on whether or not to invest in the first place. The concept is discussed under 'Scalability' in Chapter 4.

2. Customers

A buyer may be attracted to a company by its customer list. If these are large customers it will be the quality of the customers and the relationships with them that matter most. If there are many small customers it will be the number, the acquisition rate and the stability of the income from them that is attractive.

3. Market position

If a company is readily associated with its market it will be more recognisable to the world in general – and a possible buyer in particular. A memorable brand always helps.

4. Product

The product strategy needs to have clear direction. If IP is involved it needs to be capable of withstanding scrutiny from outsiders. If there are patents they should be properly filed, up to date and should cover appropriate territories.

5. Culture

A buyer will want to be sure that important staff will not leave under the new ownership. This is less likely if the company has a strong culture and employees have a sense of belonging. The structure of the company, its internal communications, and how achievement is recognised and rewarded are all important.

6. Systems

A corporate buyer will be reassured by systems it recognises and feels comfortable with. It is important that accounting systems conform with proper accounting standards and all record keeping is complete and in order. A buyer will want a firm of accountants to crawl over all a company's numbers and a bad report will damage the buyer's perception of value.

Enterprise value

The buyer will often offer a price for the enterprise as a whole – this is the enterprise value, which includes debt – rather than a price for the share capital.

This means that any debt the company has will have to be deducted to determine how much the shareholders get. Non-current creditors or other liabilities that are not seen as normal day-to-day matters may be treated in the same way as debt. So the shareholder value would be enterprise value less agreed debt less non-current creditors and other liabilities.

An example calculation

The enterprise value offered might be ten times historic EBITDA (earnings before interest, tax, depreciation and amortisation) adjusted for non-recurrent items and excess management salaries, less any debt. The calculation might then look like this:

Last year's EBITDA	Taken from audited figures	£500,000
Add back:		
Non-recurrent items	For example, costs of recent redundancies	£50,000
Excess salaries	The amount above 'market' salaries	£75,000
Adjusted EBITDA		£625,000
Headline price	10x EBITDA	£6,250,000
Deduct bank loan		£2,500,000
Purchase price		£3,750,000
	Actual multiple of audited EBITDA	7.5x

You should note that the actual EBIDTA multiple is quite different to the headline number.

A real calculation may be much more complex than this simple example.

Points to note include:

- If a valuation is based on profits there can be many complications. Last year's audited numbers may be used as the basis for the calculation, or annualised profits from a shorter period, or a projection of profit – to name but three possibilities.

- Adjustments can be difficult to agree. What, for example, is a non-recurrent cost? There are always items in any one year that may not occur each year.

- If the senior management take out amounts above the market salary for their role they will argue the difference should be added back to profit. In which case there will be an argument as to what is the market rate and what their ongoing salaries should be.

- If debt is to be deducted from the price it needs careful agreement.

A long-term mortgage on a building is easy to be clear about but the level of a bank overdraft is another matter. If the bank balance swings between its overdraft limit and cash in the bank during the month it can be argued the overdrawn balance on the day of the completion of the sale should not be deducted.

Case studies

1. Unexpected investor alignment

This case study continues the story of Case Study 2 in Chapter 10.

Less than six months after the balance sheet was restructured – and peace had broken out between shareholders – the company received an unsolicited approach to buy it in the shape of a formal offer letter. The approach was from a very large company with whom they were negotiating to become a customer.

By way of background, in the month prior to the offer the company turned over £225,000 and was profitable. The headline offer was £40m. This was 21 times the previous year's turnover and 15 times the annualised monthly turnover. It would also have seen investors make 15 times their money.

After a long meeting of all the main parties we agreed to reject the offer. The VCs, whose funds were nearing the end of their lives, did not argue to accept it.

So why was the offer rejected?

The main reasons were:

- The offer was structured as £12m in cash and £28m in earnout. The earnout formula proposed was not seen as auditable. The bidder did try to persuade the VCs to accept by offering £18m cash with no earnout.

- Based on numbers supplied – somewhat oddly – by the bidder their market capitalisation might have increased by £1bn after full implementation of the product set. So £40m did not seem very generous.

- It was recognised there are bigger companies worldwide, with a better grasp of technology, with more to gain by using the software and maybe shutting out competitors. Logically they would offer more.

- The company was already talking to three large entities who would see similar benefits to the bidder. The three were showing such strong interest in the software they might themselves be bidders for the company.

- The CEO wanted to keep operating, selling the company's software, and was not keen to sell the business at that point.

There was a long discussion about the appointment of advisers. The management did not want to appoint an adviser immediately for fear it would force a sale. However – and very importantly – it was agreed that if any of the other three companies who looked like potential bidders were to indicate that intention then advisers would be appointed immediately. As would be the case if the actual bidder returned with a higher bid. The next few months – from the time of writing – could be interesting.

Learning points

1. We had achieved alignment between shareholders following our earlier discussions and agreed on our decision this time. That alone was pleasing.

2. The offer was flawed in its construction as the earnout would have been close to impossible to police.

3. The first offer, however large it seemed, might be a harbinger of things to come. In this case there are signs the software may be addressing a sweet spot for a number of major international companies.

4. Of course we may have read it wrong and that might have been the best offer we shall ever see. For me one comfort is a reference I took on the buyer who had recently pulled out of making one acquisition only three days before completion.

2. A structured bid process

I experienced an interesting example of a structured bid process in the US. The company had patented chemiluminescence technology which emitted light when a chemical reaction took place. It was invented by a US friend of mine who is a brilliant scientist. The company was based in Boston and sold its medical testing products to pharmaceutical companies and laboratories. It had a Japanese corporate shareholder who provided all the money.

For the three years of my involvement as a director, the company's sales progressed slowly to around $3m a year. However, for the whole of this period a major distraction was litigation against a university professor who had stolen the patented technology and started his own company. In the litigation he was funded by his university and we were funded by our Japanese investor. In the event we won the case hands down which allowed us to consider selling the company now we had IP which had been tested in the court.

We appointed corporate finance advisers to sell the company. A full information memorandum was produced and bids were invited from interested parties. The board had set a target price of $20m. Several bids were received and the highest was $17m so we sucked our teeth. Our adviser suggested another round of bidding as their favoured potential buyer had not bid in the first round because they were in the middle of another acquisition.

The other bidders confirmed their earlier bids and the new bidder came in at $35m which was the final selling price and more than twice the second highest bid. The sale completed without hitch. It was a well managed process and the advisers were well worth their fee.

Learning points

1. Litigation is draining process which can alter ambitions.

2. Advisers can play a vital role in maximising the exit process.

3. The sale process does not have to be fraught with challenge.

3. Sale triggered by an unsolicited approach

This example involves a company in which I invested in several rounds over five years with both managed funds and my own money.

The company was a start-up which gradually developed a winning formula. Its revenue growth became very predictable and it gradually became clear it would be a successful and scalable business. However, just as the predictability of its growth became established it had two unsettling cyber attacks. These attacks were designed to bring its servers down, which could have put it out of business as customers relied on a 24/7 service.

The specialist police unit that dealt with this type of crime told the company the first attack was probably Russian criminals. They asked for money to stop the attack and we were advised in no circumstances to pay anything or word would spread like wildfire and we would be flooded with further demands. The second attack was more clever, using floating computer addresses so our team could not block them successfully. This attack, we were told, was probably Californian kids.

Very sophisticated and expensive technological defences were put in place but some of our shareholders concluded there was a substantial business risk which coloured their views on exiting sooner rather than later.

The unsolicited approaches

One day out of the blue the company was approached by an intending buyer and we were offered £11m having collectively invested £2.5m. The consensus view round the board table was too little and too soon.

Six months later we were approached by a sizeable UK public company which offered £15m. This time the board (which represented the majority of the shareholders) decided to pursue the offer. The suitor did a great deal of expensive due diligence whereas we had lawyers employed on a contingent basis so we would pay nothing if the deal aborted. Before legal contracts were drawn up we had a board to board meeting to iron out various wrinkles in the offer.

The meeting was a disaster. Our board had three members with deep corporate finance knowledge whereas the PLC board had never made an acquisition – and it showed. They made a series of unreasonable demands and we parted company. Later they bought a smaller and less successful competitor for £11m.

The approach to an alternative buyer

During the earlier process, our CEO had met a senior director at a large quoted company that he suspected wanted to enter his company's market. He approached the company after the earlier deal fell through and proposed a price of £20m.

We were way below the prospective buyer's normal radar screen – they had made lots of acquisitions but at £200m plus. However, the PLC saw us as strategic because our product could be cross-sold to its large UK customer base.

We were proudly told how slick the acquisition process would be as the buyer had a dedicated team who handled all their acquisitions. That was music to our ears after the previous experience. In the event it took six months.

Process

During the sale process the buyer behaved impeccably but its approach to due diligence was very demanding – as you might expect with a large quoted company which was used to making acquisitions.

They used a major accounting firm to investigate the company's accounts and tax affairs. As we employed 20 people from one office, were turning over £300,000 per month and were only just profitable that was perhaps over the top but they were paying. On the other hand they used in-house lawyers.

We used the lawyers we had engaged for the earlier abortive sale process.

Sale issues

The due diligence process revealed two issues that concerned the buyer:

1. The company had a large PAYE liability dating from an earlier period.

This was held in a subsidiary that employed the people but did nothing else. As a result HMRC could do little to speed up the settlement of these amounts. However, R&D tax credits (see 'Structural matters and investment instruments' in Chapter 4) were claimed every year and offset against the amount and it was expected it would be cleared within 12 months.

2. There was a fierce technical argument as to whether the fees the company charged were VATable or VAT exempt.

Three of the big accounting firms were consulted and agreed they could not agree on the answer. The law in question was relatively new and untested in court. The company charged VAT and if it were ruled the fee was VAT exempt the company could be liable to repay the VAT charged to its client base. A solution had to be found to these issues as the board was clear that a price adjustment was not acceptable, but first the shareholders had to agree to proceed with the now very firm offer.

Shareholder issues

A meeting, attended by about 20 shareholders out of 40, was called to debate the offer and judge the level of support for it. The company's articles had a drag-along clause which required all shareholders to sell their shares if more than 75% voted for the sale.

Informal feedback on the offer had made it clear that the meeting would be difficult with strong feelings held in many cases. I was given the unenviable task of chairing the meeting as I was the director with the smallest personal shareholding – which I hoped I would not have to vote.

There were four shareholder camps:

1. Two of the largest shareholders were adamant we should accept the offer as the business risks described earlier concerned them.

2. Others argued equally strongly that the price had not been tested with other possible buyers and did not seem high enough when measured against comparables.

3. Some took the view it was too early to sell.

4. In the middle were the rest of the shareholders who saw an offer which now looked very likely to go through at between five and ten times their cost of investment.

The argument was won by the sellers once it became clear that a drag-along clause vote would be won by them. It is an understatement to say the 'don't sell now' and 'don't sell at this price' camps were unhappy at the decision and personal relationships were damaged.

Legal matters

We had to find a solution to the due diligence issues described above and we had a warranty issue to resolve – we had one institutional investor who said they would not sign warranties under any circumstances. The solution to both these issues was to use escrow accounts (see 'Warranty negotiations' in Chapter 13).

Of the £20m purchase price, £500,000 was put into escrow against each of the potential liabilities, namely PAYE liabilities, VAT risk and warranties. There were differing timescales on each £500,000 of up to 18 months. The CEO was empowered to handle the due diligence issues after the sale as he was staying on in that role.

So shareholders received £18.5m on completion, less the company's legal costs of £120,000. The other three amounts of £500,000 were paid over the next 18 months as the due diligence issues were resolved and the warranty period expired.

The CEO was asked to sign a two-year contract with golden handcuffs – which in this case was a fixed bonus payment for being there at the end of that period. This suited the other shareholders well as he could oversee the escrow periods from within the buyer's camp, a job he did admirably well.

Learning points

1. Even an experienced acquirer with a dedicated acquisition team can take six months to do a relatively small and simple deal.

2. It is much better to have a clear process to establish the best price. Here we did not and that led to unnecessary arguments amongst shareholders and uncertainty as to whether we had the best deal we could have done.

3. Whilst it would not have been easy to approach other possible buyers once we were talking to the buyer, we almost certainly left money on the table. After the deal was done we heard a rumour that the buyer would have paid twice as much.

4. Advisers are a mixed blessing. I was very rude about the value added by the Rule 3 adviser in the first case study. Nevertheless, advisers can add value and objectivity and we should have had a more thoughtful discussion about whether to use one.

Summary

In this chapter I have outlined the importance of preparing and presenting the company for sale. I have stressed the value of thinking about the exit long before it ever arises as that is the best way to maximise the exit value.

I have also discussed the advantages of using advisers to assist with the process of the sale. The right adviser can enhance value and his cost is then easy to justify. You do need to have his interests aligned with yours though.

The next chapter looks at the various structures for the sale proceeds that you might see and the possible tax consequences of each of these.

CHAPTER 13

SALE: THE CONSEQUENCES OF DIFFERENT STRUCTURES

Introduction

When a company is sold there are many ways the payment(s) might be made. The payment structure can be significant commercially and, in every case, the tax consequences need to be carefully considered. To complicate matters shareholders are likely to have different commercial and tax positions and this can lead to tension between them when payment structures are discussed. As a result this is a complicated subject.

The importance of tax

The amount that really matters when selling an investment is what you are left with after tax has been paid, not what you receive before tax. So tax is an important issue to consider early in the commercial negotiations.

However, each investor's position can be different so various tax rates can apply. These can range from 0% (for example on EIS shares which have passed their qualifying holding period), to 28% if full rate capital gains tax is payable (a non-EIS UK shareholder), and even to 50% if income tax is applicable (for example a non-EMI option holder). There are a series of tax reliefs which can reduce capital gains tax on selling shares in a private business and, as a result, may alter the preferred timing and structure of the amounts due. Thus differing tax positions can cause tensions between shareholders just when an alignment of interests is most needed.

An overview of investors' tax positions on exit

When an exit opportunity arises it helps to have an understanding of other investors' tax positions as these may impact on their willingness to sell at a particular time or to accept a particular structure of the sale proceeds.

What follows is a brief review of a complex subject that changes frequently with successive budgets. You must refresh your research when you need information and take formal advice when you are faced with a specific situation.

EIS

As an angel, a major concern might be whether your EIS reliefs will remain in place or will be lost on the sale. Chapter 6 describes these rules in detail.

In summary, if you have held the shares for more than three years they will not be liable for CGT. However, if you sell them within three years not only will CGT be payable but the upfront EIS income tax relief received will be clawed back together with interest. If you have rolled over a capital gain from an earlier asset sale into an EIS qualifying investment, the gain will crystallise on the sale of those shares and become payable at the then ruling CGT rate.

In practice, if there have been several rounds of finance the earlier ones may pass the EIS three-year test and the later ones may not. In that case some shares will be free from CGT while some will have EIS relief withdrawn and the gains will be subject to full CGT.

If the selling price is good enough it is always worth sacrificing EIS reliefs.

Entrepreneurs' Relief

Significant personal shareholders of a company may be entitled to Entrepreneurs' Relief, which reduces the CGT tax rate to 10%. The relief applies if the shareholder has met two principal conditions throughout a one-year qualifying period up to the date of sale. These are to:

1. Be either an officer or employee of that company, and to

2. Hold at least 5% of the ordinary share capital and 5% of the voting rights.

More than one claim can be made but there is a lifetime limit of £10m. Husbands and wives can each claim provided both qualify.

In the 2012 Budget it was proposed that from 6th April 2013, Entrepreneurs' Relief can be claimed when shares arising from EMI options are sold but they must have been exercised at least 12 months before the sale. It would mean though that the 5% rule does not apply and so ordinary employees will be able to benefit from the reduced CGT rate. That said it is unrealistic to think that employees will exercise options when an exit is not in sight and, when it is, it is likely to be much closer than a year away. This proposal could well change following consultation before it is adopted.

The tax position becomes more complicated when part of the payment is deferred – see 'Cash and loan stock' below.

Retirement relief

Capital gains tax retirement relief is available to an individual on the disposal of all or part of a business. The description is misleading as retirement in the normal sense of the word is not a condition. Retirement relief can potentially reduce the CGT liability provided all the following conditions are satisfied:

- The individual must be 55 or over;

- The disposal must be of qualifying assets (e.g. business assets or family company shares);

- The qualifying assets must have been held for a minimum period immediately prior to the disposal – normally ten years; and

- When the disposal is of family company shares, the individual must have been a working director for a minimum of ten years up to the date of disposal, five years of which on a full-time basis.

A company is defined as a family company when an individual holds either at least:

- 25% of the voting rights of the company, or

- 10% of the voting rights and his family, including him, holds a minimum of 75%.

If these conditions apply the first €750,000 (the rules state the amount in euro) of the proceeds are free of CGT. If the amount is higher, it may be possible to claim marginal relief on the excess which reduces the amount on which CGT is payable to half the excess over €750,000. As with Entrepreneurs' Relief this is a lifetime limit.

Emigration

At the extreme of tax planning, shareholders could consider emigrating before the sale to avoid CGT. This needs professional tax advice, careful planning and a clear acceptance of the domestic consequences.

Overseas investors

Most overseas investors are not subject to UK taxation and they may be insensitive to tax consequences for others.

Institutional investors

These investors have quite different tax positions to angels. Some will not be UK taxpayers; some will be tax transparent vehicles where the investors are treated as if they had a direct investment in the company – VC funds are usually structured this way; and some, such as VCTs or EIS funds, may have issues related to the tax benefits they, or their participants, have received.

Structured sale proceeds

The headline sale price of a company can mislead as there may be structured payments which can increase or decrease the initial price. And payment may not all be made in cash.

Cash

Cash fully paid on completion is usually the preferred arrangement from the seller's point of view. It is often not achievable.

It is quite common to have part of the consideration paid on a deferred basis which might, or might not, be contingent on some future event. That event may be something that happens (for example a promised contract) or does not happen (for example threatened litigation). And the deferred amount might not be fixed – it may differ dependent on the different criteria.

When a deal includes some kind of deferred payment it is critical that investors can be certain the payment will be made when it is due. If they cannot be sure of this, the selling price is not what they thought it was. You do not want a situation where the buyer becomes insolvent before all payments are made.

Accepting shares as part of the sale price can be just as dangerous – see my example in the next section.

Cash and quoted shares

A split between cash and shares is but one variant of a deferred payment. The shares are not cash at the moment they are acquired but they can be turned into cash later – or at least that is the theory.

The attraction of part payment in shares is the hope of further profit and a deferral of CGT on the shares. However, there is a concomitant risk of a loss in value which is easy to forget in the heat of the moment.

If you are offered such a deal you must:

- Understand when the shares can be sold if the buyer's shares are quoted. The less restricted you are the better as you simply do not know what might happen to the share price – whatever the pundits may say;

- Research the market's views of the shares. In the worst case this may cause the selling company's shareholders to reject the deal because the shares are seen as too risky; and

- Have a plan concerning selling the shares which you keep under review. As I have already said, shares can be a dangerous currency so it wise to frequently review the position once you are free to sell.

I was on the receiving end of the dangers of shares when my ex-wife's business was sold to a quoted company. Some of the price was paid in shares with selling restrictions. We sold shares when we could (as was our plan) but the subsequent insolvency of the buyer meant she lost about 10% of the expected proceeds. This loss would have been much greater if we had not sold shares as and when we were allowed to.

Cash and loan stock

Perhaps unexpectedly, loan stock issued by a purchaser in part payment may enhance the sale price as the loan effectively helps finance the acquisition. The commercial position is that the buyer borrows money that he either might not get from a bank or simply at a more favourable rate of interest.

The seller, on the other hand, has a loan covering part of his proceeds on which CGT is not payable at that time. This means he receives interest on the gross amount and thus may accept an interest rate which is attractive both to him and the buyer.

Providing the loan notes are properly structured, a seller will be able to defer crystallising capital gains on that portion of the proceeds until a subsequent tax year. He does, though, need to be absolutely sure the loan will be repaid or all the benefits are lost.

The danger of qualifying corporate bonds (QCBs)

The loan stock may be structured as a qualifying corporate bond. This is a loan that meets each of the following criteria:

- It is in sterling and has no rights of conversion into another currency.
- It has no rights of conversion into shares or other securities.
- The interest rate must not exceed a reasonable commercial return, nor depend on the results of all or part of the issuer's business.
- It is either redeemable at par or on terms comparable with similar listed securities.

QCBs are issued by large companies to raise capital in the quoted markets but are dangerous in a private company sale because of their tax treatment.

In summary the tax treatment is as follows:

- Both QCBs and non-QCBs allow a seller to defer CGT on that part of the sale proceeds.
- In the case of a QCB, the sale or redemption does not count as a taxable event. Any profit on the sale of a QCB is exempt from CGT and any loss is not an allowable against other CGT liabilities.
- On the other hand, any loss on a non-QCB can be offset against gains.

The stark consequence of these rules is that CGT is payable even if a QCB is not repaid. This is likely to happen if the buyer becomes insolvent. As a result, you should be careful to ensure any loan stock you receive is a non-QCB unless you are offered excellent security.

In the final analysis you must remember that, if you are to accept loan stock, you must be satisfied with the security of the repayment as a loss is a loss whatever your tax position.

The effect of loan stock on Entrepreneurs' Relief

If a person is eligible for Entrepreneurs' Relief he can elect how the gain is taxed. The gain can be treated as arising at the time of the sale instead of deferring it to the redemption of the loan stock.

A seller should make this election if Entrepreneurs' Relief will not be available when the loan notes are redeemed because the qualifying conditions are no longer satisfied – as will generally be the case. If they are not, CGT will be payable at the full applicable rate and not the 10% rate.

The catch in the election to be taxed at the time of sale is that whilst the whole gain is taxable at the Entrepreneurs' Relief rate of 10%, the full amount of tax must be paid in the year the company is sold even though some of the proceeds are not in cash.

So the choice is either to elect to pay the tax at 10% on the whole proceeds at the point of sale or to pay tax at 10% on cash received at the point of sale and the ruling CGT rate when the loan notes are redeemed.

Cash and deferred consideration or earnout

When a sale involves deferred consideration, the amount may be fixed or it may be dependent on a performance measure – and is then commonly called an *earnout*.

Known payments

If a shareholder sells shares for a known consideration he is taxed on the full amount – it is irrelevant that some of the payment is deferred. If the actual deferred payment received is less than the amount already taxed, the overpaid tax can be reclaimed. This is bad news as tax is paid on an amount which has not yet been received and that tax will have to be paid out of cash already received, which will itself have been taxed.

If, for example, the payments are two equal amounts and CGT is payable, the effective tax rate on the cash received at completion, assuming all of it were capital gain, could be 56%. This is 28% – the current rate of CGT – on the amount of gain received in cash plus 28% on the deferred payment. However, the deferred payment will then be tax free.

Unknown payments

If the contingent amount is unknown, HMRC will insist on agreeing on a valuation of the right to the future payment. Tax has to be paid on that amount at the point of sale. When the actual payment is made it is likely to be different from the initial value on which tax has been paid. If the payment is higher, a further tax bill be due. If lower, the loss can be carried back against the previous gain to reclaim the overpaid tax.

Clearly if a sale is structured in this way you will want to agree the lowest possible value of the deferred amount at the point of sale if only to gain a cash flow benefit.

Earnouts

A common exit formula is an upfront cash payment followed at a later date by an earnout, which is a variable amount based on performance. This inevitably means the management has to stay in place as it is they who must deliver the earnout. Such arrangements are fraught with hazard.

The performance test needs to be something the management has control over. Profit, for example, is particularly troublesome as it needs careful definition to avoid abuse by the buyer. Employment terms for the management who remain will also need to be agreed.

All of this can threaten the alignment of interest between management and investors.

Shares

Some exits are solely an exchange of shares in the seller for shares in the buyer.

The general tax rule is that, provided certain conditions are met, no tax is payable at that point. Instead, the shareholder is treated as having acquired the new shares at the same time, and at the same cost, as the original shares. So CGT will only be payable when the new shares are sold just as if no share exchange had taken place.

However, for the angel who has claimed EIS relief there is an important exception to this rule. If the share exchange takes place during the three-year qualifying period, EIS relief will be withdrawn (see 'Cautionary Tales' in Chapter 6).

I highlighted the dangers of taking quoted shares as part or full payment earlier in the chapter. Unquoted shares are even more dangerous as there is unlikely to be a market for them so the investor is locked in until that company exits.

Sharing exit proceeds with premium protection

I urged the use of premium protection in Chapter 5 to ensure investors get their money back before management makes a profit on its shares. That discussion also illustrated the effects of varying exit valuations when premium protection is used, both before and after tax.

The split of proceeds

The effect of these rights on how much each party receives at different exit prices is shown in Table 13.1. The assumptions used in the table are exactly the same as for the example given in the section 'Premium protection' in Chapter 5. These are:

- Management subscribes £50,000 for 50% of the shares and investors subscribe £500,000 for the other 50%.

- The first £550,000 of money on exit is distributed to each shareholder according to the amount they subscribed.

- Further proceeds are distributed in equal amounts per share.

Table 13.1 – example of sharing sale proceeds with premium protection

Selling price	£385,000	£550,000	£1,000,000	£10,000,000	£20,000,000
Management	£35,000	£50,000	£275,000	£4,775,000	£9,775,000
Effective percentage 9%	9%	28%	48%	49%	
Investors' proceeds	£350,000	£500,000	£725,000	£5,225,000	£10,225,000
Effective percentage 91%	91%	73%	52%	51%	
Multiple	0.7	1.0	1.5	10.5	20.5
After full CGT	£350,000	£500,000	£662,000	£3,902,000	£7,502,000
Multiple	0.7	1.0	1.3	7.8	15

The central point is that investors recover their investment at low selling prices and their effective share of the proceeds gradually falls towards 50% as the sale price increases. The management start with a low percentage of proceeds recognising their low level of investment and they do not get close to their agreed 50% until the selling price is over £10m.

You should note that this table does not show the benefits of EIS relief, which is central to most angel investments. The effect of it is shown in the Table 13.2.

After tax returns for EIS shareholders

To illustrate the effect of EIS on after tax returns, I have used the same assumptions as above together with the assumption that investors receive upfront tax relief of 30% but do not rollover capital gains. Thus the investors' net cost is reduced to £350,000. These features of EIS are described in detail in Chapter 6.

Provided investors hold the shares for more than the qualifying three years, the after tax returns are as shown in Table 13.2.

Table 13.2 – after tax returns for EIS investors

Selling price	£385,000	£550,000	£1,000,000	£10,000,000	£20,000,000
Investors' after tax return	£350,000	£500,000	£725,000	£5,225,000	£10,225,000
Multiple	1	1.4	2.1	14.9	29.2

You will note that EIS has significantly reduced the selling price at which the investor's net investment is recovered and dramatically enhanced the returns after tax – in this example approximately doubling the returns. The detail behind these calculations in shown in the tables in Chapter 6.

Warranties and indemnities

Warranties and indemnities are at the heart of any agreement to sell a company; buyers will demand this protection. A vendor, on the other hand, will try to protect its position by refusing to give certain warranties and indemnities, trying to restrict the scope of others, and by disclosing against the warranties given.

Just as in the case of an investment (see Chapter 7), the sellers will be asked to warrant a great deal of information about the company. There will also be a similar disclosure letter. If this proves to be incorrect in such a way that the buyer can claim a loss he can sue under the warranties to claim a reduction in the money paid or due to be paid.

You need to note that warranties given on the sale of private companies are in many ways more serious than when an investment is made (see the discussion in 'Shareholder agreements' in Chapter 7) as they can result in a lower final payment or, worse, a reclaim of monies already paid. If the buyer has no ongoing relationship with the selling shareholders (as an investor would have with the managers of a company he has invested in) there is little motivation to maintain their goodwill so there will be no inhibitions about making warranty claims.

The difference between a warranty and an indemnity

Warranties

Warranties are statements of fact made by the warrantor – usually in the sale and purchase agreement. They are assurances about the condition of the company being sold. Any claim for damages for breach of warranty seeks to restore the buyer to the position it would have been in were the warranty to have been true.

Warranties have two main functions:

1. They oblige the seller to disclose information about known problems.

2. They allocate risk between the buyer and seller by giving the buyer a remedy if they are untrue and cause the buyer loss.

When purchasing a company, the buyer carries out due diligence and expects certain information to be supplied. This will generally be specific documentation such as copies of accounts, patents, contracts and so on. The warranties – as modified by the disclosure letter which details exceptions to the generality of the warranties – then become a central part of the due diligence process.

The disclosure letter is of the greatest importance. For example, a warranty may say there are no legal disputes but the disclosure letter may qualify it by including details of known disputes. The buyer cannot then claim damages related to the disclosed disputes, but can do so for any undisclosed disputes.

Finally, it is important to note the principle in English law that any person who makes a loss has a duty to mitigate it before claiming against the party who they believe is responsible for the loss. And in a warranty claim the loss must not be seen as "too remote" – or loosely connected with the warranty.

Indemnities

In contrast to a warranty, an indemnity is a promise to reimburse the buyer on a pound-for-pound basis for specific losses. Whereas warranties protect the buyer against the unknown, indemnities allocate risk in respect of known liabilities. In a typical corporate sale, indemnities will cover things such as tax liabilities and the possibility that earlier tax payments have been wrongly calculated.

From the buyer's perspective, an indemnity has the clear advantage that it compensates for the loss actually suffered and it is hard to challenge when a claim is made. For this reason, sellers will be wary of giving more indemnities than absolutely necessary.

Warranty negotiations

Warranty claims can result in a lower than expected payment or a reclaim of payments already made. So they are potentially very dangerous. Besides making proper disclosure against them there are a number of other important commercial issues to be negotiated before they are signed:

- *The warranties will usually be capped at an agreed maximum claim.* Clearly the sellers want this number to be much lower then the total amount to be paid for their company.

- *There will be a minimum claim per item and a minimum total claim.* Here the sellers want the numbers to be as high as possible.

- *There will be a date after which claims cannot be made.* Sellers try and keep this to around 12 months and buyers will often try for two years or more.

- The buyer will ask for warranties to be given on a *joint and several basis* by the company, the directors and maybe certain shareholders. Joint and several means each warrantor is liable for the whole of the amount. So the buyer can sue just one for the total claim leaving that person to fight it out with all their fellow warrantors. This last point can cause enormous friction between shareholders.

Problems with warranties

Problems that can arise with warranties include:

- An institutional investor, such as a VC, is likely to argue they don't sign warranties at all.

- Other investors may argue they are not close to the business so it unreasonable to ask them to sign warranties.

- Any shareholder who is visible and wealthy may object to *joint and several* because of the risk he is the one that is claimed against. On the other hand, a buyer is unlikely to accept *several* warranties – which means each warrantor is only liable for their share of any claim – because this would mean any claim has to be made against each and every warrantor.

- It is possible to finish up with the directors as the only (relatively) willing warrantors and yet they might only own a minority of the business.

A warranty solution

There is an effective solution to these problems provided:

- A maximum amount that could be paid out in total from warranty claims has been agreed.

- This maximum is a relatively small proportion of the total proceeds.

- There is ample money available in the cash payment in completion to allow this approach once all shareholders' immediate tax liabilities have been paid.

It works in this way:

- The maximum warranted amount is held back from the sale proceeds in an escrow account for the warranty period.

- The company and directors give agreed warranties with any claims to be made against, and only against, the escrow account.

- The escrow account will be a lawyer's client account and it is agreed neither side has access to it.

- The escrow amount is effectively contributed by each shareholder pro rata to their equity percentages.

- If the warranty period expires with no claims the monies will be given to the selling shareholders in full.

- If there are successful warranty claims these will be paid from the escrow account and any balance will be paid to the selling shareholders at the end of the warranty period.

A similar approach can be used for indemnities.

It is helpful if the management are employed by the buyer during the warranty and indemnity periods. They will then be in a position to exercise some measure of scrutiny over any possible claims. The buyer is also less likely to make a claim when he needs the management's continuing goodwill.

Possible conflicts between management and investors

Unfortunately, the exit is a time when conflicts between investors and management can and do arise. There are many opportunities for this besides the warranty and indemnity issues just discussed.

Misalignment of expectations

Despite all the efforts of the NXDs, it is easy for management and investors to fall out over the timing and the amount of a planned exit. The need for alignment was discussed in 'Key points to achieve the best trade sale' and Case Study 2 in Chapter 12. All I would add here is that the pressure of a real sale can bring out any differences in the starkest possible way.

Earnouts

Earnouts were referred to earlier in the chapter.

The performance measure in an earnout has to be defined so that it is in the control of the management who remain involved. If the company is about to join a group there will be lots of scope for the buyer behaving in a way that might reduce the earnout payments.

The best formula is one which motivates the buyer to want to pay out in full because the enhanced performance will benefit their business more than the lower payout for poor performance. Only then do you get proper alignment between the interests of the buyer and the seller.

The earnout formula itself will be the subject of much debate both commercially and legally. You also need to be fully aware of the tax consequences (see 'The structure of sale proceeds and its tax consequences' earlier in the chapter).

Importantly, it is the management that will deliver the earnout payments. They will have to remain with the company during the earnout so they may feel they should receive a higher percentage of the proceeds than their equity percentage would give.

Service contracts

If the management stays on, either because an earnout dictates it or because the new owners want a proper handover, they will need service contracts. This can cause issues with investors if the terms are so generous they impact on the selling price. The management may argue that they are locked into working with the buyer whilst the investor is free to do as he chooses. They may also argue it is they who can deliver any earnout and help avoid warranty claims.

Both sides need each other to deliver the exit so an agreement has to be reached or the sale is likely to fall through.

Longer term

It is rare for selling management to stay long with the new owner of the business they have sold. The maximum period usually coincides with the longest of the new service contracts, the earnout period and the warranty period.

Entrepreneurs simply do not get on well with large corporations and the restrictions and rules they impose on their employees. Nor do employees in an acquirer readily take to new members of their team who have made a lot of money out of the acquired business when they have not. And the culture of the two businesses that have come together may be quite different.

The private equity sale

An alternative to a sale to a trade buyer is a sale to private equity. One advantage can be that private equity buyers are seen as less threatening than competitors when sensitive information has to be disclosed. Unlike the trade buyer, the private equity buyer does not usually start from a strategic standpoint – they usually have a pure financial motive even if they specialise in a particular sector.

Private equity managers want to buy companies with excellent cash flow which will allow much of the purchase price to be provided by bank debt. Then they want to see growth, which might involve further acquisitions, and finally they want to sell the company at a higher enterprise value than they bought it to multiply their fund's money. They incentivise the team they install (who might or might not be the existing management) with equity stakes.

The benefit of the bank debt for the private equity firm is that all (or almost all) of the increase in enterprise value (which is the value of the equity plus the company's debt) flows to the shareholders. So imagine a company is bought for £10m and the buyer borrows £8m with £2m coming from equity. If it is sold for £15m later the debt of £8m is repaid first leaving the equity worth £7m. This is a 3.5 times return compared to a 50% increase in the enterprise value.

This formula works best when companies are bought cheaply in tough times and floated or sold at a high price in bull markets. Or there is the *pass the parcel* approach where a private equity firm needing to notch up a score sells to another similar group.

As angel-backed companies are often small and a high percentage are technology focused and early stage, they do not make ideal targets for private equity buyers. Many trade sales are made before there is strong cash generation, at which point the private equity buyer has no interest.

Partial sale

The most common exit is that all shareholders sell in a trade sale of the whole company. One exception to this, for example, is where a company has a VC backer which needs to exit because its fund is coming to the end of its life but it is not seen as the best time to sell by other investors. In such circumstances, it is sometimes possible to refinance the business.

Unless the existing shareholders have the money and the inclination to buy the VC shares, it may be necessary to form a new company ("Newco") to buy all the shares of the company ("Oldco"). Newco can raise finance in the form of equity and debt to buy Oldco for a mixture of shares (for investors who plan to remain) and cash (for selling investors). The structure allows EIS to be obtained for the equity invested in Newco.

VCs are paranoid about being made to look like fools. The thought of selling their shares on a Friday to find the company is sold again at a higher price on Monday is just too much. As a result a common feature of a partial sale is an anti-embarrassment clause. This dictates how profit is shared if the company is sold for a higher price within, say, 12 months. For example, profit on the VC's previously held shares might be split 50:50 between the VC and the new owners of the shares for 12 months following the sale.

There have been public examples of partial exit. The founders of Pret a Manger sold 33% to McDonald's, who no doubt had all sorts of strategic reasons for buying. That was in 2001. In 2008 the whole company was sold to private equity so the McDonald's strategy had changed.

Case study

Partial sale by a VC fund nearing the end of its life

This company manufactures contact lenses, having started life as supplier of contact lens solutions. It has strong relationships with UK retail opticians who are its main customers.

For the year ended 31 October 2006 the company made EBIT of £2m on turnover of £32m. By late 2006, the contact lens market was forecast to grow substantially and the company saw a significant expansion opportunity. As part of this, it planned to set up a new factory in Hungary where production costs were significantly lower than the UK, the site of its then facility.

This expansion needed both capital and a commitment to an investment timescale of at least three years. The company's VC backer, which owned 43%, had no capital to invest and needed to wind up its funds as soon as practicable.

Expansion finance

To finance the planned expansion, a total £20m was needed over a period of three years. This came as £7m of lease finance, £6m of mezzanine loan and forecast operational cash flow backed by increased bank facilities. That was straightforward in the buoyant financial world of early 2007.

Sale of the VC stake

This left the now diluted 32% stake held by the VC to be dealt with. An adviser that specialises in finding buyers for secondary stakes in VC situations was appointed to organise the deal. The price negotiated for the stake was £2m, being an approximate enterprise value of three times EBIT before the expansion debt was taken into account.

This was not a high price. Secondary sales such as this are characterised by low prices because sellers generally have to sell and there are few buyers. In this case executives from the VC firm had committed to invest in the secondary purchase so they were somewhat conflicted as sellers of their fund's stake, but that was their problem.

New investors, including me, were found to take the stake for a total of £2m. It was structured using a Limited Partnership (LP). The alternative would have been a nominee company but that was no doubt seen as too simple and suited the advisers less well. We, the investors, were offered the deal on that basis and took it – but it was a deal done in the buoyant times of 2007 not today's tougher times.

The advisers continue to manage the LP. They received a fee of £40,000 a year (2% of the cost of the investment) for four years and nil thereafter. They are also entitled to a *carried interest* of 15% of profits once investors have received back 150% of their investment. The particular advantage of the LP for the advisers is that this carried interest is subject to CGT not income tax and hence the reason for the unnecessarily expensive structure.

Current status

The original plan on which we invested was that the company would make EBIT of £7.3m on turnover of £60m in the year to 31 October 2009 and we would exit at that time. Neither of these targets was achieved but growth did come through and the year to October 2011 saw turnover of £69m and EBIT of £7m with much more expected in the coming year.

The advisers are strongly motivated to see an exit as is the founder and largest single shareholder who is 72 and has moved offshore to avoid CGT. At the time of writing a sale is in advanced stages which – if it completes – will net investors more than ten times their investment. In this case the delay in the expected exit will be unimportant.

Learning points

1. A VC will tell you that their funds are structured so they can follow their investments when further financing rounds are needed. There are several examples in this book of that not being true because of the limited lifetime of such funds. As I believe I will make a substantial return on my investment which arose from such a situation that is to my advantage. Nor was the company disadvantaged as it was able to raise the money it needed for expansion in debt form with limited equity dilution.

2. There are cycles in deal making as the economy goes through its own cycles. The terms of this deal were not generous to the VC fund – though with the VC executives participating on the other side of the transaction who can be surprised – but the adviser's fees were rich. The combination though was acceptable to the new investors and it is always unwise to focus on one aspect of a set of terms without viewing the whole.

3. This is a larger and more mature company than the usual angel deal but its financial plans were just as suspect. It was two years late achieving its 2009 projected results – but it did get there.

4. The exit plans were also flawed. They quoted three to five years. I commented on that mantra, and its limited value, in 'Exit' in Chapter 4. It was not going to be achieved in this case once financials slipped two years behind plan. Maybe it is about to be though, but experience has taught me not to hold my breath when exit is apparently imminent.

Summary

Chapters 11, 12 and 13 have discussed exits and, together, represent the longest section of the book. I have stressed the importance of the exit throughout the book and so that should come as no surprise. That said I have only scratched the surface of this most important of topics.

The central point to take away is that a good exit needs to be planned. This planning extends from assembling the right group of investors, via positioning the company to be visible and desirable to possible acquirers, to negotiating the optimum payment structure.

Remember that nothing is certain until the buyer's cash is in your bank account.

A FINAL THOUGHT

There is lots of fun and satisfaction in angel investing as well as blood sweat and tears.

The activity can be approached as a professional investment occupation – as I have argued on this book. However, when the chips are down, perhaps Bob Dylan had it right when he wrote 'The Stranger Song', which includes the line:

> "Like any dealer he was watching for the card that is so high and wild he'll never need to deal another".

The holy grail is that one elusive 100 plus times your money investment that pays for all the others and makes you a massive return.

I have never had such an extreme winner but I do have one in sight. The company is mentioned in my examples but can remain shrouded in mystery until, and if, the book sees a second edition.

GLOSSARY

Administrator A person or body appointed by a secured creditor, the company or by its directors. Other creditors must petition the court. The administrator must act in the interests of all the creditors and attempt to rescue the company as a going concern or, if this proves impossible, he must work to maximise the recovery of the creditors as a whole

AIM The Alternative Investment Market of the London Stock Exchange

Anti-embarrassment A clause in a sale of shares that gives the seller a share of the increase in value if the shares are sold on at a profit within an agreed period

Approved Fund An EIS fund where HMRC allows EIS income tax relief to be claimed at the point of investment in the fund

Articles A company's constitution and the rules by which the company is governed

Bad leaver Used when is it required that shares held by a departing employee are put up for sale on his departure. A bad leaver is usually anybody who is not a good leaver. He typically gets the lower of cost or value for his shares

BVCA British Private Equity and Venture Capital Association

Call (At Call) It must be repaid on demand. A bank overdraft is usually at call

CGT Capital gains tax

Compromise agreement A legal agreement between a departing employee (or director) based on a negotiated settlement of the employee's contract

Connected person A term used in the EIS legislation to describe a person who is not eligible for EIS relief

Deed of adherence A short legal document which binds a new investor to an existing shareholders' agreement

Disclosure letter A formal letter qualifying the warranties given to investors or the buyer of a business

Drag-along The obligation of residual shareholders to accept an offer for the company which has been accepted by the percentage of shareholders specified in the Articles

Due diligence The process of collecting information about an investment opportunity. This will include the sight of important documentation and more informal enquiries of the company's executives and others outside the business

Earnout Payment(s) based on performance and which are made later than the sale and transfer of ownership itself

EBITDA Earnings before interest, tax, depreciation and amortisation

Enterprise Finance Guarantee (EFG) A bank loan which is partly guaranteed by the government

Enterprise Investment Scheme (EIS) A set of tax incentives for individuals to invest in private companies

EIS3 The form an individual receives from a company to certify he has made an EIS qualifying investment

EMI options Enterprise Management Incentive options for UK employees

Equity Gap The financing gap between start-up finance from "friends and family" and venture capital

Entrepreneurs' Relief A reduced CGT rate of 10% applies if a shareholder has held at least 5% of the ordinary shares and been an officer or employee of the company for at least 12 months up to the sale of his shares

Exit The opportunity for shareholders to realise their investments

FSA The Financial Services Authority and also the Financial Services Act 2010

Good leaver Used when it is required that shares held by a departing employee are put up for sale on his departure. The tests for being a good leaver will be defined in the articles. The good leaver usually then receives the higher of cost or value for his shares

HMRC Her Majesty's Revenue and Customs

HNW, HNWI High Net Worth, High Net Worth Individual

Indemnity A promise to reimburse the buyer on a pound for pound basis for specific losses.

IP or IPR Intellectual Property or Intellectual Property Rights

Initial Public Offering (IPO) Public flotation of shares

IRR Internal Rate of Return

Model articles A template for company articles of association in the Companies Act 2006

MPT Modern Portfolio Theory

National Endowment for Science, Technology and the Arts (NESTA) An independent body with a mission to make the UK more innovative

Non-competition Used in employee service agreements for a clause that prohibits the employee for a period of time after departure from competing with the company

Non-cumulative dividend Non-cumulative means the dividend has to be paid (if it can legally be paid) when it is due and cannot be carried forward to a later date

Non-disclosure agreement (NDA) A binding legal agreement between two parties who wish to exchange information whilst exploring whether or not to do a deal of some sort together

Non-solicitation Used in employee service agreements for a clause that prohibits the employee for a period of time after departure from soliciting employees, customers or suppliers of the company

NXD Non-executive director

Ordinary shares Can have differing definitions. An ordinary share represents equity ownership in a company and entitles the owner to a vote in matters put before shareholders in proportion to their percentage ownership in the company

Pre-emption The right of each shareholder to take up the number of any shares offered proportionate to his shareholding when shares are offered for sale by a shareholder or by the company

Preference shares Shares which have a preferred right over other shares to either the return of capital on a liquidation or to dividends

Private Equity Generically the term is used to describe investment firms who fund private companies. In practice it is used by firms who invest in larger or very large ventures and often taking majority equity stakes and using large amounts of bank debt. The term Venture Capital is still used (particularly in the US) to refer to funders of smaller, earlier stage growth business where financial engineering is not involved

Qualifying Corporate Bond (QCB) A QCB is a debt instrument which must meet certain strict criteria listed in the sub-section 'Cash and loan stock' of 'The importance of tax' in Chapter 12. Any gain on redemption or sale does not attract CGT and nor can any loss be offset against CGT

R&D tax credit A corporate tax credit against the costs of conducting research and development

Restrictive covenants This is a generic term for restriction imposed on an employee in his service agreement. They include matters that are restricted whilst employed and post employment.

SCEC Small Company Enterprise Centre of HMRC

Seed Enterprise Investment Scheme (SEIS) A set of tax incentives for individuals to invest in the smallest and youngest private companies

Service agreement The agreement an employee enters into with his employer which lists all his rights and obligations

Shareholders' agreement A private agreement between shareholders and the company which provides for certain matters not covered by the shareholder rights in the company's Articles – which is a public document.

Small and Medium Size Enterprise (SME) The current European definition is a company employing less than 250 people and turning over less than €50m and is used for EIS purposes. There is a definition of Small Enterprise which employs less than 50 people and has turnover of less than €10m

Sophisticated investor A private individual who is permitted to opt out from the protections of The Financial Services Act

Tag-along A shareholder's right to be included in any offer to buy control of the business

UKBAA UK Business Angels Association

UKLA The UK Listing Authority which controls the listing of shares on the London Stock Exchange. It is part of the FSA

Unapproved Fund An EIS fund which is not an Approved Fund and where EIS relief can only be claimed as and when investments are made

VC Venture capitalist or venture capital firm

VCT Venture capital trust

Warranties Statements of fact made by the warrantor against which claims for damages can be made if any are incorrect

Wrongful dismissal A legal term for the legally improper dismissal of an employee which means he can claim compensation

Wrongful trading Occurs when directors should have realised that the creditors position is likely to deteriorate if they continue to trade. They then run the risk of personal liability for debts and disqualification as a director

eBook edition

As a buyer of the print edition of *How To Become A Business Angel* you can now download the eBook edition free of charge to read on an eBook reader, your smartphone or your computer. Simply go to:

http://ebooks.harriman-house.com/becomeabusinessangel

or point your smartphone at the QRC below.

You can then register and download your eBook copy of the book.

www.harriman-house.com

INDEX

W

warranties 132-9, 146, 261, 274-8
Wetzel, William 5
'wipe-out' rounds 24, 184
wrongful trading 156-7, 198

Z

Zuckerberg, Mark 144

Lightning Source UK Ltd.
Milton Keynes UK
UKOW03f0619100913

216892UK00001B/24/P